# 정책변동론

유 훈

도서출판 대영문화사

# 머리말

저자가 정책학에 대하여 관심을 가지기 시작한 것은 1960년대 후반이다. 교과과정 개편으로 서울대학교 행정대학원에 신설된 '정책형성'이라는 과목을 담당하게 되어 저자의 정책학에 대한 관심이 높아지게 되었다.

교재의 부족을 해결하기 위하여 저자가 중심이 되어 6명의 교수가 공저로 1976년 『정책학개론』을 발간하게 되었으며 1981년에는 또다시 공저로 『정책학-과정과 분석』을 내놓게 되었다. 이어서 1986년에는 단독으로 『정책학원론』을 발간하게 되었는 데 1995년 정책학원론의 개정증보판에서 「정책변동론」편을 신설하여 종전에 2개장이었던 정책변동에 관한 글을 3개장으로 늘리게 되었다.

이때부터 저자의 정책변동에 관한 관심과 연구가 본궤도에 올라섰다고 하겠으며 언젠가는 정책변동론을 단행본으로 간행하겠다고 결심하였다. 과거에 크게 관심을 가지지 않았던 정책변동의 문제에 많은 사람들이 관심을 표명하게 되었고 외국의 정책학계에서 저명한 학자들이 많은 연구를 발표하였으며 국내에서도 이 분야에 관한 석사·박사 논문이 많이 나왔다. 오늘날에 있어서 새로운 정책의 형성이란 극히 희귀하며 대부분의 경우 정책의 변동으로 볼 수밖에 없는 까닭이라고 하겠다.

2007년 7월 『정책집행론』을 간행한 저자는 이때부터 정책변동론의 집필에 본격적으로 착수하여 그동안 정책학원론이나 행정논총 등에 발표한 글들을 토대로 하고 새로운 글들을 추가하여 이번에 『정책변동론』을 내놓게 되었다.

이 책은 크게 네 부분으로 나누어진다. 첫째 부분은 제1편 서론으로서 정책의 의의와 유형, 정책변동 참여자, 정책 네트워크와 정책변동, 정책수단,

정책과정 개관 등 정책학의 서론적 고찰이다.

둘째 부분은 제2편, 제3편, 제4편으로서 정책변동의 본론에 해당되는 부분이다. 정책변동의 의의, 저해요인, 모형, 환경적 요인, 유형 등의 문제와 정책변동에 영향을 미치는 위기, 정책학습, 정책활동가와 정책변동의 관계를 다루었다.

셋째 부분은 제5편으로서 정책형성, 정책집행, 정책평가 등의 과정이 정책변동과 어떻게 서로 영향을 주고받는가를 다룬 정책과정 순환성 문제를 고찰하였다.

넷째 부분은 제6편으로서 사회학, 정치학, 경제학, 행정학 등의 사회과학에서 변동의 연구가 어떻게 진행되고 있으며, 사회변동, 정치변동, 경제발전, 행정발전 등이 정책변동과 어떻게 영향을 주고받는가를 살펴보았다. 다시 말해서 변동에 관한 연구가 정책학에 한정된 문제가 아니라 거의 모든 사회과학에서 이루어지고 있는 현상이라는 사실을 규명한 것이다.

끝으로 어려운 여건 속에서『정책집행론』에 이어 이 책의 출판도 흔쾌히 맡아 주신 대영문화사의 임춘환 사장님에게 사의를 표하고자 한다.

2009년 7월
저 자 씀

# 차 례

## 제 4 편 위기 · 학습 · 정책활동가와 정책변동

## 第 6 編 사회과학에서의 변동연구와 정책변동

# 제 1 편

# 서 론

# 제 1 장 정책의 의의와 유형

## 제1절 정책의 의의와 구성요소

### 1 정책의 의의

#### 1) 정책의 개념

모든 사람이 합의할 수 있는 정책의 정의를 내린다는 것은 불가능한 것 같다. 라스웰(Harold D. Lasswell)은 정책을 "문제 해결 및 변화 유도를 위한 활동"[1)]이라고 보는가 하면 드로(Yehezkel Dror)는 "정부기관에 의해 결정된 미래의 활동지침"이라고 정의하고 있다.[2)]

이밖에도 여러 사람이 여러 가지로 정책의 정의를 내리고 있으나 우리는 이곳에서 다이(Thomas Dye), 젠킨스(William Jenkins), 앤더슨(James

---

1) Harold D. Lasswell, "Research in Policy Analysis: The Intelligence and Appraisal Function," in Fred I. Greenstein and Nelson W. Polsby(eds.), *Handbook of Political Science*, Vol. 6(Montrey: Addison-Wesley, 1975).

2) Yehezkel Dror, *Public Policymaking Reexamined*(San Francisco: Chandler Publishing Co., 1968), p. 12.

Anderson)의 정의를 살펴보고 이 책의 정의를 제시하고자 한다.

### (1) 다이의 정의

다이는 정책을 "무엇이든지 정부가 하기로 결정하거나 하지 않기로 결정한 것"이라고 정의하고 있는데[3] 이와 같은 다이의 정의는 지나치게 단순한 것 같다.

그의 정의에 의하면 크립(clip)과 같은 사소한 사무용품을 구입하거나 구입하지 않기로 한 정부의 구매행태와 핵전쟁을 개시하거나 개시하지 않기로 한 정부행태를 구분하지 않고 있는 것 같다. 다시 말해서 사소한 정부활동과 중요한 정부활동을 구분하지 않는다는 문제가 있다.[4] 그러나 다이의 정의가 장점이 없는 것은 아니다.

첫째로 다이는 정책결정의 당사자가 정부라는 것을 분명히 하고 있다. 다시 말해서 민간기업, 자선단체, 이익단체, 기타 사회단체나 개인에 의한 결정은 그 자체가 공공정책(public policy)이 아니라는 것을 분명히 하고 있다.

둘째로 다이는 정책은 정부가 무엇을 하기로 결정하는 것 뿐만 아니라 하지 않기로 결정하는 것도 포함한다고 하고 있다. 다시 말해서 무의사결정론(無意思決定論)에서 말하는 무의사결정도 정책에 포함시키고 있다는 것이 다이의 정의의 특징이라 하겠다.

### (2) 젠킨스의 정의

젠킨스는 정책을 "정치적 활동가 또는 일단의 활동가들이 그들의 능력의 범위 내에 있는 문제에 관해서 목표를 선정하고 그것을 달성하기 위한 수단에 관해서 취하는 서로 연관된 일련의 결정"이라고 정의하고 있다.[5] 이것을 좀더 구체적으로 살펴보기로 한다.

첫째로 다이는 정책결정을 선택(choice)이라고 보는데 대하여 젠킨스는

---

3) Thomas R. Dye, *Top Down Policymaking*(New York: Chatham House, 2001), p. 2.

4) Michael Howlett & M. Ramesh, *Studying Public Policy*, second edition(New York: Oxford University Press, 2003), p. 5.

5) William I. Jenkins, *Policy Analysis: A Political and Organizational Analysis* (London: Robert Martison, 1978).

명시적으로 언급하지는 않으나 정책결정을 과정(process)이라고 보고 있다.

둘째로 젠킨스는 정책이란 일반적으로 서로 연관된 일련의 결정으로 구성된다는 것을 강조하고 있다. 어떤 문제에 관한 정책이든 단일적인 결정으로 구성되는 정책은 거의 없다는 것이다.

셋째로 젠킨스는 정부가 그 결정을 집행하기 위하여 보유하는 능력이 정부가 내리는 결정의 종류나 범위에 영향을 미치는 중요한 고려사항이라는 것을 강조하고 있다. 다시 말해서 정부가 보유하는 재정적·인적·정보적 자원, 국제조약에 의하여 지고 있는 의무, 특정한 선택에 대한 국내에서의 저항 등에 의하여 정부의 정책의 선택이 이루어진다는 것이다. 미국에서 국가가 운영하는 건강보험이 채택되지 못하고 있는 것은 미국의학협회(AMA) 등의 저항에 기인한 것이라는 사실은 우리가 잘 아는 바이다.

넷째로 젠킨스는 정책결정이 목표지향적인 행태라는 것을 강조하고 있다. 다시 말해서 젠킨스는 정부가 목표를 설정하고 이를 달성하기 위한 수단을 제시하는 결정이라는 것을 강조하고 있다.[6]

### (3) 앤더슨의 정의

앤더슨은 정책을 "문제나 관심사를 해결하기 위하여 활동가나 다수의 활동가들이 결정하는 목표지향적인 활동(action)"이라고 정의하고 있다.[7]

앤더슨의 이러한 정의는 다이나 젠킨스의 정의와 대동소이하나 한 가지 특이한 점은 앤더슨의 정의가 정책의 문제해결적인 관점(problem-solving perspective)을 강조하고 있다는 사실이라 하겠다.[8]

### (4) 이 책의 정의

우리는 이 책에서 정책을 "각종의 정치적·행정적 과정을 통하여 권위있게 결정된 공적 목표와 이를 달성하기 위한 수단과 관련된 기본방침"이라고 정의하고자 한다. 이것을 좀더 자세히 설명하면 다음과 같다.

---

6) Howlett & Ramesh, *op. cit.*, pp. 6-7.

7) James E. Anderson, *Public Policymaking*, sixth edition(Boston: Houghton Mifflin, 2006), p. 6.

8) Howlett & Ramesh, *op. cit.*, p. 7.

① 정치적·행정적 과정

정책은 선거나 국회와 같은 정치적 과정을 통하여 결정될 뿐만 아니라 각종의 행정적 과정을 통해서 결정된다. 공정거래정책의 경우를 예로 든다면 국회를 통과한 '독점규제 및 공정거래에 관한 법률'도 중요하지만 시행령이나 공정거래위원회가 제정한 규칙이나 결정 등이 합쳐서 공정거래정책을 형성하는 것이다.

② 권위있는 결정

권위있는 결정이란 첫째로 국회나 국무회의 등과 같이 권위가 부여된 기관에 의한 결정을 의미할 뿐만 아니라 둘째로 소정의 절차에 의거한 결정이어야 함을 의미한다.

③ 공적 목표

이와 같이 결정된 공적 목표를 우리는 정책목표라 한다. 이러한 정책목표는 정책과정 전반에 걸쳐서 중요한 기능을 수행한다.

④ 수단

공적 목표(정책목표)를 달성하기 위한 수단을 정책수단이라 한다. 우리는 과거에 정책에 관한 정의에서 정책수단에 관한 부분을 언급하지 않았으나 근래에 와서 샐러먼(Lester M. Salamon) 등을 비롯한 수단접근방법론자들의 주장을 빌릴 것도 없이 정책연구에서 정책수단의 중요성이 크게 부각됨에 따라 이를 추가하기로 했다.

### 2) 정책의 특징

위에서 내린 정책의 정의를 좀더 구체화하기 위해 정책의 특징 또는 속성이라고 생각될 수 있는 것을 살펴보기로 한다.

#### (1) 결정과는 다른 개념

전술한 바와 같이 정책과 결정은 구별되어야 한다. 정책이 결정과 다른 점으로서 여러 가지를 들 수 있겠으나 우리는 다음의 두 가지를 들고자 한다.[9]

첫째, 정책은 결정보다 넓은 개념이다. 일반적으로 정책은 일련의 결정을 포함한다. 이러한 일련의 결정이 때로는 합리적인 순서에 따라 이루어지겠으나 때로는 비합리적으로 이루어질 수도 있다. 어느 쪽이든 간에 정책은 서로 관련된 많은 결정 간의 상호 작용의 결과인 경우가 많다.

둘째, 여러 개의 결정 중에서 어느 한 결정이 '중요한 결정'일 수 있다. 그러나 정책을 올바로 이해하려면 '중요한 결정'에 선행하는 결정과 중요한 결정 후에 이루어지는 결정도 아울러 연구해야 한다. 예를 들면 누구에 의해 어떻게 수 개의 대안이 모색되고 제시되었으며, 이러한 대안 중에서 특정한 안이 선정되고 실천에 옮겨진 다음 집행단계에서 발견된 예상하지 못한 문제가 정책의 중요한 수정을 가져왔는가 등을 함께 연구해야 한다는 것이다.[10]

### (2) 의도와 행태

정책개발에 관한 분석의 제1단계는 정책결정자의 의도를 밝히는 일이라 하겠다. 그러나 분석이 진행됨에 따라 공표된 의도와 실제 행태 간의 격차가 있는 것을 발견하게 된다. 그 이유로서 몇 가지를 들 수 있다.

첫째, 공식적인 견해 표명이 참된 동기를 반영하는 것이 아닐 수 있다.

둘째, 시간이 흐름에 따라 당초의 좋은 의도가 망각되거나 수정될 수도 있다.

셋째, 사후에 발생한 사건들이 대응 행태(coping behavior)의 변화를 초래할 수도 있다.[11]

이유야 무엇이든 간에 정책에 관한 연구는 정책을 형성한 사람의 행태뿐만 아니라 집행자의 행태와 대상집단의 행태도 아울러 연구해야 한다.

---

9) Brian W. Hogwood & Lewis A. Gunn, *Policy Analysis for the Real World* (Oxford: Oxford University Press, 1984), pp. 18-20.

10) 유훈, 정책학원론[제3정증보판](서울: 법문사, 2002) 제1편 제 5장 "정책환경과 정책과정" 참조.

11) Hogwood & Gunn, *op. cit.*, p. 21.

### (3) 작위와 부작위

정책에 관한 행태가 작위뿐만 아니라 부작위까지 포함한다는 것은 널리 알려진 사실이다.[12] 바크라크(Peter Bachrach)와 바라츠(Morton S. Baratz)는 발생한 사실뿐만 아니라 발생하지 않은 사실도 분석해야 하며 검토의 범위를 한정하기 위해 작용하는 편견의 동원도 규명해야 한다고 주장했다.[13] 이리하여 해클로(Hugh Heclo) 같은 사람은 정책을 "작위적 또는 부작위적 행동의 진로(a course of action or inaction)"라고 정의했던 것이다.[14] 부작위로서의 정책은 작위로서의 정책보다 파악과 분석에 어려움이 있다. 제기조차 되지 않은 이슈나 표면화되지 않은 갈등을 어떻게 조사·연구하느냐 하는 문제가 많이 제기되었다.

### (4) 예기치 못했던 성과

정책이란 처음에 의도했던 성과만 초래하는 것이 아니라 의도하지 않았으며 예기조차 못했던 성과를 가져오기도 한다. 따라서 정책에 관한 연구는 예기치 못했던 성과에 관한 연구도 포함해야 한다. 이리하여 정책평가를 실시해 보면 공식적인 목표나 당초에 설정한 목표와 관련이 없는 결과를 많이 발견하게 된다는 이유로 목표중립평가(goal-free evaluation)나 다목표평가(multiple-goal evaluation)를 주장하는 사람도 있다.[15]

### (5) 의도적 행태의 진로

정책에 관한 정의를 내리는 많은 사람들이 정책이란 명시적 또는 암시적인 목표 또는 의도를 지녀야 한다고 주장한다. 전술한 바와 같이 앤드슨은 정책이 의도적인 행동의 진로(purposive course of action)라고 정의하고 있다.[16]

---

12) 유훈, 정책학원론, 제1편 제4장 "권력과 정책과정" 참조.

13) Peter Bachrach & Morton S. Baratz, "Two Faces of Power," *American Political Science Review*, December 1962, pp. 947-952.

14) High Heclo, "Policy Analysis," *British Journal of Political Science*, January 1972, p. 85.

15) 이 책 제17장 "정책평가와 정책변동" 참조.

16) Anderson, *op. cit.*, p. 6.

의도나 목표가 없는 정책이란 생각할 수 없다. 그러나 정책의 의도나 목표가 미래의 행동을 위한 합리적인 지침으로서 사전에 결정되기도 하겠으나 지나간 행동을 합리화하기 위해 정책의 목표나 의도가 사후에 고안되는 경우도 있다는 것을 유의할 필요가 있다.[17]

#### (6) 장기간에 걸친 과정

정책은 장기간(長期間)에 걸친 과정의 산물이다. 우리나라의 공정거래정책과 같이 정책에 따라서 그 생성 자체에 10여년이 소요되는 정책이 있을 뿐만 아니라[18] 정책의 변동과정을 통해 통합·분할·선형적 승계 등 각종의 변동도 일어난다.[19]

#### (7) 정부의 주된 역할

정부 부문과 민간 부문의 구분이 점점 더 어려워지고 있으며, 이른바 제3섹터(sector)의 중요성이 점증하고 있다는 것은 주지의 사실이다. 외교국방정책은 몰라도 국내 정책 중에는 정부기관만을 참여자로 하는 것은 그렇게 많지 않다. 그렇다면 공공정책(public policy)을 식별하는 기준은 무엇이냐 하는 문제가 여기에 제기된다.[20] 한마디로 말해서 공공정책이란 합법화만이라도 정부기관에 의해 이루어진 것을 말한다. 정책개발의 상당 부분이 정부 밖에서 이루어졌다고 하더라도 부분적이나마 정부의 테두리 안에서 개발되었을 때 우리는 이를 공공정책이라고 부르는 것이다.

### 3) 유사개념

우리는 위에서 정책의 개념과 그 특징을 살펴보았는데, 이곳에서는 몇 가지 유사개념을 검토해 봄으로써 정책의 개념을 좀더 명확히 하는데 이바지하고자 한다.

---

17) Hogwood & Gunn, *op. cit.*, p. 22.
18) 유훈, 정책학원론, 제2편 제4장 "정책형성 유형" 참조.
19) 이 책, 제6장. "정책변동의 의의와 저해요인" 참조.
20) 우리가 이 책에서 사용하는 '정책'은 public policy의 번역이다. 이곳에서만 우리의 주장을 강조하고자 '공공'정책이라는 용어를 사용했다.

(1) **정책요구**(policy demands)

특정한 문제에 관해서 정부가 개입하여 조치를 취해 줄 것을 정부기관이나 정책결정자에게 요구하는 것을 말한다. 이러한 정책요구는 때로는 추상적일 수 있으나 경우에 따라서는 구체적인 행동의 요청으로 나타날 수 있다.

(2) **정책에 관한 결정**(policy decisions)

위에서 지적한 바와 같이 정책은 결정보다 넓은 개념이다. 일반적으로 정책은 일련의 정책에 관한 결정을 포함한다. 예를 들면 1980년의 우리나라의 '독과점규제 및 공정거래에 관한 법률'은 우리가 여기서 말하는 정책에 관한 결정이다. 그뿐만 아니라 운용기관을 경제기획원 장관에서 공정거래위원회로 하고 그 독립성과 전문성을 강화하는 것을 골자로 하는 1990년의 공정거래법 개정도 정책에 관한 결정이다. 이러한 결정들이 모여서 공정거래정책이라는 하나의 정책을 이루게 된 것이다.

이러한 정책에 관한 결정은 일상화(routinize)된 결정과는 구별되어야 한다. 정책집행과정에서 공무원들이 내리는 일상적인 결정은 우리가 여기서 말하는 정책에 관한 결정은 아니다. 예를 들면 우리나라의 보훈처가 연금대상자의 연금 지급과 관련해 매년 결정을 내리는데, 이러한 결정은 일상적인 결정이지 정책에 관한 결정은 아니다.

(3) **정책 스테이트먼트**(policy statement)

정책에 관한 공식적인 표현 또는 표명(articulation)을 말한다. 법률, 대통령령, 총리령, 부령, 규정, 법원의 판결 등뿐만 아니라 정부의 의도나 목표와 관련된 정부 관계자들에 의한 연설이나 스테이트먼트 등도 여기에 포함된다.

이러한 정책 스테이트먼트는 정책의 목표를 명확히 함으로써 정책집행이나 정책평가에 도움이 될 수 있으나 때로는 스테이트먼트가 모호한 경우가 있는가 하면 상급자와 하급자, 상급기관과 하급기관 간에 상충이 있는 경우도 있다.[21]

---

21) Anderson. *op. cit.*, p. 8.

(4) **정책산출**(policy outputs)

정책의 유형적인 효과를 말한다. 현금의 지급, 물품이나 서비스의 전달, 세금의 징수 등 정책산출이 택할 수 있는 형태에는 여러 가지가 있다. 산출은 정책의 효과 중에서 가장 계량적으로 측정하기 쉬우며 가장 단기간에 나타나는 효과이다. 교육의 경우를 예로 든다면 산출이란 교육받은 인원수와 같은 것이다.

(5) **정책성과**(policy outcomes)

성과는 산출보다 다소 계량화하기가 어려운 효과이며 좀더 장기적인 효과라고 하겠다. 다시 교육의 예를 든다면 성과는 아동들의 독해력, 변형된 공부하는 습관 등을 말한다.

(6) **정책 임팩트**(policy impacts)

정책의 효과를 산출과 성과로만 구분해서 고찰하는 사람들이 있으나[22] 우리는 산출, 성과, 임팩트로 나누어서 고찰해야 한다고 생각한다.

임팩트는 성과보다 더 오랜 후에 나타나는 효과이다. 교육의 임팩트로서 교양있는 국민의 양성이나 일국의 생산성의 증대 등을 들 수 있겠다. 일반적으로 정책의 집행과 임팩트 간에는 많은 시차가 있을 뿐만 아니라 양자 간의 인과관계의 규명에도 어려움이 있으므로 임팩트의 측정에는 난관이 많다고 하겠다.[23]

## 2 정책의 구성요소

정책의 구성요소로서 여러 가지를 들 수 있겠으나, 앞에서 제시한 정책의 정의에 비추어 정책의 구성요소로서 다음의 세 가지를 들고자 한다.

---

22) Hogwood & Gunn, *op. cit.*, pp. 16-18.

23) Robert T. Nakamura & Frank Smallwood, *The Politics of Policy Implementation* (New York: St. Martin's Press, 1980), p. 76.

### 1) 정책목표

#### (1) 정책목표의 개념

정책목표란 정책을 통해서 달성하고자 하는 소망스러운 상태라고 할 수 있겠다.[24] 워너(W. Keith Warner)의 표현을 빌린다면 현재는 존재하지 않으나 정책을 통해 미래에 발생하도록 하고자 하는 상태라고 할 수 있다.[25]

#### (2) 정책목표의 분류

이러한 정책목표는 여러 가지로 분류할 수 있다. 궁극적 목표(최상위 목표), 일반 목표(차상위 목표), 부분 목표(하위 목표), 세부 목표(차하위 목표)로 분류하는 사람도 있으나[26] 이렇게 여러 단계로 분류할 수 없다고 하더라도 중간 목표와 최종 목표로 나눌 수 있다.

#### (3) 정책과정과 정책목표

정책목표는 정책과정에서 핵심적 위치를 차지한다. 정책형성 과정에서는 우선 정책목표가 수립되어야 이 목표에 부합되는 결과를 가져올 대안의 선정이 가능하다 하겠다.

정책집행 과정에서도 정책목표가 중요한 기능을 담당한다. 명확한 정책목표가 충실한 순응을 보장하는 것은 아닐지라도 명확한 정책목표는 성공적인 정책집행을 위한 전제조건이라 할 수 있다.

정책평가과정에서도 정책목표가 중요한 역할을 담당한다. 근래에 와서 목표중립평가를 내세우는 사람들이 있기는 하나 정책평가에서 능률성, 주민의 만족, 수혜자 대응성 등과 함께 정책목표가 정책평가의 기준으로서 핵심적인 위치를 차지한다는 것은 이론의 여지가 없다.[27]

한마디로 말해서, 정책목표는 정책형성을 비롯해 정책집행·정책평가 등

---

24) Amitai Etzioni, *Modern Organizations*(Englewood Cliffs: Prentice-Hall, 1964), p. 6.
25) W. Keith Warner, "Problems in Measuring the Goal Attainment of Voluntary Organizations," *Journal of Adult Education*, Fall 1967, p. 5.
26) 김신복, "정책목표의 설정," 유훈 외, 정책학: 과정과 분석[개정증보판](서울: 법문사, 1993), p. 41.
27) Nakamura & Smallwood, *op. cit.*, pp. 146-151.

정책과정 전반에 중요한 기능을 수행한다는 것을 알 수 있다. 따라서 적정한 정책목표의 수립이야말로 정책과정에서 제1차적인 과제라 할 수 있는데, 린드브롬(Charles E. Lindblom)의 말을 빌릴 것도 없이[28] 다원적 사회에서 명확한 정책목표의 수립이나 여러 가지 목표 간의 우선순위의 결정은 지극히 어려운 문제라 하지 않을 수 없다.

### 2) 정책수단

#### (1) 정책수단의 개념

정책수단(policy instruments) 또는 정책도구(policy tools)란 정책목표를 달성하기 위해서 정부기관이 사용할 수 있는 각종의 수단이라 할 수 있다.[29]

#### (2) 정책수단의 분류

이러한 정책수단은 여러 가지로 분류할 수 있다. 정책수단을 i) 권한수단, ii) 유인수단, iii) 능력수단, iv) 상징수단, v) 학습수단으로 분류하는 사람들이 있는가 하면,[30] i) 정부의 직접적 시행, ii) 보조금, iii) 지급보증, iv) 조세감면, v) 규제, vi) 공기업화로 분류하는 사람도 있다.[31]

#### (3) 선택의 기준

정책수단에 관해 고찰할 때 무엇보다 중요한 문제는 정책수단 선택의 기준이라 할 수 있다. 어떤 상황하에서 어떠한 수단을 선택할 것인가를 결정하는 데 도움을 주는 것이 선택의 기준이라 하겠다.

정책수단을 가장 강압성이 낮은 i) 자율적 규제부터 시작해, ii) 설득, iii)

---

28) Charles E. Lindblom, *The Policy-Making Process*, second edition(Englewood Cliffs: Prentice-Hall, 1980), p. 24.

29) 정책수단에 관해서는 이 책 제1편 제4장 "정책수단" 참조.

30) Anne Schneider & Helen Ingram, "Behavioral Assumption of Policy Tools," *Journal of Politics*, May 1990, pp. 514-522.

31) Lester M. Salamon, "The Changing Tools of Government Action: An Overview," in Lester M. Salamon(ed.), *Beyond Privatization: The Tools of Government Action*(Washington, D. C.: Urban Institute Press, 1989), pp. 14-20.

정부 지출, iv) 규제, v) 공기업을 열거하고, 자유민주주의 국가에서 정부는 가급적이면 강압성이 낮은 정책수단을 사용하기를 원하나 저항이 심하거나 효율적인 집행이 어렵다고 생각할 때에는 강압성이 높은 정책수단으로 옮겨가게 된다고 일원적 기준을 제시하는 사람들이 있다.[32]

그런가 하면 i) 조작의 복잡성, ii) 가시성의 수준, iii) 신축성, iv) 강압성, v) 고가성, vi) 시장기능에의 의존도, vii) 실패의 위험, viii) 대상자 선정의 정확성 등 다원적인 기준을 제시하는 사람들도 있다.[33]

#### (4) 규범적 기준과 실제적 기준

우리가 위에서 검토한 것은 합리적 기준 또는 규범적 기준이다. 다시 말해서 특정한 상황하에서 정책목표를 달성하기 위해 어떠한 정책수단을 사용하는 것이 바람직한가를 결정하는 데 도움이 되는 기준이다. 그러나 실제로 이러한 규범적 기준보다는 정책결정자들이 지니고 있는 신념·태도·인지(認知) 등에 따라서 정책수단이 결정되는 경우가 많다는 것을 잊어서는 안 되겠다.[34]

### 3) 정책 대상집단

#### (1) 정책 대상집단의 개념

정책 대상집단이란 정책에 의해 영향을 받는 조직이나 집단으로서 정책의 요구에 부응하기 위해 변화가 요구되는 사람들이다. 정책의 구성요소 중 정책목표에 관해 검토하는 사람들이 많으나 정책수단이나 정책 대상집단에 관해 고찰하는 사람들은 많지 않은 것 같다. 특히 정책 대상집단에 관해 체계적으로 검토하고 있는 사람은 적다.

---

32) G. B. Doern & V. S. Wilson, "Conclusion and Observation," in G. B. Doern & V. S. Wilson(eds.), *Issues in Canadian Public Policy*(Toronto: Macmillan, 1974), p. 399.

33) Stephen H. Linder & B. Guy Peters, "Instruments of Government: Perceptions and Contexts," *Journal of Public Policy*, January-March 1989, p. 56.

34) Michael Howlett, "Policy Instruments, Policy Styles, and Policy Implementation: National Approaches to Theories of Instrument Choice," *Policy Studies Journal*, Spring 1991, p. 8.

### (2) 정책 대상집단의 분류

정책 대상집단도 여러 가지로 분류할 수 있겠으나 수혜집단과 피해집단으로 나누는 것이 실익있는 분류방법이라 하겠다. 이밖에도 정책 대상집단은 정책에 의해 규제를 받고 변화가 요구되는 피규제집단과 비피규제집단으로 나눌 수 있다. 피규제집단은 위에서 말한 피해집단과 일치하는 경우가 많으나 알콜 중독자나 마약 중독자 등과 같이 변화가 요구되고 규제를 받기는 하나 궁극적으로 혜택을 받으므로 수혜집단이라 할 수 있는 비피규제집단도 있다.

### (3) 대상집단의 특징

정책과정에 영향을 미치는 정책 대상집단의 특징으로서 여러 가지를 들 수 있겠으나 다음의 몇 가지를 검토하고자 한다.

첫째, 대상집단의 규모이다. 일반적으로 대상집단의 규모가 작으며 격리되어 있는 경우에는 그 정책에 대한 정치적 지지를 얻기가 용이하며, 따라서 그 정책이 이룩하고자 하는 목표의 달성이 용이하다. 예를 들면 1965년의 미국투표권법(Voting Right Act)의 집행이 성공을 거두게 된 데에는 여러 가지 이유가 있겠으나 동법이 남부 7개 주의 선거권자 등록 업무 담당자들의 불법행위를 규제하는 데 목표가 있었기에 성공을 거둔 것이라 할 수 있다.[35)]

둘째, 정책 대상집단의 조직화 등을 포함하는 구조라고 하겠다. 우리나라의 공정거래법이 제정되는 데 오랜 시일이 소요되었을 뿐만 아니라 독과점 규제정책이 실효성이 낮다는 비판을 받는 것은 이 정책의 대상집단인 대기업들이 전국경제인연합회와 같은 조직을 중심으로 비교적 조직화가 잘 되어 있는 데에도 그 원인이 있다고 하겠다.

셋째, 정책 대상집단의 과거 경험이다. 대상집단이 과거에 정책의 영향을 받은 경험이 있느냐 하는 문제와 그러한 정책에 대해서 대상집단이 어떠한

35) Paul Sabatier & Daniel Mazmanian, "The Implementation of Public Policy: A Framework of Analysis," in Daniel Mazmanian & Paul Sabatier(eds.), *Effective Policy Implementation*(Lexington: Heath, 1981), pp. 8-9.

반응을 보였느냐 하는 문제도 중요하다. 과거에 정책에 대해서 순응했느냐, 불응했느냐, 무관심했느냐 하는 대상집단의 정책에 대한 경험이 새로운 정책의 집행에도 영향을 미친다는 것이다.[36]

넷째, 정책 대상집단의 행태의 다양성이다. 변화시키려는 행태가 다양할수록 효율적인 집행이 어렵다는 것이다. 예를 들면 수질환경의 개선이 어려운 것은 어느 나라를 막론하고 배출시설에서 발생되는 수질오염이 그 유형이 수없이 많을 뿐만 아니라 그 정도가 지극히 다양한 데 있다고 하겠다.[37]

## 제 2 절 정책의 유형

### 1 정책유형 연구의 필요성

정책의 내용(contents)을 연구하고 이를 통해서 정책의 유형을 연구하는 이유로서 여러 가지를 들 수 있겠으나 래니(Austin Ranney)의 주장에 따라 다음과 같은 몇 가지로 나누어서 고찰하기로 한다.

#### 1) 과학적인 이유

학자들 중에는 과학적인 이유에서 정책의 내용 또는 유형을 연구해야 한다고 주장하는 사람들이 있다. 이러한 연구가 정책학이나 정책연구의 폭을 넓혀 주고 유의성과 타당성을 제고하는 데 이바지할 수 있다는 것이다. 이것은 다시 다음의 두 가지로 나눌 수 있다.

---

36) Thomas B. Smith, "The Policy Implementation Process," *Policy Studies Journal*, June 1973, pp. 202-204.

37) Daniel Mazmanian & Paul A. Sabatier, *Implementation of Public Policy*(Glenview: Scott, Foresman and Co., 1983), p. 23.

### (1) 정책과정의 이해의 증진

많은 정책과정에 관한 연구가 정책의 내용을 종속변수로 취급해 왔다. 환언하면 많은 정책과정 연구자들이 정책산출(policy outputs)의 차이를 압력단체 및 정부기관 간의 권력의 배분관계나 정책과정 참여자들의 전술 등과 같은 독립변수를 가지고 설명하려고 했던 것이다.[38]

그러나 근래에 와서 이러한 접근 방법에 대해서 비판이 제기되고 있다. 로위(Theodore J. Lowi)나 프로먼(Lewis A. Froman, Jr.)과 같은 사람들은 정책의 내용 또는 유형을 독립변수로 다루어야 한다고 주장한다.[39] 정책의 유형이 달라짐에 따라 정책과정도 달라진다는 것이다. 따라서 정책의 유형을 알면 그러한 정책이 어떠한 과정을 거쳐서 결정될 것이라는 사실을 대체로 예측할 수 있다고 주장하는 것이다. 후술하는 바와 같이 리플리(Randall B. Ripley)와 프랭클린(Grace A. Franklin)은 정책유형이 달라짐에 따라 정책의 형성과정뿐만 아니라 정책집행 과정도 달라진다고 주장하고 있다.

### (2) 정책성과의 이해의 증진

정책의 내용 또는 유형을 독립변수로 사용하여 정책의 성과(outcomes), 즉 정책이 가져오는 긍정적 효과와 부정적 효과를 연구해야 한다고 주장하는 사람들이 있다.

나크미아스(David Nachmias)의 말을 빌릴 것도 없이 정책 임팩트(policy impacts)나 정책성과(policy outcomes)는 정책산출(policy outputs)과 구별되어야 한다.[40] 정책산출이란 통과시킨 법안의 수, 특정목적을 위해 지출한

---

38) Austin Ranney, "The Study of Policy Content: A Framework for Choice," in Austin Ranney (ed.), *Political Science and Public Policy*(Chicago: Markham, 1968), pp. 13-14.

39) Lewis A. Froman, Jr., "The Categorization of Policy Contents," in Austin Ranney (ed.), *Political Science and Public Policy*(Chicago: Markham, 1968), pp. 41-52; Theodore J. Lowi, "Four Systems of Policy, Politics and Choice," *Public Administration Review*, July-August 1972, pp. 298-310.

40) David Nachmias, *Public Policy Evaluation: Approaches and Methods*(New York: St. Martin's Press, 1979), pp. 2-3.

예산액과 같은 유형적 또는 상징적인 산물을 말하며, 정책성과 또는 정책 임팩트란 그러한 산출이 설정된 목표를 구현한 실적을 말한다. 우리는 정책과정이 정책산출과 어떠한 관련이 있으며, 정책산출이 정책성과와 어떠한 관련이 있는가를 좀더 깊이 연구할 필요가 있다는 것이 래니의 주장이다.[41]

### 2) 전문직업적인 이유

정책내용의 연구 또는 정책 유형의 연구는 다음과 같은 두 가지 전문직업적인 과업(professional task)의 달성에 이바지할 수 있다.

#### (1) 현재 및 과거 정책의 평가

정책의 긍정적인 효과와 부정적인 효과를 파악하는 것이 어려운 것이 사실이나 일단 효과를 파악한 다음에는 특정한 정책의 긍정적인 효과가 거기에 부수되는 정치적 희생을 지불한 가치가 있었던 것이냐를 판단하는 문제가 제기된다.

미국 서남부 주민들에 대한 상수도 공급의 증대와 전력 공급의 증대를 위해 그랜드 캐넌(Grand Canyon)의 자연미를 손상해도 좋으냐는 문제나 성인들의 수명 연장을 위한 인공신장의 공급 증대때문에 유아 사망률의 저하를 위한 보건사업을 희생시켜도 좋으냐는 문제 등이 대표적인 예라고 하겠다. 여기에서의 최대의 난점은 가치판단의 문제라고 하겠으나 정책내용의 연구가 이러한 정책의 평가에 이바지할 수 있다는 것이다.[42]

#### (2) 정책결정자에 대한 조언

정책연구자들이 정책결정자들의 자문에 응하고 조언을 하기 위해서는 정책내용을 연구할 필요가 있다.

드로(Yehazkel Dror)가 지적한 바와 같이 정책학은 더 나은 정책결정을 위해 그 방법·지식·체제를 다루는 학문으로서 좀더 효과적이며 능률적인 정책을 통해 설정된 목표를 달성하려는 데 정책학의 주안점이 있으므로[43]

---

41) Ranney, *op. cit.*, pp. 14-15.
42) *Ibid.*, pp. 15-16.

정책결정자들의 자문에 응하는 것이 정책연구자들의 중요한 기능의 하나라 할 수 있다.

이러한 경우 문제가 되는 것은 정책연구자들이 실질 분야의 전문가들보다 나은 조언을 할 수 있느냐 하는 것이다.[44] 예를 들면 노동정책을 수립할 때 정책연구자가 노동문제 전문가보다 나은 조언을 할 수 있느냐 하는 문제이다. 실질적인 문제에 관해서는 그 분야의 전문가를 따라갈 수는 없겠으나 특정한 정책이 가져다 줄 긍정적 효과와 부정적 효과, 특히 정치적 편익과 정치적 비용(cost)을 산출하는 데 이바지할 수 있는 체제를 개발한다면 실질 분야의 전문가 못지않게 정책결정자들에게 도움이 될 수 있다는 것이다.[45]

### 3) 정치적 이유

정책의 내용 또는 유형을 연구하는 또 하나의 이유는 정치적인 데 있다고 한다. 다시 말하자면 학문적인 이유를 떠나서 정부가 올바른 목표를 달성하기 위한 올바른 정책을 채택하도록 하기 위해 정책학도들이 정책의 내용이나 유형을 연구해 그 결과를 적극적으로 발표해야 한다는 것이다.[46]

## 2 기능별 분류

가장 전통적인 정책의 분류 방법으로서 정책을 안보정책, 노동정책, 교통정책, 보건정책, 복지정책, 상공정책 등으로 분류하는 것이다.

이 분류 방법은 정부 기능에 관해서 우리가 지니고 있는 경험과 사고를

43) Yehezkel Dror, *Ventures in Policy Scienes*(New York: Elsevier, 1971), pp. 14-15.

44) 실질 분야에 관한 지식을 정책학에서 다룰 것이냐에 관해 학자들 간에 견해의 일치를 보지 못하고 있다. 드로는 구체적이고 실질적인 내용(substantive contents)은 정책학과 직접적으로 관련이 없다고 보는 데 대해, 라스웰은 실질 분야에 관한 지식도 정책학 에서 다루어야 한다고 보고 있다(Harold D. Lasswell, *A Pre-View of Policy Sciences* (New York: Elsevier, 1971), pp. 1-2).

45) Ranney, *op. cit.*, pp. 17-18.

46) *Ibid.*, p. 18.

정리하는 상식적인 분류방법일 뿐만 아니라 입법부나 행정부의 조직도 반영하고 있는 분류방법이다.

국회의 상임위원회나 정부부처도 대체로 기능별로 조직되어 있을 뿐만 아니라 정책과 관련해서 정부가 수집하는 각종의 자료도 기능별로 분류, 정리되어 있으므로 정책의 기능별 분류가 편리한 경우가 많다.

그러나 기능별 분류의 문제점은 어떤 종류의 정부 기능, 예를 들면 특허나 센서스 등과 같은 것은 어떠한 기능에 포함시킬 것이냐 하는 문제가 있을 뿐만 아니라 많은 정부의 사업이 다목적적인 까닭에 정책의 기능별 분류로서는 처리하기 어려운 문제가 많다.47)

## 3 로위의 분류

아몬드-포웰(Almond-Powell)의 분류와 유사하나 의사결정론에 입각하고 있는 것으로서 로위(Theodore J. Lowi)의 분류가 있다. 1964년의 논문에서 그는 정책의 유형을 분배정책 · 규제정책 · 재분배정책으로 분류한 다음 정책의 유형이 달라짐에 따라 정책과정도 달라진다고 주장했다.48) 로위는 이 주장을 더욱 확대하여 1972년의 논문에서 정책의 유형과 정책과정의 관계를 좀더 깊이있게 고찰했다.49)

### 1) 분배정책

이는 정부가 보유하는 자원을 분배하는 문제와 관련된 정책인데 국유토지정책, 자원정책, 하천 · 항만사업, 군수품의 구매, 연구개발사업, 노동조합 · 기업 · 농민 등의 수혜집단을 위한 서비스 등과 관련된 정책이라고 하겠다.

47) Larry L. Wade, *The Elements of Public Policy*(Columbus, Ohio: Charles E. Merrill Publishing Co., 1972), pp. 1-2.

48) Theodore J. Lowi, "American Business, Public Policy, Case Studies, and Political Theory," *World Politics*, July 1964, pp. 677-715.

49) Lowi. "Four Systems of Policy, Politics and Choice," *op. cit.*, pp. 297-310.

### 2) 규제정책

규제정책은 개인이나 사기업의 활동 및 사유재산에 대해서 정부가 통제를 가하는 것과 관련된 정책이다.

### 3) 재분배정책

이는 협의로 해석한다면 재정수지를 통한 소득 이전과 관련이 있는 정책이다. 고소득층에 대한 누진적인 부담을 포함한 조세구조에 재원을 구하여 그 일부를 저소득층에 유리한 각종의 사회적 급부를 하는 것이 가장 직접적인 소득분배의 방법이다.

그러나 좀더 넓게 본다면 재분배정책은 조세정책이나 사회보장 지출뿐만 아니라 널리 소득분배의 실질적 변경을 주된 목적으로 하여 실시되는 모든 정책이라고 할 수 있다.

### 4) 구성정책

전술한 바와 같이 1964년의 논문에서 로위는 정책의 유형 속에 구성정책을 포함시키지 않았는데 1972년의 논문에서 이를 추가했다.

구성정책(constituent policy)이란 정부기관의 신설, 선거구의 조정 등과 관련된 정책이다.

### 5) 로위의 주장을 둘러싼 논란

정책의 유형에 따라 정책과정이 달라진다는 로위의 주장을 둘러싸고 심한 논쟁이 벌어졌다. 한편에서는 로위의 주장에 동조하는 많은 추종자들이 나타났다.

후술하는 바와 같이 리플리와 프랭클린은 로위의 주장에서 일보 더 나가서 정책 유형이 달라짐에 따라 정책형성 과정이 달라질 뿐만 아니라 정책집행과정도 달라진다고 주장했다.

모건(Douglas F. Morgan)은 로위의 분류와 다른 샐리스버리-하인츠(Salisbury-Hainz)의 분류를 토대로 하기는 하나 정책유형이 달라짐에 따라 정책과정이 달라진다는 로위의 주장을 확대해서 정책의 유형에 따라 재

량의 유형이 결정된다는 주장을 폈다.[50]

그러나 다른 한편 로위의 주장에 대해서 많은 비판이 제기되었다.

① 그의 정책의 분류 자체에 대해서 많은 문제가 제기되었다. 그의 정책의 유형이 포괄적(exhaustive)인 것이 되지 못한다고 주장하는 사람이 있는가 하면 많은 정책이 두 개나 세 개의 범주에 해당된다는 사실을 들고 있는 사람도 있다. 예를 들면 호텔이나 식당에서의 인종차별을 금지하는 정책이 규제정책에 해당될 뿐만 아니라 호텔이나 식당의 이용권이라는 혜택을 재분배한다는 의미에서 재분배정책에 해당될 수도 있다는 것이다.[51]

② 정책의 유형과 정책형성의 관계가 로위가 주장하는 것처럼 확연하지 못하다는 비판도 있다. 동일한 정책이지만 시간이 흐름에 따라 관련 집단 간의 관계에 변화가 일어날 수도 있다는 점을 주장하는 사람도 있다. 하천이나 항만 등을 개축하는 문제와 관련된 정책은 흔히 분배정책이라 하며 큰 갈등없이 정책결정이 이루어지는 경우가 많다.

그러나 실업률이 높은 지역에 대한 금융 지원 등을 내용으로 하는 1961년의 지역개발법의 제정과정에서 이익집단 간의 심한 갈등이 드러난 일이 있다. 그런가 하면 1965년의 애팔래치아(Appalachia)지역개발법의 제정 과정에서는 큰 논란이 없었다.

③ 윌슨(James Q. Wilson)은 정책의 내용이 정책의 채택과정에서의 집단 간의 역할에 영향을 미친다는 로위의 근본적인 명제에는 찬의를 표하나 새로운 정책의 채택과 기존 정책의 수정은 구별되야 한다고 주장한다. 기존 정책의 수정은 로위의 주장과 같을지 모르나 사회보험제도, 메디케어(Medicare), 민권법, TVA의 창설 등과 같은 새로운 정책의 채택은 공황, 전쟁, 대규모적인 스캔들과 같은 큰 사건, 비범한 리더십, 새로운 정치적 엘리트의 등장, 장기간에 걸친 대중매체의 보도 등의 결과이며 로위의 집단 간의 역할을 가지고 설명할 수 없다는 것이다.[52]

---

50) Douglas F. Morgan, "Varieties of Administrative Abuse: Some Reflections on Ethics and Discretion," *Administration and Society*, November 1987, pp. 267-284.

51) James Q. Wilson, *Political Organizations*(New York: Basic Books, 1973), p. 329.

52) *Ibid.*, pp. 328-330.

④ 정책의 유형이 달라짐에 따라 정책형성 과정이 달라진다는 사실 자체에 대해서 의문을 제기하는 사람들도 있다. 리처드슨(Jeremy Richardson) 등은 일국의 정책형성 과정은 정책의 유형에 관계없이 일정한 경향을 지닌다고 주장하고 이것을 그들은 정책 스타일(policy style)이라고 부른다. 리처드슨 등에 의하면 정책 스타일은 i) 합의적 · 능동적 스타일, ii) 합의적 · 피동적 스타일, iii) 강요적 · 능동적 스타일, iv) 강요적 · 피동적 스타일로 분류할 수 있는데, 서구 여러 나라의 정책형성은 일반적으로 합의적 · 피동적 스타일에 속한다는 연구를 발표한 바 있다.[53]

## 4 아몬드와 포웰의 분류

아몬드(Gabriel A. Almond)와 포웰(G. Bingham Powell, Jr.)은 체제이론에 입각해 정책을 다음과 같이 네 가지 유형으로 분류하고 있다.

### 1) 추출정책

이는 조세, 병역, 노역 등과 같이 국내적 · 국제적 환경에서 물적 · 인적 자원을 추출하는 것과 관련된 정책이다. 추출정책에서는 우선 정부가 거두어들이는 자원의 양과 그것을 누가 부담하느냐 하는 것이 문제된다. 그뿐만 아니라 어떠한 방법으로 자원을 거두어들이느냐가 검토되어야 하며 추출과 관련된 절차와 구조도 다루어져야 한다.[54]

### 2) 규제정책

이는 개인이나 집단의 행동에 대해 정부가 가하는 규제와 관련된 정책이다. 규제정책을 다룰 때는 어떠한 부류의 개인이나 집단이 규제를 받으며

53) Jeremy Richardson, Gunnel Gustafson & Grant Jordan, "The Concept of Policy Style," in Jeremy Richardson(ed.), *Policy Style in Western Europe*(London George Allen and Unwin, 1982), pp. 4-5.

54) Gabriel A. Almond & G. Bingham Powell, Jr., *Comparative Politics: A Development Approach*(Boston: Little, Brown & Co., 1966), pp. 195-196.

개인생활의 어떤 측면이 규제를 받느냐 하는 문제뿐만 아니라 간섭의 빈도와 강도가 고찰되어야 한다.55)

### 3) 분배정책

이는 정부가 각종의 물품, 서비스, 명예, 지위, 기회 등을 사회 내의 개인이나 집단에게 배분하는 문제와 관련된 정책이다.

분배정책을 고찰할 때는 배분물의 양과 중요성이 문제되어야 할 뿐만 아니라 이와 관련된 생활 분야, 수혜자, 국민의 욕구와 이를 충족시키기 위한 정부의 분배와 관련성 등이 다루어져야 한다.56)

### 4) 상징정책

이는 정부가 사회나 국제적 환경에 유출시키는 상징과 관련된 정책이다. 상징적인 산출(outputs)이란 엘리트에 의한 가치의 확인, 국기 게양, 분열식 등의 군대 의식, 왕족이나 고관의 방문, 정치지도자들에 의한 정책의 천명 등을 말한다.57)

## 5 솔리스버리의 분류

기본적으로 로위의 분류와 유사하나 다소 관점이 다른 것으로서 솔리스버리(Robert H. Salisbury)의 분류가 있다. 그는 요구패턴(demand pattern)의 통합성과 분산성, 결정 체제의 통합성과 분산성의 조합에 의해 네 가지 정책의 유형을 도출했다. 솔리스버리의 정책 유형에 관한 그림을 피터스(B. Guy Peters) 등의 주장과 같이 재배열한 것이 [그림 1-1]이다. 요구패턴이 통합적이며 결정패턴도 통합적인 것이 재분배정책이며, 요구패턴이 통합적이나 결정패턴이 분산적인 것이 자율규제정책이다. 요구패턴이 분산적이나

55) *Ibid.*, pp. 196-197.
56) *Ibid.*, pp. 198-199.
57) *Ibid.*, pp. 199-201.

[그림 1-1] 솔리스버리의 정책 유형

| | | 요구패턴 | |
|---|---|---|---|
| | | 통합적 | 분산적 |
| 결정패턴 | 통합적 | 재 분 배 | 규 제 |
| | 분산적 | 자율규제 | 분 배 |

결정패턴이 통합적인 것이 규제정책이며, 요구패턴과 결정패턴이 다 분산적인 것이 분배정책이다.

### 1) 분배정책

그 효과가 주로 경제적이라는 점에서 후술하는 재분배정책과 동일하나 요구를 하는 모든 개인이나 집단에게 혜택을 준다는 점에서 한쪽에서 받아 다른 쪽에 주는 재분배정책과 다르다 하겠다. 분배정책의 대상이 되는 혜택은 지리적으로 분산되어 있거나 기능적으로 다른 여러 집단에 나누어 주는 물품이다.

### 2) 재분배정책

이 정책의 특징은 한쪽에서 받아서 다른 쪽에 준다는 데 있다. 현대 사회에서 재분배정책의 효과는 주로 경제적인 것이라 하겠는데 고소득층의 소득이나 부(富)를 저소득층에 나누어 주는 것이다. 근래에 와서 지위나 신분도 재분배정책의 대상으로 등장하는데, 민권정책을 재분배정책으로 분류하는 이유가 바로 여기에 있다.

### 3) 규제정책

솔리스버리는 전술한 바와 같이 요구패턴이 분산적이나 결정패턴이 통합적인 정책을 규제정책이라 하고 있다. 규제정책은 용납되는 행태(acceptable behavior)에 제한을 가함으로써 간접적으로 개인들에게 혜택을 주거나 손실을 입히는 정책이라 할 수 있다.

#### 4) 자율규제정책

다른 사람들의 분류에서는 찾아볼 수 없는 독특한 유형인데, 자율규제정책(self-regulated policies)이란 규제대상이 되는 개인이나 집단에게 규제를 위한 기준을 설정할 권한을 부여하고 심지어 그 집행까지도 위임하는 경우를 말한다. 교사·의사 등과 같은 전문직업인의 면허 등을 그 전문직업인단체에게 부여하는 경우가 대표적인 예라고 하겠다. 자율규제정책은 특정한 사회경제적 부문(sector)을 안정시키고 통제한다는 점에서는 규제정책과 동일하다 하겠으나 그 방향이나 통제의 유형은 상당히 다를 수 있다.[58)]

#### 5) 솔리스버리-하인츠의 분류

요구패턴의 통합성과 분산성, 결정체제의 통합성과 분산성의 조합에 의해 위에서 고찰한 네 가지 정책의 유형을 도출했던 솔리스버리는 수년 후에 하인츠(John Heinz)와 함께 동일한 네 가지 정책의 유형을 [그림 1-2]

[그림 1-2] 솔리스버리-하인츠의 정책유형

| | | 결정에 소요되는 비용: 낮다 | 결정에 소요되는 비용: 높다 |
|---|---|---|---|
| 요구패턴 | 통합적 | 재분배 | 자율규제 |
| | 분산적 | 분배 | 규제 |

58) Robert Salisbury, "The Analysis of Public Policy: A Search for Theories and Roles," in Austin Ranney(ed.), *Political Science and Public Policy*(Chicago: Markham, 1968), pp. 151-175; B. Guy Peters, John Doughtie & Kathleen McCulloch, "Types of Democratic Systems and Types of Public Policy," *Comparative Politics*, April 1977, pp. 327-355.

〈표 1-1〉 정책의 유형을 토대로 한 재량의 유형

| 정책의 유형 | 재량의 유형 |
|---|---|
| 분배정책 | 기술적 재량 |
| 재분배정책 | 정치적 재량 |
| 규제정책 | 기획적 재량 |
| 자율적 규제정책 | 전문적 재량 |

와 같이 요구패턴의 통합성과 분산성, 결정에 소요되는 비용(cost)의 다과에 의해 설명하고 있다.[59]

이러한 솔리스버리-하인츠(Salisbury-Heinz)의 분류는 전술한 바와 같이 모건(Douglas Morgan)에 의해 재량의 유형을 도출하는 데 활용되었다. <표 1-1>과 같이 정책의 유형에 따라 재량의 유형이 결정된다는 것이 모건의 주장이다.[60]

## 6 리플리와 프랭클린의 분류

리플리(Randall B. Ripley)와 프랭클린(Grace A. Franklin)도 로위의 분류를 참고로 했으나 정책집행을 염두에 두어 국내정책을 다음과 같은 네 가지로 분류하고 있다. 리플리와 프랭클린은 정책유형이 달라짐에 따라 정책형성 과정이 달라질 뿐만 아니라 정책집행 과정도 달라진다고 주장하고 있는 것이다. 이들은 정책집행과의 관련하에서는 국내 정책을 네 가지 유형으로 분류하고 있으나 다른 기회에 국내 정책 외에 외교국방정책을 별개의 유형으로 보고 이를 다시 세분하고 있다. 로위의 분류가 포괄적인 것이 되지 못한다는 비판을 의식한 것이라 할 수 있겠다.

59) Robert H. Salisbury & John Heinz, "A Theory of Policy Analysis and Some Preliminary Applications," in Ira Sharkansky(ed.), *Policy Analysis in Political Science*(Chicago: Markham, 1970), pp. 39-60.

60) Morgan, *op. cit.*, pp. 269-274.

### 1) 분배정책

분배정책이란 19세기의 철도회사에 대한 국유지의 양여, 비행장건설·병원건설·하수시설·대량운송수단 등을 지원하기 위한 지방자치단체에 대한 보조, 대학이나 민간연구기관에 대한 연구비 지원 등과 같이 사회 전체에 유익한 민간활동을 유인하기 위한 지원과 관련된 정책을 말한다. 분배정책의 특징으로서 다음의 몇 가지를 들 수 있다.

첫째, 민간부문 등에 대한 지원은 현물 또는 현금의 지원을 의미하는 보조의 형태로 이루어진다. 좀더 구체적으로 말한다면 지원사업은 현금의 지급, 현물의 지급, 세제상의 혜택, 저리융자, 인가, 면허 등 여러 가지 형태를 지니게 된다.

둘째, 이러한 보조는 일반적으로 민간부문의 개인이나 집단의 급부에 대한 반대급부로 이루어진다.

셋째, 정책결정 단계에서는 분배정책의 수혜자들은 경쟁관계에 서지 않는다. 개개의 분배정책은 단기적인 안목에서 개별적으로 수립되는 까닭이다. 그러나 집행단계에서는 수혜자 간의 경쟁이 불가피한 경우가 있다.[61]

### 2) 경쟁적 규제정책

경쟁적 규제정책이란 특정한 철도회사에 특정한 노선의 운행을 허가하는 경우, 특정한 항공회사에 특정한 노선의 운항을 허가하는 경우, 특정한 방송회사에 특정한 텔레비전 채널로 방송할 것을 허가하는 경우 등과 같이 다수의 경쟁자 중에서 특정한 업자에게 특정한 물품 또는 서비스를 공여하는 일과 관련된 정책이다. 경쟁적 규제정책의 특징으로서 다음과 같은 것을 들 수 있다.

첫째, 규제기관이 민간부문의 기업이나 개인에게 제공을 허용하는 물품이나 서비스는 텔레비전 채널이나 라디오 주파수와 같이 희소한 것이다.

둘째, 일반대중은 물품이나 서비스의 제공방법에 관해서 이해관계가 있

---

61) Randall B. Ripley & Grace A. Franklin, *Congress, the Bureaucracy, and Public Policy*, second edition(Homewood: Dorsey, 1980), pp. 72-74.

다. 예를 들면 특정한 지역은 철도회사가 화물의 운송 서비스를 반드시 이행해 주지 않으면 많은 지장을 받게 된다.

셋째, 경쟁적 규제정책은 분배정책과 보호적 규제정책의 혼합이라 할 수 있다. 승리한 경쟁자의 관점에서 볼 때 보조를 받는 것과 같은 효과가 있는 동시에 특정한 행태를 반드시 이행해야 할 의무도 지게 되는 것이다.[62]

### 3) 보호적 규제정책

보호적 규제정책이란 최저임금, 철도요금, 항공요금 등의 책정, 식품첨가물에 대한 규제 등과 같이 각종의 민간활동이 허용되는 조건을 설정함으로써 국민을 보호하는 것을 목적으로 하는 정책이다.

피규제산업은 정책의 형성단계나 합법화 단계에서는 규제의 신설 또는 강화를 주장하는 단체나 개인과 적대관계에 서게 되며, 정책의 집행단계에서는 독립규제위원회와 같은 규제기관과 투쟁하거나 규제기관을 동정적인 맹방으로 전환시키려고 노력한다.[63]

### 4) 재분배정책

재분배정책이란 불우 계층을 위한 직업훈련사업, 실업자 구제사업, 누진소득세, 생활보호 대상자를 위한 의료보호 등과 같이 사회 내의 개인이나 집단에 대한 부(富), 재산, 권리 등의 분배의 재조정에 관한 정책이다.

이것을 재분배정책이라고 하는 것은 어떤 집단의 희생하에 다른 집단에게 가치있는 물품을 이전하는 까닭이다. 대체로 재분배정책은 고소득층의 부나 소득을 저소득층에게 이전시키는 것을 목적으로 한다. 실제로 정책 중에는 역진세, 비례세와 같이 저소득층의 소득을 고소득층에게 이전시키는 결과를 초래하는 것도 있으나, 일반적으로 이러한 정책은 재분배정책이라고 하지 않는다.

모든 재분배정책이 다 그런 것은 아니나 많은 경우 어떤 계층의 희생하에 어떤 계층이 어느 정도 혜택을 받느냐는 집행과정에서 결정된다는 것을

---

62) *Ibid.*, pp. 74-76.
63) *Ibid.*, pp. 76-77.

유의할 필요가 있다.[64]

### 5) 외교국방정책

위에서 검토한 네 가지 유형은 국내정책을 분류한 것인데 이들은 외교국방정책을 별개의 유형으로 보고 이를 다시 다음의 세 가지로 세분하고 있다.

#### (1) 구조정책

이는 헌팅턴(Samuel P. Huntington)이 말하는 구조적 결정(structural decision)과 유사한 것으로 생각되는데, 전략적 단위와 군사력의 행사를 위해 투입될 인원·장비의 구입·배정·조직 등에 관한 정책이라 할 수 있다.

#### (2) 전략정책

이 역시 헌팅턴의 전략적 결정과 유사한 것으로서 부대의 수, 그 구성, 임전 태세, 무기의 종류와 수, 그 개발의 속도, 군사력의 전개·공약 등에 관한 정책이라 하겠다.

#### (3) 위기정책

위에서 고찰한 구조정책이나 전략정책은 비위기상황인 평상시에 관한 정책이며, 쿠바 미사일 기지사건, 이란 인질사건 등과 같은 위기에 관한 정책을 별개의 범주로 삼고 있다.[65]

---

64) *Ibid.*, pp. 77-79.
65) *Ibid.*, pp. 184-210.

# 제 2 장 정책변동 참여자

## 제 1 절 공식적 참여자

### 1 행정수반

#### 1) 정책과정에서의 행정수반의 주요성

오늘날은 행정수반 우월(executive dominance)의 시대이다.[1] 따라서 정책과정에서도 행정수반이 중요한 기능을 담당할 수밖에 없다. 우리나라와 같이 권력분립이 엄격하지 않은 국가에서는 더 말할 것도 없고 미국과 같이 권력분립이 엄격하고 입법부가 강력한 영향력을 발휘하는 국가에서도 행정수반이 정책과정에서 중추적인 역할을 담당하고 있다. 의원내각제하에서는 대통령중심제의 경우처럼 행정수반이 단독으로 영향력을 행사하는 것은 아니나 내각과의 협의하에서 수상이 주도권을 행사한다고 볼 수 있다.[2]

1) David M. Olson, *The Legislative Process: A Comparative Approach* (New York: Harper, 1980), p. 1.
2) George W. Jones, "The Prime Minister's Power," in Richard Rose(ed.), *Policy*

### 2) 행정수반의 유형

주로 미국의 대통령을 염두에 둔 것이기는 하나 하그로브(Erwin C. Hargrove)와 넬슨(Michael Nelson)은 정책과정과 관련해 행정수반을 다음과 같은 세 가지 유형으로 분류하고 있다. 이 유형은 다른 나라에도 적용될 수 있다고 생각해 이곳에서는 이들이 제시한 행정수반의 유형을 살펴보기로 한다.

#### (1) 준비형

이 유형의 행정수반은 새로운 아이디어를 조성하고 여과해 제시하는 것을 과제로 삼는다. 그러나 이 유형의 행정수반하에서는 이러한 새로운 아이디어가 별로 결실을 맺지 못한다. 준비형의 행정수반은 직속참모와 각 부처 간의 균형된 긴장(balanced tension)이 조성된다면 좋은 새로운 아이디어가 나올 수 있다고 생각한다.

준비형의 정책변동 전략은 장단점이 있다. 이상적으로 말한다면 새로운 아이디어와 각 부처의 현실주의가 균형을 이룰 수 있다고 하겠으나 계속 쏟아져 나오는 새로운 아이디어의 홍수 속에서 균형을 유지하기 어렵다는 것이다. 행정수반 직속참모들이 각 부처 장관들의 주장을 꺾을 수 없으므로 상반되는 주장을 분석하고 다양한 요구를 통합하는 일을 행정수반이 직접 담당해야 한다는 문제가 발생하게 된다.

#### (2) 성취형

이 유형의 행정수반은 입법부로 하여금 많은 법률안을 통과시키는데 주력한다. 비교적 강력한 영향력을 행사할 수 있으나 일시적이며 과도적인 상황으로 생각하는 까닭에 상황이 유리할 때 그가 원하는 바를 위해 대중을 동원해야 한다. 따라서 이러한 행정수반하에서는 행정수반 직속기관이 각 부처를 압도하기 마련이다.

이 유형의 정책변동 전략도 장단점이 있다. 강력한 영향력의 행사가 일시적일 때에는 속결 전략이 불가피하다. 그러나 행정수반이 창안・행동・

---

*Making in Britain*(London: Macmillan, 1969), p. 328.

성취를 지나치게 강조할 때에는 정책집행 과정에서 야기될지 모를 문제들을 소홀히 하게 되는 것이다. 국내정책이나 외교정책 분야에서 발생하는 집행상의 문제가 종국에 가서는 심각한 정치문제로 제기되어 대가를 치르게 되는 것이다.

(3) 정리형

이 유형은 기존의 프로그램을 합리화하는 데 주안점을 둔다. 따라서 이 유형에서는 행정수반의 목표를 능률적으로 실천에 옮기기 위해 행정수반 직속기관과 각 부처가 긴밀한 관계를 유지한다. 정책의 수정은 항상 집중적이며 정책의 실현 가능성이 강조되고 각 부처의 발언권이 높은 편이다. 부처 간의 갈등은 부처 간의 협의와 행정수반 참모들의 조정으로 극소화하도록 노력한다.[3)]

### 3) 정책변동을 위한 역할

일반적으로 정책변동은 장관들이나 공무원들이 담당하는 것이나 역사에 남을 만한 중요한 정책변동은 행정수반 주도하에 이루어지는 경우가 많다. 우리는 이곳에서 우리나라 역대 대통령 주도하에 이루어진 정책변동의 실례를 선별적으로 검토하고자 한다.

(1) 의무교육 실시

1948년에 수립된 대한민국정부가 1950년에 공포된 교육법에 의해 실시한 의무교육은 약 80%에 달하는 국민이 문맹이었던 당시의 우리나라 교육제도·교육정책을 시정하기 위한 정책변동이었다.

이때에 실시된 의무교육이 발판이 되어 우리나라 교육수준이 점차 향상되었으며 2008년 현재 고등학교 졸업생의 고등교육기관(전문대학과 4년제 대학) 진학률이 인문계는 87.9%, 실업계는 72.9%에 달하게 되었다고 하겠다.[4)]

---

3) Edwin Hargrove & Michael Nelson, *Presidents, Politics, and Policy*(Baltimore: Johns Hopkins University Press, 1984), pp. 196-199.

4) 통계청, 한국통계연감(서울: 통계청, 2008), p. 92.

### (2) 농지개혁

1950년 3월에 국회를 통과하고 4월에 공포된 농지개혁법에 의하여 이승만 대통령이 단행한 농지개혁은 형평의 증진과 능률의 제고라는 두 가지 농지정책의 목표를 달성한 획기적인 정책변동이었으며 농업 전반에 지대한 영향을 미쳤을 뿐만 아니라 정치적·사회적으로 큰 변화를 가져왔다고 하겠다.

한마디로 말해서 농지개혁은 지주와 소작인, 양반과 상인 간의 경제적·신분적 예속관계가 지배하던 사회현실을 타파하고 경자유전(耕者有田)의 원칙을 확립한 조치였다고 하겠다.[5]

### (3) 고속도로 건설

박정희 대통령에 의하여 추진된 고속도로 건설은 종전에 주로 국도·지방도와 철도에 의존하던 물류정책에 큰 변동을 가져왔다. 1968년에 준공된 경인고속도로를 시작으로 경부고속도로, 호남고속도로, 영동고속도로, 동해고속도로, 남해고속도로 등 연이어 고속도로 건설이 이루어졌다.

### (4) 새마을 운동

박정희 대통령에 의하여 1971년에 시작된 새마을운동은 근면, 자조, 협동의 기치 아래 자조와 협동적 노력을 통해 빈곤에 시달리는 농촌을 환경개선, 폐습일소, 소득증대를 통하여 생활의 질을 높이는 데 그 목적을 두었다.

이리하여 1971년 호당 35만 6,400원이었던 농가소득이 1981년에 368만 7,900원으로 10배 이상 늘어났으며, 그 바탕에는 새마을 연수원에서 양성된 농촌지도자들의 역할이 있었다.

### (5) 야간통행금지 폐지

야간통행금지는 1945년 해방 후부터 37년간 지속된 정책이다. 남북으로 분단된 상황하에서 정부나 국민이 야간통행금지는 불가피한 것으로 받아들여 왔다.

---

5) 유영익, "이승만 대통령의 업적-거시적 평가," 현대한국학연구소편, 이승만대통령의 역사적 평가(서울: 현대한국학연구소, 2004), pp. 283-285.

〈표 2-1〉 역대 대통령에 의한 주요 정책변동

| 대통령별 | 주요 정책변동 | 변동내용 |
|---|---|---|
| 이승만 | 의무교육 실시 | 약 80%의 국민이 문맹이었던 교육현실·교육정책을 시정하기 위한 조치 |
| | 농지개혁 | 지주와 소작인, 양반과 상인 간의 경제적·신분적 예속관계가 지배하던 사회현실을 타파하고 경자유전의 원칙을 확립하기 위한 조치 |
| 박정희 | 고속도로 건설 | 국도·지방도와 철도에만 의존하던 물류정책을 개혁하고 전국을 1일생활권으로 만들기 위한 조치 |
| | 새마을 운동 | 빈곤에 시달리던 농촌의 현실과 농업정책을 개혁하기 위한 조치 |
| 전두환 | 야간통행금지 폐지 | 해방 직후부터 지속된 야간통행금지를 폐지하여 긴장된 사회분위기를 해소하고 생산증대·물류소통에 이바지하려는 조치 |
| 노태우 | 부동산 투기 억제 조치 | 재벌기업의 비업무용 부동산 매각 및 신규취득 금지 등을 포함한 부동산 투기 억제를 위한 5·8조치 |
| 김영삼 | 금융실명제 | 차명계정·가명계정이 허용되어 비리의 온상을 이루었던 금융제도·금융정책을 개혁하여 투명사회를 이룩하기 위한 정책변동 |
| | 민간정부의 군통제권 회복 | 군내의 파벌을 해체하고 군사쿠데타의 빈발을 저지하기 위한 조치 |

그동안에도 야간통행금지를 폐지하자는 주장이 없었던 것은 아니나 치안·국방 당국의 저항으로 야간통행금지를 폐지하지 못하고 있다가 긴장된 사회분위기에 숨통을 트고 제5공화국 정권의 정통성 부족을 보완하는 뜻에서 1982년 1월 1일 야간통행금지 폐지가 발표되었다.[6]

이와 같이 야간통행금지 폐지는 긴장된 분위기의 해소에 도움이 되었을 뿐만 아니라 생산의 증대에 다소간이나마 이바지했으며 유통 및 소비부문에도 활력소로 작용하였던 것이다.

### (6) 부동산 투기 억제를 위한 5·8조치

경제안정 기조의 회복과 이를 위한 부동산 가격의 안정을 위하여 부동산

6) 유훈, 정책학원론[제3정증보판](서울: 법문사, 2002), pp. 600-601 참조.

투기 억제가 절대로 필요하다고 생각한 노태우 정부는 토지공개념 3법을 공포하였다. 그러나 이러한 법률의 제정만으로 부동산 투기억제가 어렵다고 생각하여 1990년 5월 8일 소위 5·8조치를 발표하였다.

5·8조치는 i) 재벌기업의 비업무용 부동산매각 및 신규취득 금지, ii) 금융기관의 비업무용 부동산매각 및 신규취득 금지를 위시하여 부동산 투기억제를 위한 여러 가지 조치를 포함하는 것이었는데 이 중 핵심을 이룬 것은 재벌기업의 비업무용 부동산의 매각이었다고 하겠다.

이러한 5·8조치는 사기업의 소유권 행사에 지대한 영향을 미치는 정책변동이었으며 그 목적을 달성하기 위하여 비상한 정책수단을 동원했다. 처음에 노태우 정부는 설득에 의하여 그 목적을 달성하려고 하였으나 실효를 거두지 못하다가 1991년 5월 2일 은행감독원이 비업무용 부동산 미처분기업에 대해서는 여신 잔액을 동결할 뿐만 아니라 주력업체수를 하나로 제한한다는 제재조치를 발표하였다. 많은 우여곡절 끝에 1990년 5월 8일 5·8조치가 발표된 2년 후에야 겨우 결실을 보게 되었다.

### (7) 금융실명제 실시

부정축재 자금과 부동산 투기자금의 세탁절차였던 가명계정·차명계정이 허용되어 비리의 온상을 이루었던 금융제도·금융정책을 시정하기 위하여 실시된 금융실명제는 투명한 사회로 한 발 내디디기 위한 정책변동이었다고 하겠다.

비밀이 샌다면 급속도로 자본이 빠져나가 하루아침에 우리 경제에 심대한 타격을 줄 수 있다고 생각한 김영삼 대통령은 이경식 부총리에게 절대비밀을 지킬 것을 엄명하여 이경식 부총리와 홍재형 재무장관이 대통령 비서실장도 모르는 상황에서 작업을 진행하여 1993년 8월 12일 금융실명제를 발표했다.

금융실명제가 정착되기까지 많은 시일이 소요되었으나 1993년에 발표된 금융실명제는 오늘날과 같은 투명 금융질서를 확립하기 위한 초석을 놓는 정책변동이었다고 하겠다.

(8) 민간정부의 군통제권 회복

1993년 2월 25일 30년 만에 군 출신이 아닌 대통령으로 취임한 김영삼은 자신의 정부를 문민정부라 부르고 군 개혁을 결심했다. 3월 8일 육군참모총장과 기무사령관을 전격 경질한 것을 신호탄으로 군내 사조직인 하나회의 척결에 착수했으며 5·24숙군(肅軍)에 의하여 절정을 이루었다고 하겠다.

김영삼 대통령의 이와 같은 군 개혁은 오랜 세월동안 '절대 성역'으로 간주되었던 군부가 민간정부에 의해 확실한 통제를 받게 된 정책변동이었으며 이후 군내 새로운 사조직 형성이 불가능해지게 되면서 쿠데타의 가능성도 사라졌다.

## 2 입 법 부

### 1) 입법부의 지위

많은 국가에서 입법부는 제1부(The First Branch)라 하여 헌법상 행정부나 사법부보다 우월적 지위를 누린다. 우리나라 헌법도 국회·정부·법원의 순으로 다루고 있다.

그러나 행정국가화 현상으로 많은 국가에서 정책과정에서의 입법부의 실질적인 영향력은 행정부에 뒤지고 있으며 그 기능도 주로 정책형성이나 정책변동 과정에 한정되고 있다고 하겠다.

특히 우리나라에서는 후술하는 바와 같이 행정부에의 종속화 경향으로[7] 정책집행이나 평가과정은 더 말할 것도 없고 정책형성이나 정책변동 과정에서도 입법부가 행정부의 그늘에서 벗어나지 못했다고 하지 않을 수 없다.

### 2) 입법부의 유형

입법부의 유형도 여러 가지로 분류할 수 있으나 여기에서의 논의와 관련

7) 위의 책, pp. 218-221 참조.

이 있는 분류 몇 가지만 고찰하기로 한다.

(1) **행정부 우월형 · 균형형 · 입법부 우월형**

행정부와 입법부의 관계, 특히 불신임권과 국회해산권을 고려에 넣은 분류방법이다.

첫째, 행정부 우월형이란 행정부가 국회를 해산할 수 있으나 국회가 행정부에 대한 불신임권을 보유하지 않은 경우이다.

둘째, 균형형이란 행정부가 국회를 해산할 수 있을 뿐만 아니라 국회가 정부에 대한 불신임권도 지니는 경우와 행정부의 국회해산권과 국회의 정부불신임권이 다 없는 순수형의 대통령중심제를 포함한다.

셋째, 입법부 우월형이란 국회는 정부 불신임권을 지니나 정부는 국회해산권을 지니지 않거나 국회해산에 제한이 있는 경우이다.

<표 2-2>와 같이 행정부 우월형이 17개국(16%)이며, 균형형이 55개국(51%)인데 대해 입법부 우월형을 택하고 있는 나라는 20개국(19%)이다. 균형형을 택하고 있는 55개국 중 의원내각제 27개국, 대통령중심제가 21개국으로 되어 있다.[8)]

〈표 2-2〉 행정부 우월형 · 균형형 · 입법부 우월형의 분포

| 유형별 | 국 가 수 | 비율(%) |
|---|---|---|
| 행정부우월형 | 17 | 16 |
| 균형형 | 55 | 51 |
| 의원내각제 | 27 | 25 |
| 대통령중심제 | 21 | 19 |
| 기 타 | 7 | 6 |
| 입법부우월형 | 20 | 19 |
| 미 상 | 16 | 15 |
| 합 계 | 108 | 101 |

8) J. Blondel, *Comparative Legislature*(Englewood Cliffs: Prentice-Hall, 1973), pp. 39-42.

#### (2) 대통령중심제와 의원내각제

국회의 정부불신임권과 정부의 국회해산권이라는 관점에서 위와 같이 세 가지 유형으로 분류했으나 정책과정이라는 관점에서 본다면 대통령중심제하의 입법부와 의원내각제하의 입법부라는 분류가 더 실효성 있는 분류 방법이라고 할는지 모르겠다.

대통령중심제하에서는 미국의 경우와 같이 대통령을 배출한 정당과 국회의 다수당이 다를 수 있는 까닭에 행정수반이 원하는 정책을 국회가 채택하지 않거나 대폭적으로 수정을 가하는가 하면 정부가 원하지 않은 정책이 국회에서 의결되는 현상이 일어나게 된다. 다른 한편 의원내각제하에서는 입법부가 내각의 진퇴를 결정하나 내각은 국회의 다수당의 간부들로 구성되는 까닭에 일반적으로 정책형성이나 정책변동은 정부 주도하에 원활한 과정을 밟게 된다.

#### (3) 양원제와 단원제

상원(second chamber)이 어떻게 선출되든 간에 양원제는 단원제에 비해 국회의 심의과정을 지연시키고 정책의 목표를 모호하게 만들 우려가 있다. 그러나 연방국가에서는 양원제가 불가피한 것으로 생각되는 경우가 많다.[9]

### 3) 입법부와 정책변동

#### (1) 의원발의에 의한 정책변동 참여

입법부는 법률안의 의원발의를 통하여 정책변동에 참여할 수 있다. <표 2-3>과 같이 의원발의 법률안의 비중이 시대에 따라 차이가 있으나 종합적으로 살펴볼 때 전체 발의 법률안의 66.7%를 의원발의 법률안이 차지하고 있다.

비록 행정부발의 법률안의 70.7%가 의결된데 대하여 의원발의 법률안은 28.0%만이 의결되기는 했으나 입법부는 법률안의 발의에 의하여 정책변동에 참여할 수 있다고 하겠다.

---

9) *Ibid.*, pp. 32-35.

〈표 2-3〉 한국의 역대국회 법률안 처리 상황

| | | 의 원 | 정 부 | 합 계 |
|---|---|---|---|---|
| 제1공화국<br>제헌국회~4대국회 | 발의 | 559(41.0) | 804(59.0) | 1,363(100.0) |
| | 가결 | 220(37.2) | 372(62.8) | 592(100.0) |
| 제2공화국<br>(5대국회) | 발의 | 137(46.3) | 159(53.7) | 296(100.0) |
| | 가결 | 29(42.0) | 40(58.0) | 69(100.0) |
| 제3공화국<br>6대국회~8대국회 | 발의 | 701(52.7) | 628(47.3) | 1,329(100.0) |
| | 가결 | 307(42.2) | 421(57.8) | 728(100.0) |
| 제4공화국<br>9대국회~10대국회 | 발의 | 159(20.9) | 603(79.1) | 762(100.0) |
| | 가결 | 87(13.5) | 557(86.5) | 644(100.0) |
| 제5공화국<br>11대국회~12대국회 | 발의 | 413(47.6) | 455(52.4) | 868(100.0) |
| | 가결 | 149(26.5) | 413(73.5) | 562(100.0) |
| 제6공화국 이후<br>13대국회~17대국회 | 발의 | 10,334(75.0) | 3,453(25.0) | 13,787(100.0) |
| | 가결 | 2,620(51.1) | 2,511(48.9) | 5,131(100.0) |
| 종 합<br>제헌국회~17대국회 | 발의 | 12,203(66.7) | 6,102(33.3) | 18,305(100.0) |
| | 가결 | 3,412(44.2) | 4,314(55.8) | 7,726(100.0) |

주 i) (  )안은 비율.
ii) 최고회의, 입법회의 처리상황 제외.
자료: 윤형섭, "한국의 정치과정," 김운태외 공저, 한국정치론[제2전정판](서울: 박영사, 1989)과 국회사무처, 의정자료집(서울: 국회사무처, 2008)을 토대로 재작성.

### (2) 법률안의 의결에 의한 정책변동 참여

입법부는 법률안의 발의에 의하여 정책변동에 참여할 뿐만 아니라 법률안의 의결에 의하여 정책변동에 참여할 수 있다. 입법부가 의결한 법률안이 전부 정책변동을 위한 것이라고 할 수는 없겠으나 오늘날에 있어서는 신규법률의 제정보다는 기존법률의 개정이 훨씬 많다는 것을 알 수 있다.

예를 들어 2009년 1월 8일 국회 본회의를 통과한 안건을 보면 법률안 56건, 결의안 2건이었는데 법률안의 경우를 보면 교통·에너지·환경세법 폐지안을 제외하고는 조세특례법 개정안, 국민연금법 개정안, 국유재산법 개정안 등 기존법률 개정안이 압도적으로 많다는 것을 알 수 있다. 교통·에너지·환경세법 폐지안은 정책변동의 일종인 정책종결을 위한 법안이었다.

한마디로 말해서 오늘날 입법부에서 의결하는 법률안은 기존법률의 개정안이 압도적으로 많은데 이들은 대부분 정책변동을 위한 법률안이라고 할 수 있다는 것이다.

## 3 행정기관

### 1) 정책과정과 관련된 관료제의 문제

정책과정에서의 공무원의 기능과 관련해 제기되는 문제가 많으나 우리는 이곳에서 두 가지만 다루고자 한다.

#### (1) 정무관과 직업공무원

직업공무원이 정책과정에서 어느 정도의 역할을 담당해야 하며, 정무관(政務官, political appointee)의 층은 어느 정도 두터워야 하고, 정무관과 직업공무원의 관계는 어떠해야 하는가도 많은 논란이 있는 문제이다.

정치적으로 임명되는 정무관이 수적으로 적으면 실적주의 공무원제와 이를 토대로 한 직업공무원제의 발전에 도움이 될 수 있다. 그러나 프랑스의 제3공화국이나 제4공화국과 같이 직업공무원을 통제·감독할 내각이 빈번히 교체되는 경우에 직업공무원의 권력적 지위가 지나치게 강화되고 독선에 빠질 우려가 있다. 이리하여 루시(Herbert Luethy)는 프랑스 제4공화국하의 관료제를 정치적 간섭을 받지 않은 최고의 주권적인 집단으로서 정치적 폭풍우가 몰아닥치더라도 끄떡하지 않는 암석과 같은 존재라고 했던 것이다.[10)]

미국은 정무관이 과다하며 직업공무원제가 유럽에 비해 많이 낙후되어 있다고 한다. 그러나 미국에서도 행정수반이나 그 주변의 참모들은 직업공무원들이 감응성(responsiveness)이 부족하다고 불평하고 있다. 직업공무원들은 공화당정부를 과도적인 현상(transient phenomenon)이라고 보고 있다는 핼드먼(H. R. Haldeman)의 견해나 무능한 공무원은 해임하는 것보

---

10) Herbert Luethy, *France against Herself*(New York: Meredian Books, 1955), pp. 14-17.

다는 승진시키고 보직을 바꾸어 주는 것이 용이하다는 카터 대통령의 주장이 정책결정자의 고충을 반영하는 것이라 하겠다.[11]

한마디로 말해서, 정무관과 직업공무원의 관계는 변화와 안정, 감응성과 전문성의 조화를 염두에 두면서 결정해야 할 어려운 문제라고 하지 않을 수 없다.

### (2) 전문직과 일반직

행정기관 내의 정책과정에서 또 하나 문제가 되는 것은 전문직(professionals)과 일반직(administrators)의 관계이다.[12] 도시계획전문가, 사회사업요원, 산림전문가와 같은 전문직 공무원들이 집념을 가지고 그들의 담당 업무에 정진하는 경우를 우리는 많이 본다. 일반직은 보조업무에 종사하는 경우도 있으나 여러 전문직의 업무를 조정하는 역할을 담당하는 경우가 많다. 따라서 많은 조직에서 일반직이 리더십을 발휘하는 자리를 차지하고 있다.

행정기관 내에서 개발 또는 변동되는 정책은 일반적으로 일반직과 전문직 간에 밀고 당기는 과정을 거쳐야 한다. 일반직이 저축지향적이라면 전문직은 소비지향적인 경우가 많다. 전문직은 시야가 좁으며 복잡한 문제를 종합적으로 볼 수 없을 뿐만 아니라 조직 내의 권위구조에 도전하고 소요의 절차를 소홀히 하여 조직 내의 혼란과 갈등의 원천을 이루는 경우가 많다. 그러나 행정기관 내의 정책형성이나 정책변동이 전문성과 객관성을 지닐 수 있다면 그것은 전문직의 역할에서 오는 것이라 할 수 있다.[13]

우리나라에서는 아직도 일반직이 우월한 지위를 차지하며 전문직은 일반직의 그늘에 가려 제대로 그 기능을 발휘하지 못하고 있다는 비판이 많

---

11) George C. Edwards III, *Implementing Public Policy*(Washington, D. C.: Congressional Quarterly Press, 1980), pp. 102-103.

12) 우리가 여기서 사용하는 전문직이나 일반직이라는 용어는 우리나라 국가공무원법이나 공무원임용령에서 사용하는 '일반직'이나 '전문직'과는 차이가 있다는 것을 유의할 필요가 있다.

13) Francis E. Rourke, *Bureaucracy, Politics, and Public Policy*, third edition(Boston: Little, Brown & Co., 1984), pp. 132-134.

이 제기되고 있다. 전문직의 발언권이 커지고 제대로 기능을 발휘할 수 있는 날이 속히 와야 할 것이다.

### 2) 행정기관 내 정책과정의 특징

행정기관 안에서 이루어지는 정책과정의 특징으로서 여러 가지를 들 수 있겠으나 우리는 이곳에서 다음의 몇 가지를 들고자 한다.

#### (1) 계층적 권위구조

관료제의 가장 중요한 특징의 하나가 계층제라는 것은 길게 설명할 필요가 없다. 후술하는 바와 같이 행정조직 내의 계층제가 완화되고 있으며 선진사회에 있어서는 이러한 경향이 더욱 두드러지고 있다.[14] 그러나 1인 1표의 입법부에 비하면 행정조직 내 계층제는 아직도 뿌리가 깊다.

행정기관 내의 이러한 계층적 권위구조가 초래하는 이점이 있다. 첫째로 계층제로 인하여 어느 정도 정책의 일관성을 기할 수 있으며, 둘째로 정책과정의 정체를 방지할 수 있다. 과 간의 대립은 국장이 조정하고 국 간의 알력은 차관이나 장관이 조정할 수 있다. 그러나 행정조직 내의 계층제는 자유스러운 의견의 교환을 어렵게 하며 쇄신적 정책의 결정이나 변동을 저해할 수도 있다.[15]

#### (2) 전문적 · 기술적 기준

행정기관 내의 정책과정은 객관적 기준에 의한 규범적 선택에 의존하려는 경향이 있다. 행정기관 내의 정책과정이라 해서 정치적인 고려를 배제한다는 의미는 아니다. 행정기관도 정치체제의 일부이며 수혜집단의 이익을 도외시할 수는 없을 것이다. 예를 들면 농림부가 농산물이나 쇠고기의 수입문제에 관한 정책을 결정함에 있어서 농민의 이익을 도외시하고 객관적인 분석에만 의존하여 농산물이나 쇠고기의 수입을 주장할 수는 없을 것이다.

---

14) 이 책 제5편 제16장 제1절 “정책집행의 의의와 유형” 참조.

15) Rourke, *op. cit.*, pp. 145-149.

따라서 행정기관 내의 정책과정의 특징은 전문성을 존중하면서 정치적 고려도 등한히 하지 않는데 있다고 하겠다. 직업공무원은 전문성에 입각하여 건의하고 정무관이 정치적 고려를 가미하여 최종결정을 내리는 것이 바람직할는지 모른다. 군사전문가들은 그들의 건의가 어떤 외교문제를 초래할는지 알지 못하는 경우가 있을 것이며 의사들은 신설되는 시립병원의 위치 선정에 있어서 그 병원을 이용할 환자들의 편의를 염두에 두지 못할 수도 있다. 이런 의미에서 정치적 고려의 가미는 행정기관 내의 전문적인 정책 과정을 부패시키는 요인으로 볼 수도 있겠으나 관료적 의사결정자의 시야를 넓히고 보다 다양하고 보다 많은 국민의 수요에 응할 수 있는 정책의 결정이나 변동을 가능케 하는 요인으로 볼 수도 있을 것이다.[16]

#### (3) 비공개성

행정기관 내의 정책과정의 또 하나의 특징은 그 비공개성에 있다. 미국에서는 1966년에 정보공개법(Freedom of Information Act)을 제정하고 1974년에 이를 강화했으나 아직도 행정기관 내의 비밀주의가 비판의 대상이 되고 있다.

우리나라에서도 1996년 12월 31일부로 '공공기관의 정보공개에 관한 법률'을 공포하고 그 다음 해인 1997년 10월 21일부로 시행령도 공포하였으나 비공개대상정보의 범위가 넓고 여러 가지 제한이 많아서 행정기관 내의 비밀주의를 극복하는 데 별로 도움이 되지 않는 것 같다.

### 3) 관료제와 정책변동

정책변동에 있어서 관료들의 역할이 대단히 중요하다는 것은 긴 설명을 요하지 않는다. 우리는 관료의 역할을 정책변동에 대한 그들의 공헌과 관료제의 저항으로 인한 정책변동의 좌절로 나누어서 고찰하고자 한다.

#### (1) 정책변동을 위한 관료들의 공헌

모든 정책변동에서 동일한 현상을 찾아볼 수 있을 줄 아나 저자가 참여

---

16) *Ibid.*, pp. 150-154.

한 정책변동(행정개혁)에 있어서는 관료들이 중요한 역할을 담당했다. 재정회계제도개혁위원회나 예산회계제도심의회 등에서 성안한 대부분의 정책변동안(개혁안)은 관료들이 기초한 것을 토대로 위원회 등의 심의과정에서 다듬은 것이라 하겠다.

관료들이 기초한 정책변동안은 개혁주동자 등 상급자가 부여한 지침에 의거하였으나 관료들의 견해가 많이 반영될 수밖에 없었다. 일단 관료들이 기초한 정책변동안이 위원회 등에 상정되어 대폭적 수정을 하거나 보류되는 경우도 있었으나 많은 경우 관료들의 초안이 토대가 될 수밖에 없었으며 관료들의 역할이 컸다는 것은 부인할 수 없는 사실이다.

**(2) 관료제의 저항으로 인한 좌절**

관료들이 정책변동의 성공에 이바지하는 경우도 많으나 다른 한편 관료들의 저항으로 인하여 좌절하거나 굴절을 입는 경우도 많다. 성과주의예산제도와 계획예산제도(PPBS) 도입이라는 정책변동의 실패가 좋은 예라 하겠다.

성과주의예산제도는 리더십의 중단으로 폐기되고 말았다는 견해도 있으나 예산국의 관료들이나 각 부처 예산담당자들의 저항으로 개혁주도자가 무대에서 사라지자 비현실적이라는 이유로 폐기되었다는 것이 저자의 생각이다.[17]

계획예산제도의 경우에도 동일한 현상을 찾아볼 수 있다. 국방부에서 도입준비5개년계획을 수립하여 국방부장관훈령으로 각 군에 시달되었으나 미연방정부에서 계획예산제도가 목표에 의한 관리(MBO)에 의하여 대체되자 이것을 구실로 국방부나 각 군의 예산담당자들의 주동으로 계획예산제도의 도입시도가 중단되었다는 것이 저자의 생각이다.[18]

이렇게 볼 때 일선관료들을 정책과정에서의 주된 행위자(primary actor)로 보며 일선관료들이 주장하고 결정하기까지는 구체적인 의미의 정책이

17) Hoon Yu, "Performance Budgeting in Korea," 행정논총 제8권 제2호, 1970, pp. 447-448.
18) 유훈, 재무행정론[제6정증보수정판](서울: 법문사, 2007), p. 380 참조.

존재하지 않는다는 일선관료제(一線官僚制)이론의 주장에 수긍이 갈 것 같다.[19]

## 4 사 법 부

우리는 정책과정 참여자를 고찰할 때 흔히 사법부를 제외하기 쉽다. 나라에 따라서 사법부의 정책과정 참여자로서의 기능에 많은 차이가 있으며, 일반적으로 개발도상국에서는 사법부의 기능이 미약하다. 우리나라에서는 그동안 사법부의 정책과정에서의 역할이 미약했으나 제6공화국 이후 사법부의 역할이 점증하고 있다고 하겠다.

### 1) 사법부와 정책과정

많은 국가에서 사법부가 명령심사권과 행정재판권을 보유하므로 정책과정에 사법부가 관여하고 있는 국가가 많다고 하겠다. 우리나라 현행헌법도 "명령 · 규칙 또는 처분이 헌법이나 법률에 위반되는 여부가 재판의 전제가 된 경우에는 대법원은 이를 최종적으로 심사할 권한을 가진다"고[20] 규정함으로써 명령심사권과 행정재판권을 법원에 부여하고 있다. 행정재판권을 일반법원에 부여하느냐 독립한 행정재판소에 부여하느냐에 따라서 사법형과 행정형으로 나눌 수 있는데, 우리는 영 · 미의 사법형을 채택하고 있다.[21]

### 2) 사법부와 정책변동

미국과 같이 법원이 정책과정에 깊숙이 그리고 빈번하게 개입하는 나라는 많지 않으나 우리나라에서도 제6공화국 이후 법원이 정책과정에 많이

---

19) Michael Lipsky, "Standing the Study of Public Policy Implementation on Its Head," in Walter Burnham & Martha Weinberg(eds.), *American Politics and Public Policy*(Cambridge: MIT Press, 1978), pp. 397-398.

20) 헌법 제107조 제2항.

21) 김철수, 헌법학신론[제15전정신판](서울: 박영사, 2005), p. 959.

관여하게 되었다.

2008년 사법60주년을 맞아 대법원이 발표한 한국을 바꾼 시대의 판결 중에서 정책변동에 해당된다고 생각되는 몇 가지 실례를 고찰하고자 한다.[22]

(1) **전두환·노태우 전직 대통령 내란 사건**

과거에는 성공한 쿠데타는 처벌할 수 없다는 것이 관습처럼 되어 왔다. 그리하여 1994년 12·12관련 고소·고발사건과 5·18관련 고소사건에 대하여 검찰은 기소유예 또는 "고소권 없음" 결정을 내렸다. 그런데 1995년 10월 19일 민주당 박계동 의원에 의해 '노태우 비자금'이 폭로되면서 상황이 바뀌었다. 많은 우여곡절 끝에 전두환·노태우 두 전직대통령은 수감되었으며 1996년 8월 5일 서울 지검은 전두환 전 대통령에게 사형을, 노태우 전 대통령에게 무기징역을 구형했다. 1997년 4월 17일 대법원에 의하여 전두환 전 대통령에게 무기징역과 추징금 2,205억원, 노태우 전 대통령에게 징역 17년과 추징금 2,628억원이 확정되었다. 성공한 쿠데타도 처벌할 수 있다는 정책변동이 사법부에 의하여 이루어진 것이다.

(2) **교사 체벌행위 유죄인정사건**

과거에는 교사들이 학생들에게 가하는 체벌은 교육과정의 일환으로 인정하여 처벌되지 않았다. 그러나 2004년 6월 10일에 내려진 교사의 체벌행위 유죄인정사건은 과거의 관례를 깨고 한도를 넘는 교사체벌행위는 유죄로 인정하는 판례(判例)를 확립한 사건이었으며 사법부에 의한 또 하나의 정책변동이었다고 하겠다.

(3) **여성 종중원 지위 인정사건**

우리나라의 많은 문중에서 여성 종중원(宗中員)은 그 지위가 인정되지 않았다. 그러나 여권의 신장으로 여성의 지위가 향상됨에 따라 여성 종중원의 지위를 인정해야 한다는 주장이 제기되었다. 2005년 7월 1일 대법원의 여성 종중원 지위 인정사건은 여권의 신장을 상징하는 사건으로서 법원에 의한 정책변동의 한 사례라 하겠다.

---

22) 조선일보, 2008. 9. 17.

## 5 헌법재판소

### 1) 헌법재판소의 위치

저자는 과거에 헌법재판소를 사법부에 포함시켜 검토하였다. 그러나 우리나라 헌법이 제5장에서 법원에 관해서 규정하고 헌법재판소에 관한 규정을 제6장에 두고 있다. 뿐만 아니라 국가공무원법을 위시하여 많은 법률들이 헌법재판소를 사법부와 구별하고 있으며 헌법재판소의 정책과정에서의 기능이 급격히 팽대해지고 있으므로 헌법재판소를 사법부와 별도로 고찰하기로 한다.

### 2) 헌법재판기관의 변천

우리나라 헌법재판기관은 1948년 제1공화국 헌법 이래 오늘날까지 많은 변천을 거듭해 왔다. <표 2-4>와 같이 제3공화국을 제외한 각기에는 대륙적인 헌법위원회 또는 헌법재판소를 채택했으며, 제3공화국 헌법에서는 미국식인 사법심사제도를 채택하여 헌법재판을 대법원이 관장했다.[23]

미국식이건 대륙식이건 간에 그동안 우리나라 헌법재판기관이 그 기능을 제대로 발휘하지 못하다가 제6공화국 헌법이 규정한 헌법재판소가 설치

〈표 2-4〉 우리나라 헌법재판기관의 변천

| | 헌법재판기관 | 기능 발휘 여부 |
|---|---|---|
| 제1공화국 | 헌법위원회 | 기능 발휘 못함 |
| 제2공화국 | 헌법재판소 | 헌법에 규정되었으나 설치 전에 5·16을 맞이함 |
| 제3공화국 | 대법원 | 기능 발휘 못함 |
| 제4공화국 | 헌법위원회 | 기능 발휘 못함 |
| 제5공화국 | 헌법위원회 | 기능 발휘 못함 |
| 제6공화국 이후 | 헌법재판소 | 기능 발휘 |

23) 김철수, 한국헌법사(서울: 대학출판사, 1988), p. 113.

됨에 따라 헌법재판이 본궤도에 올라서게 되었다는 것은 주지의 사실이다.

#### 3) 헌법재판소의 기능

헌법재판소는 선거소송을 제외한 모든 헌법재판을 담당하는 데 i) 위헌법률심사제도, ii) 탄핵심판권, iii) 위헌정당해산심판권, iv) 기관 간 권한쟁의 심판권, v) 헌법소원심판권 등이 그 주된 기능이라 하겠다.

이 중 위헌정당해산심판권은 아직 발동된 일이 없으며, 그동안 위헌법률심사와 위헌소원이 헌법재판소의 주요 업무였고, 정책과정과 관련이 있는 것도 이 두 가지 기능이라고 하겠다.

#### 4) 헌법재판소와 정책변동

1988년에 창설된 헌법재판소는 초기에는 연평균 300건 내지 400건의 사건을 맡았지만 점차 늘어나 2001년에 1,000건, 2007년에 1,770건을 넘어서면서 20년 동안에 4배 이상으로 늘어났다.

2008년 현재 그동안 처리한 사건은 모두 15,663건에 이르고 이 가운데 500건에 대해 '헌법에 위반된다'는 위헌결정을 내렸다. 38건의 권한쟁의 사건 중 5건을 받아들였고, 정당해산 사건은 한 건도 없었다. 위헌결정 중 정책변동에 해당된다고 인정되는 결정이 많으나 중요하다고 생각되는 것 몇 가지만 검토하기로 한다.[24]

##### (1) 선거구 인구편차 위헌

2001년 10월 15일에 내려진 '선거구 인구편차 위헌' 결정은 선거구에 따라 인구편차가 극심하여 1인 1표 원칙에 위배되므로 인구편차를 줄여야 한다는 것이다. 이 결정에 따라 선거구가 조정되었으며 국회의원수도 조정되었다.

##### (2) 재외국민 참정권 미부여 위헌

재외국민에게 참정권을 부여하지 않는 것이 위헌이라는 결정이 2007년 6

---

24) 동아일보, 2008. 9. 1.

월 28일 내려졌다. 이 결정에 따라 재외국민에게 선거권을 부여하는 문제가 여야 간에 많은 논의가 있었다. 특히 선거권을 부여할 재외국민의 범위를 둘러싸고 견해의 대립이 있었으나 여야 간에 합의가 이루어져 2009년 관련 법률이 제정되었으며 다음 총선부터 재외국민들도 선거권을 가지게 되었다.

**(3) 동성동본 혼인금지 위헌**

과거에는 민법 809조 1항에 의하여 동성동본 간에는 혼인이 금지되어 왔다. 그러나 1997년 7월 16일 동성동본 혼인금지가 위헌이라는 결정이 내려졌다.

이 결정에 따라 2005년 3월 31일 민법 809조가 개정되어 동성동본의 혈족 사이에서는 혼인하지 못한다는 조항이 "8촌 이내의 혈족 사이에서는 혼인하지 못한다"로 개정되었다.

**(4) 호주제 위헌**

민법 980조 이하의 규정에 따라 오랫동안 유지되어 왔던 호주제가 2005년 2월 3일 헌법재판소에 의하여 위헌으로 결정되었다.

이 결정에 따라 민법 980조부터 996조에 이르는 호주에 관한 조문이 2005년 3월 31일부로 삭제되었으며 2008년 1월 1일부로 시행되기에 이르렀다.

전술한 동성동본 혼인금지의 경우에는 헌재의 결정부터 민법개정까지 8년이 소요되었으나 호주제폐지는 헌제결정부터 민법개정까지 2개월이 소요되었으며 시행도 3년이 걸리지 않았다.

**(5) 변호인 접견 방해 위헌**

피의자나 피고의 변호인 접견, 특히 피의자의 변호인 접견이 검찰이나 경찰에 의하여 교묘하게 방해를 받아왔으며 형사 피의자나 피고의 인권보호에 어려움이 많았다. 헌법재판소는 1992년 1월 28일 변호인의 접견방해를 위헌이라고 결정했다.

# 제 2 절 비공식적 참여자

## 1 이익집단

### 1) 이익집단의 개념

이익집단(interest group)이란 공동의 이익이나 이념을 지니는 사람들 또는 조직을 대변하는 집단이라 할 수 있다. 이익집단과 정당의 차이점은 정당이 정권의 장악을 목표로 삼고 있는 데 대하여 이익집단은 정부에 영향력을 행사하는 것을 목표로 삼으며 정권의 장악을 염두에 두지 않고 있다는 것이다. 네덜란드나 스웨덴과 같이 다당제를 택하고 있는 국가의 정당과 이익집단의 차이가 모호해지는 것이 사실이다. 이러한 국가의 농민당은 이익집단의 아류라고 할 수 있는 까닭이다. 미국과 같이 양당제가 확립되어 있는 국가에서도 정당과 이익집단의 구분이 불분명한 경우가 많다.

이익집단이 특정 후보자를 위한 선거활동, 조직과 자금의 제공, 홍보활동 등을 전개하는 경우가 많은 것이다. 미네소타 주 같은 곳에서는 민주당과 이익집단의 관계가 지극히 밀접해 정당의 명칭 자체가 민주농민노동당(Democratic Farmer Labor Party)으로 되어 있다. 이러한 사실들에 비추어 볼 때 정당과 이익집단을 식별할 수 있는 기준으로서 표면상 이익집단은 정당보다 좁은 목표를 지니고 있다는 것을 들 수 있겠다.[25]

### 2) 이익집단의 분류

이익집단은 여러 가지 관점에서 여러 가지로 분류할 수 있겠으나 우리는 이곳에서 다음의 몇 가지 분류를 검토하고자 한다.

---

25) Graham K. Wilson, *Interest Groups in the United States*(Oxford: Clarendon Press, 1981), pp. 4-5.

### (1) 아몬드와 포웰의 분류

아몬드와 포웰은 이익집단을 다음과 같은 네 가지 유형으로 분류하고 있다.[26]

첫째, 지연(地緣)·혈연(血緣) 등과 같은 제1차적인 유대관계를 토대로 하여 형성된 비결사적(nonassociational) 이익집단으로서 이익표명을 간헐적으로 하는 전근대적 이익집단이다.

둘째, 정당·입법부·군대·관료제·교회 등과 같은 조직 속에서 찾아볼 수 있는 제도적(institutional) 이익집단으로서 본래 이익표명 이외의 정치적·사회적 기능을 수행하기 위해 조직된 것이다.

셋째, 이익표명을 위한 특수조직을 말하는 결사적(associational) 이익집단으로서 노동조합·기업단체·종교단체 등 대부분의 이익집단이 이 범주에 속한다.

넷째, 고도로 집권화된 정치체제하에서 불만이나 항의의 자연발생적 표현으로 나타나는 비조직적 폭동집단을 말하는 아노미적(anomic) 이익집단인데 정치적 불안을 조성하는 집단이다

### (2) 윌슨의 분류

주로 미국의 경우를 염두에 두고 윌슨(G. K. Wilson)은 이익집단을 i) 기업가단체, ii) 노동단체, iii) 농민단체, iv) 임의적 이익집단(voluntary interest group)으로 분류하고 있다.[27]

기업가단체, 노동단체, 농민단체는 직업과 밀접한 관련이 있을 뿐만 아니라 강제성이 있는 경우가 많다. 예를 들면 노동조합은 클로즈드 숍(closed shop)이라 하여 취업을 원하는 사람은 먼저 노동조합에 가입할 것을 요구하고 있는 경우가 있는가 하면, 농민단체의 경우 회원에 한해서 곡물 엘리베이터(grain elevator)를 사용케 하는 등 회원에게 특혜를 주는 경우도 있다. 그러나 임의적 이익집단은 이러한 단체와는 달리 그 집단의 목표에 찬

---

26) Gabriel A. Almond & G. Bingham Powell, Jr., *Comparative Politics: A Developmental Approach*(Boston: Little, Brown & Co., 1966), pp. 75-78.

27) Wilson, *op. cit.*, p. 83.

동하는 까닭에 자진하여 이익집단에 가입하는 경우라 하겠다.

#### (3) 내부자집단과 외부자집단

정책과정 참여자라는 관점에서 볼 때 내부자집단과 외부자집단으로 나누어서 검토하는 것이 바람직할지 모르겠다.

내부자집단(insider group)이란 정부기관에 의해 정통성이 인정되고 규칙적으로 정부기관과의 협의에 참여하는 집단을 말한다. 이러한 내부자집단은 그들의 권익을 정책에 반영할 수 있다는 이점이 있으나 정부의 지원에 의존하는 '포로집단'으로 전락할 우려도 있다.

다른 한편 외부자집단(outsider group)은 정부기관과 협의관계를 유지하기를 원치 않거나 인정을 받지 못한 집단이라 하겠다.[28]

#### (4) 정책커뮤니티집단과 이슈네트워크집단

우리는 다음 장에서 정책네트워크를 정책커뮤니티와 이슈네트워크로 분류해 검토하는데 정책커뮤니티집단은 정책커뮤니티에 속하는 이익집단이며, 이슈네트워크집단은 이슈네트워크에 속하는 이익집단을 말한다.

정책커뮤니티집단은 집단 상호 간에 빈번한 상호작용을 가질 뿐만 아니라 관련 정부기관이나 국회의 관련 상임위원회와도 우호적이며 규칙적인 접촉을 가지는 집단이다.

이슈네트워크집단은 집단 상호 간의 접촉의 빈도나 강도가 다양하며 가변적이고 정책결정자들이나 정책집행 담당자들과의 관계도 불안정하며 갈등과 복잡성을 많이 내포한다.[29]

### 3) 영향력을 결정하는 요인

특정한 이익집단이 정책과정에서 어느 정도의 영향력을 발휘하느냐는

---

28) Rob Baggot, *Pressure Groups Today*(Manchester: Manchester University Press, 1995), p. 18.

29) David Marsh & R. A. W. Rhodes, "Policy Communities and Issue Networks: Beyond Typology," in David Marsh & R. A. W. Rhodes(eds.), *Policy Networks in British Government*(Oxford: Clarendon Press, 1992), p. 251.

여러 가지 요인에 달려 있겠으나 우리는 다음의 몇 가지를 들고자 한다.[30]

(1) **조직규모**

특정한 이익집단이 어느 정도의 조직 규모를 지니느냐가 그 이익집단의 영향력을 크게 좌우한다고 하겠다. 그린월드(Czarol S. Greenwald)는 이를 회원속성(membership attribute)이라는 관점에서 좀더 구체적으로 분석하고 있다. 절대 회원 수(유권자)가 얼마나 되느냐도 중요하나 회원이 될 수 있는 사람 중에서 가입회원이 차지하는 비중은 어느 정도가 되며 응집력이 얼마나 강하고 정치활동에 참여할 수 있는 회원이 얼마나 되느냐도 중요하다는 것이다. 미국의 AFL-CIO는 절대 회원 수는 많으나 회원이 될 수 있는 사람 중에서 가입회원이 차지하는 비중(조직률)은 낮으며 응집력이 약하나 정치활동에 종사할 수 있는 회원은 많다는 것이다.

(2) **지리적 분포**

회원이나 지부 등의 지리적 분포현황도 미국과 같은 상황하에서는 중요하다는 것이다. 상공회의소, 미국의학협회(American Medical Association), AFL-CIO 등과 같이 전국에 그 회원이 널리 흩어져 있으며 지부도 널리 분포되어 있는 이익집단은 편지보내기(letter writing), 선거시의 표(vote) 등을 통해서 선거를 치러야 할 정책결정자들에게 압력을 가하는데 유리하다는 것이다.

우리나라의 경우에도 전국경제인연합회보다는 전국에 회원과 지부가 널리 분포해 있는 상공회의소나 중소기업연합회 등이 지리적 분포라는 점에서 다소 유리할지 모른다.

(3) **리더십**

어떠한 조직의 경우나 마찬가지로 이익집단의 경우에도 리더십이 그 이익집단의 영향력을 결정하는 중요한 요인이라 하겠다. 카리스마적 지도자에 의존하는 이익집단은 그 지도자 생존시에는 영향력을 크게 발휘하나 그 지도자가 사라지면 이익집단 자체가 쇠퇴할 우려가 있다.

30) 유훈, 정책학원론, pp. 309-311 참조.

#### (4) 경제적 자원

이 요인은 두 가지로 나누어서 생각할 수 있다.

첫째, 그 이익집단이 동원할 수 있는 재정력이다. 우리나라의 전국경제인연합회나 무역협회가 큰 힘을 발휘할 수 있는 원동력이 그들의 재정력에 있다는 것은 주지의 사실이다. 미국의 의학협회(AMA)가 의료보험의 도입을 아직도 저지할 수 있는 힘도 여기서 나오고 있다고 할 수 있다.

둘째, 그 이익집단이나 회원들이 그 사회에서 차지하는 경제적 중요성이다. 우리나라의 전국경제인연합회나 무역협회가 영향력을 발휘할 수 있는 또 하나의 이유를 여기에서도 찾아볼 수 있다. 정부가 사회정의의 실현을 내세워 경제력 집중을 막고자 대기업에 대한 여신에 제한을 가하고자 시도했으나 오래 버티지 못한 것은 전경련 회원사들이 우리나라 경제성장이나 고용에서 차지하는 비중이 너무나 무겁기 때문이라 해도 좋을 것 같다.

#### (5) 사회적 지위

특정한 이익집단이 누리는 사회적 지위도 영향력을 결정하는 요인이라 하겠다. 미국의 경우 적십자사, 미국변호사협회(ABA), 미국재향군인회 등은 사회적 지위가 높은 이익집단이다. 우리나라에서는 대한적십자사가 준정부기관이 되어 버린 감이 있으나 매년 많은 국민들이 큰 불평없이 적십자회비를 납부하는 것은 적십자사의 사회적 지위가 비교적 높은 까닭이라고 할 수 있다.

### 4) 이익집단과 정책변동

#### (1) 정책의제 설정단계

이익집단은 정책변동을 위한 정책의제 설정단계에서 그 기능을 발휘한다. 특정한 정책변동 문제가 정책의제로서 채택되는 것을 저지하는 이익집단이 있는가 하면 정책의제로서 채택되도록 압력을 가하는 이익집단도 있다.

우리나라의 기업가단체가 독과점 규제법률이 오랫동안 국회에서 의결되는 것을 저지한 것은 물론 정책의제로서 채택조차 되지 못하도록 함으로써 독과점 규제에 관한 정책변동을 저지했다는 것은 주지의 사실이다.

우리나라의 환경단체는 정책변동이 이루어지도록 압력을 가하기보다는 정책변동을 저지하는 데 많은 힘을 기울였다고 하겠다. 새만금사업의 경우 환경단체는 정책의제로 채택조차 되지 못하도록 힘을 기울였으며 최근 경인운하의 경우에도 정책의제로 채택되는 것조차 저지하려고 노력하였다.

#### (2) 합법화 단계

이익집단이 합법화 단계에서 그 기능을 발휘하는 예는 비교적 많이 소개되어 있다. 우리나라에서 제6대, 제7대, 제8대 국회에서 공정거래법안, 독과점규제법안 등이 국회의 임기만료에 의하여 자동폐기되도록 함으로써 독과점규제정책의 변동을 저지한 것은 이익집단의 활동에 기인한 것이라고 해도 좋겠다.

최근에 와서 우리나라 이익집단 특히 환경단체들이 소송의 제기에 의하여 정책변동이 합법화되는 것을 지연시키거나 저지하는 경우를 많이 볼 수 있다. 새만금사업이 환경단체의 소송의 제기에 의하여 수년 동안 공사의 진척이 지연되었다는 것은 널리 알려진 사실이다.

## 2 정 당

### 1) 정당의 개념

정당(政黨)은 여러 가지로 정의할 수 있겠으나 우리나라의 정당법은 "국민의 이익을 위하여 책임있는 정치적 주장이나 정책을 추진하고 공직선거의 후보자를 추천 또는 지지함으로써 국민의 정치적 의사형성에 참여함을 목적으로 하는 국민의 자발적 조직을 말한다"고 규정하고 있다.[31] 우리는 이곳에서 정당이란 선거에서 승리한다는 공개적인 목표를 위해 단결한 비교적 동질적인 사람들로서 구성된 조직이라고 정의하고자 한다.

---

31) 정당법 제2조.

## 2) 정당의 특징

위에서 제시한 정당의 정의에 따라서 정당의 특징으로서 다음의 몇 가지를 들고자 한다.[32]

### (1) 자발적 조직

정당은 자발적 조직 또는 임의적인 결사이다. 이를 좀더 부연해서 설명한다면 첫째, 정당은 자발적 조직이다. "누구든지 본인의 자유의사에 의하여 승낙없이 정당 가입 또는 탈당을 강요당하지 아니한다."[33] 둘째, 제한된 수의 당원을 지닌다. 선거에서의 특정 정당의 지지자가 다 그 당원은 아니다. 셋째, 정당은 전통적으로 초법적인 지위(extralegal status)를 지닌다고 한다. 그러나 근년에 와서 우리나라와 같이 헌법에 정당에 관한 규정을 두고 정당법을 제정하는 국가들이 늘어나게 되었다.[34]

### (2) 정권의 장악

정당은 정권의 장악을 목표로 삼는다.[35] 정당과 이익집단의 차이가 여기에 있다는 것은 전술한 바와 같다.

### (3) 집단갈등 조정

정당은 여러 계층 여러 집단의 요구를 조정하여 '국민의 정치적 의사형성'에 참여한다. 아몬드의 표현을 빌린다면 이익결집(interest aggregation)을 담당한다.

### (4) 타당과의 경쟁

정당은 다른 정당과의 경쟁을 원칙으로 삼는다. 후술하는 바와 같이 단일정당 체제가 있기는 하나 예외적인 현상이라고 보아야 할 것이다. 이러

---

32) William Goodman, *The Two-Party System in the United States*(Princeton: Nostrand, 1956), pp. 4-6; Samuel J. Eldersveld, *Political Parties in American Society* (New York: Basic Books, 1982), pp. 7-9.

33) 정당법 제19조.

34) 제2공화국 헌법부터 정당에 관한 규정을 두고 있다.

35) 우리나라 정당법은 정권의 장악에 관해 명문의 규정을 두지 않고 있다. 정당과 이익집단의 차이가 여기에 있다는 것은 전술한 바와 같다.

한 타당과의 경쟁은 이념의 차이를 토대로 하는 경우가 많으나 나라에 따라서는 정당 간에 이념의 차이가 거의 없는 경우도 있다.

(5) 조 직

사람에 따라서는 정당의 조직적 측면을 강조해 정당을 많은 유권자·후원자·열성봉사자 등으로 구성된 계층적 조직이라고 정의하기도 한다.[36] 우리나라 정당법은 정당은 중앙당과 시·도당으로 구성하며,[37] 5 이상에 해당하는 수의 시·도당을 가져야 한다고 하고 있다.[38]

### 3) 정당의 유형

정당도 여러 가지 관점에서 여러 가지로 분류할 수 있으나 우리는 이곳에서 이 장의 논의와 다소 관련이 있다고 생각되는 몇 가지 유형만 간단히 살펴보기로 한다.

**(1) 간부정당과 대중정당**

뒤베르제(Maurice Duverger)가 사용하는 분류방법이다. 간부정당(cadre parties)이란 소수의 정예분자(cadre)로서 구성되는 정당이며, 대중정당(mass parties)이란 다수의 당원으로서 구성된 정당이나 양자의 차이는 당원 수에 있는 것이 아니라 구조에서 찾아야 한다는 것이다.

간부정당은 중산계급정당·우익정당에서 많이 찾아볼 수 있는 형태로서 소수의 유지를 당원으로 영입하고 당의 재정도 당원의 당비가 아니라 기업이나 개인의 헌금에 의존하는 정당이다. 이에 반해 대중정당은 노동계급정당·좌익정당에서 흔히 볼 수 있는 형태로서 다수의 당원을 영입하고 당의 재정도 주로 당원의 당비에 의해 충당하는 정당을 말한다. 간부정당과 대중정당의 구별은 보통선거제도의 도입과 밀접한 관련이 있다. 일정액 이상의 재산을 소유한 사람에 한해 선거권을 부여하는 제한선거하에서는 간부

---

36) Frank J. Sorauf, *Party Politics in America*(Boston: Little Brown & Co., 1984), p. 8.

37) 정당법 제3조.

38) 정당법 제17조.

정당만 존재할 수 있었으나 일정한 연령에 도달한 모든 남성에게 선거권을 부여하는 보통선거제도의 도입으로 대중정당이 출현하게 된 것이다.[39]

#### (2) 실용적·협상적 정당과 절대가치 지향적 정당

아몬드와 포웰이 사용하는 분류방법으로서 이들은 이익결집(interest aggregation)의 유형(style)을 이렇게 나누고 있다.[40]

실용적·협상적 정당이란 영·미의 정당과 같이 다양한 이익을 비교적 한정된 수의 정책대안으로 결집하는 정당을 말한다. 이러한 정당의 특징으로서는 다양한 이익의 결집과 타협적 분위기를 들 수 있겠다. 이에 반해 절대가치지향적(absolute-value oriented) 정당이란 이른바 이념정당으로서 이념이나 원칙을 고수하고 다양한 이익의 결집을 거부한다. 유럽 대륙의 다당제하에서 이러한 정당들을 많이 찾아볼 수 있다.[41]

#### (3) 정책정당과 선거지향정당

정당은 선거를 통한 정권의 장악을 목표로 삼는다. 따라서 모든 정당이 선거지향정당이라고 할 수 있을지 모른다. 그러나 정당 중에서 선거에서 승리하는 데에만 몰두하고 당으로서의 정책의 수립이나 추진을 중요시하지 않는 정당이 있는가 하면 선거에서 승리하는 것도 중요시하나 당으로서의 정책의 수립과 추진도 병행하는 정당이 있다.[42] 미국의 정당이 선거지향정당이라고 한다면 영국의 정당은 정책정당이라고 할 수 있다. 다소 예외가 있을지 모르나 대통령중심제하의 정당이 선거지향정당이라고 한다면 의원내각제하의 정당은 정책정당이라 할 수 있다.

영국에서는 의원 후보자의 60% 이상이 자기 소속 정당의 정책요강(policy statement)의 테두리 안에서 선거운동을 했다는 연구가 있으나 미국의 경우에는 연구자들이 설문조사에 이러한 질문조차 포함시키지 않고

---

39) Maurice Duverger, *Political Parties: Their Organization and Activity in Modern State*(London: Methuen and Co., 1954), pp. 63-67.

40) 아몬드와 포웰은 여기서 언급하고 있는 두 가지 외에 전통적 스타일을 들고 있으나 생략했다.

41) Almond & Powell, *op. cit.*, pp. 108-109.

42) Goodman, *op. cit.*, pp. 22-24.

있다. 미국의 공화당·민주당은 일반적으로 대통령선거가 있는 해에만 당의 강령(platform)을 작성하고 중간선거의 해에는 강령조차 작성하지 않는다.[43]

### (4) 규율이 엄한 정당과 규율이 해이한 정당

정당 중에는 규율이 엄한 정당과 규율이 비교적 느슨한 정당이 있다. 영국의 정당이 규율이 엄한 정당이라고 한다면 미국의 정당은 규율이 해이한 정당이다.[44] 일반적으로 의원내각제하의 정당은 규율이 엄하나 여기에도 예외가 있다. 같은 독일의 정당이라도 사회민주당이 가장 규율이 엄하고, 기독민주당이나 자유민주당은 다소 뒤진다.[45]

### (5) 양대정당제·다당제·단일정당제

정당의 수가 정당의 성격에 영향을 미치며 정당의 정책과정에서의 기능도 좌우한다는 것은 널리 알려진 사실이다.

영·미계 국가들에서 찾아볼 수 있는 양대정당제하에서는 정당이 다양한 이익을 집결하며 정당 간의 차이가 비교적 희미하고 정당들이 중용(中庸)의 길을 택하는 경향이 있다. 다시 말해서 양대정당제하의 정당은 전술한 실용적·협상적 정당이 되기 쉽다.

유럽 대륙에서 많이 볼 수 있는 다당제하의 정당들은 다양한 이익의 결집보다는 비교적 협소한 범위의 이익을 대변하는 경우가 많다. 다시 말해서 다당제하에서는 절대가치 지향적 정당을 많이 볼 수 있다.

끝으로 단일정당제하에서는 정당이 정책과정에서 중요한 기능을 수행하는 경우가 많다. 182개국의 정당제도에 관한 블론델(J. Blondel)의 통계에 의하면, 1994년 현재 52개국이 단일정당제를 채택하고 있다는 것을 알 수 있다.[46]

---

43) Olson, *op. cit.*, p. 52.
44) Duverger, *op. cit.*, p. 210.
45) Olson, *op. cit.*, p. 257.
46) J. Blondel, *Comparative Government: An Introduction*, second edition(London: Harvester Wheatsheaf, 1995), p. 155.

단일정당제를 크게 두 가지 유형으로 나눌 수 있는데 첫째는, 전체주의 국가인 경우이며, 둘째는 과도적인 체제하에 있는 국가들이라 할 수 있다. 과도적인 체제하에 있는 단일정당제에는 다소 예외가 있겠으나 일반적으로 단일정당제하의 정당은 정책과정에서 중요한 역할을 담당한다.

### 4) 정당과 정책변동

정책과정에서의 정당의 주된 기능은 이익 결집과 응집력 발휘라 하겠다. 따라서 정당의 주된 기능은 정책형성과 정책변동 과정에서 발휘된다고 하겠는데 정책변동을 위한 정당의 역할을 다음과 같이 두 가지로 나누어서 고찰하고자 한다.

#### (1) 단일정당제하의 정당

위에서 살펴본 바와 같이 정당의 수에 따라 양대정당제, 다당제, 단일정당제로 분류할 수 있는데, 정책변동 과정에서의 정당의 역할은 양대정당제·다당제의 경우와 단일정당제의 경우가 다르다고 하겠다.

단일정당제 특히 절대주의 국가의 단일정당제하에서는 정당이 행정부처를 대신하거나 행정부처를 보완하며 정책변동 과정에서 중요한 역할을 담당한다.

#### (2) 양대정당제·다당제하의 정당

절대주의 국가와 달라서 양대정당제나 다당제하의 정당은 주로 정책형성 과정이나 정책변동 과정에서 그 기능을 발휘한다.

양대정당제·다당제하의 정당이라 할지라도 정책정당이냐 선거지향정당이냐에 따라서 정책변동을 위한 역할에 차이가 있다고 하겠다. 정책정당은 선거에 승리하는 것도 중요시하나 당으로서의 정책의 수립과 추진도 병행하므로 정책변동을 적극적으로 추진할 가능성이 높다. 그러나 선거지향정당이라 할지라도 선거에 승리하기 위해 유권자의 관심이 높은 문제에 관한 정책변동을 공약으로 내걸고 선거에 승리하는 경우 공약의 실천을 추진하게 된다.

또 하나 지적할 것은 절대가치 지향정당의 경우이다. 절대가치 지향정당에 가깝다고 할 수 있는 영국의 노동당이 제2차 대전 직후 집권하였을 때 기간산업 국유화라는 대대적인 정책변동을 단행했다.

노동당은 i) 독점적 경향이 있는 산업, ii) 개편 또는 현대화가 필요한데 사기업가들이 이것을 실현할 능력이 없는 경우, iii) 국민경제에 지대한 영향을 미치는 산업은 국유화한다는 기준을 내걸고 이 세 가지 기준 중 어느 하나에라도 해당되는 산업은 국유화했던 것이다.47)

## 3 일반 시민

정책과정 참여자를 고찰할 때 우리는 흔히 공식적 참여자나 이익집단·정당과 같은 비공식적 참여자만 검토하지 일반 시민은 소홀히 하기 쉽다. 그러나 일반 시민의 역할을 경시해서는 안 될 것이다.

### 1) 시민의 직접적 참여

고대의 직접민주주의하에서는 더 말할 것도 없고 현대에서도 체제에 따라서는 일반 시민을 정책과정에 널리 참여시키고 있다. 근년에 와서 이러한 시민의 정책과정에의 직접적 참여를 시민 참여의 이름으로 많이 고찰하고 있는데, 이를 다음과 같이 몇 가지 관점에서 분류할 수 있다.

#### (1) 제도적 참여와 비제도적 참여

시민 참여는 첫째로 제도적(제도상) 참여와 비제도적(제도외) 참여로 나눌 수 있다. 사람에 따라서는 이를 적극적 형태와 소극적 형태로 분류하기도 하며, 공식적 방법과 비공식적 방법으로 나누는 사람도 있다.

#### (2) 주도권 소재에 의한 분류

시민 참여는 누가 주도권을 장악하느냐에 따라서 i) 주민이 주도권을 장악하는 주민 주도형, ii) 행정기관이 주도하는 행정 주도형, iii) 행정기관과 주민이 동등한 위치에 서서 의사소통을 가지는 수평형, iv) 주민과 행정기

47) 유훈, 공기업론[제5정증보판](서울: 법문사, 2005), pp. 163-164 참조.

관 간에 제3의 집단이 개재하여 균형을 유지하는 균형형으로 분류할 수 있다.

(3) **단계별 분류**

주민들이 어떤 단계에서 참여하느냐에 따라서 i) 정책목표 설정에의 참여, ii) 사업계획 수립 또는 정책결정 단계에의 참여, iii) 정책집행 단계에의 참여, iv) 정책평가 단계에의 참여, v) 정책변동 단계에의 참여로 나눌 수 있다.

(4) **수단에 의한 분류**

제도적 참여에 적용되는 것으로서 사용되는 수단에 의한 분류방법이 있다. 이 방법에 의하면 시민 참여는 i) 청원, 주민투표, 직접청구와 같은 정치적 수단에 의한 참여, ii) 정보, 공시서면의 열람, 공청회, 의견청취와 같은 행정절차에 의한 참여, iii) 주민감사청구, 주민소송과 같은 쟁송에 의한 참여로 분류할 수 있다.[48]

### 2) 시민과 정책변동

일반 시민이 청원, 주민투표, 직접청구, 주민소환과 같은 방법으로 정책변동을 촉구하거나 저지 또는 지연시키는 경우를 많이 볼 수 있다.

우리나라에서 서울시나 경기도에서 화장장과 같은 시설의 설치를 행정당국이 주도하려는 시도가 혐오시설이라는 이유로 주민들이 반대하며 경우에 따라서는 이를 주도하는 자치단체장의 소환절차를 밟은 경우도 있었다.

미국 주정부에서 빈번히 활용되는 주민투표는 정책변동을 촉진하기도 하나 정책변동을 저지하는 경우가 더 많다고 하겠다. 2009년 캘리포니아주에서 주정부의 재정적자를 해결하기 위해 주민투표에 회부된 여러 가지 방안 중에서 한 가지를 제외하고는 전부 부결되어 캘리포니아의 재정적자 해결을 불가능하게 만든 것은 시민에 의한 정책변동 저지의 좋은 예라 하겠다.

---

48) 中川 剛, 行政倫理と文化基盤(東京: 三省堂, 1986), p. 101.

### 3) 특출한 시민

일부 특출한 사람들은 그들의 저술 활동 등을 통해 정책변동에 새로운 아이디어를 제공하는가 하면 방향 제시도 한다. 1906년에 출간된 싱크레어(Upton Sinclair)의 『정글(Jungle)』은 시카고 정육공장의 불결함을 폭로한 소설로서 미국의 식품·의약품의 단속정책의 변동에 크게 이바지했다. 1927년에는 체이스(Struart Chase)와 슈링크(F. Shrink) 공저의 『당신의 돈의 가치(Your Money's Worth)』가 출간되어 각종 결함 상품의 문제를 폭로하여 소비자보호 정책에 변동을 초래했다.[49]

1960년대에 와서 소비자운동(consumerism)이라는 용어가 등장하고 소비자보호에 더욱 박차를 가하는 계기를 마련한 것이 카슨(Rachel Carson)의 저서 『침묵의 봄(Silent Spring)』과 네이더(Ralph Nader)의 『어떠한 속도에서도 위험하다(Unsafe at Any Speed)』였다는 것은 잘 알려진 사실이다.[50]

비단 소비자보호뿐만 아니라 민권분야에서의 킹(Martin Luther King, Jr.)의 활동도 민권법의 제정을 가져오는 등 특출한 사람들이 정책변동 과정에서 얼마나 많은 공헌을 할 수 있는가를 보여 준 좋은 예라 하겠다.

---

49) David A. Aaker & George S. Day, *Consumerism: Search for the Consumer Interest* (New York: Free Press, 1982), pp. 25-26.

50) *Ibid.*, p. 2.

# 제 3 장 정책네트워크와 정책변동

## 제 1 절 정책네트워크의 의의와 유형

### 1 서 언

우리는 제2장에서 정책과정 참여자를 공식적 참여자와 비공식적 참여자로 나누고 이를 다시 세분하였으나[1] 실제적으로 환경정책, 교육정책, 독과점규제정책 등 각 분야의 정책과정을 보면 비교적 제한된 참여자들만이 정책과정에 참여한다는 것을 알 수 있다.

이리하여 주로 미국의 정책과정을 대상으로 한 연구를 통해서 하위정부(sub-government)이론이나 철의 삼각(iron triangle)론 등이 제기되었다. 이러한 주장들이 1960년대와 1970년대 미국의 학계를 지배했다고 할 수 있겠다. 그러나 1978년 헤클로(Hugh Heclo)가 이슈네트워크(issue network)이론을 제기함으로써[2] 하위정부나 철의 삼각론에 대한 비판이 고조되었다.

---

1) 이 책 제1편 제2장 "정책변동 참여자" 참조.

2) Hugh Helco, "Issue Network and the Executive Establishement," Anthony King (ed.), *The New American Political System*(Washington, D. C.: American Enter-

그렇다고 해서 이러한 주장들이 완전히 자취를 감춘 것이 아니며 아직도 많은 추종자를 확보하고 있다고 하겠다.

우리는 이곳에서 정책커뮤니티이론이라고도 하는 하위정부이론과 헤클로의 이슈네트워크이론을 포괄하는 정책네트워크론을 고찰하고, 정책커뮤니티(하위정부)와 이슈네트워크가 이율배반적인 개념이 아니라 연속선상에 있는 개념들이라는 주장을 펴고 정책네트워크의 변동에 관해서도 살펴보고자 한다.

## 2 정책네트워크의 의의

### 1) 정책네트워크의 개념

정책네트워크(policy network)란 자원의존성(resource dependence)에 의해서 서로 연결되어 있는 조직의 복합체라고 정의할 수 있다. 이러한 정책네트워크는 특정한 정책이슈, 정책문제, 서로 연관된 이슈의 세트(set) 등을 중심으로 형성된다. 예를 들면 보건, 안전, 기업의 합병, 투자보호, 수출진흥 등에 관한 정책네트워크가 개별적으로 형성된다는 것이다. 정책네트워크는 또한 예산, 감사, 기획과 같은 정책과정을 중심으로 형성되기도 한다.[3]

커뮤니티(community)와 네트워크(network)를 개념상 구별함으로써 정책네트워크와 정책커뮤니티를 별개로 취급하는 사람도 있으나[4] 후술하는 바와 같이 우리는 정책네트워크를 넓은 개념으로 보고 정책커뮤니티나 헤클로의 이슈네트워크가 이에 포함된다고 하는 로즈(R. A. W. Rhodes)의

---

prise Institute, 1978), pp. 87-124.

3) Maurice Wright, "Policy Community, Policy Network and Comparative Industrial Policies," *Political Studies,* 1988, p. 606; Grant Jordan, "Sub-Government, Policy Communities and Networks: Refilling the Old Bottles?," *Journal of Theoretical Politics*, 1990, p. 319.

4) Wright, *op. cit.*, p. 605.

견해에 따르고자 한다.[5)]

### 2) 정책네트워크 접근방법의 특징

정책결정시에 이익집단의 역할에 관해서는 여러 가지 견해가 많이 제기되었으나 그동안 제기되었던 대표적인 주장으로서 다원주의적 접근방법과 조합주의적 접근방법을 들 수 있다.

#### (1) 다원주의적 접근방법

다원주의란 한마디로 말해서 정책결정시에 다수의 참여자들이 영향을 미치며 정부(국가가 아님)는 소극적 역할을 수행하는 데 그친다는 것이다. 정부는 특정 시점에서 이익집단 간의 균형을 반영하는 결정에 의해 희귀한 재원을 배분하는 데 지나지 않는다는 것이다.

미국의 현실을 바탕으로 하여 출발한 다원주의가 이익집단의 형성이 제대로 이루어지고 있지 않은 다른 나라의 현실을 제대로 설명하지 못할 뿐만 아니라 미국의 현실과도 거리가 멀다는 비판을 받고 있다.

#### (2) 조합주의적 접근방법

1970년대와 1980년대에 많은 사람들의 관심을 모았던 조합주의는 여러 가지 뜻으로 사용했으나 다음과 같은 몇 가지 특징을 지닌다.

첫째, 정책결정에 참여하는 이익집단의 수는 극히 한정되어 있다고 본다. 대부분의 조합주의자들이 정책결정에 참여하는 이익집단으로서 기업가집단과 노동조합을 들고 있다.

둘째, 이러한 이익집단은 계층구조를 지닌다고 본다. 다시 말해서 지도자들의 영향력이 크다고 본다.

셋째, 완전한 조합주의 체제하에서는 기업 간의 연계나 기업과 정부 간의 연계가 지극히 밀접하다고 본다. 이는 정치체제나 경제체제가 어떻게 운영되어야 하는가에 관한 기본적인 합의에서 연유되는 것이나 이와 같은

---

5) R. A. W. Rhodes, "Policy Networks: A British Perspective," *Journal of Theoretical Politics,* 1990, pp. 304-305.

합의를 더욱 보강하기도 한다.

넷째, 이 모형에서는 국가(정부가 아님)가 능동적인 역할을 담당해야 한다고 본다. 구체적으로 국가가 어떤 역할을 담당할 것인가는 조합주의 형태에 따라서 다르다고 본다.[6]

이러한 조합주의는 다원주의를 비판하고자 등장한 것이나 조합주의가 다원주의에 대한 유일한 비판은 아니다. 미국에서의 하위정부이론도 다원주의를 비판하고자 등장한 것이라 하겠다.

### (3) 정책네트워크 접근방법

위에서 살펴본 다원주의적 접근방법이나 조합주의적 접근방법이 정책과정에서의 정부와 이익집단의 관계를 설명하는데 충분치 못하다는 것은 자명한 것 같다. 두 가지 접근방법이 다 정부와 집단의 관계란 정책분야에 따라 지극히 다양하다는 사실을 간과한 까닭이다. 정책분야에 따라서는 다원주의가 타당성을 지닐 수도 있겠으나 조합주의가 현실을 제대로 묘사하고 있는 정책분야도 있을 것이다.

한마디로 말해서 정책네트워크 접근방법은 다원주의나 조합주의가 지니는 결함을 시정하고 정부와 집단의 관계란 정책분야에 따라서 지극히 다양하다는 기본전제에 입각하고 있다. 정책네트워크 접근방법은 또한 대부분 정책분야에서 정책결정에 참여하는 집단은 비교적 한정되어 있으며 정책성과(policy outcomes)는 변할는지 모르나 정책결정에 참여하는 집단은 비교적 계속성을 지닌다고 본다.

결론적으로 정책네트워크 접근방법의 특징으로서 다음의 세 가지를 들고자 한다.

첫째, 이 접근방법은 다원주의와 조합주의를 비판하고자 등장했다.

둘째, 정책네트워크는 중위 수준(meso-level) 개념으로서 자유민주주의하에서 권력배분에 관해서 각각 다른 모형에 의거하고 있는 사람들이 동시에 채택할 수 있는 접근방법이라 하겠다.[7]

---

6) Peter Williamson, *Corporatism in Perspective*(London: Sage Publications, 1989), pp. 63-73.

셋째, 정책네트워크 접근방법은 정책과정 참여자가 비교적 한정적이며 정책결정이 안정적인 정책커뮤니티이론뿐만 아니라 정책과정에 참여하는 집단이 다수이며 정책결정이 불안정한 이슈네트워크이론까지 포괄할 수 있는 접근방법이라 하겠다.

## 3 정책네트워크의 유형

### 1) 개 관

정책네트워크(policy network)는 여러 사람이 여러 가지로 분류하고 있다. 로즈(Rhodes)는 정책네트워크를 통합성의 정도에 따라 i) 정책커뮤니티, ii) 전문직업적 네트워크, iii) 정부 간 네트워크, iv) 이슈네트워크로 분류하고 있는데,[8] 정책커뮤니티와 이슈네트워크가 연속선의 양극에 위치하고 있는 것은 부정할 수 없는 사실이나 그 밖의 네트워크의 통합성의 정도나 연속선 상의 위치에 관해서는 논란의 여지가 있다.[9]

로즈의 이와 같은 단순한 분류와는 달리 유럽대륙의 학자들 중에는 복잡다기한 분류를 사용하는 사람들도 있다. 와덴(Frans Van Waarden)은 자유주의, 국가주의(statism), 조합주의로 대분하고 이를 다시 세분해 철의 삼각과 이슈네트워크를 포함하는 열한 가지로 나누고 있으며[10] 정책결정에 참여하는 집단의 수와 논의하는 이슈의 범위에 따라 열한 가지로 분류하는 사람도 있다.[11]

---

7) R. A. W. Rhodes and David Marsh, "Policy Networks in British Politics," David Marsh and R. A. W. Rhodes(eds.), *Policy Networks in British Government* (Oxford: Clarendon Press, 1992), pp. 3-4.

8) Rhodes, *op. cit.*, pp. 303-306.

9) Rhodes and Marsh, *op. cit.*, p. 21.

10) Frans Van Waarden, "Dimensions and Types of Policy Networks," *European Journal of Political Research*, 1992, pp. 18-24.

11) Grant Jordan and Klaus Schubert, "A Preliminary Ordering of Policy Networks Labels," *European Journal of Political Research*, 1992, pp. 18-24.

그러나 우리는 다음에서 정책네트워크의 유형으로 정책커뮤니티와 이슈네트워크를 고찰하고 정책커뮤니티와 유사한 개념이라 할 수 있는 하위정부와 철의 삼각(iron triangle)에 관해서도 간단히 언급하고자 한다. 이어서 항을 달리하여 정책커뮤니티와 이슈네트워크를 좀더 구체적으로 검토하고 양자를 비교하고자 한다.

#### 2) 정책커뮤니티

미국보다는 영국을 포함하는 유럽의 학자들이 즐겨 사용하는 개념인 정책커뮤니티는 많은 사람들에 의해 하위정부나 철의 삼각과 같은 개념으로 사용되고 있다.[12]

다시 말해서, 정책커뮤니티란 정책결정에 참여하는 집단이 비교적 한정적이고 정책결정이 비교적 안정적이며 계속성을 지니는 경우라 하겠다. 결론적으로 정책커뮤니티는 특정 정책 분야와 관련해 일종의 커뮤니티를 형성하고 있는 정책네트워크의 한 유형이라 하겠다.

#### 3) 하위정부와 철의 삼각

하위정부(sub-government)란 의회의 상임위원회 또는 분과위원회, 행정부처 그리고 이익집단이 형성하는 정책네트워크로서 자율성과 안정성이 높아 마치 소정부와 같다고 하여 하위정부라는 용어가 사용되고 있다.

여기서 유의해야 할 것은 하위정부가 모든 정책분야에 걸쳐서 가능한 것이 아니라 행정수반의 관심이 덜하거나 영향력이 적은 분배정책(distributive policy) 분야에서 주로 형성되고 있다는 사실이다.[13]

리플리(Ripley)와 프랭클린(Franklin)은 하위정부에 대한 여러 가지 비판을 의식해 이를 i) 하위정부 우월형, ii) 변동하는 환경에의 적응형, iii) 경

---

12) Grant Jordan and William Maloney, "Accounting for Sub-Governments: Explaining the Persistence of Policy Communities," *Administration and Society*, November 1997, p. 562.

13) Daniel McCool, Subgovernment as Determinants of Political Viability, *Political Science Quarterly*, 1990, p. 271.

제적 하위정부 등장형, iv) 하위정부 붕괴형으로 세분하고 있는데, 이 중 하위정부 붕괴형은 희귀하다고 하고 있다.[14)]

하위정부와 같은 뜻으로 사용되는 개념으로서 철의 삼각이 있다. 이는 의회 상임위원회(또는 분과위원회), 행정부처와 이익집단 간의 관계가 통합성이 지극히 높으며 일종의 동맹관계를 형성하고 있다고 하여 사용되는 개념이다. 특히 폐쇄적 관계(closed boundaries)를 강조하고 다른 이익집단이나 기타 집단의 참여를 배제하는 것이 그 특징이다.[15)] 하위정부가 중립적인 개념인데 대해 철의 삼각은 부정적인 의미를 담고 있다고 하겠다.[16)]

결론적으로 우리는 이곳에서 정책커뮤니티, 하위정부, 철의 삼각을 같은 개념으로 사용하고자 한다. 다만 세 가지 개념이 각각 강조점이 다르다는 사실에 유념할 필요가 있다.

헤클로(Heclo)는 1978년 이슈네트워크에 관한 그의 논문에서 하위정부나 철의 삼각이 잘못된 개념이라기보다는 불완전한 개념이라고 규정하고[17)] 미국에서 이익집단이 수적으로 크게 늘어나고 다원화됨에 따라 하위정부나 철의 삼각이 불가능해졌다고 주장했다.

헤클로의 논문 이후 1980년대와 1990년대의 이익집단 정치에 관한 많은 연구가 하위정부나 철의 삼각의 시대는 끝났으며 이슈네트워크가 이를 대신하게 되었다고 주장한다.[18)] 그러나 1990년대에 와서 다른 집단의 배제와 가치관의 공유(shared values) 등을 특징으로 하는 하위정부 체제가 점차 어려워지고 있는 것이 사실이나 하위정부식 정책결정이 완전히 사라진 것이 아니며 분야에 따라서 상존한다는 주장을 펴는 사람들도 있다.[19)]

---

14) Randall B. Ripley and Grace A. Franklin, *Congress, the Bureaucracy, and Public Policy*, fifth edition(Pacific Groves: Brooks/Cole, 1991), pp. 79-100.
15) Waarden, *op. cit.*, pp. 45-46.
16) 정정길, 정책학원론[개정판](서울: 대명출판사, 1997), pp. 228-229.
17) Heclo, *op. cit.*, p. 88.
18) Jordan and Maloney, *op. cit.*, p. 562.
19) *Ibid.*, p. 580.

### 4) 이슈네트워크

전술한 바와 같이 헤클로가 하위정부나 철의 삼각을 비판하고자 제기한 개념으로, 미국에서 이익집단이 수적으로 크게 늘어나고 다원화됨에 따라 하위정부식 정책결정이 거의 불가능해졌다고 주장한다.

이슈네트워크의 특징을 명확히 규정하기 어려우나 헤클로의 주장을 빌린다면 i) 식별할 수 있는 일단의 참여자가 없고, ii) 일정기간 동안 안정성을 지니지 않으며, iii) 자율성도 결여되어 있고, iv) 네트워크와 환경의 경계도 불분명하다는 것이다.[20]

한마디로 말해서 헤클로의 이슈네트워크이론은 맥팔랜드(Andrew S. McFarland)가 지적한 바와 같이 다원주의(多元主義)의 재발견이라고 할 수 있을는지 모른다.[21] 헤클로도 경우에 따라서 철의 삼각이 존재할 수 있다는 것을 부인하지 않는다. 그러나 일반적으로 말해서 폐쇄적인 통제의 삼각이 이슈네트워크에 의해서 대체되고 있다고 주장하는 것이다.

다음 항에서 정책커뮤니티(하위정부)와 이슈네트워크를 비교 고찰함으로써 이슈네트워크의 특징을 분명히 하고자 한다.

## 4 정책커뮤니티와 이슈네트워크

위에서 정책네트워크의 유형을 몇 가지로 나누어서 고찰했는데, 이곳에서는 그 중 가장 대표적인 형태라 할 수 있는 정책커뮤니티와 이슈네트워크를 몇 가지 관점에서 비교하고자 한다.[22]

---

20) Heclo, *op. cit.*, p. 102.

21) Andrew S. McFarland, "Interest Groups and Theories of Power in America," *British Journal of Political Science*, April 1987, pp. 135-136.

22) David Marsh and R. A. W. Rhodes, "Policy Communities and Issue Networks," in David Marsh and R. A. W. Rhodes(eds.), *Policy Networks in British Government* (Oxford: Clarendon Press, 1992), pp. 249-252.

### 1) 구성원

참여자의 수에서 정책커뮤니티는 극히 제한적이다. 영국과 같이 내각책임제를 택하고 있는 국가에서는 의회가 중요한 역할을 하지 않으므로[23] 미국과는 달리 의회의 상임위원회는 참여자가 아니며 정부부처와 경제적 이익집단이 중요한 참여자일 것이나 미국의 경우에는 의회의 상임위원회, 정

〈표 3-1〉 정책커뮤니티와 이슈네트워크의 비교

| 항 목 | | 정책커뮤니티 | 이슈네트워크 |
|---|---|---|---|
| 구성원 | 참여자의 수 | 극히 제한적・의식적으로 일부 집단 참여 배제 | 다수 |
| | 이익집단의 종류 | 경제적 또는 전문직업적 이익집단 지배적 | 관련된 모든 이익집단 망라 |
| 통합성 | 상호작용의 빈도 | 상호작용 빈번함.<br>관련된 이슈와 상관있는 모든 문제에 관해서 모든 참여자가 협의 | 접촉의 빈도나 강도가 다양하며 가변적 |
| | 계속성 | 구성원・가치관・성과 등 계속성 지님 | 접근(access)이 지극히 가변적 |
| | 합의 | 모든 참여자가 기본적인 가치관을 공유하며 성과의 정통성 수용 | 어느 정도의 합의는 있으나 갈등은 항상 있음. |
| 자 원 | 네트워크내에서의 자원배분 | 모든 참여자가 자원 보유. 근본적인 관계는 교환관계 | 어떤 참여자는 자원보유가 한정적. 근본적인 관계는 협의적 |
| | 참여조직내의 자원 배분 | 계층적. 지도자가 모든 구성원 통제 | 배분관계가 다양하며 구성원에 대한 규제 능력 다양 |
| 권 력 | | 참여자 간의 권력 균형적. 한 집단이 우월적 지위 보유할 수 있으나 커뮤니티가 유지되려면 패자 없어야 함.<br>포지티브섬 게임 | 자원보유가 불평등하며 접근이 불균등하므로 권력이 불균등.<br>제로섬 게임 |
| 기본적 성격 | | 안정성・질서・예측 가능성 | 불안정성・무질서・갈등・복잡성 |

23) Rhodes and Marsh, *op. cit.*, p. 8.

부부처와 이익집단이 주요한 참여자가 될 것이다. 정책커뮤니티에서는 시민단체, 소비자단체와 같은 공익집단을 의식적으로 배제하려고 노력한다. 이에 반해 이슈네트워크에서는 정책과정 참여자가 다수이다. 생산자 이익집단 또는 전문직업 이익집단뿐만 아니라 이에 맞서는 시민단체나 소비자단체들도 정책과정의 참여자로 등장하게 된다.

### 2) 통합성

첫째, 상호작용의 빈도를 본다면 정책커뮤니티에서는 참여자 간의 상호작용이 빈번할 뿐만 아니라 정책이슈와 상관있는 모든 문제에 관해서 모든 참여자가 합의에 참여하는 데 대해 이슈네트워크에서는 참여자 간의 접촉의 빈도나 강도가 정책분야나 정책 이슈에 따라 지극히 다양하다.

둘째, 계속성을 본다면 정책커뮤니티에서는 구성원·가치관·정책성과 등이 계속성을 지닌다. 다시 말해서 정책커뮤니티는 안정성과 예측 가능성이 가장 중요한 특징이라 하겠다. 이에 대해 이슈네트워크에서는 집단들의 정책과정에의 접근이 지극히 가변적이다. 따라서 구성원·가치관·정책성과도 가변적일 수밖에 없으며 안정성이나 예측 가능성이 저하될 수밖에 없다.

셋째. 정책커뮤니티에서는 모든 참여자가 기본적인 가치관을 공유하며 정책과정의 정통성을 수용한다. 이에 대해 이슈네트워크에서는 참여자 간에 어느 정도의 합의는 있으나 갈등은 항상 존재한다.

### 3) 자 원

첫째, 네트워크 내에서의 자원배분을 본다면 정책커뮤니티에서는 모든 참여자가 자원을 보유하며 근본적인 관계는 교환관계이다. 이에 대해 이슈네트워크에서는 자원의 보유에도 격차가 있으며 근본적인 관계는 협의적이다.

둘째, 참여조직 내에서의 자원배분을 본다면 정책커뮤니티는 계층적이며 지도자의 구성원에 대한 통제력이 강하다. 이에 반해 이슈네트워크에서는 참여조직 내에서의 자원보유가 참여조직에 따라 차이가 있으며 지도자의 구성원에 대한 통제능력도 다양하다.

#### 4) 권 력

정책커뮤니티에서는 참여집단들은 어느 정도 세력균형을 유지하고 있다. 경우에 따라서는 한 집단이 우월적 지위를 누릴 수도 있겠으나 정책커뮤니티가 유지되기 위해서는 장기적으로 볼 때 패자가 없어야 한다. 다시 말해서 포지티브섬(positive-sum) 게임이 되어야 한다.

이에 반해 이슈네트워크에서는 자원의 보유가 불평등하며 접근이 불균등하므로 권력이 불균등하다. 한마디로 말해서 제로섬(zero-sum) 게임이다.

#### 5) 기본적 성격

위에서 여러 차원에 걸쳐 정책커뮤니티와 이슈네트워크를 비교해 보았는데, 두 정책네트워크의 근본적 성격을 살펴본다면 정책커뮤니티가 안정성 · 질서 · 예측 가능성이라는 특징을 지니는데 대해, 이슈네트워크는 불안정성 · 무질서 · 갈등 · 복잡성을 특징으로 지닌다고 하겠다.[24)]

## 제 2 절 정책네트워크의 변동과 정책변동

### 1 정책네트워크 변동의 의의

정책연구에서 정책의 변동(policy change)에 관한 관심이 높아지고 있는 것처럼 정책네트워크를 고찰할 때에도 네트워크의 변동을 소홀히 할 수 없다.

변동을 특징으로 하는 이슈네트워크의 경우는 더 말할 것도 없고 안정성과 계속성을 내세우는 정책커뮤니티도 시간이 흐름에 따라 변한다는 것을 많이 보아 왔다. 정책커뮤니티로 존속하면서 내부구조나 영향력이 달라지는 경우가 있는가 하면 정책커뮤니티가 이슈네트워크로 전환하는 경우도

24) Jordan and Maloney, *op. cit.*, p. 562.

있다.

## 2 변동 요인

정책 네트워크에 변동이 일어나는 요인으로서 i) 국제적 요인, ii) 경제적·사회적 변동, iii) 새로운 문제의 대두, iv) 신기술, v) 네트워크의 내부적 분열, vi) 행정수반의 작용, vii) 네트워크 간의 갈등, viii) 내부에서의 비전을 들고 있는 사람이 있으나[25] 우리는 마시(David Marsh)와 로즈(R. A. Rhodes)의 견해에 따라 i) 경제적·시장적 요인, ii) 이념적 요인, iii) 지식적·기술적 요인, iv) 제도적 요인으로 나누어서 고찰하고자 한다.[26]

### 1) 경제적·시장적 요인

정책네트워크의 변동을 초래하는 가장 중요한 요인으로서 경제적·시장적 요인을 들 수 있다.

한국의 배우자상속 과세정책의 사례에서 볼 수 있는 바와 같이 도시화의 진전과 여성취업률의 상승에 따라 국회의 법사위, 법무부·재경부, 유림(儒林)이 주축을 이루었던 정책커뮤니티가 붕괴하고 정책과정 참여자가 증가함으로써 이슈네트워크로 전환했다는 사실을 알 수 있다.[27]

### 2) 이념적 요인

이념적 요인도 정책네트워크의 변동을 가져온다는 것은 긴 설명을 요하지 않는다. 영국의 집권당이 노동당에서 보수당으로 바뀜에 따라 이념의 변동이 일어났고, 이것이 나아가서 정책네트워크 변동의 원인이 되었다는 것이다.

---

25) Martin J. Smith, *Pressure, Power and Policy*(Pittsburg: University of Pittsburg Press, 1993), pp. 91-93.

26) Marsh and Rhodes, *op. cit.*, pp. 257-259.

27) 권용현, "배우자 과세정책의 변동에 관한 연구"(서울대학교 박사학위논문, 1995), pp. 84-94, 123.

우리나라 독과점규제정책과 관련된 정책네트워크의 경우에도 독과점기업(대기업)에 대한 이념의 변화가 네트워크 변동의 원인이 되었다고 하겠다.[28]

### 3) 지식적 · 기술적 요인

새로운 기술이나 지식의 개발 · 확산이 정책네트워크 변동의 원인이 되는 것도 자명한 것 같다. 흡연이 건강에 해롭다는 사실이 널리 확산됨에 따라 담배와 관련된 정책네트워크에 변동이 일어나 종전의 정책커뮤니티가 이슈네트워크로 전환되었다는 것도 널리 알려진 사실이다.

### 4) 제도적 요인

마시와 로즈는 정책네트워크 변동에 영향을 미치는 제도적 요인으로서 EC를 들고 있으나 우리는 제도적 요인을 넓게 해석해 무치아로니(Gary Mucciaroni)의 제도적 맥락과 유사한 개념으로 사용하고자 한다.[29] 다시 말해서, 제도의 구조적 측면뿐만 아니라 정책결정자들의 선호나 행태까지도 포함하는 것으로 해석하고자 한다.[30]

우리나라에서 이러한 제도적 요인이 정책네트워크 변동에 지대한 영향을 미친다는 것은 긴 설명을 요하지 않는다. 우리나라에서 1980년에 참된 의미의 공정거래법이라 할 수 있는 '독점규제 및 공정거래에 관한 법률'이 제정된 것은 신군부가 집권하여 제도적 요인으로 정책네트워크에 큰 변동이 일어났기 때문이라고 할 수 있다.[31]

---

28) 유훈, "참여자 정책과정의 특징," 행정논총, 제31권 제2호(1993), p. 142.

29) Gary Mucciaroni, *Reversals of Fortune: Public Policy and Private Interests* (Washington, D. C.: Brookings Institution, 1995), pp. 18-23.

30) 유훈, "정책변동 요인에 관한 연구," 행정논총, 제35권 제1호(1997), pp. 25-26.

31) 유훈, "한국의 정책형성 유형에 관한 연구," 행정논총, 제23권 제1호(1985), p. 170.

## 3 정책네트워크 변동의 저해요인

우리는 다른 곳에서 정책변동이 얼마나 어려우며 왜 어려운가를 고찰한 바 있는데[32] 이곳에서는 정책네트워크 변동의 저해요인을 살펴보고자 한다.[33]

### 1) 정책네트워크의 존재이유

마시와 로즈는 정책네트워크에 관한 영국의 사례를 검토한 결과 대부분의 정책네트워크는 정책과정 참여자 간의 관계를 일상화(routinize)하는데 그 존재이유가 있다는 사실을 발견했다고 한다. 다시 말해서 정책네트워크는 계속성과 안정성을 증진하며 정책혁신이 아니라 정책의 타성(policy inertia)의 원인이 되고 있다는 것이다. 따라서 정책네트워크의 변동이 어려운 것은 당연하다 하겠다.

### 2) 경제적 · 전문직업적 이익집단

경제적 이익집단이나 전문직업적(professional) 이익집단이 지배적인 위치를 차지하고 있는 정책네트워크에서는 특히 변동이 일어나기 어렵다는 것이다. 담배 문제와 관련 정책네트워크나 의료 문제와 관련 정책네트워크에서 변동이 일어나기 어려운 것이 좋은 예라 하겠다.

### 3) 이슈의 현저성

정책네트워크의 변동은 이슈의 현저성(saliance)과 밀접한 관련이 있다. 현저성이 낮은 정책이나 현저성이 낮은 동안에는 변동이 일어날 가능성이 낮으며 현저성이 높아지면 변동의 가능성이 높아진다.

담배의 제조 · 판매 · 광고 등을 포함하는 담배에 관한 이슈가 현저성이

---

32) 유훈, 정책집행론(서울: 대영문화사, 2007) 제3편 제3장 "정책변동과 정책집행" 참조.

33) Marsh and Rhodes, *op. cit.*, p. 261.

낮았을 때에는 정책네트워크의 변동이 없었으며 안정성을 유지할 수 있었다. 그러나 담배가 건강에 해롭다는 사실이 널리 전파되면서 많은 공익집단들이 정책네트워크에 새로 참여하게 되었고, 정책네트워크에 큰 변화가 일어났으며, 이는 나아가서 정책의 변동을 초래했던 것이다.

#### 4) 변동의 점증성

정책네트워크의 변동이 일어나더라도 점증적으로 일어나며 일반적으로 한 측면만 변한다. 다만 영국의 원자력과 관련된 정책네트워크는 동시에 여러 측면에서 변동이 일어났다.

마시와 로즈가 검토한 다른 사례의 경우 정책네트워크는 점증적으로 변했는데 대체로 경쟁관계에 있는 이익집단을 영입하는 방식으로 변동이 이루어졌다고 한다.

## 4 네트워크 변동과 정책변동

우리는 위에서 어떤 요인에 의하여 정책네트워크가 어떻게 변하며 네트워크의 변동을 저해하는 요인으로서 어떤 것이 있는가를 고찰하였다. 이곳에서는 이러한 네트워크의 변동이 정책변동과 어떻게 연계되는가를 살펴보고자 한다.

#### 1) 정책변동을 초래하지 않는 네트워크 변동

전술한 바와 같이 네트워크의 변동을 저해하는 요인이 많아서 네트워크의 변동이 쉽사리 일어나지 않는다.

설사 여러 가지 요인으로 네트워크 변동이 발생한다하더라도 네트워크 변동이 반드시 정책변동으로 이어진다고 단정할 수 없다.

정책커뮤니티가 이슈네트워크로 전환되는 경우에는 정책변동으로 이어질 가능성이 높으나 정책커뮤니티의 근본적 성격의 변동없이 구성원의 일부가 교체되는 정도의 네트워크 변동은 정책변동으로 이어질 가능성이 희박하다고 할 수 있다.

### 2) 정책변동으로 이어지는 네트워크 변동

이와 같이 네트워크 변동이 항상 정책변동으로 이어진다고 할 수 없으나 많은 경우 네트워크 변동이 정책변동을 초래한다는 것을 알 수 있다.

한국의 배우자 상속과세정책의 경우 도시화의 진전과 여성취업률의 상승에 따라 국회의 법사위·법무부·재경부·유림이 주축을 이루었던 정책커뮤니티가 붕괴하고 정책과정 참여자가 증가하여 이슈네트워크로 전환하자 배우자상속과세정책이 배우자의 재산형성기여를 인정하는 방향으로 정책변동이 일어났다는 것은 전술한 바와 같다.

새로운 지식의 개발·확산으로 흡연이 건강에 해롭다는 사실이 널리 알려지고 담배에 관한 이슈의 현저성이 높아짐에 따라 담배와 관련된 정책네트워크에 변동이 일어났다. 종전의 정책커뮤니티가 많은 공익집단의 참여로 이슈네트워크로 전환되고 이것이 나가서 담배 판매에 여러 가지 제한이 가해지고 공공장소에서의 흡연을 제한하는 정책으로 이행하게 되었다는 것은 우리가 다 잘 아는 사실이다.

# 제 4 장 정책수단

## 제 1 절 정책수단의 의의

### 1 정책수단의 개념

#### 1) 정책수단의 정의

정책수단(policy instruments) 또는 정책도구(policy tools)란 정책목표를 달성하기 위해 정부기관이 사용할 수 있는 각종의 수단이라 할 수 있다.[1)]

정책수단에 관한 연구는 정책형성 특히 정책설계(policy design)와 관련이 있으며, 정책평가와 무관하지 않으나,[2)] 정책수단에 관한 연구는 정책집행론과 가장 밀접한 관계를 가지고 있다고 하겠고 정책변동에도 영향을 미친다고 하겠다.

---

1) Michael Howlett, "Policy Instruments, Policy Styles, and Policy Implementation: National Appoaches to Theories of Instrument Choice," *Policy Studies Journal*, Spring 1991, p. 2.

2) Stephen H. Linder & B. Guy Peters, "Instruments of Government: Perceptions and Contexts," *Journal of Public Policy*, January-March 1989, p. 38.

### 2) 정책수단 접근방법

샐러먼(Lester M. Salamon)은 현재의 정책집행 연구의 가장 큰 결함은 정책 분야별 집행연구나 정책 유형별 집행연구에 초점을 맞추고 있는 데 있다고 보고 정책집행 연구가 돌파구를 마련하기 위해서는 연구의 방향을 바꾸어서 정책수단에 관한 연구에 역점을 두어야 한다고 주장하고 있다.[3]

그는 이러한 주장을 수단 접근방법 또는 도구 접근방법이라고 부르고 있다. 수단 접근방법의 기본적인 전제로서 샐러먼은 다음의 세 가지를 들고 있다.

첫째, 정부의 프로그램은 수없이 많으나 이를 수행하기 위해 정부가 사용하는 정책수단은 몇 가지로 나눌 수 있다.

둘째, 이러한 정책수단들은 각각 몇 가지 특징을 지니고 있다.

셋째, 이러한 수단들을 사용하는 정부 프로그램에 관해서 어느 정도의 예측이 가능하다는 것이다.[4]

## 2 정책과정과 정책수단의 중요성

1981년에 발표한 논문에서 샐러먼은 정책수단 연구의 중요성을 강조하면서 미국의 정책과정 연구가 벽에 부딪쳤다고 지적하고 이를 타개하기 위해서는 정책과정 연구가 정책수단 연구에 초점을 두어야 한다고 주장했다.[5]

정책과정에서의 정책수단의 중요성은 포항제철 설립 과정에서도 찾아볼 수 있다. 오늘날 포항제철이 세계 유수의 제철회사로서 그 이름을 떨치고

---

3) Lester M. Salamon, "Rethinking Public Management: Third Party Government and the Changing Forms of Government Action," *Public Policy*, Summer 1981, p. 256.
4) Lester M. Salamon, "The Changing Tools of Government Action: An Overview," in Lester M. Salamon(ed.), *Beyond Privatiztion: The Tools of Government Action*(Washington, D.C.: Urban Institute Press, 1989), p. 14.
5) Salamon, "Rethinking Public Management," *op. cit.*, 266.

있는 것은 포항제철의 설립 과정에서 정책수단의 선정이 적절하게 이루어졌기 때문이라 하겠다.

후술하는 바와 같이 포항제철은 주식회사의 형태를 지닌 공기업으로 설립했기 때문에 대일(對日) 청구권자금의 사용이 가능했다. 공기업화라는 정책이 결정된 후에도 정부투자기관의 범주에 포함시키지 않았기 때문에 자율성을 누릴 수 있었던 것이다.

이뿐만 아니라 정부의 직접적 시행에 의해 선진국의 경우 제철회사가 자기 부담으로 시행해야 할 사회간접시설 건설을 정부가 지원했다. 여기서 더 나가서 지급 보증, 융자, 조세 감면 등 다양한 정책수단을 동원해 포항제철을 지원했기 때문에 포항제철이 오늘날과 같은 세계적인 제철회사로 발전할 수 있었던 것이다.

## 제 2 절 정책수단의 유형

### 1 일원적 모형과 다원적 모형

정책수단의 모형은 여러 가지 관점에서 여러 가지로 분류할 수도 있겠으나 먼저 일원적 모형과 다원적 모형으로 나눌 수 있다고 생각한다. 일원적 모형이 많으나 전술한 바와 같이 정책수단 연구의 선구자라 할 수 있는 달(Robert A. Dahl)과 린드블롬(Charles E. Lindblom)은 다원적 모형을 제시했으며, 정책설계 접근방법을 택하고 있는 린더(Stephen H. Linder)와 피터스(B. Guy Peters)의 모형도 다원적 모형이라 할 수 있다. 우리는 이곳에서 먼저 일원적 모형을 살펴보고, 이어서 다원적 모형을 검토하고자 한다.

## 2 일원적 모형

### 1) 개 관

많은 정책수단 모형이 일원적 모형에 속한다고 할 수 있다. 리플리(Randall B. Ripley)는 정책수단을 i) 보조(분배), ii) 규제, iii) 조작(재분배)으로 나누고 있으며, 바다크(Eugene Bardach)는 i) 처방, ii) 능력 부여, iii) 유인, iv) 저지 수단으로 분류하고 있다. 엘모어(Richard F. Elmore)는 i) 지시, ii) 유인, iii) 능력 형성, iv) 체제 변혁으로 분류하고 있으며, 영국의 후드(Christopher Hood)는 i) 정보, ii) 권한, iii) 재정, iv) 조직으로 나누고 있고, 캐나다의 던(G. B. Doern)은 i) 자율규제, ii) 설득, iii) 정부지출, iv) 규제, v) 공기업으로 분류하고 있다.[6)]

우리는 이곳에서 샐러먼의 분류와 슈나이더-잉그램(Schneider-Ingram)의 분류만을 고찰하고자 하는데, 리플리나 던의 분류는 샐러먼의 분류와 유사하며, 바다크, 엘모어, 후드의 분류는 슈나이더-잉그램의 분류와 일맥상통하는 것이라 할 수 있겠다.

### 2) 샐러먼의 분류

도구 접근방법(tools approach)이라는 이름 아래 정책수단 연구의 중요성을 강조하고 정책집행 연구가 정책수단에 초점을 맞추어야 한다고 주장하는 샐러먼은 정책수단을 다음과 같이 분류하고 있다.[7)]

#### (1) 정부의 직접적 시행

정부의 직접적 시행(direct government)이란 정부 예산에 의해 공무원이 물자나 서비스를 전달하는 것을 말한다. 우리는 정책수단에 관한 고찰에서 정부의 직접적 시행을 소홀히 하기가 쉬우나 많은 정부 예산이 정부의 직

6) 이에 관해서는 유훈, “정책수단에 관한 고찰,” 행정논총, 제30권 제2호(1992, 12) 참조.
7) Salamon, “The Changing Tools of Government Action,” *op. cit.*, 14-20.

접적 시행을 위해 사용되고 있다는 사실을 간과해서는 안 되겠다.

(2) **보조금**

가장 역사가 길고 가장 광범위하게 사용되는 정책수단의 하나가 보조금이라 할 수 있다. 중앙정부의 지방자치단체나 비영리단체에 대한 국고보조금뿐만 아니라 우리나라의 지방교부세에 해당되는 세입 배분(general revenue sharing)과 우리나라의 지방양여금 등도 여기서 말하는 보조금에 포함된다고 하겠다.

사람에 따라서는 보조금(grant) 외에 개인·사기업이나 공기업에 대한 특혜를 의미하는 지원금(subsidies)을 정책수단의 하나로 들고 있으나 샐러먼은 지원금에 대한 언급이 없으며 보조금 속에 지원금을 포함시키지 않는 것 같다.[8)]

(3) **지급보증**

정부가 개인·사기업이나 공기업을 위해 보증 채무를 짐으로써 이들의 융자나 차관의 확보를 지원하는 정책수단이라 하겠다.

미국에서는 1980년의 크라이슬러(Chrysler)자동차회사를 위한 지급보증으로 널리 알려지게 된 정책수단이라 하겠는데, 지급보증의 수혜자가 채무이행을 하는 경우에는 정부에 아무런 부담도 주지 않는다는 점에서 시장원리를 벗어나지 않는 정책수단이라는 평가를 받고 있다.

우리나라에서는 1960년대와 1970년대의 고도성장 과정에서 사기업이 해외에서 들여오는 차관 등을 위해 지급보증이라는 정책수단이 비교적 빈번히 사용되었다는 것은 잘 알려진 사실이다.

(4) **조세감면**

흔히 조세지출(tax expenditure)이라 하는 조세감면도 비교적 빈번히 사용되는 정책수단이라 할 수 있다. 정부가 개인이나 기업이 특정한 행위를 하기를 원할 때 이를 장려하기 위해 지원금을 지급할 수도 있으나 조세 감

8) U.S. Office of Management and Budget, *Managing Federal Assistance in the 1980s*(Washington, D.C.: Government Printing Office, 1980).

면이라는 정책수단을 사용할 수도 있다.

조세감면은 우리나라에서 경제 발전을 촉진하기 위해 가장 빈번하게 사용된 정책수단이라 할 수 있다. 조세감면규제법은 공공법인에 대해 아직도 조세특례를 인정하고 있을 뿐만 아니라 1986년 말까지는 중요 사업에 대한 조세특례라는 명목으로 대기업에 대해 많은 조세감면을 실시했으나 1986년 12월의 조세감면규제법의 개정에 의해 중요 산업에 대한 조세감면은 폐지되었다.[9]

### (5) 규 제

규제도 조세감면 못지않게 빈번히 사용되는 정책수단이다. 개인이나 기업이 정부가 원하지 않는 행위를 하는 것은 방지하고 정부가 원하는 행위를 하도록 유도하기 위해 규제가 빈번히 사용되고 있다.

규제를 독과점규제까지 포함하는 경제적 규제와 사회적 규제로 분류하는 사람들이 있으나[10] 많은 사람들이 독과점규제와 경제적 규제를 구분하고 있으며 규제를 독과점규제, 경제적 규제, 사회적 규제로 분류하고 있다.[11] 이들과 본질적으로 동일한 분류 방법을 사용하나 표현을 다소 달리하여 윌슨(James Q. Wilson)은 경쟁행위에 관한 규제, 전통적 규제, 새로운 규제로 분류하고 있다.[12]

여기서 한 가지 첨언할 것은 우리나라에서 많이 사용하는 금융 규제의 문제이다. 부동산 투기억제를 위한 5·8조치의 실효를 거두기 위해 정부가 사용한 최후의 정책수단은 금융규제였다. 비업무용 부동산의 매각을 거부하는 재벌에 대해서는 여신을 동결하고 주력업체 지정 수를 줄임으로써 47개 재벌이 비업무용 부동산을 모두 매각할 의사를 표시하거나 성업공사에 매각을 의뢰케 하는 데 성공했던 것이다. 금융기관에 대한 규제를 의미하

9) 조세감면규제법 제10조, 11조, 12조.

10) 經濟企畫廳總合企劃局, 規制緩和の經濟的效果(東京: 大藏省印刷局, 1965), p. 5.

11) H. Craig Petersen, *Business and Government*, fourth edition(New York: Harper, 1993), pp. 79-482: Damodar Gujarati, *Government and Business*(New York: McGraw-Hill, 1984), pp. 125-493.

12) James Q. Wilson(ed.), *The Politics of Regulation*(New York: Basic Books, 1980).

는 금융규제는 전통적인 경제적 규제는 아니나 특정한 산업에 대한 규제라는 의미에서 광의의 경제적 규제에 포함시킬 수 있다. 우리나라 정부가 기업에 대해서 가하는 금융규제는 정상적인 의미의 금융규제는 아닐지 모르나 이에 포함시킬 수 있을 것이다.

(6) 공기업화

국유화 또는 공기업화를 정책수단에 포함시키는 사람이 많지 않으나 던등과 함께 샐러먼도 공기업화를 정책수단의 하나로 들고 있다.

전술한 바와 같이 정책수단은 특정한 국가와 지배적인 정치적 이데올로기와 밀접한 관련이 있으므로 미국에서는 공기업화(국유화)를 정책수단에 포함시키지 않는 사람이 많으나 캐나다만 하더라도 공기업화를 정책수단에 포함시키는 사람이 많다. 후술하는 바와 같이 우리나라에서는 공기업화라는 정책수단이 중요한 의미를 지니고 있다.

### 3) 슈나이더-잉그램의 분류

슈나이더(Ann Schneider)와 잉그램(Helen Ingram)은 정책수단의 분류에서 다음과 같은 가설에 입각하고 있다. 사람들이 사회적·경제적·정치적 문제를 개선하는 데 필요한 행동을 취하지 않는 데에는 다음과 같은 다섯 가지 이유가 있다는 것이다.

첫째는 법령이 그들에게 특정한 행위를 하도록 지시를 하거나 권한을 부여하지 않고 있다고 믿는 경우이며, 둘째와 셋째는 필요한 행위를 할 유인이 없거나 능력이 결여된 경우이다. 넷째는 특정한 정책이 함유하고 있는 가치에 찬동하지 않는 경우이며, 다섯째는 상황이 불확실하여 무엇을 해야 할지 알 수 없는 경우이다.[13] 이러한 상황을 해결하기 위해 이들은 다섯 가지 정책수단을 들고 있다.[14]

---

13) Ann Schneider & Helen Ingram, "Behavioral Assumptions of Policy Tools," *Journal of Politics*, May 1990, p. 514.

14) *Ibid.*, pp. 514-522.

### (1) 권한수단

앞에서 검토한 첫째 상황을 해결하기 위한 수단이 권한(權限)수단(authority tools)이다.[15] 법령이 그들에게 특정한 행위를 하도록 지시하거나 권한을 부여하지 않고 있다고 믿는 경우에 필요한 권한을 부여하기 위한 정책수단이다.

우리나라의 정부조직법이나 각 부처의 직제, 기타의 법령과 같이 공무원들에게 일정한 상황하에서 특정한 행위를 할 수 있는 권한을 부여하거나 특정한 행위를 금지하는 것을 목적으로 하는 정책수단이다. 따라서 권한수단은 주로 정부조직 내부에서 사용되는 수단이나 때로는 대상집단에게도 영향을 미친다. 권한수단이 정부조직 밖의 집단이나 개인을 대상으로 하여 사용될 때에는 다른 수단이 병용되는 경우가 많다.

### (2) 유인수단

이는 대상집단의 정책에 대한 순응을 유도하거나 협조를 증진케 하기 위해 유형적인 혜택이나 불이익의 부여에 의존하는 정책수단이다. 이 수단은 개인은 효용극대화를 원하며, 금전・자유・생명・기타 유형적 보상에 의해 영향을 주거나 강요되지 않으며 정책이 요구하는 행위를 적극적으로 취하지 않는다는 가정에 입각하고 있다. 슈나이더와 잉그램은 유인(誘因)수단을 다시 네 가지로 세분하고 있다.

① 유도(inducements): 협의의 유인이라 할 수 있는데 정책이 요구하는 행위에 적극적으로 참여하도록 유도하기 위해 적극적인 유형적 보상을 제공하는 것이다. 우리나라 경제발전정책이 대상 기업에 대해 조세감면의 혜택을 주고 보조금을 지급하는 것이 좋은 예라 하겠다.

② 부과금: 일정한 기준을 지키지 않거나 할당량(quota)을 초과하기를 원하는 자에게 부과하는 것이다. 부과금은 물품이나 활동을 통제・제한・한정하는 데 그 목적이 있으며 제재와 같이 특정한 활동을 제거하거나 인정하지 않으려는 데 목적이 있는 것이 아니라는 점에 유의할 필요가 있다.

---

15) 이들은 도구(tools)라는 용어를 사용하나 우리는 용어를 통일하기 위해 수단이라는 용어를 사용하고자 한다.

③ 제재: 특정한 활동을 금지하거나 요구하기 위한 기준이나 규제와 관련된 것인데, 정책에 대한 불응에 비교적 가혹한 불이익을 가하고자 하는 것이다. 제재의 목적은 벌금·체형 등의 방법으로 특정한 행태를 제거하자는 데 있다고 하겠다. 전통적 이론에 의하면 개인은 처벌의 강도·확실성·빈도에 따라서 정책에 대한 순응을 결정한다는 것이다.

④ 힘: 특정한 개인들은 정책이 요구하는 행위를 하도록 영향을 미치기가 어렵거나 바람직한 행태를 취하도록 하기에는 지나치게 많은 비용이 소요되므로 구금이나 사형 등의 방법을 택해서 물리적으로 원하는 행위를 얻어 내자는 것이다.

여기서 유의해야 할 사실은 이들이 말하는 유인수단이 흔히들 말하는 유인뿐만 아니라 다른 논자들이 주장하는 규제수단까지 포함한다는 점이다.

후술하는 능력수단과는 달리 유인수단의 경우에는 개인은 여러 가지 대안 중에서 어떤 것이 각자의 이익에 가장 부합되는지를 인식하는 데 필요한 충분한 정보를 보유하며 선택할 수 있는 의사결정기술을 지니고 있다는 가정 위에 서 있다는 사실에 유의할 필요가 있다.

### (3) 능력수단

이는 개인·집단·기관 등이 정책이 요구하는 활동을 하고 결정을 내릴 수 있도록 필요한 정보·교육·자원 등을 제공하는 수단이라 하겠다.

능력수단은 대상집단이 적절한 정보와 필요한 자원만 있다면 정책이 요구하는 활동에 참여하며 행태를 수정할 의사가 있다는 것을 전제하는 정책수단이라 하겠다. 이런 의미에서 이는 발크(George I. Balch)가 말하는 순응 확보를 위한 전략 중에서 정보전략과 촉진전략을 합친 것과 같다고 하겠다.[16]

또 하나 유의할 점은 능력 수단이 객관적이며 사실적인 수단이라는 사실이다. 능력수단이 특정한 정책대안을 추진하고자 하는 것이기는 하나 대상

16) George I. Balch, "The Stick, the Carrot and Other Strategies," in John A. Brigham & Don W. Brown(eds.), *Policy Implementation: Penalties or Incentives*?(Beverly Hills: Sage Publications, 1980), pp. 44-45.

집단이 정보나 지원을 받아들일 용의가 있다는 가정 위에 서 있다는 사실이다. 후술하는 상징적 수단과는 달리 능력수단은 대상집단에게 영향을 미치기 위해 무형적인 가치나 상징주의 등에 의존하지는 않는다는 사실을 유념해 두어야 할 것 같다.

### (4) 상징수단

윌다브스키(Aaron Wildavsky)가 지적한 바와 같이 우리 인간은 거의 정보가 없는 문제에 관해서도 선호가 있는 경우가 많다. 상징수단은 개인들은 정책과 관련된 행위를 할 것인가에 관해서 각자가 지니고 있는 신념이나 가치에 따라 결정한다는 전제에서 나온 정책수단이라고 하겠다.

국회의원선거나 대통령선거를 앞두고 중앙선관위가 내거는 표어라든가 환경 보호·쓰레기줄이기운동을 위해 내거는 구호나 표어 등은 상징수단의 한 예라 하겠다.

우리가 유의해야 할 것은 상징수단이 특정한 상황하에서 유형적인 보상을 부여하는 것이 아닐 뿐만 아니라 의사결정 상황에 사실적 정보나 자원을 투입하는 수단이 아니라는 점이다. 상징수단은 특정한 정책이 요구하는 활동의 인지를 바꾸는 수단이라는 점에 유의할 필요가 있다.

### (5) 학습수단

학습수단은 불명확한 상황하에서 사용되는 정책수단이다. 정책집행 담당자나 대상집단은 집행과정을 통해 학습하고 가장 효율적인 수단을 선택하게 된다는 것이다. 이런 뜻에서 학습수단이 사용되는 상황은 버먼(Paul Berman)이 말하는 비구조 상황이라고 할 수 있으며, 학습 수단은 버먼의 적응적 집행(adaptive implementation)과 일맥상통하는 점이 있다고 하겠다.[17)]

학습수단이 사용되는 상황하에서는 추상적으로 결정된 정책목표를 집행과정을 통해서 구체화하고 수정하며, 집행자들에게 광범위한 재량이 부여

---

17) Paul Berman, "Thinking about Programmed and Adaptive Implementation: Matching Strategies and Situtations," in Helen Ingram & Dean Mann(eds.), *Why Polices Succeed of Fail*(Beverly Hills: Sage Publications, 1990), pp. 208-213.

된다. 집행자들은 대상집단 등을 포함하는 관련자들의 적극 참여를 유도하고, 이러한 상호 작용을 통해서 필요한 다른 정책수단이 무엇인가를 모색한다는 것이다.

다른 정책수단의 경우에도 그렇겠으나 특히 학습수단의 경우에는 다른 정책수단의 병용이 불가피하다고 하겠다. 슈나이더와 잉그램은 이 점에 관해서 분명하게 언급하지 않고 있으나 학습수단은 유효적절한 다른 정책수단을 선택하기 전에 사용되는 수단이라 할 수 있다.

## 3 다원적 모형

### 1) 개 관

전술한 바와 같이 정책수단의 모형은 일원적 모형이 많으며 다원적 모형은 많지 않다. 표면상 보기에 일원적 모형으로 보이는 것도 깊이 검토해 보면 다원적 모형인 경우도 있다.

린더와 피터스의 모형도 다원적 모형에 속한다고 하겠으나 그들의 주장은 다음 항의 정책수단 선택의 기준에서 살펴보기로 하고, 이곳에서는 달(Robert A. Dahl)과 린드블롬(C. E. Lindblom)의 모형만을 검토하고자 한다.

### 2) 달과 린드블롬의 모형

정책수단 연구의 선구자라고 할 수 있는 달과 린드블롬은 다음과 같은 다섯 가지 차원에서 정책수단을 검토하고 있다. 이들은 정책수단이라는 용어 대신에 기법(techniques)이라는 용어를 사용하고 있으며, 이들이 말하는 기법 중에는 우리가 말하는 정책수단과는 다소 거리가 있는 것도 있으나 정책수단의 연구에 많은 시사를 주는 모형이라 하겠다.

#### (1) 수단 소유권의 성격

첫째, 달과 린드블롬은 수단 소유권의 성격이라는 관점에서 네 가지 수단을 열거하고 있다. 이들은 가장 정부 지분이 높은 것으로부터 낮은 것 순으로 i) 정부, ii) 부분적 정부, iii) 공사 합작, iv) 순수 민간 부문을 들고 있다.

#### (2) 정부 영향력의 성격

둘째, 정부 영향력의 성격에 따라서 i) 강제, ii) 중재, iii) 조정, iv) 화해, v) 정보의 다섯 가지 수단을 들고 있는데 가장 강제성이 높은 것으로부터 낮은 것으로의 순이다.

#### (3) 정부통제의 성격

셋째, 정부통제의 성격에 따라서 직접적 통제에서 간접적 통제에 이르기까지 네 가지 수단을 들고 있는데 i) 국유화, ii) 인허가, iii) 조세・보조, iv) 거시적 조작이 그것이다.

#### (4) 수단 구성원의 성격

넷째, 수단 구성원의 성격에 따라서 민간클럽, 가입이 필수적인 조직, 민족국가를 들고 있는데, 자발적인 가입에 의존하는 것으로부터 가입이 강제적인 것에 이르는 순이다. 민간클럽은 개인이 자의에 의해 가입 여부를 결정할 수 있으나 민족국가의 경우에는 그야말로 선택의 여지가 없다.

〈표 4-1〉 달과 린드블롬의 다원적 모형

<table>
<tr><th rowspan="2">제1차원</th><td colspan="5">수단 소유권의 성격 : 정부 부문에서 민간 부문</td></tr>
<tr><td>정부</td><td>부분 정부</td><td>공사 합작</td><td colspan="2">민간</td></tr>
<tr><th rowspan="2">제2차원</th><td colspan="5">정부 영향력의 성격 : 강제에서 설득</td></tr>
<tr><td>강제</td><td>중재</td><td>조정</td><td>화해</td><td>정보</td></tr>
<tr><th rowspan="2">제3차원</th><td colspan="5">정부통제의 성격 : 직접적 통제에서 간접적 통제</td></tr>
<tr><td>국유화</td><td>인・허가</td><td>조세・보조</td><td colspan="2">거시적 조작</td></tr>
<tr><th rowspan="2">제4차원</th><td colspan="5">수단 구성원의 성격 : 지원에서 강제</td></tr>
<tr><td>민간클럽</td><td colspan="2">가입이 필수적인 조직</td><td colspan="2">민족국가</td></tr>
<tr><th rowspan="2">제5차원</th><td colspan="5">수단 자율성의 성격 : 완전 자율에서 자율성 전무</td></tr>
<tr><td>자율적 기관</td><td colspan="2">준자율적 기관</td><td colspan="2">관료적 기관</td></tr>
</table>

#### (5) 수단 자율성의 성격

끝으로, 수단 자율성의 성격에 따라서 세 가지를 들고 있다. 완전히 자율적인 기관에서 준자율적 기관, 관료적 기관에 이르는 세 가지를 들고 있다. 이들은 관료제가 자율성이 전무한 것으로 보고 있는 것이다.18)

## 제 3 절 정책수단 선택의 기준

### 1 기준의 중요성

#### 1) 정책수단의 유형과 선택기준

우리는 앞에서 정책수단의 유형을 살펴보았으며, 여러 사람이 제시하고 있는 정책수단의 분류를 일원적 모형과 다원적 모형으로 나누어서 검토했다.

이러한 여러 가지 정책수단 중에서 특정한 상황하에서 어떠한 수단을 선택할 것인가를 결정하는 데 도움을 주는 것이 선택의 기준이다. 따라서 정책수단의 모형과 함께 선택의 기준을 고찰하는 것이 중요하다.

#### 2) 규범적 기준과 실제적 기준

우리가 이곳에서 검토하고자 하는 것은 합리적 기준 또는 규범적 기준이다. 특정한 상황하에서 정책목표의 달성을 위해 어떠한 정책수단을 사용하는 것이 바람직한가를 결정하는 데 도움이 되는 기준을 검토하고자 하는 것이다. 그러나 실제로 홀렛(Michael Howlett)이 지적하고 있는 바와 같이 정치인과 고급공무원을 포함하는 정책결정자들이 지니고 있는 신념·태도·인지 등에 따라서 정책수단이 결정되는 경우가 많다는 사실을 망각해서는

18) Robert A. Dahl & Charles E. Lindblom, *Politics, Economics and Welfare*(New York: Harper, 1953), pp. 9-18.

안 되겠다.[19] 슈나이더와 잉그램이나 후드도 표현을 달리하나 정책수단의 선택시에 합리적 기준보다는 정치적 요인 등이 더 중요성을 지닌다는 것을 강조하고 있다.[20]

정책수단 선택의 경우에도 일원적 기준을 사용하고 있는 사람들이 있는가 하면 다원적 기준을 제시하는 사람들이 있다. 우리는 먼저 일원적 기준을 살펴보고 이어서 다원적 기준을 검토하고자 한다.

## 2 일원적 기준

일원적 기준을 제시한 대표적인 사람으로서 던(G. B. Doern)과 후드(C. Hood)를 들 수 있는데, 후드의 기준은 던의 기준과 유사하므로 이곳에서는 던의 기준만 검토하기로 한다.

### 1) 던의 기준

일원적 기준의 가장 대표적인 예로서 던의 기준을 들 수 있다. 던과 그의 동료들은 정책수단을 가장 강압성(coercion)이 낮은 ① 자율규제부터 시작해, ② 설득, ③ 정부지출, ④ 규제, ⑤ 공기업을 열거하고 자유민주주의 국가에서는 정부는 가급적이면 강압성이 낮은 정책수단을 사용하기를 원하나 저항이 심하거나 효율적인 집행이 어렵다고 생각될 때에는 강압성이 높은 정책수단으로 옮겨가게 된다는 것이다.[21] 이런 점에서 후드의 기준도 던의 기준과 유사하다고 하겠다.[22]

던은 정치적·상황적 변수도 고려해 넣고 있으나 후술하는 린더와 피터스의 기준과는 근본적으로 다르다. 던에 의하면, 정책결정자들은 작은 정부

---

19) Howlett, *op. cit.*, p. 8.
20) Schneider & Ingram, *op. cit.*, p 522: Hood, *op. cit.*, p. 9.
21) G. B. Doern & V. S. Wilson, "Conclusion and Observations," in G. B. Doern & V. S. Wilson(eds.), *Issues in Canadian Public Policy*(Toronto: Macmillan, 1974), p. 399.
22) Christopher Hood, *The Tools of Government*(London: Macmillan, 1973), pp. 144-145.

또는 최소한의 국가(minimal state)를 선호하고 있다는 것이다.[23]

### 2) 일원적 기준에 대한 비판

던의 일원적 기준에 대해서는 여러 가지로 비판이 있다. 트레빌코크(M. J. Trebilcock) 등은 i) 던이 말하는 강압성이라는 개념이 모호할 뿐만 아니라, ii) 정책결정자들로 하여금 강압성이 낮은 정책수단에서 강압성이 높은 정책수단으로 옮겨가게 하는 요인이 무엇인지 모호하다는 것이다. 트레빌코크 등은 유권자의 선호가 이를 결정하는 요인이라고 주장하고 있다.[24] iii) 좀더 근본적인 비판은 홀렛에 의해 제기되고 있다. 정책결정자들이 가능하면 강압성이 낮은 정책수단을 선호한다는 주장은 캐나다에서는 타당성을 지닐지 모르나 다른 정치 체제에서는 적용이 어려운 부분적 이론(partial theories)이라는 것이다.[25]

## 3 다원적 기준

던이 제시한 강압성과 같은 기준은 명쾌하다는 장점이 있으나 다양한 정책수단 중에서 특정한 수단을 선택하는 데 사용하기에는 지나치게 단순하다고 하지 않을 수 없다. 이리하여 여러 사람이 다원적 기준을 제시하고 있는데, 이 가운데서 샐러먼의 기준과 린더-피터스의 기준만 살펴보고자 한다.

### 1) 샐러먼의 기준

샐러먼은 정책수단 선택의 기준으로서 다음과 같은 여러 가지를 들고 있는데, 다원적 기준의 본질상 여러 가지 난점이 있다.[26]

---

23) Howlett, *op. cit.*, pp. 12-13.
24) M. J. Ttrebilcock, D. G. Hartle, R. S. Prichard & D. N. Dewees, *The Choice of Governing Instrument*(Ottowa: Economic Council of Canada, 1982), pp. 23, 34.
25) Howlett, *op. cit.*, pp. 12-13.
26) Salamon, "Rethinking Public Management," *op. cit.*, pp. 266-271.

#### (1) 직접적 수단과 간접적 수단

정책수단 중에는 정부의 직접적 시행과 같이 중앙정부가 직접 사용하는 직접적 수단이 있는가 하면 보조금과 같이 지방자치단체 등에 집행을 일임하고 자율성을 부여하는 간접적 수단이 있다. 간접적 수단이 지방자치단체 등에 자율성을 부여하고 지방분권을 촉진한다는 점에서 장점이 있다고 하겠으나 직접적 수단에 비해 정책집행을 어렵게 하고 목표 달성에 차질을 초래할 우려가 있다는 것이다.

#### (2) 자동적 수단과 조작적 수단

정책수단 중에는 자동적으로 기능을 발휘하는 자동적 수단이 있는가 하면 그때그때 정부의 새로운 조치를 필요로 하는 조작적 수단이 있다. 정책수단의 자율성이 높을수록 관리가 용이하며 운영의 공정성이 높을 뿐만 아니라 부작용이 덜하다는 것이다.

#### (3) 현금적 수단과 현물적 수단

정책수단 중에는 대상 집단에게 현금으로 혜택을 주는 수단이 있는가 하면 현물(in-kind)로서 혜택을 부여하는 수단이 있다. 현금을 지급하는 수단은 현물을 지급하는 수단에 비해 관리하기가 용이하고 수혜자의 선호가 높으나 일반 유권자들의 지지를 획득하기가 어렵다는 문제가 있다.

#### (4) 가시적 수단과 비가시적 수단

정책수단 중에는 가시적인 수단이 있는가 하면 덜 가시적인 수단이 있다. 가시적인 수단일수록 통제가 심하며 국민이나 언론의 감시의 눈초리가 예민하다. 따라서 수혜집단의 권력이 강할수록 덜 가시적인 수단을 통한 혜택을 원한다는 것이다.

#### (5) 수단 선택의 난점

이러한 여러 가지 기준을 제시한 샐러먼은 집행하기가 용이한 수단일수록 유권자들의 지지 획득에 난점이 있으므로 입법화하기가 어려우며, 입법화하기가 용이한 수단일수록 집행에 어려움이 따른다고 정책수단 선택의 어려움을 실토하고 있다.

### 2) 린더와 피터스의 기준

린더와 피터스는 정책수단으로서 보조금·지급보증을 포함하는 23개를 예시적으로 들고, 정책수단을 선택할 때 사용할 기준으로서 <표 4-2>와 같은 여덟 가지를 들고 있다.[27]

#### (1) 조작의 복잡성

정책수단에는 조작이 단순한 수단이 있는가 하면 조작이 복잡성을 띠어 가는 수단이 있다. 가능하면 조작의 복잡성이 낮은 수단일수록 바람직할 것이다.

#### (2) 가시성의 수준

샐러먼도 지적한 바와 같이 가시성(可視性)이 높은 수단이 있는가 하면 덜 가시적인 수단이 있다. 수혜집단은 덜 가시적인 수단을 통한 혜택을 원할 것이다.

#### (3) 신축성

정책수단 중에는 신축성이 높은 수단이 있는가 하면 신축성이 낮고 경직적인 수단이 있다. 집행 담당자들은 신축성이 높은 수단을 원할 것이나 지나친 신축성은 정책목표 달성에 차질을 초래할 수도 있다.

〈표 4-2〉 피터스와 린더의 정책수단 선택의 기준

| 수단의 속성 | 변동의 폭 | | |
|---|---|---|---|
| 1. 조작의 복잡성 | 낮다 | ………… | 높다 |
| 2. 가시성의 수준 | 낮다 | ………… | 높다 |
| 3. 신축성 | 낮다 | ………… | 높다 |
| 4. 강압성 | 낮다 | ………… | 높다 |
| 5. 고가성 | 낮다 | ………… | 높다 |
| 6. 시장 기능에의 의존성 | 낮다 | ………… | 높다 |
| 7. 실패의 위험 | 적다 | ………… | 많다 |
| 8. 대상자 선정의 정확성 | 낮다 | ………… | 높다 |

27) Linder & Peters, *op. cit.*, p. 56.

(4) **강압성**

전술한 바와 같이 던(G. B. Doern)은 강압성을 가장 중요한 정책수단 선택의 기준으로 삼고 있다. 린더와 피터스도 강압성을 선택 기준의 하나로 들고 있는데 다른 조건이 같다면 강압성이 낮은 수단이 바람직하다는 것이다.

(5) **고가성**

정책수단 중에는 많은 비용을 소요로 하는 것이 있는가 하면 비교적 저렴한 수단도 있다. 다른 조건이 동일하다면 저렴한 수단일수록 바람직할 것이다.

(6) **시장기능에의 의존도**

정책수단 중에는 지급 보증과 같이 시장기능에의 의존도가 높은 수단이 있는가 하면 정부의 직접 시행이나 공기업화와 같이 시장기능에의 의존도가 낮은 수단도 있다. 미국과 같은 정치문화에서는 정책결정자들이 시장기능에의 의존도가 높은 정책수단을 선호한다는 것은 긴 설명을 요하지 않는다.

(7) **실패의 위험**

정책수단 중에는 실패의 위험이 높은 수단이 있는가 하면 비교적 안전한 정책수단도 있다. 실패의 위험이 낮은 수단이 바람직하다는 것은 더 말할 필요도 없다.

(8) **대상자 선정의 정확성**

정책수단 중에는 특정한 정책이 혜택을 부여하기를 원하는 사람들에게만 혜택이 돌아가게 함으로써 비교적 목표달성(targeting)이 정확한 수단이 있는가 하면 목표달성의 정확성이 낮은 정책수단도 있다. 서민층에만 혜택을 주는 것이 정책목표인데 중산층에게도 혜택이 돌아가는 경우가 있다. 이러한 정책수단은 목표달성의 정확성이 낮은 수단이라 하겠다.

(9) **선택 기준의 압축**

이와 같이 여덟 가지 기준을 제시한 린더와 피터스는 이를 더욱 줄여서 i) 운영비, 운영의 용이성을 포함하는 자원집약성(resources intensiveness), ii) 정확성·선별성을 포함하는 목표달성 정확성(targeting), iii) 지지나 반대의 성격·가시성·실패의 위험 등을 포함하는 정치적 모험, iv) 강압적 수단 사용의 어려움, 정부 활동에 제한을 가하는 이데올로기 등을 포함하는 국가 활동에 대한 제약성의 네 가지로 요약하고 있다.

## 제 4 절 한국의 정책수단 선택 사례

### 1 사례의 선정

위에서 고찰한 정책수단의 이론적 배경을 토대로 한국에서의 정책수단의 선택과 사용에 관한 사례를 살펴보고자 한다. 필자는 포항제철의 설립·육성과 현대조선소나 현재자동차를 위해 사용된 정책수단을 고찰하고 싶었으나 사기업의 경우 자료 입수가 어려워 포항제철과 5·8조치(부동산투기 억제조치)를 사례로 선정했다.

### 2 포항제철의 설립과 육성

#### 1) 역사적 배경

종합제철공장을 설립하려는 시도는 1958년부터 수차에 걸쳐서 있었으나 하나도 결실을 맺지 못하다가 1968년 4월 1일 포항제철주식회사의 설립으로 본궤도에 올라서게 되었다. 회사가 설립되기는 했으나 재원조달에 어려움을 겪다가 대일본청구권자금을 전용하자는 정부의 방침이 결정되고 일본측의 양해를 얻어 1969년 12월 3일 포항종합제철 공장건설 자금조달을 위한 한일 간의 기본조약이 체결됨으로써 재원조달문제가 해결을 보게 되었다. 총소요자금 1억 2,370만달러 중 7,370만달러는 대일본청구권자금(유상 4,290만달러, 무상 3,080만달러)으로 조달하고 나머지 5,000만 달러를 일본 수출입은행으로부터의 상업차관으로 충당한다는 것이었다.[28] 같은 해(1969년) 12월 20일에는 포항제철에 대한 정부 지원을 주된 목적으로 하는 철강공업육성법이 국회를 통과해 1970년 1월 1일 공포되었다.[29]

1970년 4월 1일에 착공을 본 제1기 사업은 1973년 7월 1일에 준공을 보아 조강 연산 103만톤의 시설 능력을 갖추게 되었다. 이어서 제2기 사업은 1976년 5월에, 제3기 사업은 1978년 12월에, 제4기 사업은 1981년 2월에 각각 준공을 보았으며, 1983년 5월에는 제4기 추가 사업의 준공을 보아 시설 능력이 연산 910만톤에 달하게 되었다. 1985년 3월에는 광양 제1기 설비사업에 착공하게 되었는 데 우리는 이곳에서 포항제철소에 한정해서 고찰하고자 한다.

이러한 포항제철의 착실한 발전은 정부의 강력한 지원없이는 불가능했다는 것은 잘 알려진 사실이다. 우리는 다음에 포항제철에 대한 정부 지원을 위해 어떠한 정책수단이 사용되었는가를 고찰하고자 한다.

### 2) 정책수단

철강공업 육성정책의 일환으로 포항제철의 육성을 위해 정부가 사용한 정책수단은 지극히 다양하다. 우리는 이러한 정책수단들을 샐러먼의 분류를 다소 수정해 다음의 몇 가지로 나누어서 검토하기로 한다.

#### (1) 공기업화

포항제철의 육성을 위해 정부가 사용한 가장 중요한 정책수단은 공기업화이다. 포항제철을 주식회사의 형태를 지닌 공기업으로 설립했기 때문에 대일청구권자금의 사용이 가능했을 뿐만 아니라 민간자본이 부족한 시대에

28) 포항제철사사편찬위원회, 포항제철 20년사(포항: 포항제철주식회사, 1989), pp. 143-154.
29) 철강공업육성법은 1986년 공업발전법에 흡수되었다.

는 공기업화가 불가피했다고 하겠다.

공기업화라는 원칙이 결정된 후에는 상법에 의거한 순수한 의미의 주식회사의 형태를 지닌 공기업으로 하느냐 특별법에 의거한 공기업으로 하느냐의 문제를 놓고 많은 검토가 있었으나 상법에 의거한 주식회사로 하기로 결정했다. 1975년까지 정부지분율 50%를 상회하며 마땅히 정부투자기관의 범주에 포함되었어야 함에도 불구하고 정부투자기관에서 제외했다는 것은 자율성 부여를 위한 특별한 배려였다고 하겠다.

### (2) 정부의 직접적 시행

포항제철에 대한 지원을 주된 목적으로 한 철강공업육성법은 정부가 포항제철을 지원할 수 있는 여러 가지 방안을 열거하고 있는데, 그 중에 항만시설, 용수시설, 전력시설, 도로, 철도 부설 등을 정부가 지원할 수 있도록 규정하고 있다.[30]

우리는 이러한 정부사업을 샐러먼이 말하는 정부의 직접적 시행의 범주에 포함시켜 고찰하고자 한다. 이러한 사회간접시설은 선진국의 경우 제철회사가 자기 부담으로 시행하는 것이 원칙이나 전반적으로 사회간접시설이 부족한 발전도상국에서 정부가 이러한 사업을 직접 시행하는 것은 흔히 볼 수 있는 현상이라는 것이 우리 정부의 주장이었다.

경제기획원 · 재무부 · 건설부 · 교통부 등의 실무자로 구성된 종합제철사업추진위원회는 1976년 11월 10일 각 부문별 지원시설계획을 성안했다. 이에 의거해서 포항공업지구 공사사무소의 개설을 시발로 지원사업에 착공하게 되었다. 이러한 지원사업을 위해서 투입된 정부예산은 항만시설에 114억 4,200만원, 공업용수에 15억 5,300만원, 철도부설에 7억 1,500만원, 도시토목에 11억 5,600만원 등 총 148억 6,600만원이었다.[31]

### (3) 지급보증 및 융자

샐러먼은 지급보증을 정책수단의 하나로 들고 있으나 융자에 대해서는

---

30) 철강공업육성법 제7조.

31) 포항제철사사편찬위원회, 앞의 책, pp. 179-180.

언급이 없다. 우리나라의 현실에 비추어 보아 지급 보증 못지않게 재정융자와 국책은행의 정책금융을 포함하는 융자가 정책수단으로서 중요성을 지닌다고 생각해 지급 보증과 함께 융자도 다루고자 한다.

포항제철소(광양 제외)의 건설에 소요된 총투자비는 <표 4-3>과 같이 내자가 1조 9,104억원, 외자가 26억 5,700만 달러에 달했는데 이중 외자는 제1기에 사용된 무상 대일청구권자금 3,080만 달러 외에는 유상 대일청구권자금이나 차관이 대부분이다. 따라서 투자비 중 외자는 정부나 특수은행 등의 지급 보증에 크게 의존했음을 알 수 있다.

투자비 중 내자는 1조 9,104억원에 달했는데 이 중 12.1%는 출자에 의해

〈표 4-3〉 포항제철소 투자비

| 구분 | 내자(억원) | 외자(백만 달러) | 합계(억원) |
|---|---|---|---|
| 1기 | 493 | 178 | 1,204 |
| 2기 | 966 | 348 | 2,654 |
| 3기 | 2,996 | 766 | 6,712 |
| 4기 | 6,075 | 829 | 11,201 |
| 합리화 | 8,574 | 536 | 13,727 |
| 합계 | 19,104 | 2,657 | 35,498 |

주: ① 광양제철소를 제외한 포항제철소의 투자비만 포함.
② 제4기는 제4기 2차까지 포함.
자료: 포항제철주식회사, 포항제철 20년사, p. 630.

〈표 4-4〉 포항제철 투자비 중 내자 조달상황

| | 출자 | | 차입 | | 이익 및 충당금 | |
|---|---|---|---|---|---|---|
| | 금액(억원) | 비율(%) | 금액(억원) | 비율(%) | 금액(억원) | 비율(%) |
| 1기 | 400 | 81.2 | 93 | 18.8 | | |
| 2기 | 86 | 8.9 | 173 | 17.9 | 707 | 73.2 |
| 3기 | 1,090 | 36.4 | 498 | 16.3 | 1,417 | 47.3 |
| 4기 | 670 | 11.0 | 2,210 | 36.4 | 3,195 | 52.6 |
| 합리화 | 60 | 0.7 | 1,580 | 18.4 | 6,934 | 80.9 |
| 합계 | 2,306 | 12.1 | 4,545 | 23.8 | 12,253 | 64.1 |

주: <표 4-3>과 동일.
자료: <표 4-3>과 동일.

충당하고, 64.1%는 이익 및 충당금에 의해 조달했으며 23.8%에 해당하는 4,545억원을 차입에 의해 조달했다. 이 4,545억원이 정부의 재정융자나 금융기관의 정책금융에 의해 조달된 것이다. 철강공업육성법은 정부의 장기저리의 철강공업 육성자금의 조성에 관해서 명문으로 규정하고 있으며, 철강공업 육성자금의 조성을 위해 필요할 때에는 국채까지 발행할 수 있는 규정을 두고 있다.[32]

#### (4) 조세감면

조세감면도 포항제철 육성을 위해 정부가 사용한 정책수단의 하나이다. 조세감면규제법·지방세법 등에 의해 포항제철은 1981년까지 법인세를 포함하는 국세와 지방세의 감면을 받았으며,[33] 이것이 이익금 및 충당금을 축적하는 데 많은 도움을 주었다. 전술한 바와 같이 포항제철의 투자비 중 내자가 차지하는 비중이 53.8%에 달하는데 내자의 64.1%에 해당하는 1조 2,253억원을 이익금 및 충당금으로 조달했던 것이다.

#### (5) 기타 지원

이 밖에도 포항제철은 정부로부터 유형·무형의 많은 행정적·재정적 지원을 받았는데, 철강공업육성법이 규정하는 지원만 들어보면 다음과 같다.

첫째, 원료·기자재의 공급에 관한 지원: 정부는 포항제철에 대해서 원료의 구입, 기자재의 공급 등에 관해 필요한 행정상 및 재정상의 지원을 할 수 있었다.[34]

둘째, 공공요금의 할인: 정부 및 공기업은 포항제철에 대해서 철도운송비·항만사용료·용수료·전기료·가스요금을 할인해 주었다.[35]

셋째, 원료 공급자에 대한 지원: 정부는 포항제철에 대해서 원료를 공급한 자에게도 무역거래법에 의한 수출업자에 준하는 우대조치를 했다.[36]

---

32) 철강공업육성법 제12조 제1항 및 제2항.
33) 포항제철사사편찬위원회, 앞의 책, p. 632.
34) 철강공업육성법 제8조.
35) 철강공업육성법 제9조.
36) 철강공업육성법 제10조.

(6) **다양한 정책수단의 활용**

정책수단에 관한 이론은 여러 가지 정책수단 중에서 어떠한 기준에 따라 어떠한 정책수단을 활용할 것인가에 역점을 두고 있다고 하겠다.

그러나 위에서 살펴본 바와 같이 포항제철에 대한 지원에서는 샐러먼이 들고 있는 정책수단을 총동원하다시피 했다. 이것은 철강공업 육성을 위한 정부의 의지가 얼마나 굳었는가를 입증하는 것이라 하겠다.

이런 뜻에서 포항제철 육성을 위한 정책수단에 관한 고찰이 특별한 의의를 지닌다고 하겠으며, 1970년대 초에 우리나라 상황에서나 가능했던 일이라 하지 않을 수 없다. 1986년 1월에 공포되어 철강공업육성법 등을 흡수한 공업발전법[37]이 규정하고 있는 정책수단이 철강공업육성법에 비해 많이 한정되었다는 사실만 보아도 알 수 있다.

## 3 부동산 투기억제를 위한 5·8조치

### 1) 5·8조치의 배경과 특징

우리는 앞에서 기간산업의 '육성'을 위해 얼마나 많은 정책수단을 동원했는가를 살펴보았다. 이곳에서는 부동산 투기억제라는 '규제조치'를 위해 어떠한 정책수단을 선택했는가를 고찰하고자 한다.

(1) 5·8조치의 배경

경제안정 기조의 회복과 이를 위한 부동산 가격의 안정을 위해 부동산 투기억제가 절대로 필요하다고 생각한 정부는 토지공개념3법이라고 하는 '토지초과이득세법', '택지소유 상한에 관한 법률', '개발이익 환수에 관한 법률'을 1989년 12월 30일에 공포했다. 그러나 이러한 법률의 제정만으로는 부동산 투기억제가 어렵다고 생각해 1990년 5월 8일 이른바 5·8조치를 발

37) 공업발전법은 i) 철강공업육성법뿐만 아니라, ii) 기계공업진흥법, iii) 선박공업진흥법, iv) 전자공업진흥법, v) 비철금속제련사업법, vi) 석유화학공업육성법, vii) 섬유공업근대화촉진법도 흡수했다.

표했다.

(2) 5·8조치의 내용

1990년 5월 8일에 발표된 5·8조치는 i) 재벌기업의 비업무용 부동산 매각 및 신규취득 금지, ii) 금융기관의 비업무용 부동산 매각 및 신규취득 억제, iii) 비업무용 판정 강화, iv) 부동산 세제혜택 축소, v) 제3자 명의 소유 색출, vi) 제3자 담보취득 금지 등을 골자로 하는 것이었다. 이 중에서 가장 문제가 되었던 것은 재벌기업의 비업무용 부동산의 매각이었다고 하겠다.

(3) 정책의 변동

다른 많은 정책의 경우와 같이 부동산 투기억제정책도 많은 변동을 겪었다. 정부는 처음에 재벌기업의 비업무용 부동산이 7,285만평이라고 발표했으나 이들 중 상당수가 사실상 업무용이라는 재벌기업의 반발에 직면했다. 정부는 관련 규정을 개정해 비업무용 부동산의 판정기준을 변경했으며, 그 결과 매각 대상 부동산은 5,744만평으로 축소되었다.[38]

2) 정책수단

5·8조치를 위해 정부가 선택한 정책수단은 포항제철의 경우에 비하면 비교적 단순했다. 우리는 이를 던(G. B. Doern)의 분류에 의거해 다음의 두 가지로 나누어 고찰하고자 한다.

(1) 설 득

정부가 처음 사용한 정책수단은 설득이었다. 전술한 바와 같이 5·8조치 중 저항이 많았던 것은 재벌기업의 비업무용 부동산의 매각이었다. 금융기관의 비업무용 부동산의 매각은 큰 저항없이 집행되었다. 재벌기업들을 상대로 설득을 벌여 어느 정도의 성과를 거두었다. 1990년 5월 10일 10대 그룹의 관련자들이 모여 1,570만평을 자진 매각할 것을 결의했으며 5월 28일에는 35대 그룹이 1,566만평을 자진 매각할 것을 결의했다.

그러나 설득만으로써는 소기의 성과를 거두기가 어려웠다. 제1차 처분시

38) 매일경제신문, 1991년 5월 8일.

한인 1991년 3월 4일까지의 매각 실적은 3,450만평에 지나지 않았으며 매각 대상 부동산의 60.1%에 불과했다.[39]

(2) 규 제

이리하여 정부는 좀더 강압성이 높은 정책수단을 동원했다. 1991년 3월 5일 비업무용 부동산 미처분 기업에 대해서 금융제재를 실시하게 되었으나 큰 성과를 거두지 못했다.[40] 1991년 5월 1일에 노태우 대통령이 비업무용 부동산 미처분 기업에 대한 제재 강화를 지시하게 되었으며, 다음날인 5월 2일에는 은행감독원이 미처분 기업에 대해서는 여신 잔액을 동결할 뿐만 아니라 주력 업체 수를 하나로 축소한다는 제재 조치를 발표하기에 이르렀다.

재벌기업의 부동산 처분의사도 문제였지만 처분방법에 더욱 어려움이 많았다. 매각이 어려운 부동산은 성업공사에 처분을 위임하고 그래도 처분되지 않는 경우에는 토지개발공사가 인수하는 방법으로 1990년 5월 8일에 발표된 5·8조치가 2년 후에야 겨우 결실을 보게 되었다.

(3) 정책수단의 특이성

5·8조치를 위해 정부가 사용한 정책수단은 설득과 규제였다. 여기서 특기할 것은 5·8조치를 위해 사용된 규제의 특이성이다.

여신 잔액 동결이나 주력 업체 수의 축소와 같은 금융 제재는 다른 나라에서 별로 찾아보기 어려운 정책수단이다. 미국의 경우는 더 말할 것도 없고 일본 등에서도 찾아보기 어려운 정책수단이다. 이것은 정부가 일반 은행(시중은행)을 포함하는 금융기관을 실질적으로 장악하고 있는 우리나라의 상황하에서 가능한 정책수단이라는 사실에 유의할 필요가 있다.

(4) 정책수단 선택의 기준

5·8조치를 위한 정책수단의 선택을 설명할 때 던의 기준이 도움이 된다고 생각한다.

처음 정부는 강압성이 낮은 설득이라는 정책수단을 사용해 어느 정도의

39) 한국경제신문, 1991년 5월 8일.
40) 동아일보, 1992년 5월 6일.

성과를 거두었으나 일부 재벌그룹의 저항을 완전히 극복하지는 못했다. 그러나 규제라는 좀더 강압성이 높은 정책수단을 사용하게 되었는데 금융 규제라는 규제수단 중에서도 강압성이 낮은 것으로부터 높은 것으로 이행했음을 알 수 있다. 이런 의미에서 던의 정책수단 선택의 기준에 대해서 여러 가지 비판도 있으나 실용성이 있는 기준이라는 것을 알 수 있다.

# 제 5 장 정책과정 개관

## 제1절 정책과정에 대한 견해들

### 1 정책과정 개관의 필요성

제6장 이하에서 정책변동에 관한 고찰에 들어가기 전에 정책과정이란 무엇이며, 어떠한 단계로 구성되고 정책변동이 정책과정에서 어떤 위치를 차지하는가를 검토할 필요가 있다.

정책과정의 다른 단계와 정책변동의 관계에 관해서는 제5편에서 고찰하겠으나 이곳에서는 정책과정에 관한 여러 사람들의 견해를 살펴보고 그것을 종합한 다음 정책과정에 있어서 정책변동이 차지하는 위치를 검토하고자 한다.

## 2 라스웰의 정책과정

### 1) 라스웰의 7단계

정책과정에 관한 고전적인 견해는 다음과 같은 라스웰(Harold D. Lasswell)의 7단계에서 찾아볼 수 있다.[1)]

① 정보단계: 정보를 수집하며 예측하고 기획하는 단계이다.
② 건의단계: 정책대안을 작성하는 단계이다.
③ 처방단계: 최종안을 선정하는 단계이다.
④ 발동단계: 최종안을 잠정적으로 시행하는 단계이다.
⑤ 적용단계: 본격적으로 집행하는 단계이다.
⑥ 평가단계: 정책의 성공 여부를 판정하는 단계이다.
⑦ 종결단계: 정책의 수정 또는 폐기 등을 결정하는 단계이다.

### 2) 라스웰의 영향

라스웰의 정책과정에 관한 견해는 다른 사람들에게 많은 영향을 미쳤다. 존스(Charles D. Jones)와 앤더슨(James E. Anderson)은 라스웰의 견해를 토대로 했다는 사실은 밝히고 있다.[2)]

라스웰의 정책과정의 특이성은 발동단계와 종결단계에서 찾아볼 수 있다. 1970년대에 와서 학자들이 관심을 표명하기 시작한 정책의 종결을[3)] 라스웰은 1950년대에 정책과정에 포함시키고 있음을 알 수 있다.

---

1) Harold D. Lasswell, *The Decision Process: Seven Categories of Functional Analysis*(College Park: University of Maryland, 1956), p. 2.
2) Charles D. Jones, *An Introduction to the Study of Public Policy*, second edition (North Scituate: Duxbury Press, 1977), p. 10; James E. Anderson, *Public Policy Making*, third edition(New York: Holt, 1984), p. 22. 앤더슨은 그의 저서의 3정판까지는 라스웰의 견해를 토대로 했다는 것을 언급했으나 4정판 이후에는 그러한 언급을 삭제했다.
3) 이에 관해서는 유훈, "정책의 종결," 행정논총, 제22권 제1호(1984), pp. 56-57 참조.

## 3 존스의 5단계

근본적으로 라스웰의 7단계를 벗어나지 못했으나 비교적 합리적이며 간결한 정책과정을 제시하고 있는 사람은 존스이다.[4]

**(1) 문제정의단계**

앤더슨의 정책의제 설정단계와 동일한 것으로서 정책문제를 선정하는 단계이다.

**(2) 형성 · 합법화 단계**

문제를 해결하기 위한 행동방안을 결정하고 권위있는 기관이 행동방안에 합법성을 부여하는 단계이다. 존스는 그의 저서의 초판에서 형성단계와 합법화 단계를 분리시켰으나 재판에서는 양자를 통합하고 있다.

**(3) 집행단계**

권위있는 기관에 의해 합법성이 부여된 정책을 실천에 옮기는 단계이다. 초판에서는 execution이라는 용어를 사용했으나 재판에서는 implementation이라는 용어를 사용하고 있다.

**(4) 평가단계**

실천에 옮겨진 정책을 평가하는 단계이다. 5단계 중에서 가장 어려운 단계가 평가단계일지 모른다. 정책의 효과는 오랜 시일을 두고 서서히 나타나는 경우가 있는가 하면 다른 변수들이 개재되어 특정한 정책의 효과를 끄집어내기 어려운 경우도 있는 까닭이다.

**(5) 종결단계**

문제가 해결되어 정책을 종결하거나 정책을 수정하는 단계이다. 초판에서는 거의 언급이 없던 정책종결에 관해서 재판에서는 길게 설명하고 있다.

---

4) Jones, *op. cit.*, pp. 9-12.

## 4 앤더슨의 5단계

존스의 5단계와 흡사하나 다소 차이가 있는 것으로서 앤더슨의 5단계를 들 수 있다. 앤더슨 자신이 시인하고 있는 바와 같이 이 역시 라스웰의 견해를 토대로 한 것이다.[5]

### (1) 정책의제설정단계

정부 당국이 심각성을 인정해 적극적인 해결책을 모색하려는 정책문제를 선정하는 단계이다. 수없이 많은 요구가 정부에 제시되나 정책결정자들이 관심을 표명하거나, 관심을 표명할 수밖에 없는 문제는 과히 많지 않다. 이와 같이 정책결정자들이 해결책을 모색하기 위해 선정되는 문제들이 정책의제(policy agenda)를 구성한다.

### (2) 정책형성단계

문제 해결에 이바지할 수 있는 실현 가능한 대안들을 발전시키는 단계이다. 앤더슨은 정책형성이 항상 새로운 법령 등의 제정을 가져오는 것이 아니라는 점을 강조하고 있다. 정책결정자들이 아무런 적극적인 조치도 취하지 않기로 결정하는 경우가 많다는 것이다.[6]

### (3) 정책채택단계

최종안을 선택하고 지지 세력을 규합해 권위있는 기관이 의결하거나 합법성을 부여하도록 조처하는 단계이다. 앤더슨은 미국의 경우를 염두에 두고 의회에서의 다수세력 형성(majority-building)에 많은 지면을 할애하고 있다.[7]

---

5) James E. Anderson, *Public Policy Making*, sixth edition(Boston: Houghton Mifflin, 2006), pp. 3-5.
6) *Ibid.*, pp. 103-109.
7) *Ibid.*, pp. 121-157.

(4) 정책집행단계

결정된 정책을 실천에 옮기는 단계이다. 이 단계에서 일어나는 일들은 얼핏 보기에 단순한 것 같으나 그 결과가 정책의 실질적인 내용에 지대한 영향을 미친다.

(5) 정책평가단계

정책이 효과적이었는가를 판단하며 성공 또는 실패의 원인이 어디에 있는가를 규명하는 단계이다. 이 단계에서 가장 중요한 문제는 인과 관계를 정확히 규명하고 정책의 임팩트(impact)를 엄밀하게 측정하는 문제라고 앤더슨은 말하고 있다.

앤더슨은 정책변동단계를 별도로 두지 않고 정책종결을 포함하는 정책변동을 정책평가의 결과 발생하는 것이라 하여 정책평가단계에 정책변동을 포함시키고 있다.[8]

정책변동을 별도로 두지 않고 정책평가의 결과 발생하는 것이라는 주장은 호렛트(Michael Howlett)와 라메쉬(M. Ramesh)에게서도 찾아볼 수 있다.[9] 이들은 정책변동을 별개의 편(編)으로 다루어 길게 고찰하면서도 정책과정 편에서는 정책변동을 정책평가에 포함시키고 있다.

## 5 리플리와 프랭클린의 4단계

정책의 유형과 정책집행의 관계를 고찰한 『정책집행과 관료제』에서 리플리(Randall B. Ripley)와 프랭클린(Grace A. Franklin)은 정책과정으로서 다음과 같은 4단계를 들고 있다.[10]

---

8) *Ibid.*, pp. 260-266.

9) Michael Howlett & M. Ramesh, *Studying Public Policy*, second edition(New York: Oxford University Press, 2003), pp. 216-219.

10) Randall B. Ripley & Grace A. Franklin, *Policy Implementation and Bureaucracy*, second edition(Homewood: Dorsey, 1986), pp. 5-9.

(1) **형성 · 합법화 단계**

정책의제를 설정하고 정보를 수집하며 타협과 협상을 거쳐 인준까지 받는 단계를 이들은 형성 · 합법화 단계라고 부르고 있다. 이 단계의 산출물은 정책이나 프로그램의 목표 · 디자인 · 결과 등에 관한 일반적인 스테이트먼트(statement)라고 할 수 있는 법률이라고 이들은 말하고 있다.

(2) **집행단계**

자원을 획득하고 정책에 대한 해석을 내리며 기획 · 조직을 거쳐 대상집단에게 혜택 · 서비스를 제공하는 단계를 집행단계라고 부른다. 이 단계의 산출물은 구체적인 정책이나 프로그램의 활동이다.

(3) **평가단계**

집행의 결과로 발생한 단기적인 실적(performance)이나 장기적인 임팩트(impact)를 평가하는 단계를 말한다. 평가의 결과를 토대로 하여 다음 단계가 전개된다.

(4) **정책변동단계**

평가의 결과를 토대로 하여 정책의 미래에 관한 결정이 이루어지며, 이 결정이 형성 · 합법화 단계로 환류된다. 라스웰의 종결단계에 해당되는 것이라 할 수 있다.

## 6 여러 견해의 비교

우리는 정책과정에 관한 여러 사람의 견해를 살펴보았는데, 이들은 정책과정을 크게 i) 정책형성단계, ii) 정책집행단계, iii) 정책평가단계, iv) 정책변동단계로 나누고 있음을 알 수 있다.

(1) **정책형성단계**

일반적으로 정책형성단계를 다시 세분하고 있음을 알 수 있다. 라스웰은 i) 정보단계, ii) 건의단계, iii) 처방단계로 나누고 있으며, 존스는 i) 문제정

〈표 5-1〉 정책과정에 관한 여러 견해의 비교

| | 라스웰 | 존스 | 앤더슨 | 리플리와 프랭크린 |
|---|---|---|---|---|
| 정책형성 단계 | 정보 단계<br>건의 단계<br>처방 단계 | 문제 정의 단계<br>형성·합법화 단계 | 정책의제설정 단계<br>정책형성 단계<br>정책채택 단계 | 형성·합법화 단계 |
| 정책집행 단계 | 발동 단계<br>적용 단계 | 집행 단계 | 정책집행 단계 | 집행단계 |
| 정책평가 단계 | 평가 단계 | 평가 단계 | 정책평가 단계 | 평가 단계 |
| 정책변동 단계 | 종결 단계 | 종결 단계 | | 정책변동 단계 |

의단계, ii) 형성·합법화 단계로 세분하고 있다. 앤더슨도 i) 정책의제설정 단계, ii) 정책형성단계, iii) 정책채택단계로 세분하고 있으나 리플리와 프랭클린은 형성·합법화 단계 하나만을 들고 있다.

(2) **정책집행단계**

라스웰을 제외한 세 견해는 정책집행단계를 세분하지 않고 있으나 라스웰만은 이를 발동단계와 적용단계로 나누고 있다. 전술한 바와 같이 라스웰의 발동(invocation)단계란 최종안을 잠정적으로 시행하는 단계인 것이다.

(3) **정책평가단계**

정책평가단계에 관해서는 네 견해가 일치하고 있다. 평가단계를 제외한 사람이 없는 것은 물론, 이를 다시 세분한 사람도 없다.

(4) **정책변동단계**

앤더슨을 제외한 모든 사람들이 정책변동단계를 독립시키고 있으나 앤더슨은 이를 정책평가단계에 포함시키고 있다.[11] 라스웰과 존스는 종결단

11) Anderson, *op. cit.*, p. 5.

계라는 표현을 사용하나 정책의 종결뿐만 아니라 수정(승계)까지를 포함시키고 있다.

## 제 2 절 정책과정의 순환성과 정책변동의 위치

### 1 정책과정의 순환성

#### 1) 나카무라와 스몰우드의 순환이론

나카무라(Robert T. Nakamura)와 스몰우드(Frank P. Smallwood)는 그들의 저서에서 정책형성, 정책집행, 정책평가가 단일 방향적인 것이 아니라 순환적인 관계에 있다고 주장하고, 레인(Martin Rein)과 라비노비츠(Francine F. Rabinovitz)의 순환의 원칙(principle of circularity)에 대해서 전폭적인 찬의를 표하고 있다.[12)]

한마디로 말해서 정책과정이란 단일 방향적인 것이 아니라는 것이다. 형성과 집행이 상호 작용을 할 뿐만 아니라 집행과 평가가 영향을 주고받으며, 평가와 형성이 상호 작용을 한다는 것이다.

#### 2) 정책변동과 정책과정의 순환성

나카무라와 스몰우드는 정책과정을 정책형성, 정책집행, 정책평가의 3단계로 나누고 이 세 단계 간의 순환성을 강조하고 있다. 이들은 앤더슨과 같이 정책변동을 정책평가단계에 포함시키고 있다.[13)]

그러나 전술한 바와 같이 정책변동단계를 독립시키는 경우에 정책과정의 순환성을 어떻게 설명할 것인가 하는 문제가 여기에 제기된다. 이론이

---

12) Robert T. Nakamura & Frank P. Smallwood, *The Politics of Policy Implementation* (New York: St. Martin's Press, 1980), p. 27.
13) *Ibid.*, pp. 80-82.

있을 수 있겠으나 우리는 정책형성, 정책집행, 정책평가, 정책변동의 4개 단계가 서로 영향을 주고받는다고 보고 싶다.

## 2 정책변동의 중요성과 변동 연구의 확산

### 1) 정책변동의 중요성

라스웰이 1956년 정책과정 7단계의 하나로 정책의 수정 또는 폐기 등을 결정하는 단계로서의 정책종결단계를 주장한 이래 정책과정에 정책변동 단계를 포함시키지 않는 사람이 거의 없을 정도로 정책변동단계는 중요성을 지니게 되었다.

호렛트(Michael Howlett)과 라메쉬(M. Ramesh)와 같이 정책과정에서는 정책변동을 정책평가단계에 포함시키는 사람들도 정책변동을 별개의 편으로 다루어 길게 고찰하고 있는 실정이다.[14]

### 2) 변동 연구의 확산

이와 같이 정책변동에 관한 연구가 정책학에서 중요한 위치를 차지하고 있을 뿐만 아니라 오늘날 거의 모든 사회과학에서 변동에 관한 연구가 이루어지고 있다고 해도 과언이 아니다. 사회학, 경제학, 정치학, 행정학 등에서 변동의 연구가 이미 오래전부터 시작되었다는 것은 널리 알려진 사실이다.

사회학에서의 변동의 연구의 기원에 관해서는 논란의 여지가 있으나 콤트(Auguste Compte)나 스펜서(Herbert Spencer) 같은 사람도 일찍부터 사회변동에 관해서 연구하였다고 주장하는 사람이 있다.[15]

경제학에서는 19세기 중반부터 경기변동론이라는 형태로 변동에 관한 연구가 시작되었으며 제2차 대전 후에는 경제발전론이라는 형태로 변동에

14) Howlett & Ramesh, *op. cit.*, pp. 227-244.
15) Piotr Sztompka, *The Sociology of Social Change*(Oxford: Oxford University Press, 1993), p. 3.

관한 연구가 활성화되었다.

정치학이나 행정학에서의 변동의 연구는 사회학이나 경제학보다 뒤늦게 시작했으나 정치학에서의 정치변동·정치발전에 관한 연구와 행정학에서의 행정발전에 관한 연구도 상당 수준에 이르고 있다.

우리는 이와 같은 다른 사회과학에서의 변동의 연구가 어떻게 진행되고 있으며, 사회변동, 경제발전, 정치변동, 행정발전 등이 정책변동과 어떻게 서로 영향을 주고받는가에 관해서 이 책 제6편에서 구체적으로 검토하고자 한다.

# 제 2 편

# 정책변동의 의의와 모형

# 제 6 장 정책변동의 의의와 저해요인

## 제 1 절 정책변동의 의의와 유형

### 1 정책변동의 의의

#### 1) 정책변동의 개념

(1) 정책변동의 정의

정책변동(policy change)의 개념을 명확하게 정의한 사람이 별로 없으나 여기에서는 정책변동을 특정한 정책을 수정하거나 종결시키는 것이라고 정의하고자 한다.

(2) 정책형성과 정책변동

정책변동은 정책형성을 통하여 이루어지는 경우가 많다. 따라서 정책형성만 존재가치가 있으며 정책변동은 불필요한 개념이라고 주장할 수도 있겠다.

그러나 우리가 이곳에서 강조하고자 하는 것은 정책변동은 기존정책과 대비함으로써 성립할 수 있는 개념이라는 사실이다. 다시 말해서 정책변동은 기존정책의 실패나 폐단을 인정하는 것을 전제로 그것을 수정 또는 극복하기 위하여 이루어진 조치라 할 수 있다.[1)]

예를 들어 김영삼 정부(문민정부)하에서 이루어진 금융실명제의 채택은 금융실명제 자체만 놓고 보면 다른 정책형성과 다를 바 없겠으나 차명계정, 가명계정 등이 얼마든지 허용되어 비리의 수단 또는 온상을 이루었던 기존 금융제도의 폐단을 인정하고 그것을 시정하기 위한 조치로서의 금융실명제의 채택은 정책변동인 것이다.

1948년에 수립된 대한민국 정부가 1950년에 공포된 교육법에 의하여 의무교육을 실천에 옮긴 결정은 의무교육의 실시 자체만 보면 다른 정책형성과 다를 바 없겠으나 약 80%에 달하는 국민이 문맹이었던 당시의 우리나라 교육현실·교육정책을 시정하기 위한 조치로서의 의무교육의 실시는 정책변동인 것이다.[2)]

또한 1950년 3월에 국회를 통과하고 4월에 공포된 농지개혁법에 의하여 단행된 농지개혁은 농지개혁 자체만 보면 다른 정책형성과 다를 바 없으나 지주와 소작인, 양반과 상인 간의 경제적·신분적 예속관계가 지배하던 당시의 사회현실을 타파하고 경자유전(耕者有田)의 원칙을 확립한 조치로서의 농지개혁은 정책변동인 것이다.[3)]

### 2) 정책변동에 대한 관심의 제고

종전에는 정책의 종결을 포함하는 정책의 변동에 관해서 정책연구에 종사하는 사람들의 관심이 적었던 것 같다. 정책과정으로서 i) 정책의제 설정단계, ii) 정책형성단계, iii) 정책채택단계, iv) 정책집행단계, v) 정책평가단계를 들고 있는 앤더슨(Anderson)은 더 말할 것도 없고[4)] 존스(Jones)도 그의 저서의 초판에서는 종결단계에 관해서 제대로 언급하지 않다가 재판

---

1) Peter May, "Policy Learning and Failure," *Journal of Public Policy*, 1992, p. 341.
2) 유영익, "이승만 대통령의 업적—거시적 재평가," 현대한국학연구소, 이승만 대통령의 역사적 재평가(서울: 현대한국학연구소, 2004), pp. 283-285.
3) 오호성, 경제발전과 농지제도(서울: 한국농촌경제연구소, 1981), p. 16.
4) James E. Anderson, *Public Policy-Making*, fifth edition(Boston: Houghton Mifflin, 2003), pp. 27-29.

에 와서야 종결단계에 관심을 표명하게 되었다.[5] 유독 라스웰(Lasswell)만은 이미 1950년대에 정책의 수정 또는 폐기를 의미하는 종결단계를 정책과정의 한 단계로서 제시했던 것이다.[6]

정책집행이 성공을 거두려면 집행자들이 새로운 정책에 적응해야 할 뿐만 아니라 정책 자체가 현지 실정에 맞도록 수정되어야 한다고 주장한 맥로린(McLaughlin)이나[7] 정책형성이 정책집행과 영향을 주고받을 뿐만 아니라 정책평가와도 상호 작용을 한다는 나카무라(Nakamura)와 스몰우드(Smallwood)도 정책의 변동을 상정하고 있었다고 할 수 있다.[8] 이런 의미에서 "집행은 정도의 차이는 있으나 항상 정책을 결정하거나 정책을 수정한다"고 주장한 린드블롬(Lindblom)도 정책의 변동이 보편적인 현상이라고 본 것 같다.[9] 그러나 유감스럽게도 이들이 다 정책의 변동이라는 문제를 크게 부각시키지 않았다.

근래에 와서 정책의 종결을 포함하는 정책의 변동에 관해서 관심을 표명하는 사람들이 나타나기 시작했다. 이러한 정책의 변동에 관한 연구는 조직론에서의 조직의 변동(organizational change)에 관한 연구와 일맥상통한다고 할 수 있을 것이다.[10]

정책변동에 관한 연구는 정책의 승계(succession) 또는 수정에 관한 연구보다 정책종결에 관한 연구에 의하여 시작되었다고 할 수 있다. 1976년 6월호 정책과학지(Policy Sciences)에 게재된 정책종결에 관한 심포지움(symposium)은 정책종결 연구에 큰 자극제가 되었으며 1997년에는 국제

5) Charles O. Jones, *An Introduction to the Study of Public Policy*, second edition(North Scituate: Duxbury Press, 1977), pp. 11-12.
6) Harold D. Lasswell, *The Decision Process: Seven Categories of Functional Analysis*(College Park: University of Maryland, 1956), p. 2.
7) Milbery McLaughlin, "Implementation as Mutual Adaptation: Change in Class Room Organization," Walter Williams and Richard Elmore(eds.), *Social Program Implementation*(New York: Academic Press, 1976), pp. 167-168.
8) Robert T. Nakamura and Frank P. Smallwood, *The Politics of Policy Implementation* (New York: St. Martin's Press, 1980), p. 27.
9) Charles E. Lindblom, *The Policy-Making Process*, second edition(Englewood Cliffs: Prentice-Hall, 1980), p. 65.
10) 유훈, "정책의 종결," 행정논총, 제22권 제1호(1984), pp. 56-57.

행정학연구지(International Journal of Public Administration)가 20여년 만에 다시 심포지움을 게재했다.

사례연구를 위주로 한 이들 심포지움과는 별도로 카우프먼(Kaufman), 드레온(deLeon), 벤(Behn), 다니엘즈(Daniels) 등이 이론정립을 위한 시도를 전개하기도 했다.[11]

이와 같이 정책종결에 관한 연구가 풍부한 데 대하여 정책의 수정 또는 승계에 관한 연구는 과히 많지 않은데 정책승계에 관한 연구를 집대성한 것으로서 호그우드(Hogwood)와 피터스(Peters)의 정책역동론(Policy Dynamics)을 들 수 있겠다.[12]

한마디로 말해서 1970년대 후반에 시작된 정책변동에 관한 연구는 정책종결에 관한 연구에 집중되다 시피 했으며 정책의 승계에 관한 연구는 아직 많이 부족한 실정이라고 하겠다.

## 2 정책변동의 유형

정책변동의 유형은 여러 가지 관점에서 여러 가지로 분류할 수 있겠으나 다음과 같이 세 가지 관점에서 고찰하고자 한다.

### 1) 폭발형 · 점증형 · 혼합형

바다크(Bardach)가 정책종결에 소요되는 시간이라는 관점에서 사용한 분류인데, 정책종결뿐만 아니라 정책변동 전반에 적용될 수 있는 분류방법이라 하겠다.[13]

#### (1) 폭발형

가장 일반적인 정책변동의 유형으로서 특정한 정책이 일시에 수정되거

11) 제11장 「정책의 종결」 참조.
12) 제10장 「정책의 승계」 참조.
13) Eugene Bardach, “Policy Termination as a Political Process,” *Policy Sciences*, June 1976, pp. 124-126.

나 종식·중지되는 것을 말한다. 이 유형의 정책변동은 단일적인 권위있는 결정에 의해 이루어지는 데, 이러한 결정이 내려지기까지는 일반적으로 장기간에 걸친 정치적 투쟁이 선행된다고 볼 수 있다.

#### (2) 점증형

이 유형의 정책변동은 단일의 정책적 수준의 결정에서 오는 것이 아니라 장기간에 걸친 소요자원의 증감에 의해 이루어지는 것이다. 미국의 베트남전의 종결이 그 대표적인 예라 할 수 있다.

#### (3) 혼합형

비교적 단기간에 걸친 의도적으로 집행된 단계적인 정책변동을 말하는 이 혼합형은 흔히 볼 수 있는 정책변동의 유형은 아니나 폭발형이나 점증형에 비해 좋은 성과를 거둘 수 있다는 것이 바다크의 견해이다.

### 2) 호렛트와 라메쉬의 유형

호렛트(M. Howlett)와 라메쉬(M. Ramesh)는 변동의 양식(mode of change)과 변동의 속도를 조합해 네 가지 유형의 정책변동을 제시하고 있다.[14]

#### (1) 급속한 패러다임적 변동

이념의 변동이 있으면서 변동의 속도도 빠른 경우에 급속한 패러다임적 변동이 일어나는 것이다. 케인즈주의(Keynesianism)에 의거한 노동당 정부의 경제정책이 10년 동안에 통화주의(monetarism)에 의해 대체되는 영국의 경제정책의 변동이 대표적인 예라 하겠다.[15]

---

14) Michael Howlett and M. Ramesh, "Policy Subsystem Configuration and Policy Change," *Policy Studies Journal*, No. 3, 1998; Michael Howlett and M. Ramesh, *Studying Public Policy*, second edition(New York: Oxford University Press, 2003), pp. 237-239.

15) Peter Hall, "Policy Paradigms, Social Learning and the State," *Comparative Politics*, April 1993, pp. 284-287.

〈표 6-1〉 호렛트와 라메쉬의 변동의 유형

| 변동의 양식 | 변동의 속도 | |
|---|---|---|
| | 급속 | 완만 |
| 패러다임적 | 급속한 패러다임적 변동 | 완만한 패러다임적 변동 |
| 점증적 | 급속한 점증적 변동 | 완만한 점증적 변동 |

#### (2) 완만한 패러다임적 변동

이념의 변동을 수반하는 패러다임적 변동이나 변동이 장기간을 소요하는 경우에 완만한 패러다임적 변동이 일어난다. 캐나다의 원주민 정책이 60여년의 세월에 걸쳐 동화정책에서 평화·공존정책으로 이행한 것이 대표적인 예라 하겠다.16)

#### (3) 급속한 점증적 변동

이념의 변동이 없는 점증적 변동이나 단시일 내에 변동이 일어나는 경우를 급속한 점증적 변동이라 한다.

#### (4) 완만한 점증적 변동

이념의 변동이 없는 점증적 변동이 장기간에 걸쳐서 서서히 일어나는 경우를 완만한 점증적 변동이라 한다.

### 3) 정책의 쇄신·승계·유지·종결

넓은 의미의 정책의 변동은 i) 정책의 쇄신(policy innovation), ii) 정책의 승계(policy succession), iii) 정책의 유지(policy maintenance), iv) 정책의 종결(policy termination)로도 분류할 수 있다. 우리는 먼저 이 네 가지 정책변동을 하나씩 검토한 다음 이들을 비교하고자 한다.

#### (1) 정책의 쇄신

정책의 쇄신이란 정부가 종전에 관여하지 않았던 분야에 진출해 새로운

16) Michael Howlett, "Policy Paradigms and Policy Change: Lessons from the Old and New Canadian Policies Towards Aboriginal Peoples," *Policy Studies Journal*, No. 4, 1994, p. 640.

정책을 수립하는 것을 말한다. 정부가 새로운 분야에 진출하는 까닭에 기존의 조직·법률이나 예산이 있을 수가 없다. 이 모든 것들이 무(無)에서부터 창출되어야 한다. 이런 의미에서 순수한 형태의 정책의 쇄신이란 20세기 후반이나 21세기에 비교적 희귀하다는 것이 호그우드와 피터스의 주장이다.[17)]

(2) **정책의 승계**

정책의 승계란 동일한 분야에서 기존의 정책이 새로운 정책에 의해 대체되는 것을 말한다. 낡은 정책이 폐지되고 새로운 정책이 등장했다는 점에서 새로운 요소를 지니는 것은 사실이나 전술한 정책의 쇄신의 경우와는 달리 정부가 새로운 분야에 처음으로 진출하는 것은 아니다. 후술하는 바와 같이 정책의 승계와 관련된 변동은 복잡하고 많은 문제를 내포하고 있으나 새로운 분야를 개척하는 것이 아니라 기존의 정책을 수정하고 기존의 조직·법률 등을 개편·개정하는 것이다.

(3) **정책의 유지**

정책의 유지도 넓은 의미의 정책의 변동에 포함시킬 수 있다. 인플레이션이나 생활수준의 향상에 따라 정책은 적용대상을 확대해야 하며 급여수준을 조정해야 하는 경우가 많다.

이것은 기존 정책을 새로운 정책으로 대체하는 것이 아니라 본래의 정책목표를 달성하기 위해 프로그램의 산출(outputs)을 조정하는 데 지나지 않는다.

이러한 정책의 유지는 환경의 변화에 대한 정부의 수동적인 적응이라고 말할 수는 없을 것이다. 경우에 따라서는 정부는 관계법령을 개정해야 하며 예산액도 조정해야 한다.

(4) **정책의 종결**

정책의 종결이란 특정한 정책을 의도적으로 종결시키거나 중지시키는

17) Brian Hogwood and B. Guy Peters, *Policy Dynamics*(New York: St. Martin's Press, 1983), p. 26.

것을 말한다.[18] 순수한 의미의 정책의 쇄신이 희귀한 것과 같이 정책의 종결도 많지 않다. 카우프먼(Herbert Kaufman)이 미 연방정부의 421개 기관을 연구한 결과 1923년부터 1970년대 중반에 이르는 기간 중 소멸한 기관은 27개에 불과했다.[19] 우리는 제11장에서 정책의 종결에 관해서도 상세하게 고찰하고자 한다.

### (5) 상호 비교

첫째, 네 가지 정책변동의 기본적인 성격을 살펴본다면 정책의 쇄신, 승계, 종결이 의도적(purposive)인 성격을 지닌데 대하여 유지는 적응적인 정책변동이라 하겠다.

둘째, 조직적인 측면에서 본다면 정책쇄신의 경우 기존조직이 없으므로 새로운 정책을 담당할 조직을 신설한다든지 다른 정책을 담당하고 있는 조직으로 하여금 정책을 담당하게 해야 한다. 정책의 승계의 경우에는 기존조직의 개편이 필요하겠으나 정책의 유지의 경우에는 일반적으로 조직의 개편이 불필요할 것이다. 끝으로 정책의 종결은 기존조직의 폐지를 수반하는 경우가 많다고 하겠다.

셋째, 법률적 측면에서 본다면 정책쇄신에서는 기존법률이 없으므로 새로운 법률의 제정이 필요한 경우가 많을 것이다. 정책의 승계에서는 기존법률의 개정이 필요한 경우가 있는가 하면 기존법률을 폐지하고 새로운 법률을 제정하는 경우도 있을 것이다. 일반적으로 정책의 유지는 법률의 개정이 불필요하며 정책의 종결에서는 관련 법률이 폐지되는 경우가 많을 것이다.

넷째, 예산적 측면에서 본다면 정책쇄신에서는 기존예산이 없으므로 새로 예산을 확보해야 할 것이다. 정책의 승계에서는 기존예산이 있으므로 새로 예산을 확보할 필요는 없겠으나 예산의 이체(移替) 등의 조치가 필요한 경우가 있을 것이다. 정책의 유지에서는 예산과목에는 변동이 없으나

---

18) 유훈, 앞의 논문, pp. 57-58.

19) Herbert Kaufman, *Are Government Organization Immortal*?(Washington, D.C.: Brooking Institution, 1976), p. 34.

〈표 6-2〉 정책의 쇄신 · 승계 · 유지 · 종결의 비교

| | 정책의 쇄신 | 정책의 승계 | 정책의 유지 | 정책의 종결 |
|---|---|---|---|---|
| 기본 성격 | 의도적 | 의도적 | 적응적 | 의도적 |
| 조직적 측면 | 기존조직 없음 | 기존조직의 개편이 필요함 | 일반적으로 조직의 개편이 불필요함 | 기존조직이 폐지되는 경우 많음 |
| 법률적 측면 | 기존법률 없음 | 기존법률의 개정, 신법률의 제정이 필요함 | 일반적으로 법률의 개정이 불필요함 | 모든 관련 법률이 폐지됨 |
| 예산적 측면 | 기존예산 없음 | 기존예산이 있으나 예산의 이체 등이 필요함 | 예산과목에는 변동 없으나 예산증액이나 예비비 사용 필요함 | 원칙적으로 모든 관련 예산 소멸 |

경우에 따라서는 예산의 증액이나 예비비의 사용이 필요하게 될 것이다. 정책의 종결에서는 일반적으로 당해 연도의 관련 예산이 소멸되거나 불용액으로 처리될 것이며, 다음 연도부터는 관련 예산이 전액 소멸될 것이다.[20]

## 제 2 절 정책변동의 저해요인

### 1 정책변동의 어려움

우리는 위에서 정책변동의 유형을 살펴보았는데 정책변동이란 쉽사리 일어나는 것이 아니다. 불필요하고 시대착오적인 정책이 수정되거나 종결되지 않고 지속되는 예를 우리는 많이 보고 있다. 다음에 정책변동의 저해요인을 정책종결에 역점을 두어 고찰하고자 한다.[21]

20) Hogwood and Peters, *op. cit.*, p. 27.

21) Peter deLeon, "Public Policy Termination: An End and Beginning," *Policy Analysis*,

## 2 정책변동의 저해요인

### 1) 심리적인 저항

사업, 조직, 정책을 새로 시작하기는 쉬워도 이들을 종결하거나 감축하기는 심리적으로 어려운 것이다. 이러한 까닭에 환경의 변화로 인해서 사업이나 정책을 끝내야 함에도 끝내지 못하는 경우가 많은 것이다. 심리적인 저항감으로 인해서 마땅히 끝내야 할 사업이나 정책을 끝내지 못하는 예로서 제1차 세계대전 전의 기병대의 경우를 들 수 있다. 기관총과 고성능 대포 등의 보급으로 기병대의 효용이 격감되었음에도 불구하고 많은 국가의 군사 전문가들이 기병대에 대한 애착을 버리지 못했으며 미육군에서는 제2차 세계대전 중에도 기병대가 존속했던 것이다.

1930년대 프랑스에서는 마지노선(Maginot Line)에 대한 대안이란 있을 수 없었다. 프랑스인들에게는 마지노선이 독일군의 공격을 저지하지 못한다는 것은 상상할 수도 없었던 것이다.

### 2) 정책·조직의 항구성

정책이나 조직은 변동에 대한 저항력을 지니고 있다. 정책이나 조직은 환경에 대한 적응력을 지니고 있는 까닭에 쉽사리 소멸하지 않는다. 굴드너(Alven Gouldner)의 표현을 빌린다면 조직은 모든 사회집단의 경우와 같이 '생존'이라는 지상과제를 안고 있다. 이 지상과제 때문에 조직은 때때로 조직목표를 등한히 하는가 하면 목표를 왜곡하기도 한다는 것이다.[22] 전술한 바와 같이 카우프먼이 미 연방정부의 421개 기관을 연구한 결과 1923년부터 1970년대 중반에 이르는 기간 중 소멸한 기관은 27개에 불과했다.

---

Summer 1979, pp. 379-386.

22) Alvin Gouldner, "Organizational Analysis," in Robert K. Merton, *et al.*(eds.), *Sociology Today*(New York: Basic Books, 1959), p. 405.

### 3) 동태적 보수주의

정책이나 조직은 동태적인 실체이다. 정책이나 조직의 목표가 달성되었거나 환경적인 요인으로 달성이 불가능한 경우 정책이나 조직은 새로운 목표를 발견하거나 환경의 개조를 시도한다. 우리는 이러한 현상을 동태적 보수주의(dynamic conservatism)라고 부르기도 한다.

소아마비재단은 국민들의 지지를 얻어 소아마비 예방약의 연구를 지원하고 소아마비 희생자들에게 도움을 주는 것을 그 목표로 했다. 이 재단은 약 20년간 이 목표를 달성하기 위해 성실히 노력한 결과 유명한 소크 백신(Salk Vaccine), 세이빈 백신(Sabin Vaccine)의 발명에 크게 이바지하게 되었으며 소아마비의 위협을 완전하게 제거할 수 있게 되었다.

이와 같이 그 목표를 달성한 후 소아마비재단은 해체할 수도 있었으나 해체하지 않고 관절염과 불구아 출생의 예방 및 치료라는 새로운 목표를 수립하고 이를 달성하기 위해 노력하게 되었다.[23]

UN군의 한국전쟁 참전의 목표는 공산군을 남한으로부터 축출하는 데 있었다. 이러한 목표가 달성되자 당시의 UN군 사령관 맥아더 장군은 공산군을 한반도에서 몰아낸다는 새로운 목표를 수립하게 되었으며, 이러한 목표에 따라 UN군이 38선을 넘어 북한으로 진격했다는 것은 우리가 다 잘 아는 사실이다.

### 4) 변동의 반대를 위한 정치적 연합

변동의 저해요인으로서 변동을 반대하는 세력의 정치적 연합을 들지 않을 수 없다. 어떤 조직이나 그 조직이 담당하는 사업·정책이 변동의 위협에 직면하면 조직 내부나 외부의 집단들이 그들의 힘과 전술을 동원해 변동을 반대하는 것이 일반적인 현상인데, 조직 내부의 세력과 외부의 세력이 연합전선을 형성할 때 그 힘은 막강해진다. 미해군은 기지 폐쇄의 위협에 직면하면 그 지방의 노동조합, 관련기업, 그 지방출신의 국회의원 등을 동원해 기지 폐쇄를 반대하는 경우가 많다고 한다.

23) Amitai Etzioni, *Modern Organization*(Englewood Cliffs: Prentice-Hall, 1964), p. 13.

변동을 반대하기 위해 형성하는 연합전선의 동조자는 경우에 따라서 다른 정부부처, 국회의 상임위원회, 외국 정부일 수도 있다. 스카이볼트(Skybolt) 미사일 개발사업을 동결하려는 미 국방부의 결정에 대해서 국무부와 영국 정부가 연합해 맹렬히 반대했던 것이다.

### 5) 법적인 제약

조직·사업·정책의 변동은 법적 제약으로 인해 저해를 받는 경우가 많다. 우리나라에서 행정개혁위원회나 기획조정실 등의 폐지가 어려웠던 것은 정부조직법을 개정해야 한다는 데에도 그 이유가 있었다. 1972년까지만 하더라도 정부 각 부처의 국(局)을 폐지하는 일은 정부조직법을 개정해야 했기 때문에 어려운 작업이었다.

미국에서는 법원의 개입이 변동을 어렵게 만드는 경우가 많다. 닉슨 대통령이 대통령령으로 경제기회처(Office of Economic Opportunity)의 폐지를 결정하자 이 기관 소속 공무원들은 법원에 제소해 대통령령의 취소결정을 얻어냈다.

### 6) 높은 비용

조직이나 정책의 변동·감축은 많은 비용(cost)을 필요로 한다. 경제적 비용뿐만 아니라 정치적 희생을 요구하는 경우가 많다. 정책결정자들이 정책의 실패를 인정해야 하는데 실패를 자인하기를 원하는 정책결정자들이 많지 않다. 원자력발전의 비판자들이 원자력발전을 적극적으로 반대하지 못한 것은 원자력을 대신할 공해가 없는 에너지 자원을 제시하지 못했던 까닭이다. 감축이나 종결이 사기의 저하를 비롯해 많은 부작용을 낳는다는 것도 잊어서는 안 되겠다.

# 제 7 장 정책변동의 모형

## 제 1 절 초기의 정책변동모형

### 1 정책변동에 관한 제모형

정책변동의 요인이나 과정에 관해서는 그동안 많은 모형이 제시되어 왔다. 이러한 모형 중에는 처음부터 정책변동을 설명하기 위하여 제시된 모형도 있고 정책의제설정을 설명하기 위한 모형이 있는가 하면 정책산출에 관한 모형도 있다.

콥(Roger Cobb), 로스(Jennie-Keith Ross) 및 로스(Marc Howard Ross)는 정책의제 설정을 누가 주도하느냐에 따라서 ① 외부주도모형, ② 동원모형, ③ 내부주도모형으로 나누고 있는데,[1] 사람에 따라서 이 모형을 정책변동을 설명하는 모형으로 사용하기도 한다.

전술한 바와 같이 정책변동에 관해서 비교적 포괄적인 분석을 시도한 호

1) Roger Cobb, Jennie-Keith Ross and Marc Howard Ross, "Agenda Building as a Comparative Political Process," *American Political Science Review*, March 1976, pp. 127-128, 137-138.

그우드(Brian Hogwood)와 피터스(B. Guy Peters)는 정책변동을 크게 네 가지로 대별하고 그 중 정책승계에 관해서 구체적으로 검토하고 있다.

우리는 이곳에서 정책변동에 관한 이러한 모형 중에서 주로 정책변동의 요인과 과정을 분석하는 데 사용하는 모형을 검토하고자 하는데, 제1절에서는 초기의 정책변동모형으로서 호파버트(Richard Hofferbert)의 모형을 살펴보고, 제2절에서 최근의 모형으로서 사바티어(Paul Sabatier)의 모형을 포함해 네 가지 모형을 고찰하고자 한다.

## 2 호파버트의 모형

호파버트의 모형은 정책변동에 관한 모형이라기보다는 정책산출에 관한 모형이나 정책변동을 설명하는 데 활용되고 있다.

호파버트는 정책산출에 영향을 미치는 요인으로서 ① 역사적·지리적 조건, ② 사회경제적 구성, ③ 대중정치행태, ④ 정부기구, ⑤ 엘리트행태를 들고 있다(제2편 그림 8-6 참조). 이러한 요인들이 직접 또는 간접으로 정책산출에 영향을 미친다는 것이 호파버트의 주장이다.[2]

이 모형을 가지고 정책변동을 설명한다면 역사적·지리적 조건은 쉽사리 변하지 않겠지만 그 나라의 사회경제적 구성이 변하고 대중정치행태나 정부기구, 엘리트행태가 달라짐에 따라 정책이 변한다는 것이다. 예를 들면 경제발전이 이루어지고 교육수준이 향상되고 노령화가 진행됨에 따라 정책의 변동이 일어날 수 있다는 것이다. 대중정치행태의 경우에도 야도여촌이라는 대중정치행태가 변함에 따라 정책이 변할 수 있으며, 정부기구의 경우 환경청이 환경처를 거쳐 환경부로 승격함에 따라 환경정책의 변동이 일어날 수 있는 것이다.

2) Richard Hofferbert, *The Study of Public Policy*(Indianapolis : Bobbs-Merrill, 1974), pp. 225-232.

## 제 2 절 최근의 정책변동모형

### 1 사바티어의 지지연합모형

호파버트의 모형이 본래 정책산출을 위한 모형인데 대하여 사바티어의 지지연합모형(advocacy coalition model)은 처음부터 정책변동을 설명하기 위한 모형이라는 사실에 유의할 필요가 있다.

#### 1) 외부적 요인

[그림 7-1]과 같이 정책하위체제에 영향을 미치는 외부적 요인으로 크게 두 가지를 들 수 있는데 첫째는 비교적 안정된 체제파라미터(system parameter)이며, 둘째는 다소 역동적인 외부적 요인이다. 비교적 안정된 체제파라미터에 속하는 것으로서는 i) 정책문제의 특성, ii) 천연자원의 배분, iii) 사회문화적 가치 및 사회구조, iv) 기본적 헌법구조를 들 수 있다. 사바티어가 외부적 사건(external event)이라고 부르는 다소 역동적인 요인으로서는 i) 사회경제적 여건의 변화, ii) 통치집단의 변화, iii) 다른 하위체제로부터의 영향 및 정책결정을 들 수 있다.[3]

후술하는 바와 같이 홀(Peter Hall)이 외부의 경제적·사회적·정치적 위기가 정책변동을 초래한다고 함으로써 구체성이 결여되어 있다는 비판을 받고 있는데 대하여 사바티어는 정책체제에 영향을 미치는 외부적 요인을 비교적 안정적인 요인과 다소 역동적인 요인으로 대별하고 이를 다시 세분하고 있는 것이다.

3) Paul A. Sabatier, "An Advocacy Coalition Framework of Policy Change and the Role of Policy-Oriented Learning Therein," *Policy Sciences*, No. 2-3, 1988, pp. 134-137.

[그림 7-1] 사바티어의 정책변동모형

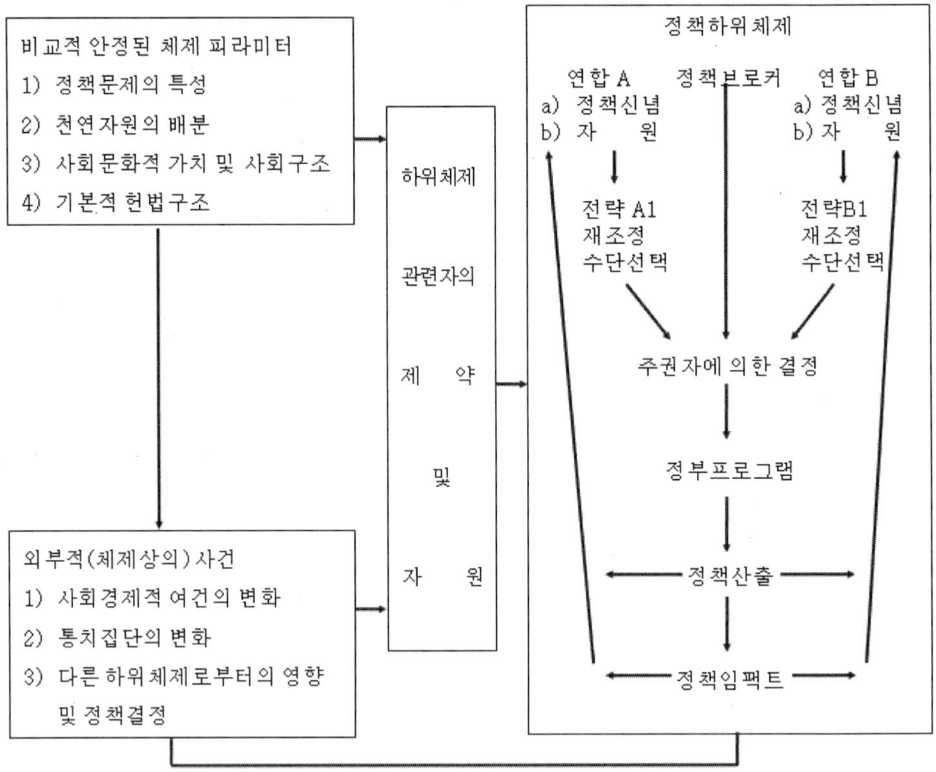


## 2) 정책체제

다음에 정책체제 내부를 살펴본다면 관련자(actors)는 몇 개의 지지연합(advocacy coalition)을 구성하는데 이들은 정책에 관한 신념과 자원을 공유하여 각각 그들 나름대로의 전략을 지니고 있다. 이러한 지지연합들 간의 대립과 갈등을 중재하는 제3자를 사바티어는 정책브로커(policy broker)라고 부른다. 이러한 과정을 통하여 정부프로그램이 나오며 거기에서 정책산출이 나오고 정책임팩트(impact)를 가져온다.[4]

4) *Ibid.*, pp. 137-141.

### 3) 정책변동의 요인

위의 설명에서 어느 정도 자명해졌으나 사바티어가 들고 있는 정책변동의 요인을 다시 한번 정리하면 다음과 같다.

#### (1) 외부적 요인

외부적 요인의 변동이 정책변동을 초래한다. i) 정책문제의 특성, ii) 천연자원의 배분, iii) 사회문화적 가치 및 사회구조, iv) 기본적 헌법구조와 같은 요인은 비교적 안정적이나 다소 가변적이며 역동적인 외부적 요인으로서 i) 사회경제적 여건의 변화, ii) 통치집단의 변화, iii) 다른 하위체제로부터의 영향 등을 들 수 있다. 이러한 요인들의 변동이 정책의 변동을 초래한다는 것이다.

#### (2) 내부적 요인

정책변동의 요인으로서 외부적 요인과 함께 내부적 요인도 들 수 있다. 사바티어가 지적하고 있는 바와 같이 특정한 정책을 둘러싼 지지연합들은 비교적 안정적이다. 그러나 이러한 지지연합이 외부적 요인의 영향을 받거나 그 밖의 이유로 재편성될 수 있으며 다수파였던 지지연합이 소수파로 전락할 수 있다는 것이다. 지지연합의 재편성으로 소수파가 다수파가 될 때 정책의 변동이 일어남은 더 말할 필요가 없다.

#### (3) 정책학습

정책변동에 영향을 미치는 요인으로서 사바티어는 정책지향적 학습(policy-oriented learning)을 강조하고 있는데 이는 위에서 지적한 두 가지 요인 중에서 내부적 요인에 속한다고 할 수 있겠다. 정책학습은 지지연합 내에서도 이루어질 수 있겠으나 다른 지지연합으로부터의 학습도 가능하다.[5]

최근에 와서 로즈(Richard Rose) 같은 사람은 정책변동에 영향을 주는 요인으로서 다른 무엇보다 정책학습을 강조하고 있다.[6] 정책학습은 외국의

---

5) *Ibid.*, pp. 149-151.

6) Richard Rose, "What is Lesson-Drawing?" *Journal of Public Policy*, January-

전례나 경험으로부터 가능할 뿐만 아니라 과거의 경험,[7] 역사로부터도 가능하다는 주장이 제기되고 있다.[8]

## 2 킹돈의 모형과 실증연구

### 1) 킹돈의 정책흐름모형

킹돈(John Kingdon)의 정책흐름모형은 원래 정책의제설정을 위한 모형으로 제시된 것이나 근래에 와서 이 모형을 정책형성 · 정책집행 · 정책평가에 적용하는 사람이 있는가 하면[9] 정책변동을 설명하는 데 활용하는 사람도 있다.

킹돈에 의하면 지표의 변동, 위기 또는 재난, 환류 등으로 이루어지

〈표 7-1〉 킹돈의 창의 종류

| 예측가능성 | 창의 종류 | 내용 |
|---|---|---|
| 높다 | 정기적 · 반복적 창 (routine windows) | 제도화된 절차적 사건이 창을 열게 한다. |
| ↑ | 스필오버 창 (spillover windows) | 이미 창이 열려진 이슈와 관련이 있는 이슈가 끌려 들어가는 경우 |
| ↓ | 재량적 창 (discretionary windows) | 개별적 정치활동가의 행태가 창을 열게 한다. |
| 낮다 | 무작위적 창 (random windows) | 우연적이며 무작위적인 사건이나 위기가 창을 열게 한다. |

March 1991, pp. 3-30.

7) Colin J. Bennett, "How States Utilize Foreign Evidence," *Journal of Public Policy*, January-March 1991, pp. 31-54; Peter J. May, "Policy Learning and Failure," *Journal of Public Policy*, October-December 1992, pp. 331-354; Colin J. Bennett and Michael Howlett, "The Lessons of Learning: Reconciling Theories of Policy Learning and Policy Change," *Policy Sciences*, August 1992, pp. 275-294.

8) Richard E. Neustadt and Ernest R. May, *Thinking in Time: The Uses of History for Decision Makers*(New York: Free Press, 1986).

9) James E. Skok, "Policy Issue Networks and the Public Policy Cycle: A Structural-Functional Framework for Public Administration," *Public Administration Review*, July-August 1995, pp. 325-331.

[그림 7-2] 킹돈의 모형을 토대로 한 정책변동모형

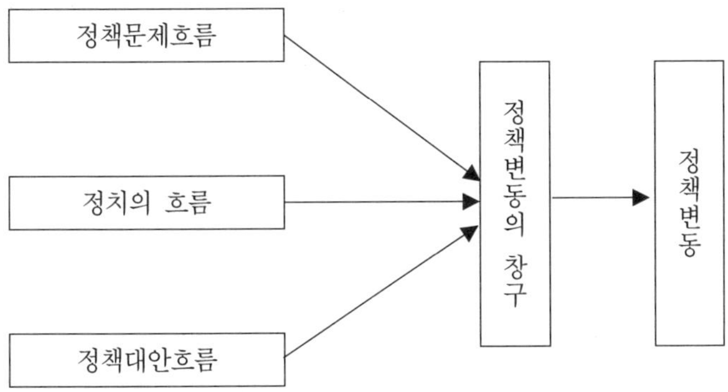


는 정책문제의 흐름과 정권의 교체, 국회의석 수의 변화, 국민적인 분위기, 이익집단의 압력 등으로 구성되는 정치의 흐름과 정책체제의 분화 정도, 정책활동가의 활동, 이익집단의 개입 등으로 이루어지는 정책(정책대안)의 흐름이 결합하여 정책의제설정이 이루어진다고 보나[10] 우리는 이 세 가지 흐름 중 2개 또는 3개가 결합할 때 변동의 창(window)이 열리고 정책변동이 이루어진다고 보고자 한다.

킹돈의 모형에 있어서 가장 핵심적인 문제의 하나가 언제 창(window)이 열리느냐 하는 문제라고 하겠다. 킹돈은 전술한 바와 같이 세 가지 흐름 중 2개 또는 3개가 결합하면 창이 열린다고 했지 창의 종류를 분류하지는 않았으나 호렛트(Michael Howlett)와 라메시(M. Ramesh)는 킹돈의 견해를 토대로 하여 <표 7-1>과 같이 제도화 또는 예측가능성이라는 관점에서 창을 네 가지로 분류하고 있다.

위의 네 가지 창 중에서 정기적·반복적 창이 열리는 것이 가장 예측가능성이 높으며 무작위적 창이 열리는 것이 가장 예측가능성이 낮다고 하겠다.[11]

10) John W. Kingdon, *Agendas, Alternatives, and Public Policies*(Boston: Little, Brown and Co., 1984), pp. 95-172.

11) Michael Howlett and M. Ramesh, *Studying Public Policy: Policy Cycles and*

### 2) 한국의 방송정책변동연구

킹돈의 정책흐름모형을 원용하여 우리나라 방송정책의 변동을 연구한 논문이 있다. 1980년부터 1990년에 이르는 10년간에 우리나라 방송정책은 크게 세번 변했다.

첫째는 1980년의 방송통폐합인데 방송의 공영체제를 특징으로 하는 것으로 TV방송국을 3개(KBS, MBC, TBC)에서 2개(KBS, MBC)로 하고 라디오방송국은 5개에서 3개로 축소했다(TBC, DBS 폐쇄).

둘째는 1987년의 언론기본법폐지인데 방송의 공영체제를 유지하면서 방송의 중립성을 강조하고, 불교방송, 평화방송, 교통방송 등과 같은 특수방송을 허용하는 것을 내용으로 하였다.

셋째는 1990년의 방송구조개편인데 종전의 방송의 공영체제에서 공·민영 혼합체제로의 전환을 특징으로 한다. SBS의 설립을 허가함으로써 TV방송국을 2개에서 3개로 늘렸다.[12]

이러한 방송정책의 변동을 설명하는데 킹돈의 모형이 크게 도움이 되었으나 한국적인 상황하에서 정책문제흐름이나 정책대안의 흐름보다 정치의 흐름이 더욱 중요하다는 것이 입증되었다.

좀더 구체적으로 말한다면 1980면 방송통폐합의 경우에는 정치의 흐름만이 작용했으며, 1987년의 언론기본법폐지의 경우에는 정책문제의 흐름과 정치의 흐름이 작용했고 1990년의 방송구조개편의 경우에는 정책대안의 흐름과 함께 정치의 흐름이 작용했다.[13]

---

*Policy Subsystems*, second edition(Oxford: Oxford University Press, 2003), pp. 137-138.

12) 이병길, 정책변동의 요인과 과정에 관한 연구(서울대학교 박사학위논문, 1992), pp. 159-173.

13) 상게논문, pp. 189-190.

## 3 홀의 모형과 실증연구

### 1) 홀의 패러다임 변동모형

사바티어는 핵심적인 신념의 변동으로 인한 근본적인 정책변동이 쉽지 않다는 것을 암시하고 있는데 대하여 영국 경제정책의 변동을 연구한 홀은 패러다임변동(paradigm shift)에 의거한 근본적인 정책변동이 가능하다고 보고 있다.[14]

홀은 패러다임변동이 한꺼번에 일어나는 것이 아니라 ① 패러다임안정기에서, ② 변이의 축적기, ③ 실험기, ④ 권위의 손상기, ⑤ 경합기를 거쳐서, ⑥ 새로운 패러다임의 정착기로 이행한다고 주장한다. 이어서 홀은 구체적으로 영국의 경제정책이 어떻게 케인즈주의에서 통화주의로 전환했는지를 살펴보고 있다.

여기서 한 가지 특기할 것은 홀도 사바티어와 같이 정책변동과정에 있어서의 정책학습의 중요성을 강조하고 있으며, 사회적 학습으로서의 정치와 권력투쟁으로서의 정치가 서로 얽혀 있다는 사실을 강조하고 있다는 점에서[15] 킹돈의 정책흐름모형과도 일맥상통한 점이 있다는 것을 알 수 있다.

### 2) 호렛트의 캐나다 원주민정책연구

호렛트는 홀의 모형을 가지고 캐나다의 원주민(인디언)정책의 변동을 고찰하고 있다. 호렛트는 캐나다의 원주민정책의 변동을 설명하는 데 거의 전적으로 홀의 모형에 의존하다시피 했다는 사실은 인정하면서 홀이 연구한 영국 경제정책의 변동과 캐나다의 원주민정책의 변동이 두 가지 점에서 다르다는 것을 지적하고 있다.

첫째로 영국 경제정책의 경우에는 변동이 완료되는 데 10년 정도가 걸리

---

14) Peter A. Hall, "Policy Paradigms, Social Learning, and the State: The Case of Economic Policymaking in Britain," *Comparative Politics,* April 1993, pp. 279-280.
15) *Ibid.*, p. 292.

〈표 7-2〉 캐나다 원주민정책의 변동

| 구 분 | 기 간 |
|---|---|
| 패러다임안정기 | 1860~1930 |
| 변이의 축적기 | 1930~1945 |
| 권위의 손상기 | 1945~1965 |
| 실험기 | 1965~1974 |
| 경합기 | 1974~1994 |
| 새로운 패러다임 정착기 | 1994~ |

는데 지나지 않았으나 캐나다의 원주민정책의 경우에는 60년이 걸렸다는 것이다.

둘째로 패러다임변동의 과정에 있어서 영국 경제정책의 경우에 있어서는 ③ 실험기 다음에 ④ 권위의 손상기가 도래했으나 캐나다 원주민정책의 경우에는 권위의 손상기 다음에 실험기가 왔다는 점이 다르다고 하고 있다.[16]

호렛트는 자기의 캐나다 원주민정책의 연구에 의하여 홀의 모형이 경제정책 이외의 분야에도 적용이 가능하다는 것이 입증되었다고 하고 있다. 그러나 홀의 주장의 결함의 하나가 외부의 경제적·정치적 위기가 패러다임변동을 가져온다고 함으로써 구체성이 결여된데 대하여 사바티어의 모형은 이 점에서 홀보다 명쾌하다는 사실을 첨부하고 있다.[17]

## 4 머치아로니의 모형과 사례연구

### 1) 이익집단위상 변동모형

머치아로니(Gary Mucciaroni)는 1995년에 발간된 그의 『위상의 반전: 공공정책과 이익집단』이라는 저서에서 이익집단의 위상이 어떻게 기복을 거

16) Machael Howlett, "Policy Paradigms and Policy Change: Lessons form the Old and New Canadian Policies Towards Aboriginal Peoples," *Policy Studies Journal*, No. 4, 1994, p. 640.

17) *Ibid*., p. 642.

듭하는가를 4개의 사례연구를 통하여 고찰하고 있다.[18)]

머치아로니는 이익집단의 위상의 기복을 설명하는데 ① 이슈맥락(issue context)과 ② 제도적 맥락(institutional context)이라는 두 가지 변수를 사용하고 있는데, 후술하는 바와 같이 그는 이슈맥락보다 제도적 맥락을 더 중요시한다.

머치아로니는 정책의 변동에 따라 이익집단의 위상이 어떻게 부침을 거듭했는가를 고찰하고 있으나 후술하는 바와 같이 그의 모형은 정책변동을 설명하는 모형으로서 활용할 수 있다고 생각한다.

### (1) 이슈맥락

머치아로니가 말하는 이슈맥락이란 이념적인 것이건, 경험적인 것이건, 환경적인 것이건 간에 정책의 유지 또는 변동에 영향을 미치는 요인을 망라한 것이라 하겠다.[19)] 이렇게 볼 때 머치아로니의 이슈맥락은 킹돈의 정책문제의 흐름과 정책대안의 흐름을 통합한 것이라 할 수 있을는지 모른다.

후술하는 바와 같이 이슈맥락과 제도적 맥락이 함께 특정한 이익집단에게 유리할 때에는 그 이익집단에게 유리한 정책이 계속 유지되거나 불리한 정책이 유리하게 변동한다는 것이다. 그러나 이슈맥락이 특정한 이익집단에게 유리하더라도 제도적 맥락이 불리할 때에는 정책이 불리하게 돌아간다는 것이 머치아로니의 주장이다. 다시 말해서 정책이나 이익집단의 위상에 미치는 영향이 제도적 맥락이 이슈맥락보다 강하다는 것이다.

### (2) 제도적 맥락

머치아로니는 제도적 맥락을 광의로 해석하여 입법부와 행정부의 구성원들이 특정한 정책이나 산업에 대하여 지니고 있는 선호나 행태를 포괄적으로 지칭하는 것으로 해석된다.

그는 특히 의회의 상임위원회의 위상과 정치적 리더십에 대하여 많은 관심을 표명하고 있다. 1980년대까지 소득보상적 농업정책이 상승세를 탓을

18) Gary Mucciaroni, *Reversals of Fortune: Public Policy and Private Interests* (Washington, D.C.: Brookings Institution, 1995).

19) *Ibid.*, pp. 10-13.

뿐만 아니라 1990년대에 들어와서 시장지향적 농업자립정책으로 전환해야 한다는 주장이 강하게 제기되었음에도 불구하고 소득보상적 농업정책의 현상유지가 가능했던 것은 의회 상하양원의 농업위원회의 강력한 뒷받침이 있었던 까닭이라고 보고 있다.

반대로 의회의 다수의원이 소극적이었음에도 불구하고 제도개혁과 규제완화가 가능했던 것은 포드, 카터 및 레이건 등의 역대 대통령과 하원세입위원회 로스텐코스키 위원장의 강력한 리더십 덕택이었다는 것이 머치아로니의 주장이다.[20]

### 2) 정책변동모형으로서의 활용

#### (1) 집단위상 변동모형의 변형

머치아로니의 궁극적인 목적은 집단위상의 변동을 이슈맥락과 제도적 맥락으로 설명하는데 있으나 집단위상의 변동이 정책의 변동을 매개변수로 하여 이루어진다는 것은 그도 인정하고 있는 바이며 실제로「정책변동」(policy change)이라는 용어 자체를 빈번히 사용하고 있다.[21] 따라서 그의 집단위상 변동모형을 정책변동의 관점에서 [그림 7-3]과 같이 변형시킬 수 있다고 생각한다.

[그림 7-3] 머치아로니의 모형

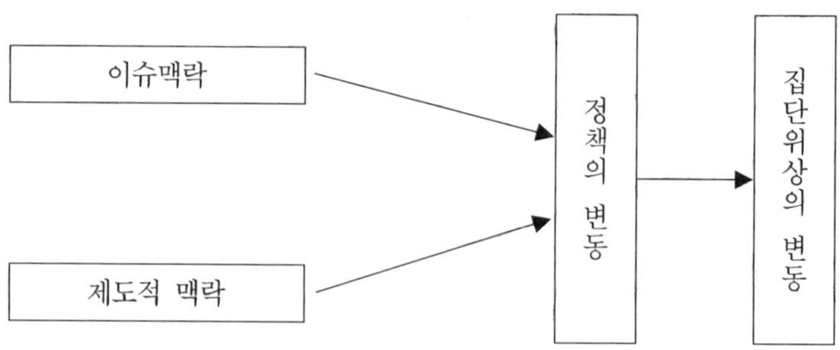


20) *Ibid.*, pp. 18-23.
21) *Ibid.*, p. 176.

### (2) 제도적 맥락과 신제도론

머치아로니의 모형을 정책변동모형으로서 활용함에 있어서 유의해야 할 점이 있다. 제도적 맥락의 중요성를 강조하는 그의 주장이 신제도론에 입각하고 있다는 오해를 받을 우려가 있다는 사실이다.

우리는 정치학의 최근 경향의 하나로서 「제도의 재발견」 또는 「신제도론」을 든다.[22] 신제도론은 한마디로 말해서 「제도」의 역할에 주목하고 제도가 행위자로서의 이익집단이나 정치인·관료의 행동을 제약하고 촉구함으로써 정책과정의 산출로서의 정책에 중요한 영향을 미친다고 보는 것이다.[23]

머치아로니는 제도적 맥락의 중요성을 강조하기는 하나 제도의 구조적 측면(structural aspects)을 강조하는 신제도론과는 달리 그의 제도적 맥락은 정책결정자들의 선호나 행태까지도 포함하는 것으로 해석하며 제도가 정책을 결정한다는 제도적 결정론(institutional determinism)을 경계한다.[24] 그는 제도가 정책에 미치는 영향은 자동적인 것이 아니라 여러 가지 상황에 달려 있다는 것을 강조하고 정책변동과 제도의 변혁은 상호작용적 과정이라는 말로써 결론을 맺고 있다.[25]

### 3) 미국의 사례연구

머치아로니는 4개의 사례연구를 통하여 그의 모형을 검증하고 있는데 각 사례에 관하여 2개 기간에 걸쳐서 검토하고 있으므로 8개의 사례를 고찰한 것이나 다름없다.

지면관계로 이 8개의 사례를 상세하게 검토하기는 어려우나 이를 간단히 요약한다면 <표 7-3>과 같이 이슈맥락과 제도적 맥락이 불리할 때에는 특정한 생산자집단이나 이익집단의 위상이 하강했으며, 이슈맥락과 제도적

---

22) James G. March and John P. Olsen, *Rediscovering Institutions: The Organizational Basis of Politics*(New York: Free Press, 1989).

23) James G. March and Johan P. Olsen, "The New Institutionalism: Organizational Factors in Political Life," *American Political Science Review*, September 1984, pp. 734-749.

24) Mucciaroni, *op. cit.*, p. 175.

25) *Ibid.*, p. 292.

〈표 7-3〉 이슈와 제도가 정책위상에 미치는 효과

| 정치분야 | 기간 | 이슈맥락 | 제도적 맥락 | 위상의 변동 |
|---|---|---|---|---|
| 보호무역정책 | 1960년대 말까지 | − | − | −(하강) |
| 보호무역정책 | 1970년대·1980년대 | + | − | −(억제) |
| 농업보조정책 | 1980년대 | + | + | +(상승) |
| 농업보조정책 | 1990년대 | − | + | +(현상유지) |
| 조세감면정책 | 1970-81 | + | + | +(상승) |
| 조세감면정책 | 1982년 이후 | − | − | −(하강) |
| 경제적 규제정책 | 1960년대 말까지 | + | + | +(상승) |
| 경제적 규제정책 | 1970년 이후 | − | − | −(하락) |

맥락이 동시에 유리했을 때에는 특정한 집단의 위상이 상승했다.

그러나 이슈맥락과 제도적 맥락이 일치하지 않을 때에는 특정집단의 위상이 이슈맥락보다 제도적 맥락의 영향을 받았다. 1970년대와 1980년대의 보호무역정책이 좋은 예이다. 이슈맥락은 보호를 요청하는 집단에게 유리하였으나 제도적 맥락이 그들에게 불리하였으므로 그들의 위상이 불리할 수밖에 없었다. 또 하나의 예를 1990년대의 농업보조정책에서 찾을 수 있다. 시장지향적 농업자립정책으로 전환해야 한다는 주장이 강했을 뿐만 아니라 UR의 타결로 이슈맥락은 농민에게 불리하였으나 의회 상하양원의 농업위원회를 위시하여 제도적 맥락이 농민에게 유리하였으므로 상승은 몰라도 현상유지가 가능했던 것이다.

### 4) 한국의 사례연구

머치아로니의 모형을 검증할 한국의 사례가 많이 있으나 우리는 이곳에서 배우자 상속과세정책의 변동과 수도권정비정책의 변동만 고찰하고자 한다.

#### (1) 배우자 상속과세정책의 변동

우리나라 배우자의 상속과세정책은 여성의 법적 지위에 따라 변동했다고 하겠다. 1980년대 말까지만 하더라도 배우자의 재산형성기여를 인정하지 않고 배우자의 기본생활보호에만 역점을 두었다.

그러나 1990년대에 들어와서 배우자의 재산형성기여를 인정하게 되고 상속세의 공제가 대폭적으로 상향 조정되게 되었으며 1993년에는 소폭적이나마 배우자공제가 다시 상향 조정되었다.[26]

이러한 상속과세정책의 변동은 여성의 법적 지위에 관한 이슈맥락이 크게 변동했을 뿐만 아니라 제도적 맥락에도 큰 변동이 있었기 때문이라 하겠다.

### (2) 수도권정비정책의 변동(과밀부담금제도의 도입)

수도권의 과잉집중을 억제하기 위한 정책은 건설부(현 국토해양부)와 무임소장관실이 중심이 되어 1960년대부터 추진되었으며 1970년대에는 이에 더욱 박차를 가했으나 수도권정비계획법이 제정된 것은 1982년의 일이다. 건설부는 이를 토대로 하여 1984년에 수도권정비기본계획을 수립하고 그 시행에 들어갔다.

그러나 국제화가 급속히 진전됨에 따라 수도권이 다른 나라의 수도권과 경쟁할 수 없게 되었을 뿐만 아니라 통일에 대비한 수도권의 위상문제도 제기되고 지방자치의 시행도 수도권의 집중완화에 이바지하게 되었다. 거기에다가 국가경제규모의 확대로 인구의 집중을 물리적인 힘으로 억제하는 방법이 적절하지 못하다는 지적도 일어나게 되었다.

이리하여 수도권정비정책의 전환이 요구되기 시작하여 1994년 수도권정비계획법의 전면개정이 이루어지고 종전의 ① 수도권인구분산과 ② 수도권집중억제를 목표로 하던 수도권정책이 ① 지역균형발전과 ② 수도권문제해결로 그 목표를 전환하게 되었으며 종전의 5개 권역이 3개 권역으로 재조정되었다.

새로 설정된 수도권정책의 목표의 하나인 지역균형발전을 위해서는 많은 투자재원이 소요되는데 이를 조달하기 위하여 건설부는 과밀부담금제도의 도입을 계획하였다. 그러나 이 제도의 도입과정에 있어서 정책대상집단인 서울시의 저항으로 건설부안이 크게 수정되었다.[27]

---

26) 권용현, 배우자 상속과세정책의 변동에 관한 연구(서울대학교 박사학위 논문, 1995), p. 87.
27) 손선규, 정책결정자 간의 갈등과 조정에 관한 연구(경원대학교 박사학위 논문, 1996), pp. 94-97.

〈표 7-4〉 한국 사례의 비교

| 사례별 | 이슈맥락 | 제도적 맥락 | 정책변동 |
|---|---|---|---|
| 배우자상속과세 정책 | + | + | + |
| 과밀부담금제도의 도입 | + | △ | △ |

주: i) 이슈맥락이나 제도적 맥락에서 +는 변동추구집단에게 유리하게 전개되었다는 것을 의미하며, △는 변동추구집단에게 다소 불리하다는 것을 의미한다.
ii) 정책변동에 있어서 +는 변동이 변동추구집단의 의도하는 방향으로 이루어졌다는 것을 의미하며, △는 변동이 변동추구집단(정책입안자)의 원안에 대폭적인 수정이 가해졌다는 것을 의미한다.

### (3) 사례의 비교

우리는 위에서 배우자 상속과세정책과 과밀부담금제도도입에 관한 사례를 검토하였는데, 이 두 가지 사례를 비교하고자 한다.

① 이슈맥락: 이슈맥락에 있어서는 배우자 상속과세정책이나 과밀부담금제도의 도입이 정책변동을 유도하는 방향으로 전개되었다.

상속과세정책의 경우에는 도시화의 진전과 여성취업률의 상승으로 여성의 정치의식이 고양되었으며 여성의 정치적 영향력이 서서히 상승하게 되었다. 이와 반대로 여성의 법적 지위 향상을 반대해 오던 유림은 서서히 그 영향력이 감소하기 시작했다.

이리하여 배우자의 재산형성기여를 인정하고 상속세에 있어서 배우자의 인적 공제를 상향조정해야 한다는 여성단체의 주장이 정책당국에 의하여 수용되기에 이르렀다.

과밀부담금제도도입의 경우 수도권정책의 수정이 불가피해지자 건설부는 수도권정책의 목표를 수도권집중억제에서 지역균형발전으로 전환하게 되었으며 이에 소요되는 재원의 조달을 위하여 과밀부담금제도의 도입을 추진하게 되었다.

② 제도적 맥락: 이슈맥락의 경우와는 달리 제도적 맥락에 있어서는 상속과세정책과 과밀부담금제도의 도입이 다소 그 전개과정을 달리했다.

상속과세정책의 경우에는 변동추구집단에게 유리하게 제도적 맥락이 전개되었으나 과밀부담금제도의 도입에 있어서는 변동추구집단에게 유리하게 제도적 맥락이 전개되지 않았다. 여당의 정책위원회가 정책대상집단인 서울시에 우호적인 태도를 견지함으로써 건설부 원안에 많은 수정이 가해졌다.

③ 정책변동: 배우자 상속과세정책의 경우에는 변동추구집단이라 할 수 있는 여성단체가 원하는 방향으로 정책의 변동이 일어났다. 그러나 과밀부담금제도의 도입에 있어서는 제도 자체는 도입되었으나 변동추구집단 또는 정책입안자라 할 수 있는 건설부안(현 국토해양부)에 대폭적인 수정이 가해지게 되었다.

이와 같이 볼 때 머치아로니가 주장한 바와 같이 이슈맥락과 제도적 맥락이 일치하지 않을 때에는 정책변동이 이슈맥락보다 제도적 맥락의 영향을 더 강하게 받는다는 것을 알 수 있다.

## 5 중단적 균형이론과 실증적 연구

### 1) 바움가트너와 존스의 중단적 균형이론

진화적 생물학이론에서 빌려 와 미국정책의 결정과정을 설명하는 중단적 균형(punctuated equilibrium)이론은 정책변동요인에 역점을 두는 이론이라기보다는 정책은 안정을 원칙으로 하다가 급격한 변동기를 경험하나 다시 안정으로 복귀하는 현상을 기술한 것이라 하겠다. 그러나 이들이 정책변동요인에 관한 분석을 소홀히 한 것은 아니다.

#### (1) 정책독점

정책이 안정을 지속하는 원인은 정책독점(policy monopoly)에 있다는 것이다. 정책독점은 하위정부(sub-government)이론과 일맥상통하는 것으로서 특정한 정책분야에 있어서 정책결정자들이 정책결정을 독점한다는 주장이다.[28]

---

28) 유훈, 「정책네트워의 유형과 변동」 행정논총, 제36권 제1호(1998) 참조.

### (2) 독점붕괴의 요인

그러나 이러한 정책독점이 무한정 계속되는 것은 아니며 언젠가는 붕괴하기 마련인데 바움가트너(Frank Baumgartner)와 존스(Bryan Jones)는 그 요인으로서 다음의 세 가지를 들고 있다.

첫째로 대중매체의 관심의 집중이 정책독점의 붕괴를 가져올 수 있다는 것이다. 제2차 대전 직후 미국 원자력에 관한 정책은 원자력위원회(Atomic Energy Commission), 원자력발전회사, 민간 및 군 원자력관계기관, 의회의 원자력합동위원회(Joint Committee on Atomic Energy) 등이 독점하였다. 그러나 원자력에 대한 관심이 낮았던 이익집단과 국민대중이 점차 원자력의 안전성과 소요경비에 관심을 가지게 되었다. 이리하여 1970년대 중반에는 의회의 원자력합동위원회가 해체되고 원자력위원회도 폐지되었으며 새로이 핵규제위원회(Nuclear Regulatory Commission)가 탄생하게 되었다. 이 모든 것이 1970년대 초에 대중매체가 원자력에 관해서 대대적으로 보도하고 국민들의 원자력에 관한 관심이 증대된 데 그 원인이 있다고 하겠다.

둘째는 첫째와 밀접한 관련이 있는 것인데 관심의 증대란 부정적 관심의 증대를 의미한다. 전술한 원자력의 경우를 예로 든다면 '싸고 안전한 에너지'로서의 원자력에 관한 이미지(image)가 '위험하고 고가의 에너지'로 바뀌었다는 것이다. 이러한 부정적 이미지는 1979년의 Three Mile Island 원자력발전소사고와 1982년 Washington주 원자력발전소의 수십억달러에 달하는 회사채 채무불이행사건으로 더욱 심화되었다고 하겠다.

셋째로 정책결정과정에 변동을 초래하려는 집단들이 그들의 주장을 관철시키기 위하여 새로운 통로(venue)를 모색한다는 것이다. 대중매체나 사법부도 새로운 통로가 될 수 있으며 주정부나 지방자치단체 등도 통로가 될 수 있다는 것이다. 이 통로의 모색이 의회의 상임위원회나 분과위원회 제도의 개혁으로 나타날 수도 있다는 것이다.[29)]

---

29) Frank A. Baumgartner and Bryan D. Jones, *Agendas and Stability in American Politics*(Chicago: University of Chicago Press, 1993), pp. 6-9; Thomas A. Birkland, *An Introduction to the Policy Process*, second edition(Armonk: A. E. Sharpe,

## 2) 실증적 연구

바움가트너와 존스는 그들의 주장을 뒷받침하기 위하여 몇 가지 분야에 걸쳐서 실증적 연구를 시도하고 있는데 대중매체의 보도에 관한 연구가 대종을 이루고 있다.

### (1) 살충제

1950년대만 하더라도 살충제는 국민들에게 좋은 이미지를 주었다. 살충제는 농산품의 품질향상과 농민의 이윤증대에 이바지하고 수출증대에 도움이 될 뿐만 아니라 파리와 모기를 박멸하는 데 이바지하는 것으로 생각했다.

대중매체도 초기에는 살충제의 경제적 측면에만 관심을 집중했으나 시일이 흐름에 따라 살충제가 국민건강에 미치는 영향과 환경적 측면에 대한 관심이 증대되고 따라서 살충제에 대한 부정적 이미지가 증대될 수밖에 없었다.

바움가트너와 존스는 1900년부터 1988년에 이르는 기간 중 정기간행물의 살충제에 관한 보도를 분석하고 있다. 초기에 많았던 경제적 측면에 관한 보도는 긍정적인 것이 많으나 1960년대 이후에 많았던 보건·환경적 측면에 관한 보도와 정부조치에 관한 보도는 부정적인 것이 압도적으로 많은 것으로 나왔다.

한마디로 말해서 살충제의 보건·환경적인 측면에 관한 보도가 1960년대 이후 급증함에 따라 살충제의 부정적인 이미지가 증대되고 살충제에 관한 정책의 독점이 붕괴되어 살충제에 대한 규제가 강화되기에 이르렀다고 하겠다.[30]

### (2) 흡 연

1940년대 중반까지만 하더라도 담배에 대한 부정적 이미지는 강하지 않았으며 담배사업의 경제적 측면에 관한 보도가 많았고 따라서 긍정적인 보도가 많았다. 국회의원들의 많은 지역구에서 엽연초산업에 종사하는 인원

2005), pp. 228-229.

30) Baumgartner and Jones, *op. cit.*, pp. 112-113.

이 많았을 뿐만 아니라 지방자치단체부터 연방정부에 이르기까지 각급 정부에 담배산업이 많은 세금을 납부하여 담배에 대한 규제가 별로 없었다고 하겠다.

바움가트너와 존스가 뉴욕타임즈 인덱스를 조사한 바에 의하면 1940년대 말부터 담배의 보건적인 측면에 관한 보도가 증가하기 시작하여 1960년대 초에 한때 최고조에 달하게 되었다.

담배산업의 경제적·재정적 측면에 관한 보도는 긍정적인 것이 많았으나 국민보건에 관한 보도는 부정적인 것이 압도적으로 많았다. 드디어 1964년 연방정부의 Surgeon General이 담배가 인체에 해롭다는 공식적인 성명을 발표하게 되고 흡연이나 담배산업에 대한 규제가 점차 강화되기에 이르렀다는 것이다.

한마디로 말해서 담배의 유해성에 관한 새로운 사실이 발견되고 담배의 보건적인 측면에 관한 부정적인 보도가 늘어남에 따라 담배에 관한 정책의 독점이 무너지고 담배나 흡연에 관한 규제가 강화되기에 이르렀다는 것이다.[31]

31) *Ibid.*, pp. 114-117.

# 제 8 장 정책변동의 환경적 요인

## 제 1 절 환경적 요인연구의 전개

### 1 산출연구와 정책결정요인론

환경이 정책에 미치는 영향에 관한 연구를 산출연구(output studies)라고 하고 정책내용연구, 정책과정연구, 평가 등과 함께 정책연구의 핵심적인 분야의 하나로 지목하고 있는 사람들이 있다.[1] 여기서 일보 더 나가서 다이(Thomas Dye)와 같은 사람은 이것을 정책결정요인론(studies of policy determination)이라고 부르고 있다.[2]

산출연구나 정책결정요인이론은 주로 환경적 요인이 정책결정에 미치는 영향에 관한 연구이나 저자는 이러한 연구들이 정책결정(정책형성)뿐만 아

1) Christopher Ham and Michael Hill, *The Policy Process in the Modern Capitalist State*(Brighton, Sussex: Wheatsheaf Books, 1984), p. 8.

2) Thomas R. Dye, *Policy Analysis*(University: University of Alabama Press, 1976), p. 5; Thomas Dye and John Robey, "Politics versus Economics: Development of the Literature on Policy Determination," in Thomas Dye and Virginia Gray(eds.), *The Determinants of Public Policy*(Lexington: Heath, 1980), p. 4.

니라 정책변동에도 거의 그대로 적용될 수 있다고 생각하는 까닭에 제1절에서 산출연구가 걸어온 발자취를 검토하고자 하는 것이다.

저자는 이곳에서 미국의 주나 지방자치단체를 중심으로 한 산출연구가 발전해 온 발자취를 살펴보고 그 한계를 고찰한 다음 환경이 정책에 미치는 영향을 검토하고자 한다.

## 2 주와 지방자치단체의 산출연구

제2차 대전 후의 행태론의 물결을 타고 산출연구는 주로 미국의 주와 지방자치단체를 중심으로 이루어졌다. 계량화와 비교연구의 용이성이 주된 원인이었다고 하겠다.

### 1) 키이 등의 연구

키이(V. O. Key), 록카드(Duane Lockard), 펜톤(John Fenton) 등의 기초연구는 미국 각주의 정책에 영향을 미치는 요인으로서 정치적 요인을 강조했다.[3]

소득이 낮고 농업위주의 주들은 단일정당제도나 준단일정당제도를 지니며 이러한 주들은 교육·복지·보건 등을 위한 주민 1인당 지출액이 다른 주들에 비하여 낮다는 것이다. 이들의 주장을 반박할 실증적인 연구가 제시되지 못했으므로 이 견해는 오랫동안 미국의 정치학계를 지배했다.

[그림 8-1] 경쟁·참여모형

경제발전 ——▶ 경쟁·참여 ——▶ 정 책

3) V. O. Key, Jr., *American State Politics*(New York: Knopf, 1956): Duane Lockard, *The Politics of State and Local Government*(New York: Macmillan, 1963); John H. Fenton, *People and Parties in Politics*(New York: Scott, Foresman, 1966).

### 2) 도손과 로빈손 등의 연구

정책의 결정에 있어서 정치적 변수가 중요하다는 키이 등의 전통적인 주장을 반박하는 최초의 연구는 1963년 도손(Richard Dawson)과 로빈손(James Robinson)에 의하여 발표되었다.[4] 이어서 1966년에는 미국 주정치에 관한 종합적인 연구가 다이에 의하여 발표되었다.[5] 도시화, 공업화, 일인당소득, 교육수준과 같은 경제발전변수와 정치적 변수가 정책에 미치는 영향을 연구한 결과 정치체제의 특징(정치적 변수)이 정책에 미치는 영향은 경제발전변수가 미치는 영향보다 훨씬 약하다는 결론에 도달한 것이다.

[그림 8-2] 의사모형(경제발전모형)

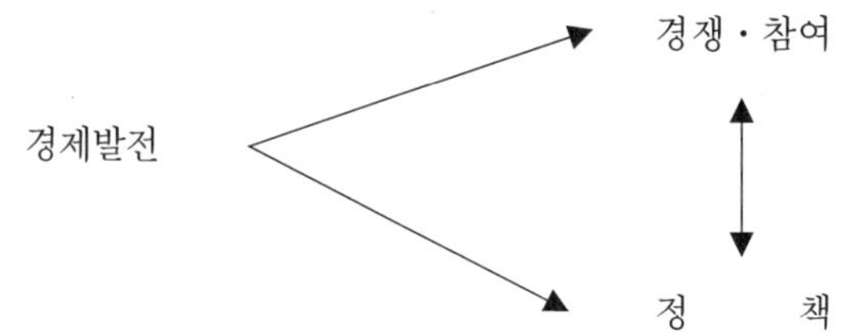


한마디로 말해서 경제발전이 정치체제와 정책에 직접적으로 영향을 미치나 정치적 변수와 정책의 관계는 의사적(spurious)이라는 것이다.

### 3) 라인베리와 화우러 모형

지금까지 설명한 대부분의 산출연구가 미국 각주에 관한 연구인데 대하여 라인베리와 화우러는 200개의 미국 도시에 있어서 사회경제적 변수, 정치적 변수, 정치제도, 정치적 outputs(정책) 상호 간의 관계를 연구하여 1967년 [그림 8-3]과 같은 가설적인 인과모형을 제시했다.

4) Richard A. Dawson and James A. Robinson, "Inter-Party Competition, Economic Variables, and Welfare Policies in American States," *Journal of Politics*, May 1963, pp. 265-289.

5) Thomas R. Dye, *Politics, Economics, and the Public*(Chicago: Rand McNally, 1966).

[그림 8-3] 라인베리와 화우러 모형

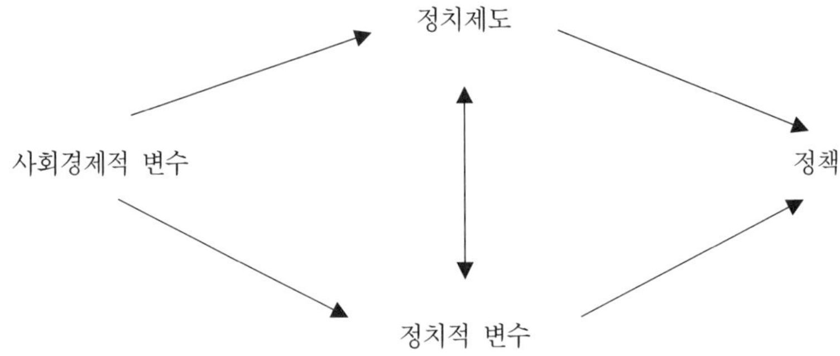


라인베리와 화우러의 모형은 정당등록, 정당제도의 구조, 이익집단의 강도, 투표율 등과 같은 정치적 변수와 정부형태(약시장제, 시지배인제, 위원회제 등), 자치단체선거에 있어서의 정당참여허용 여부, 선거구제도와 같은 정치제도를 구분하는 점이 특이하다. 그러나 사회경제적 변수의 정책에 대한 직접적인 영향을 인정하지 않는다는 점에서 본질적으로 키이 등의 전통적인 주장과 견해를 같이하는 것이라고 보아야 할는지 모른다.[6)]

#### 4) 재분배정책에 관한 연구

많은 산출연구가 환경적 요인이 주민 1인당 조세액이나 1인당 지출액에 미치는 영향에 역점을 두고 환경적 요인이 재분배정책 등에 미치는 영향을 소홀히 하고 있다는 비판을 수용하여 환경적 요인이 재분배정책에 미치는 영향을 연구한 사람들이 있다. 프라이(Brian Fry)와 윈터스(Richard Winters)가 「재분배정치」라는 논문을 1970년에 발표했으며[7)] 서리반(John Sullivan)도 동일한 문제를 다룬 논문을 1972년에 발표했다.[8)]

6) Robert. L. Lineberry and Edmund Fowler, "Reformism and Public Policies in American Cities," *American Political Science Review*, September 1967, pp. 701-716.
7) Brian Fry and Richard Winters, "The Politics of Redistribution," *American Political Science Review*, June 1970, pp. 508-522.
8) John L. Sullivan, "Note on Redistributive Politics," *American Political Science Review*, December 1972, pp. 1301-1305.

프라이와 윈터스의 연구와 서리반의 연구가 사회경제적 변수가 독립적으로 정책에 영향을 미친다는 점에 관해서는 합의를 보고 있다. 그러나 프라이와 윈터스의 연구에서는 정치적 변수가 사회경제적 변수보다 재분배정책에 미치는 영향이 강하다는 결론을 내린데 대하여[9] 서리반의 연구는 사회경제적 변수가 독립적으로 재분배정책에 미치는 임팩트가, 정치적 변수가 독립적으로 재분배정책에 미치는 임팩트보다 강하다는 결론을 내렸던 것이다.[10]

### 5) 루이스-벡크 모형

도손과 로빈손의 연구와 다이의 연구가 제시한 소위 의사모형(spurious model)이 정치학자들에게 큰 충격을 주었다는 것은 너무나 유명한 얘기이다. 이들의 주장을 반박하는 실증적 연구가 1960년대 말부터 발표되기 시작하였다. 1968년 크너들(Charles Cnuddle)과 맥크론(Ronald McCrone)이 사회경제적 변수와 정치적 변수가 복지정책에 미치는 영향에 관한 연구에서 직접모형을 제시했다.[11]

크너들과 맥크론의 연구가 사회경제적 변수뿐만 아니라 정치적 변수도 독립적으로 정책에 영향을 미친다는 주장을 폄으로써 의사모형의 충격에서 정치학자들을 구원하는 데 이바지한 것이 사실이나 이들이 복지정책만을 다루었다는 점에 이들의 연구의 한계가 있다고 하겠다.[12]

샤칸스키(Ira Sharkansky)와 호파버트의 연구도 크너들과 맥크론의 연구에 동조하고 있으나[13] 이러한 견해를 더욱 발전시켜 소위 회귀모형

9) Fry and Winters, *op. cit.*, p. 522.
10) Sullivan, *op. cit.*, p. 1303.
11) Sullivan이 직접모형이라고 부르는 이 모형을 Dye는 혼합모형(mixed model)이라고 부르고 있다[Thomas Dye, *Understanding Public Policy*, fourth edition(Englewood Cliffs: Prentice-Hall, 1981), p. 330].
12) Charles Cnuddle and Ronald J. McCrone, "Party Competition and Welfare Policies in the American States," *American Political Science Review*, December 1968, pp. 1230-1231.
13) Ira Sharkansky and Richard Hofferbert, "Dimensions of State Politics, Economics, and Public Policy," *American Political Science Review*, September 1969, pp. 867-

[그림 8-4] 직접모형

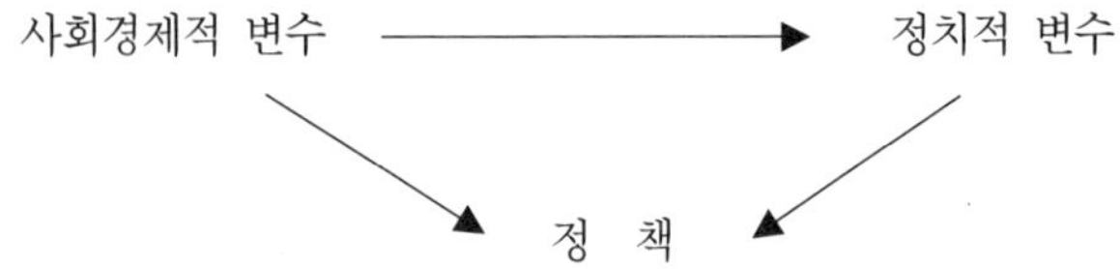


[그림 8-5] 루이스-벡크의 모형

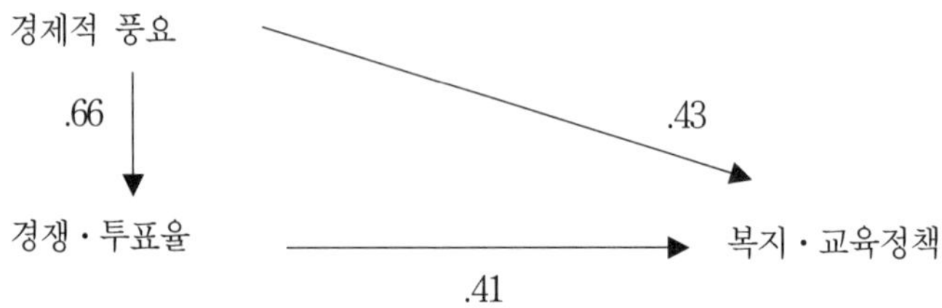


(recursive model)을 제창한 사람은 루이스-벡(Michael Lewis-Beck)이다. 1977년에 발표된 「사회경제적 변수와 정치적 변수의 상대적 중요성」이라는 논문에서 루이스-벡은 경제적 풍요, 정치적 변수(경쟁 · 투표율), 복지 · 교육정책의 관계를 연구하여 [그림 8-5]와 같은 모형을 제시했던 것이다.[14]

### 6) 산출연구에 대한 비판

위에서 상세히 설명한 산출연구에 대해서는 그동안 많은 비판이 제기되었다. 산출연구의 주창자들도 이러한 비판의 일부를 수용하여 추가적인 연구를 시도하기도 했으며 산출연구의 한계를 인정하기도 했다. 그동안 제기된 비판 중에서 비교적 중요하다고 생각되는 것 몇 가지만을 제시해 보기로 한다.[15]

879.

14) Michael S. Lewis-Beck, "The Relative Importance of Socioeconomic and Political Variables for Public Policy," *American Political Science Review*, June 1977, pp. 559-566.

15) W. I. Jenkins, *Policy Analysis*(New York: St. Martin's Press, 1978), pp. 54-57;

(1) 정책의 다측면성

그동안 이루어진 많은 산출연구가 정책의 다측면성을 망각하거나 소홀히 했다는 비판이 제기되었다. 초기의 산출연구가 정책을 주정부의 지출수준과 동일시하였는가 하면 복지정책이나 교육정책 등에 한정하여 이루어진 산출연구도 많다. 특히 산출연구가 재분배적인 측면이나 능률성을 소홀히 했다는 비판이 많이 제기되었는데, 이러한 비판을 의식하여 이루어진 것이 프라이-윈터스의 연구와 서리반의 연구라 하겠다.

(2) 변수의 개념화 · 조작화

사회경제적 변수나 정치적 변수의 개념화(conceptualization)와 조작화(operationalization)에 대해서도 많은 비판이 제기되었다. 자료의 입수용이라는 문제에 너무 집착한 나머지 변수의 선정이 잘못되었다는 비판이 많다. 사회경제적 변수에 대해서도 비판이 있으나 정치적 변수의 선정에 대해서 많은 논란이 집중되고 있다. 다이가 사용한 정당 간의 경쟁, 투표율, 선거구획정상의 왜곡이라는 세 가지 정치적 변수는 정치체제의 전체적인 특성을 대표하는 변수가 될 수 없다는 비판이 그 좋은 예라 하겠다. 사회경제적 변수에 비해 정치적 변수가 적게 선정되어 정치적 변수의 영향력이 과소평가되었다는 주장이 있는가 하면 정치적 변수가 많이 선정되어 정치적 변수의 영향력이 과대평가되었다는 지적도 있다.

(3) 변수 간의 관계

산출연구는 변수 간의 관계에 관한 설명이 불충분하다는 비판도 받고 있다. 산출연구는 체제이론에 입각하고 있다고 주장하나 input, output, 전환변수를 열거했다고 해서 체제가 되는 것이 아니며 변수의 나열에 불과하다는 가혹한 비판이 있는가 하면 산출연구는 환류작용에 대한 고찰이 부족할 뿐만 아니라 매개변수의 효과에 대한 검토도 불충분하다는 것이다. 종속변

---

Stephen L. Elkin, "Political Science and the Analysis of Public Policy," *Public Policy*, Summer 1974. pp. 401-402; Virginia H. Gray, "The Determinants of Public Policy: A Reappraisal," in Thomas Dye and Virginia Gray(eds.), *The Determinants of Public Policy*(Lexington: Heath, 1980), pp. 215-220: 강인재, 「정책의 결정요인연구에 관한 소고」, 전북행정학회보, 제1집(1985), pp. 45-49.

수인 정책 상호 간의 관계나 정치적 변수 상호 간의 관계에 대한 연구도 부족하다는 것이다.

#### (4) 분석단위로서의 미국의 주와 도시

위에서 지적한 바와 같이 산출연구는 미국의 주와 도시를 중심으로 하여 이루어졌다. 이러한 산출연구의 결과에 대해서 두 가지 점에서 문제가 제기되고 있다.

첫째로, 「미국」의 주와 도시에 관한 산출연구가 과연 다른 나라에서 타당성을 지닐 수 있느냐 하는 문제이다. 최근에 와서 여러 선진국가의 낙태정책에 관한 연구를 위시하여 미국 외의 국가를 대상으로 한 산출연구가 더러 발표되고 있기는 하나 아직은 많이 부족한 것이 사실이다.

둘째로, 주와 시가 분석단위로서 과연 적절하냐 하는 문제이다. 주와 시가 여러 가지 정책대안 중에서 독립적인 선택을 할 수 있는 단위이냐 하는 문제도 많은 사람들이 제기하고 있다. 주와 시가 과연 중앙정부의 영향에서 벗어날 수 있으며 다른 주나 다른 시로부터의 확산효과에서 헤어날 수 있느냐 하는 문제이다. 정치체제를 폐쇄체제로 볼 것이 아니라 개방체제로 보아야 할 것이다.

#### (5) 지나치게 결정론적

산출연구가 지나치게 결정론적이라는 비판도 많이 제기되고 있다. 환경적인 변수가 중요한 것이 사실이나 다이가 주장하는 바와 같이 환경적인 요인이 결정적인 역할을 담당하느냐에 대해서는 많은 사람들이 의문을 품고 있는 것이다. 이리하여 대부분의 학자들이 산출연구라는 표현을 사용하고 다이 등이 사용하는 정책결정요인연구라는 표현을 피하고 있는 것이다.

## 3 호파버트의 모형과 실증적 연구

### 1) 호파버트의 모형

정책형성과정에 있어서의 인간행태의 중요성을 강조하는 호파버트(Hoffer-

[그림 8-6] 호파버트의 모형

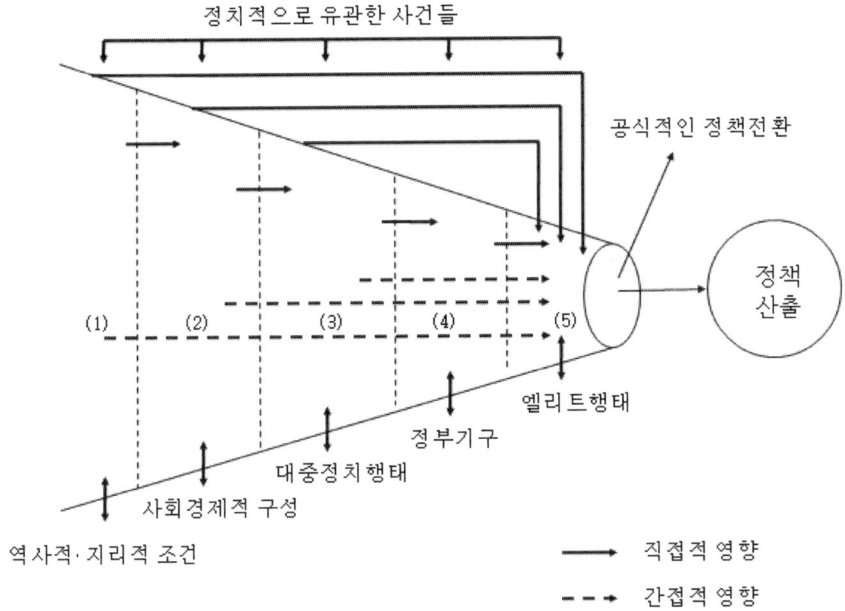


bert)는 산출연구와 elite연구를 통합하여 [그림 8-6]과 같은 모형을 제시했다.

호파버트는 정책산출에 영향을 미치는 요인으로서 ① 역사적·지리적 조건, ② 사회경제적 구성, ③ 대중정치행태, ④ 정부기구, ⑤ 엘리트행태를 들고 있다. 이러한 요인들이 직접 또는 간접적으로 정책산출에 영향을 미친다는 것이 호파버트의 주장이다.[16] 호파버트모형이 전형적인 산출연구와 다른 점은 제도적 요인(정부구조)과 엘리트행태의 중요성을 들고 있다는 사실이라 하겠다.

### 2) 마즈마니안과 사바티어

마즈마니안과 사바티어는 호파버트의 모형을 캘리포니아주의 연안위원회(Coastal Commission)의 연구에 적용하였던 바 이 모형이 그들의 연구

16) Richard Hofferbert, *The Study of Public Policy*(Indianapolis: Bobbs Merrill, 1974), pp. 225-232.

에 큰 도움이 되었다고 결론을 내리고 있다. 다만 호파버트의 모형 중 마지막 두 단계인 제도적 요인과 엘리트행태가 모호한 점이 있었으므로 이를 구체화하고 조작화하였다고 주장하고 있다.[17]

## 제 2 절 정책변동에 영향을 미치는 환경적 요인

### 1 환경적 요인의 중요성

제1절에서 상술한 바와 같이 환경적 요인(사회경제적 요인)이 정책변동에 미치는 영향의 중요성을 부인하는 사람은 거의 없다고 해도 과언이 아니다. 그러나 환경적 요인이 정책에 미치는 영향의 강도를 둘러싸고 많은 견해의 차이가 있다.

다이(Thomas Dye)와 같이 정책결정요인론에 입각하여 정책의 환경적 요인이 정책변동을 「결정」한다고 보는 사람이 있는가 하면 호파버트(Richard Hofferbert)와 같이 환경적 요인이 직접 또는 간접적으로 정책변동에 영향을 미치는 것이 사실이나 최종적인 단계에 있어서 정책변동에 영향을 미치는 것은 정책결정자들이라고 보는 사람도 있다.

우리는 이곳에서 환경적 요인(사회경제적 요인)이 정책변동을 「결정」하는 것은 아니지만 정책변동에 중요한 영향을 미친다는 관점에서 이 문제를 다루고자 한다.

### 2 환경적 요인(사회경제적 요인)

정책변동에 영향을 미치는 사회경제적 요인 또는 환경적 요인에 관해서

17) Daniel Mazmanian and Paul Sabatier, "A Multivariate Model of Public Policy Making," *American Journal of Political Science*, August 1980, pp. 439-468.

여러 사람이 여러 가지를 들고 있으나[18] 우리는 여러 사람들의 견해를 종합하여 다음의 몇 가지를 들고자 했다.

### 1) 지식 · 과학기술의 발달

지식이나 과학기술의 발달이 정책변동에 많은 영향을 미치고 있다는 것은 우리가 잘 아는 사례이다.

담배가 각종 암 발생의 원인이며 인체에 해롭다는 사실이 밝혀짐에 따라 흡연이나 담배산업에 대한 규제가 강화되기에 이르렀다는 것은 널리 알려진 사실이다.

원자력의 평화적 이용에 관한 과학기술의 발달이 의학분야에도 많은 영향을 미쳤을 뿐만 아니라 원자력발전의 획기적 진전도 가져왔다. 프랑스 같은 국가에서는 발전설비용량의 50% 이상을 원자력발전이 차지하고 있으며 한국에서도 원자력발전의 비중이 급속히 상승하고 있다. 1980년만 하더라도 발전설비용량에 있어서 원자력이 차지하는 비중이 6.3%에 지나지 않았으나 1970년대의 두번에 걸친 석유파동에 영향으로 화력발전의 비중을 낮추어야 하겠다는 정부의 결의가 반영되어 원자력의 비중이 1985년에는 17.7%로 급상승했으며 1990년에는 36.2%에 달하게 되었다. 그 후 유가의 하락으로 화력발전의 비중이 다소 상승하고 원자력 발전의 비중이 다소 떨어졌으나 2007년에는 25.9%를 차지하고 있다.[19] 이와 같은 원자력발전의 비중의 상승은 유가상승의 영향도 있으나 원자력발전에 관한 과학기술의 발달로 원자력발전의 안전성이 크게 향상된 것을 계기로 원자력 이용을 제고하려는 정책변동의 영향이 크게 작용하였다고 하겠다.

### 2) 소득의 증대

제1절에서 고찰한 바와 같이 경제발전으로 인한 소득의 증대가 정책변동에 지대한 영향을 미친다는 것은 많은 사람들에 의하여 입증된 바 있다.

---

18) Kenneth Dolbeare & Murray J. Edelman, *American Politics: Policies, Power and Change*(Lexington: Heath, 1977), pp. 477-485.

19) 통계청, 2008 한국통계연감(서울: 통계청, 2008), pp. 436-437.

후술하는 바와 같이 우리나라에서 식량난을 극복하기 위하여 1970년대에 도입된 통일벼 장려정책으로 우리나라 전체 미곡 생산량에 있어서 통일벼가 차지하는 비율이 1974년의 19.4%에서 1977년에는 61.2%에 달하게 되었으며 쌀의 자급을 달성하게 되었다.

그러나 국민의 소득수준이 크게 향상되고 식생활 패턴에 변화가 일어남에 따라 대부분의 소비자가 값이 다소 비싸도 양질미를 선호하게 되었다. 통일벼의 판매가 부진하여 재고가 늘어나게 되었으며 국고에 주는 부담이 무거워지게 되었다. 양곡관리기금의 결손이 1993년에 1조 8,389억원에 달하게 되었으며 정부는 통일벼 장려정책을 더 이상 지속할 수 없게 되어 통일벼 장려정책의 종결을 초래하게 되었다.[20]

통일벼 장려정책의 종결은 작은 예에 불과하며 소득의 증대로 인한 식생활 패턴의 변화는 축산장려정책의 도입 등 농업정책 전반에 지대한 변동을 초래했다는 것은 긴 설명을 요하지 않는다.

소득의 증대로 고등학교 졸업생의 대학진학률이 상승하여 오늘날에는 80%를 초과하게 되었는데 이와 같은 현상이 교육정책의 변동을 초래했다는 것은 우리가 다 잘 아는 사실이다.

이 밖에도 소득의 증대는 자동차보유대수의 증가를 초래하여 도로정책·교통정책의 변동을 가져왔으며 후술하는 도시화의 진전, 고령화사회의 진전 등도 소득의 증대에 기인한 것이라고 할 수 있을 것이다.

### 3) 도시화의 진전

농촌으로부터 도시로의 인구의 이동을 의미하는 도시화(urbanization)가 정책변동의 요인으로 작용한다는 것도 널리 알려진 사실이다.

모든 국가에서 경제발전이 이루어짐에 따라 도시화가 일어나기 마련인데 한국의 경우에는 도시화가 비교적 빠른 속도로 이루어지고 있다. 1975년만 하더라도 시부(市部)의 인구가 48.4%였으며 군부(郡部)가 51.6%를 차지했는데 1990년에는 시부의 인구가 74.4%로 급증했으며 군부는 25.6%

---

20) 이 책 제3편 제11장 제5절 "한국의 정책종결사례" 참조.

로 떨어졌다. 2005년에는 시부(동부)가 81.5%, 군부(읍부와 면부의 합계)가 18.5%를 차지했다.[21]

한국의 경우 또 하나 특기할 것은 몇 개 안되는 인구 100만명 이상의 대도시에 전체 인구의 50% 이상이 거주한다는 대도시에의 인구집중현상이다.

이러한 도시화의 급속한 진전과 대도시에의 인구의 집중은 많은 정책변동을 초래한다. 도시에서의 주택정책, 보건정책, 교통정책, 사회복지정책 등에 많은 변동을 초래했는데 특히 특별시와 광역시와 같은 인구 과밀지역에서의 정책변동의 필요성은 도시재정을 위시하여 여러 가지 어려운 문제를 제기하고 있다.[22]

다른 한편 이와 같은 도시화의 진전은 농촌인구의 급속한 감소를 초래하는데 농촌인구의 감소는 농업에 대한 정부보조정책의 정치적 중요성의 감소와 보조정책의 합리화라는 정책변동을 초래한다. 이와 병행하여 농업의 기계화가 불가피하며 이를 위한 정책변동이 요청된다고 하겠다.

#### 4) 고령화사회의 진전

도시화가 인구의 이동을 의미한다면 고령화사회의 진전은 인구구성의 변동을 의미한다. 경제발전이 이루어지고 소득수준이 높아짐에 따라 모든 국가에서 고령화사회의 진전이 이루어지고 있으나 한국에서는 많은 선진국보다 고령화사회의 진전이 빠른 속도로 이루어지고 있다.

고령인구(65세 이상)의 비율이 7% 이상인 고령화사회에서 14% 이상인 고령사회로의 진입에 소요되는 기간이 미국은 71년, 일본은 24년 소요되는데 대하여 한국은 22년이 소요될 것으로 추정된다. 고령사회에서 초고령사회(고령인구 20% 이상)로의 진입이 미국은 15년, 일본은 12년이 소요되는데 대하여 한국은 10년이 소요될 것으로 전망된다.[23]

이와 같은 고령화사회의 진전은 각국에서 국민연금지출이나 건강보험지

21) 통계청, 전게서, p. 146.
22) 유훈, 지방재정론[제3정판](서울: 법문사, 2000), 제3편 제5장 "과밀·대도시 지역과 지방재정" 참조.
23) 유훈, 재무행정론[제6정증보수정판](서울: 법문사, 2007), pp. 64-65 참조.

〈표 8-1〉 한국의 인구규모 및 인구구조

| 연도 | 인구규모 (천명) | 인구성장률 (%) | 연령계층별 인구구조(%) | | |
|---|---|---|---|---|---|
| | | | 0-14세 | 15-64세 | 65세 이상 |
| 1990 | 42,869 | 0.99 | 25.6 | 69.3 | 7.4 |
| 1995 | 45,093 | 1.01 | 23.4 | 70.7 | 8.3 |
| 2000 | 47,008 | 0.84 | 21.1 | 71.7 | 10.1 |
| 2005 | 48,138 | 0.21 | 19.2 | 71.7 | 12.6 |
| 2008 | 48,607 | 0.31 | 17.4 | 72.3 | 14.3 |
| 2010 | 48,875 | 0.26 | 16.2 | 72.9 | 15.0 |
| 2020 | 49,326 | -0.02 | 12.4 | 72.0 | 21.7 |
| 2030 | 48,635 | -0.25 | 11.4 | 64.4 | 37.7 |
| 2050 | 42,343 | -1.07 | 8.9 | 53.0 | 72.0 |

자료: 통계청, 2008년 통계연감.

출을 위시한 사회보장지출의 급격한 팽창을 초래하고 있다. 거기에다가 한국과 같은 사회보장제도 후진국의 경우에는 일부 프로그램의 확대·강화도 이루어져야 하므로 사회보장지출이 더욱 팽창할 것이며 이것은 나가서 재정상황의 악화를 초래할 우려가 있다.

재정악화를 초래할 사회보장지출의 과도한 팽창을 억제하기 위하여 각국이 사회보장제도의 개혁(정책변동)에 나섰다. 노령보험(국민연금)의 경우에는 수급개시 연령을 인상하고 수급자격취득에 소요되는 기간을 연장하는가 하면 물가의 급부에의 반영률을 축소하는 등의 조치를 취하고 있다.[24]

### 5) 사회운동

민권운동, 베트남전쟁반대운동 등과 같은 사회운동이 정책변동에 미치는 영향도 지대하다고 하겠다. 미국의 민권운동의 예에서 보는 바와 같이 킹(Martin Luther King)과 같은 카리스마적 지도자가 큰 도움이 될 수 있으나 결단력, 조직, 다수의 구성원, 물질적 자원 등도 사회운동의 성공여부를 결정하는 요인들이라 하겠다.[25] 사회운동 중에는 큰 실효를 거두지 못한

24) Christopher Pierson, *Beyond the Welfare State: The New Political Economy of Welfare*, second edition(University Park: Pennsylvania State University Press, 1998), pp. 163-164.

것도 있으나 정책변동을 초래한 사회운동도 많다. 미국의 민권운동은 민권법의 제정 등 유색인종의 지위향상에 크게 이바지했으며 마침내 흑인 대통령의 출현까지 이루어냈다.

한국에서의 호남푸대접반대운동도 비교적 성공을 거둔 사회운동에 속한다고 하겠다. 경부선고속도로나 경부선고속철도에 뒤지기는 했으나 호남선고속도로, 호남선 고속철도 등의 개통 또는 착공은 호남푸대접반대운동의 덕택으로 이루어진 정책변동이라 하겠다.

### 6) 여권의 신장

도시화의 진전과 여성취업률의 상승, 여성교육수준의 향상, 여권신장운동 등으로 여권의 신장이 급속하게 이루어지고 있다.

여권의 신장을 나타내는 몇 가지 지표를 살펴본다면 첫째로 행정부 내 국가직 공무원[26] 중에서 여성 공무원이 차지하는 비율의 급속한 상승을 들 수 있다. 1998년에 33%에 지나지 않던 여성 공무원의 비율이 2004년에는 40.4%로 상승했으며 2007년에는 45.2%에 달하게 되었다.[27]

이것을 몇 가지 특수분야의 경우로 한정하여 본다면 여성검사는 1998년에 17명으로 전체의 1.6%에 지나지 않았으나 2007년에는 전체의 13.6%에 해당하는 220명에 달하게 되었다. 특히 2009년에 신규 임용되는 검사 112명 중 여성이 51%인 58명으로 사상 처음으로 절반을 넘어섰다.

여성의 비율이 특히 높은 분야는 교사이다. 2009년도 서울지역 공립초등학교 교사 합격자 1,139명 중 여성이 90%인 1,024명이다.

이와 같은 여권의 신장은 많은 정책변동을 초래하고 있는데 두 가지 예를 들기로 한다. 첫째는 배우자 상속과세정책의 변동이다. 1980년대 말까지만 하더라도 배우자의 재산형성기여를 인정하지 않고 배우자의 기본생활보

25) Joel M. Charon & Lee Garth Vigilant, *The Meaning of Sociology*, eighth edition (Upper Saddle River: Prentice-Hall, 2007), p. 168.

26) 행정부 내 국가직 공무원이란 지방자치단체에 소속되지 않은 공무원 가운데 입법부와 사법부, 헌법재판소, 중앙선거관리위원회를 제외한 곳에서 근무하는 공무원을 말한다.

27) 행정안전부 제공 자료.

호에만 역점을 두었다.

그러나 1990년대에 들어와서 배우자의 재산형성기여를 인정하게 되고 상속세의 공제가 대폭적으로 상향 조정되게 되었으며 1993년에는 소폭적이나마 배우자 공제가 다시 상향 조정되었다.[28]

둘째는 2005년 2월 3일에 내려진 헌법재판소의 위헌결정이다.[29] 이것에 의거하여 후속조치로 호주제를 폐지하는 민법개정이라는 중대한 정책변동이 초래되었다.

### 7) 이념적 요인

이념적 요인이 정책변동에 미치는 영향에 관해서는 여러 사람이 지적한 바 있다.[30] 이념적 요인은 정치적 요인으로 볼 수도 있겠으나 우리는 이것을 사회변동의 결과로 보아 사회경제적 요인(환경적 요인)으로 분류하고자 한다.

1917년의 볼셰비키혁명으로 공산국가로 전환한 구소련과 제2차 대전 후 구소련의 위성국가가 된 동구라파 여러 나라가 이념적 요인으로 어떤 정책변동을 겪었다는 것은 우리가 다 잘 아는 사실이다.

또한 1990년대 구소련이 붕괴하고 소련의 굴레에서 벗어나 이제는 대부분 EU에 가입한 동구라파 여러 나라가 다시 어떤 정책변동을 경험하고 있다는 것은 우리가 목격하고 있는 바이다.

1979년 영국 보수당의 집권으로 영국의 경제정책이 케인즈주의(keynesianism)에서 통화주의로 전환했다는 것은 후술하는 바와 같다.[31] 뿐만 아니라 영국보수당의 집권과 미국 레이건 행정부의 등장은 영국과 미국에서 공기업의 민영화를 초래했을 뿐만 아니라 일본을 위시한 선진제국과 발전도상국에서도 공기업 민영화의 바람을 일으켰다.

---

28) 권용현, 배우자 상속과세정책의 변동에 관한 연구(서울대학교 박사학위 논문, 1995), p. 87.
29) 동아일보, 2008년 9월 1일.
30) Peter Hall, "Policy Paradigms, Social Learning, and the State," *Comparative Politics,* April 1993, pp. 279-280.
31) 이 책 제4편 제13장 "정책학습과 정책변동" 참조.

한국에서도 1998년 김대중정부(국민의 정부) 출범과 2003년 노무현정부(참여정부)의 발족은 소위 진보적(좌파적) 정책변동을 초래했으며, 2008년 이명박정부의 출현은 공기업 민영화의 적극적 추진을 위시하여 여러 가지 보수적 정책변동을 초래하고 있다는 것은 우리가 목격하고 있는 바이다.

### 8) 자연환경의 변동

지구온난화와 같은 자연환경의 변동도 많은 정책의 변동을 초래하고 있다. 한반도의 기후가 서서히 변하여 아열대 기후권이 북상함에 따라 과실을 위시한 농작물의 재배형태가 변하여 농업정책의 변동을 촉구하고 있다.

지구온난화문제는 특정한 국가에 한정된 문제가 아니라 전세계적 관심사가 되고 있다. 자칫하면 2014년경에는 지구온난화로 북극의 만년설이 녹아내려 큰 재앙을 초래할는지 모른다는 우려가 높아지고 있다.

미국 등의 서명 거부로 교토(京都)의정서가 큰 실효를 거두지 못했으나 오바마 정부의 등장 후 미국정부도 이산화탄소 저감문제에 많은 관심을 표명하기 시작하여 불원간 새로운 의정서의 체결이 이루어질 것이라는 전망도 일어나고 있다.

한국도 이명박정부 출범 후 이산화탄소 저감운동에 적극성을 띠고 있으며 녹색환경사업이 이명박정부의 핵심적 추진사업의 하나로 부각되고 있다.

# 제 3 편

# 정책변동의 유형

# 제 9 장 정책쇄신과 정책유지

## 제 1 절 정책쇄신

### 1 정책쇄신의 의의

#### 1) 쇄신의 개념

정책쇄신의 개념에 들어가기 전에 쇄신의 개념을 살펴봄으로써 정책쇄신의 개념을 명확히 하는데 도움이 되고자 한다. 일반적으로 쇄신은 다음과 같은 세 가지 뜻으로 사용된다.

첫째로 쇄신은 발명(invention)과 같은 뜻으로 사용된다. 다시 말해서 쇄신은 둘 또는 그 이상의 기존의 개념이나 물체 등을 새로운 방식으로 결합하여 당사자가 과거에 알지 못했던 새로운 형태를 만드는 것을 말한다.[1)]

마이어즈(S. Myers)와 마퀴즈(D. G. Marquis)는 쇄신을 이런 뜻으로 사용하면서 쇄신이란 단순히 새로운 아이디어의 착상을 의미하거나, 새로운

1) Gerald Zaltman, Robert Duncan & Jonny Holbek, *Innovations and Organizations* (New York: Wiley, 1973), p. 7.

장치의 발명, 새로운 시장의 개발을 의미하는 것이 아니라 그것은 이 모든 것을 통합적으로 결합하는 과정을 말한다고 하고 있다.[2)]

둘째로 쇄신은 특정한 조직이나 환경에 알려지지 않았던 새로운 변화를 채택하는 것을 말한다.[3)] 다시 말해서 이러한 뜻으로 쇄신이란 용어를 사용하는 사람들은 쇄신을 채택의 과정으로 사용하는 것이다. 셋째로 쇄신은 채택여부에 관계없이 기존의 형태와 질적으로 상이한 새로운 생각, 행태, 또는 물체를 의미하기도 한다.[4)]

우리는 이러한 견해에 다소 수정을 가하여 쇄신이란 기존의 형태와 질적으로 상이한 새로운 생각, 행태 또는 물체 등을 말한다고 정의하고자 한다.

### 2) 정책쇄신의 개념

#### (1) 정책쇄신의 정의

정책쇄신이란 정부가 종전에 관여하지 않았던 새로운 분야에 진출하여 기존의 정책과 질적으로 다른 새로운 정책을 수립하는 것을 말한다.

이런 의미에서 순수한 형태의 정책쇄신이란 오늘날 비교적 희귀하다는 것이 호그우드(Brian Hogwood)와 피터스(B. Guy Peters)의 주장이다. 20세기 전반의 영국의 복지정책도 엘리자베스여왕 시대의 구빈법(救貧法)에서 그 기원을 찾을 수 있다는 것이다.[5)]

#### (2) 정책쇄신과 정책승계의 차이점

정책쇄신이란 전술한 바와 같이 정부가 종전에 관여하지 않았던 새로운 분야에서 새로운 정책을 수립하는 것인데 대하여 다음 장에서 고찰할 정책의 승계는 동일한 분야에서 기존의 정책이 새로운 정책에 의하여 대체되는

---

2) S. Myers & D. G. Marquis, *Successful Industrial Innovations*(Washington: National Science Foundation, 1969), p. 1.

3) K. Knight, "A Descriptive Model of the Intra-Firm Innovation Process," *Journal of Business*, October 1967, p. 478.

4) H. G. Barnett, *Innovation: The Basis of Culture Change*(New York: McGraw-Hill, 1953), p. 7.

5) Brian Hogwood & B. Guy Peters, *Policy Dynamics*(New York: St. Martin's Press, 1983), p. 26.

것을 말한다.

따라서 엄격하게 따진다면 21세기에 있어서 정책의 쇄신이란 존재하기 어려울는지 모른다. 그러므로 우리는 "새로운 분야"라는 개념을 지나치게 엄격하게 해석하지 말아야 한다고 생각한다.

본 절의 말미에서 고찰하고자 하는 정책쇄신 사례 중 중학입시폐지 사례의 경우, 사업 분야를 신입생 선발제도로 넓게 본다면 중학입시폐지는 동일분야에서 기존의 자유지원, 경쟁적 필기시험을 골간으로 하는 선발제도를 학교군별 추점제로 대체하는 정책의 승계(수정)로 보아야 할 것이다.

그러나 사업 분야를 신입생 무시험 선발제로 본다면 중학입시폐지는 고등학교 평준화, 대학 평준화 등에 앞서서 새로운 분야에서 수립한 새로운 정책을 의미하는 정책의 쇄신이라 볼 수 있다는 것이다.

미국의 평화봉사단(Peace Corps) 창설도 사업 분야를 외국에 대한 지원사업이라고 본다면 종교단체에 의한 선교사의 파견 등 선례는 얼마든지 찾아볼 수 있다. 그러나 사업 분야를 정부 주관하에 이루어지는 지원자들에 의한 발전도상국에 대한 기술적 지원으로 한정한다면 평화봉사단은 새로운 분야에 있어서의 새로운 사업을 의미하는 정책쇄신이라고 볼 수 있을 것이다.

## 2 정책쇄신의 유형

정책쇄신은 여러 가지 관점에서 여러 가지로 나눌 수 있겠으나 폴즈비(Nelson W. Polsby)는 속도·조사연구·단계화·갈등이라는 관점에서 다음과 같은 두 가지를 제시하고 있다.[6)]

### 1) 속결형

속결형(acute)은 i) 정책형성에 소요되는 기간이 짧으며 처음 아이디어가

6) Nelson W. Polsby, *Political Innovation in America*(New Haven: Yale University Press, 1984), pp. 145-159.

제시된 때로부터 최종결정이 이루어지기까지 소요되는 시일이 비교적 짧다. ii) 조사연구나 대안의 개발을 위하여 관련자들이 시간이나 정력을 별로 투입하지 않으며, iii) 조사연구와 대안의 개발을 분리시킬 시간이나 겨를이 없고, iv) 해결방안을 둘러싸고 정당 간의 대립이나 이데올로기적인 대립이 별로 심하지 않다.

### 2) 배양형

배양형(incubated)은 i) 정책형성에 장기간이 소요되는 형태이다. 처음 아이디어가 제시되었을 때부터 최종결정까지는 수년이 걸리는 경우도 있다. ii) 조사연구를 통하여 대안의 검토가 체계적으로 이루어질 뿐만 아니라, iii) 조사연구단계와 대안의 개발단계가 명확히 구분되어 있고, iv) 해결방안을 둘러싸고 정당 간의 대립이 첨예화되어 있으며 이데올로기적인 대립도 심한 편이다.

## 3 위기와 정책쇄신

### 1) 위기와 정책쇄신의 개연성

정책쇄신의 연구가들 중에는 위기와 정책쇄신을 연관짓는 사람들이 많다. 폴즈비는 위기가 항상 정책쇄신으로 연결되는 것이 아니라는 전제하에 위기를 성공적으로 정책쇄신으로 연결시킨 경우와 위기를 정책쇄신으로 연결시키는 데 실패한 예를 들고 있다.[7]

킹돈(John W. Kingdon)은 위기를 관심집중적 사건으로 파악하여 위기와 정책쇄신의 관련을 고찰하고 있으며,[8] 클로즈(Barbara B. Clowse)와 라이트(Paul Light)는 위기와 정책변동의 관계를 사례를 통하여 규명하고

7) *Ibid.*, pp. 168-170.

8) John W. Kingdon, *Agendas, Alternatives, and Public Policy*(Boston: Little, Brown & Co., 1984), pp. 99-105.

있다. 최근에는 버거리(Sandra M. Vergari)가 “정책위기와 정책변동”이라는 박사논문을 통하여 위기를 체계적으로 정의하고 위기와 정책변동의 관계를 이론적으로 규명하고 있다.[9]

이와 같이 많은 사람들이 위기상황이 정책쇄신을 초래한다고 주장한다. 그러나 우리가 강조하고자 하는 것은 위기가 항상 정책쇄신을 포함하는 정책변동으로 연결되는 것은 아니라는 사실이다. 위기상황하에서는 정책쇄신을 포함하는 정책변동의 개연성이 있을 뿐이다.

### 2) 정책쇄신에 연결된 위기

정책쇄신에 연결된 위기 또는 위기가 초래한 정책쇄신이 수없이 많으나 우리는 여기서 두 가지 예를 제시하고자 한다.

첫째로, 구소련의 스프트닉(Sputnik)의 발사가 초래한 미국의 국가안보상의 위기가 국방교육법의 제정을 통하여 연방정부의 교육재정지원이라는 정책쇄신을 초래했다는 사실을 들 수 있겠다.[10]

둘째로, 1987년 하반기부터 1988년에 걸친 한국의 토지투기와 지가의 앙등이 택지소유상한제, 개발이익환수제 및 토지초과이득세로 구체화된 토지공개념정책의 도입이라는 정책쇄신을 초래했다는 것은 널리 알려진 사실이다.

### 3) 정책쇄신 초래에 실패한 위기

위에서도 지적한 바와 같이 모든 위기가 정책쇄신을 포함하는 정책변동을 초래하는 것은 아니다. 1967년 10월 17일에 발생한 근하군 유괴살인사건으로 많은 사람들이 중학입시경쟁에서 오는 폐단이 극에 달했다고 생각했으나 당시의 문교당국은 아무런 조치도 취하지 않았으며 정책쇄신은 새

---

9) Sandra Marie Vergari, “Policy Crisis and Policy Change: Toward a Theory of Crisis Policy Making,” unpublished Ph.D. dissertation, Michigan State University, 1996.

10) Barbara B. Clowse, *Brain Power for the Cold War: The Sputnik Crisis and National Defense Education Act of 1958*(Westport: Greenwood Press, 1981), p. 138.

로운 장관의 취임을 기다릴 수밖에 없었던 것이다.[11]

미국에서도 케네디 대통령, 킹(Martin Luther King), 로버트 케네디(Robert Kennedy)의 암살사건 뿐만 아니라 최근 연이은 학원총기사건이 발생하여 많은 사상자를 냈음에도 불구하고 강력한 총기규제를 요구하는 집단들이 이것을 정책쇄신을 포함하는 정책변동에 연결시키지 못하고 있다.[12]

이와 같이 고찰할 때 처음에도 지적한 바와 같이 모든 위기 또는 '위기의 선언'이 정책쇄신을 포함하는 정책변동을 초래하는 것이 아니라는 사실을 다시 한번 깨닫게 된다.

## 4 정책쇄신 사례

정책쇄신에 관한 사례는 많이 있다. 미국의 정책쇄신을 연구한 폴즈비는 그의 저서에서 평화봉사단의 설립, 경제자문위원회의 설치 등 8개의 정책쇄신에 관한 사례를 제시하고 있으나 우리는 이곳에서 한국의 사례 두 가지만 제시하고자 한다.

### 1) 중학입시폐지

#### (1) 입시제도 개혁의 요구

중학입시의 과열이 가져온 폐단에 대해서는 언론기관이나 교육계 내에서 많은 지적이 있었으나 중학입시제도를 개혁하기 위한 구체안을 제시한 것은 대한교육연합회라 할 수 있다. 1967년 10월 6일 "제일교육선언"을 선포하면서 입시지옥의 해소를 위한 정부당국의 과감한 조치를 촉구하였다.

며칠 후인 10월 17일 발생한 근하군 유괴살인사건은 일간지들이 대서특필하였으며 입시제도 개혁을 요구하는 여론은 비등하였다. 교련은 1968년

11) 서울대학교 행정대학원 조사연구소편, 한국행정사례집(서울: 법문사, 1974), pp. 164-182.

12) Vergari, *op. cit.*, pp. 53-54.

4월 초에 교육전문가를 위시한 사회각계인사 24명으로 입시제도연구지도위원회를 구성하였을 뿐만 아니라 4명의 전문가로 구성된 중학입시제도 전문위원회를 따로 두어 이들로 하여금 구체적인 방안을 연구케 하였다. 대한교련은 전문위원회가 성안한 "중학교무시험전형제"라는 개혁안을 1968년 4월 26일 공표하고 이의 실현을 관련기관에 건의하게 되었다.

교련의 입시개혁안은 일간지를 비롯한 사회각계로부터 호의적인 반응을 얻었으나 문교부(현 교육과학기술부)는 이에 대하여 회의적이었다. 문교부장관이 직접 교련안이 비현실적이어서 실현이 어렵다는 것을 밝혔을 뿐만 아니라 6월 5일에 개최된 교육제도 심의회 입시제도 분과위원회에서도 시험시기를 변경한 데 그치고 개혁에 관한 결정을 뒤로 미루었다.

**(2) 권오병 장관의 취임과 개혁 작업**

이러는 동안에 1968년 5월 21일의 개각에 의하여 문교부장관이 경질되어 권오병씨가 법무부장관에서 문교부장관으로 자리를 옮기게 되었다. 1966년 9월까지 1년 1개월간 문교부장관으로 재임한 일이 있는 권오병 장관은 6월 초에 3명의 실무자로 구성된 실무반으로 하여금 중학입시개혁문제의 연구에 착수케 하였다. 공화당 정책연구실과 긴밀하게 협의하면서 연구를 진행하던 문교부는 7월 4일 박대통령에게 입시제도의 개선책을 연구 중이라는 사실을 보고했으며 박대통령으로부터 "국민학교(현 초등학교) 어린이들이 중학교만이라도 자유롭게 입학할 수 있도록 해야 한다"는 지시를 받았다.

중학입시개선방안에 관한 연구를 끝낸 문교부는 i) 일류학교 개편방안, ii) 학교군별 추첨제, iii) 대단위학군제를 전제로 한 지원제의 세 가지 방안을 7월 11일에 개최된 정부여당정책심의회에 상정하였다. 중학입시경쟁을 없애거나 완화해야 하며 학교군을 설정해야 한다는 원칙에는 합의를 보았으나 구체적인 실현방안에 대해서는 많은 논란이 있었다. 다음날인 7월 12일 오후 문교부장관은 4시간에 걸쳐 박대통령에게 중학입시개혁안을 보고하는 자리에서 '학교군별 추첨제'의 실시를 강력히 건의했다. 박대통령으로부터 약간의 반발과 진통을 겪더라도 밀고 나가라는 격려를 받은 문교부는 세부계획과 연차별실시계획을 손질하여 7월 15일 중학입시폐지안을 정부·

여당정책심의회에 상정했다. 여당측에서도 이 안에 대해서 대체로 찬의를 표했으며 김성희 공화당 정책연구실장은 교육법을 개정하여 이를 항구화시켜야 한다는 점을 강조했다. 정책심의회를 마치고 나온 문교부장관이 중학입시폐지안을 공표하자 비교적 호의적인 반응을 얻었다. 야당인 신민당에서도 원칙적으로 이에 찬성했으며 구체적인 문제를 검토하기 위하여 5인의 입시제도특별심의회를 구성했다.

교육계에서는 추첨제·일류중학폐쇄 등에 대해서 이의를 제기하면서도 원칙적으로 정부안을 환영했으며 그 중에서도 대한교련은 그들의 건의가 실현된 것으로 보고 전폭적으로 지지한다는 성명서를 발표하기까지 했다. 7월 18일에는 서울시내 사립중학교장 70여명이 회동하여 학군의 세분화와 사립학교에 대한 정부보조 등 9개항의 건의사항을 의결했다. 같은 날 신민당에서도 중학입시폐지에 따르는 세부적인 문제의 해결방법을 제시했다.

#### (3) 개혁의 마무리

이와 같이 하여 중학입시폐지를 위한 교육법개정안이 큰 반대없이 국회를 통과하여 1968년 11월 15일 공포되었다. 교육법 제103조의 2로 "중학교의 입학은 무시험으로 하되, 그 방법과 절차는 대통령령으로 정한다"는 조항을 신설하게 된 것이다. 이어서 교육법시행령 제69조 내지 제71조가 개정되어 세부절차도 마련하기에 이르렀다.[13]

### 2) 토지공개념정책의 도입

#### (1) 토지투기와 위기감의 고조

우리나라에서 토지투기와 지가의 앙등이 빈번히 있었으나 1980년대의 토지투기와 지가의 앙등은 심각한 사회문제를 제기했다. 1975년부터 1988년에 이르는 기간 중 소비자물가는 4.1배 올랐지만 지가는 16.8배나 올랐던 것이다. 특히 1987년 하반기 이후의 지가의 앙등은 심각한 것이었다. 1987년의 전국평균지가상승률은 14.7%였으며 1988년에는 그 두 배 가까이 되는 27.5%에 달하게 되었다.

---

13) 유훈, 정책학원론[제3정증보판](서울: 법문사, 2002), pp. 305-306.

이러한 지가의 폭등에 당황한 노태우정부는 1988년 7월 20일 긴급 부동산대책회의를 개최했다. 8월 10일에는 '8·10조치'를 발표하여 토지공개념 정책 도입을 위한 기반을 닦았다. 토지투기와 지가앙등을 억제하기 위한 기구로서 부총리를 위원장으로 하는 부동산정책위원회를 위시하여 부동산 실무위원회, 토지공개념연구위원회 등을 발족시켰다.

다음 해인 1989년 2월 14일 토지공개념연구위원회가 그동안의 연구결과를 중간보고 형식으로 부동산정책위원회에 제출했다. 그 후 정책토론회를 거쳐 토지공개념관련법안이 부동산정책위원회를 통과하여 입법예고되었다.[14)]

### (2) 토지공개념정책의 정책수단

토지공개념정책의 구체화를 위하여 1989년 12월 14일 국회는 4개 법안을 의결했으며 정부는 12월 30일 이를 공포했다. 이 중 '토지관리 및 지역균형개발 특별회계법'은 정책집행을 위한 특별회계 설치를 규정한 법률이므로 이를 제외하고 나머지 3개만을 약술하기로 한다.

① 택지소유상한제

토지소유상한제의 일환으로 도입된 택지소유상한제는 기업의 토지소유상한은 여러 가지 이유로 설정하기가 어려우므로 택지의 소유상한만을 설정한 제도이다. 7대도시(제정 당시에는 6대도시) 내 200평 이상의 택지소유를 금지하며 소유상한을 초과하는 택지와 법인이 소유하는 택지에 대해서는 초과소유부담금을 부과하였다.

② 개발이익환수제

개발사업 대상지의 지가가 상승하는 데서 발생하는 개발이익을 환수하여 부의 분배가 편중되는 것을 방지하는 제도이다. '개발이익환수에 관한 법률'은 택지개발사업, 공업단지개발사업, 골프장건설사업 등 11개 사업을 대상으로 하여 원칙적으로 상정된 개발이익의 50%를 환수하도록 규정하였다.

---

14) 한은미, "토지공개념의 의의와 과제," 법무부편, 토지공개념과 토지정책(서울: 법무부, 1989), pp. 16-18.

③ 토지초과이득세

개발사업의 유무에 관계없이 일정조건에 해당되는 모든 토지소유자에게 지가상승액의 일부를 조세의 형태로 거두는 제도이다. '토지초과이득세법'은 유휴토지에서 생긴 이익의 30% 내지 50%를 환수하도록 규정하였다.

### 3) 사례의 비교분석

우리는 위에서 정책쇄신에 관한 2개의 우리나라 사례를 고찰하였다. 이곳에서는 ① 정책쇄신으로서의 특징, ② 소요기간, ③ 정책쇄신의 유형, ④ 위기상황의 유무, ⑤ 갈등의 유무라는 다섯 가지 관점에서 이들을 비교분석하고자 한다.

#### (1) 정책쇄신으로서의 특징

사업 분야를 신입생 선발제도로 넓게 본다면 중학입시폐지는 동일분야에서 기존의 경쟁적 입학시험제도를 '학교군별 추첨제'로 대체한 정책의 승계(수정)로 보아야 할 것이다. 그러나 사업 분야를 신입생 무시험선발제도로 본다면 중학입시폐지는 고등학교 평준화, 대학 평준화 등에 앞서서 새로운 분야에서 수립한 새로운 정책으로 볼 수 있으므로 정책쇄신이라 할 수 있다.

토지공개념정책의 도입도 사업 분야를 부동산투기 억제정책으로 보면 기존의 정책의 수정으로 볼 수 있을 것이다. 그러나 토지공개념정책은 토지의 소유권은 인정하지만 이용권, 수익권, 심지어 때에 따라서는 처분권까지도 국가가 관리한다는 토지소유권에 대한 중대한 제한을 의미하므로 새로운 분야에서의 새로운 정책이라 할 수 있을 것이다.

#### (2) 소요기간

처음 아이디어가 제시된 때로부터 최종결정이 이루어지기까지 소요된 시일을 본다면 중학입시폐지는 대한교련이 '중학교무시험제'라는 개혁안을 제시한 것이 1968년 4월 26일이었는데 국회에서 교육법개정안이 의결되고 정부가 공포한 것이 1968년 11월 15일이었다. 6개월 20일 정도 소요된 정책쇄신이었다.

〈표 9-1〉 두 가지 사례의 비교

| | 중학입시폐지 | 토지공개념정책의 도입 |
|---|---|---|
| 정책쇄신으로서의 특징 | 특징 있음 | 특징 있음 |
| 소요기간 | 7개월 | 1년 5개월 |
| 정책쇄신의 유형 | 속결형 | 배양형 |
| 위기상황의 유무 | 있었음 | 있었음 |
| 갈등의 유무 | 갈등 없었음 | 이념이 개재된 정책쇄신이나 표면화된 갈등 없었음 |

이에 대하여 토지공개념정책의 도입의 경우를 본다면 노태우정부가 부동산 대책회의를 개최한 것이 1988년 7월 20일이었으며 정부가 국회의 의결을 거쳐 관련 법률을 공포한 것이 1989년 12월 30일이었다. 한마디로 말해서 1년 5개월 정도 소요된 정책쇄신이었다.

우리나라에서는 정책변동에 소요되는 기간이 길지 않다는 사실을 감안할 때 토지공개념정책의 도입은 비교적 장기간이 소요된 정책쇄신이라고 할 수 있겠다.

### (3) 정책쇄신의 유형

중학입시폐지는 7개월 정도 소요된 정책쇄신으로서 세 가지 대안을 놓고 검토했다고 하나 충분한 논의를 거칠 겨를도 없었으며 정당 간의 대립이나 이데올로기적인 대립도 없었으므로 속결형이라고 할 수 있겠다.

이와는 대조적으로 토지공개념정책의 도입은 토지공개념연구위원회까지 두어 충분한 토론을 거친 정책쇄신이라 할 수 있다. 토지소유권에 중대한 제한을 가하는 정책이므로 이데올로기적인 대립이 있을 수 있었으나 정권의 안위가 걸린 문제였으므로 보수적인 여당에서 문제 제기가 없었으므로 표면화된 정당 간의 대립이 없었으나 배양형이라 볼 수 있을 것이다.

### (4) 위기상황의 유무

두 가지 사례가 다 위기상황이 개재된 정책쇄신이라 할 수 있다. 중학입시폐지의 경우 평소에도 과다한 경쟁의 폐단이 많이 지적되어 왔으나 1967년 10월 17일에 발생한 근하군 유괴살인사건은 위기감을 조성했다.

토지공개념정책 도입의 경우 1987년부터 1988년에 걸쳐서 전개된 토지투기와 지가앙등은 심각한 사회문제로 등장하여 새로 출발한 노태우정부는 정권의 안위가 걸린 위기로 받아들였을 것이다.

(5) 갈등의 유무

중학입시폐지의 경우 일부 교육계에서 무시험추첨제, 일류중학폐쇄 등의 조치에 대서 이의를 제기하기는 했으나 대체로 교육계는 물론, 정계에서도 여야 할 것 없이 찬의를 표했다.

토지공개념정책 도입의 경우 토지의 소유권은 인정하지만 이용권과 수익권 그리고 때에 따라서는 처분권까지 국가가 관리하겠다는 것이므로 이념상의 대립이 예상되었으나 정권의 안위가 걸린 위기상황이었으므로 법안의 국회심의과정에서도 큰 논란이 없었다.

다시 말해서 이념이 개재된 정책쇄신이나 보수적인 여당에서 이의제기가 없었으므로 표면화된 여야 간의 대립이 없었다는 것이 이 사례의 특징이라 하겠다.

## 제 2 절 정책의 유지

### 1 정책유지의 의의

정책의 유지도 넓은 의미의 정책변동에 포함시킬 수 있다. 인플레이션이나 생활수준의 향상에 따라 정책은 적용대상을 확장해야 하며 급여수준을 조정해야 하는 경우가 많다.

이것은 기존 정책을 새로운 정책으로 대체하는 것이 아니라 본래의 정책목표를 달성하기 위하여 프로그램의 산출(outputs)을 조정하는 데 지나지 않는다.

이러한 정책의 유지는 환경의 변화에 대한 정부의 수동적인 적응이라고 말할 수는 없을 것이다. 경우에 따라서는 정부는 관계법령의 규정을 개정해야 하며 예산액도 조정해야 한다. 정책의 유지는 공장의 생산라인의 유지보수에 비유할 수 있겠다. 만일에 생산시설에 대한 유지보수를 적극적으로 하지 않으면 생산이 저하되거나 중단되고 제품의 질도 저하될 것이다. 또한 공장의 생산라인의 유지보수는 제품의 수요변동에 맞추어 이루어져야 한다. 이와 마찬가지로 기존 정책을 장기적으로 유지만 하려는 경우에 있어서도 인구의 변동이나 경제상황의 변동에 따라 정책을 조정할 필요가 있는 것이다.

정책의 유지는 정책의 쇄신이나 정책의 승계에 비하여 변동의 질적 중요성은 덜 할는지 모르나 경우에 따라서 정책의 유지가 필요로 하는 적응적인 변동의 폭이 정책의 쇄신이나 승계의 경우보다 더 클 수 있다는 사실을 유의할 필요가 있다.15)

## 2 정책유지의 실례

정책 유지의 실례를 한국의 건강보험 급여와 공공연금 급여의 예를 가지고 검토하기로 한다.

### 1) 건강보험 급여

먼저 건강보험 급여의 경우를 본다면 <표 9-2>와 같이 1990년에 1조 9,438억 4,700만원이었던 건강보험 급여가 제도의 큰 변동이 없었음에도 불구하고 1995년에는 4조 827억 3,200만원으로 늘어났으며 2001년에는 13조 1,654억 4,200만원으로 급증하였다. 그 후에도 매년 계속적으로 늘어나 2007년에는 24조 5,318억 7,600만원에 달하게 되었다.

1990년부터 2007년에 이르는 17년 동안에 건강보험 급여가 12.6배로 늘어났다는 계산이 나오는데 그동안의 물가상승을 감안하더라도 대단한 팽창

15) Hogwood & Peters, *op. cit.*, pp. 27-28.

〈표 9-2〉 한국의 건강보험 급여의 추이 (단위: 백만원)

| 연도 | 건강보험 급여 | 연도 | 건강보험 급여 |
|---|---|---|---|
| 1990 | 1,943,847 | 2003 | 15,027,759 |
| 1995 | 4,082,732 | 2004 | 16,429,345 |
| 2000 | 9,041,790 | 2005 | 18,340,134 |
| 2001 | 13,165,442 | 2006 | 21,410,156 |
| 2002 | 13,669,556 | 2007 | 24,531,876 |

자료: 통계청, 한국통계연감, 2003, 2008.

이라는 것을 알 수 있다.

### 2) 공공연금 급여

다음에 공공연금 급여의 추이를 본다면 <표 9-3>과 같이 1988년에 1,528억 3,700만원이었던 공공연금 급여가 1995년에 1조 7,424억 4,200만원으로 급격히 늘어났다. 이것은 1988년에 3억 100만원이었던 국민연금 급여가 1995년에는 7,544억 6,000만원으로 늘어난 데 그 원인이 있다고 하겠다.

〈표 9-3〉 한국의 공공연금 급여비의 추이 (단위: 백만원)

| 연 도 | 국민연금 | 공무원연금 | 사립학교교직원연금 | 합 계 |
|---|---|---|---|---|
| 1988 | 301 | 84,453 | 68,083 | 152,837 |
| 1990 | 42,301 | 173,583 | 113,338 | 329,222 |
| 1995 | 755,460 | 662,345 | 324,637 | 1,742,442 |
| 2000 | 1,607,635 | 4,360,993 | 664,297 | 6,632,325 |
| 2001 | 1,569,647 | 3,493,543 | 565,294 | 5,628,094 |
| 2002 | 1,915,255 | 3,615,004 | 657,692 | 6,187,951 |
| 2003 | 2,328,449 | 4,463,474 | 775,875 | 7,567,798 |
| 2004 | 2,914,015 | 4,981,325 | 869,537 | 8,764,877 |
| 2005 | 3,584,901 | 5,945,195 | 983,028 | 10,513,124 |
| 2006 | 4,360,239 | 6,220,571 | 1,057,247 | 11,638,057 |
| 2007 | 5,182,611 | 6,855,769 | 1,220,759 | 13,259,179 |

자료: 통계청, 한국통계연감, 2003, 2008.

국민연금 급여가 급증한데 힘입어 2000년에는 6조 6,323억 2,500만원에 달하게 되었다. 그 후에도 계속적으로 팽창하여 2005년에는 10조원에 도달하게 되었으며 2007년에는 공공연금 급여가 13조 2,591억 7,900만원에 달하게 되었다.

### 3) 결 언

이 두 가지 예에서 알 수 있는 것은 정책의 큰 변동이 없었음에도 불구하고 건강보험 급여는 17년간에 12.6배로 늘어났으며 공공연금 급여는 19년간에 86.8배로 팽창했다는 사실이다. 정책의 유지가 무엇을 의미하는지 알 수 있을 것 같다.

이리하여 건강보험이나 공공연금 재정에 어려움이 예견되어 정책의 조정이 논의되고 있으나 관련자의 이해관계의 상치로 바람직한 개혁안을 도출하지 못하고 있다는 것은 우리가 다 잘 아는 사실이다.

# 제 10 장 정책의 승계

## 제 1 절 정책승계의 의의와 유형

### 1 정책승계의 의의

정책의 승계란 동일한 분야에 있어서 기존의 정책이 새로운 정책에 의하여 대체되는 것을 말한다. 「정책의 수정」이라고도 할 수 있겠으나 우리는 호그우드(Brian Hogwood)와 피터스(B. Guy Peters)의 용례에 따라 정책의 승계(policy succession)라는 용어를 사용하기로 한다.

전술한 바와 같이 정책의 변동 중에서 가장 중요한 것이 정책의 승계와 정책의 종결인 까닭에 우리는 본편에서 정책의 승계와 정책의 종결만은 별도의 장으로 만들어 상세하게 고찰하는 것이다. 정책의 쇄신은 새로운 정책을 수립하는 것이므로 오늘날 비교적 희귀하다고 하겠으며 정책의 유지는 적응적이며 피동적인 과정이므로 깊이 있게 고찰할 필요가 없다고 하겠으므로 우리는 제9장에서 양자를 함께 다루었다.

## 2 정책승계의 유형

정책의 승계도 여러 가지로 분류할 수 있을 줄 아나 호그우드와 피터스의 분류에 따라 다음의 여섯 가지로 나누어서 고찰하고자 한다.

### 1) 선형적 승계

정책의 승계의 여러 형태 중 가장 순수한 형태의 것으로 선형적 승계(linear succession)를 들 수 있겠으나 비교적 희귀한 형태라 하겠다. 선형적 승계란 기존 정책이 전적으로 폐지되고 동일한 목표를 지닌 새로운 정책이 수립되거나 동일분야에서 다소 다른 목표를 추구하는 새로운 정책이 수립되는 경우를 말한다. 1973년의 미국의 농업 및 소비자보호법(Agriculture and Consumer Protection Act)은 농산물가격유지제도를 패리티가격(parity prices)제도에서 목표가격제도로 전환했는데 동일한 농산품에 대해서 정부의 지원을 계속한다는 점에서 과거의 정책과·동일한 목표를 지닌 것이라고 하겠다.

선형적 승계에 있어서 여러 가지 문제가 있으나 신정책에 의하여 수익자의 편익이 확대되느냐 감소되느냐 하는 문제와 기존의 정책을 담당하던 조직이 신정책도 담당하느냐 하는 문제가 비교적 많은 관심을 모으는 문제라고 하겠다. 신정책이 기존의 정책보다 수익자들에게 보다 많은 편익을 제공하고 동일한 조직이 기존 정책뿐만 아니라 신정책도 담당하는 경우에는 비교적 정책의 승계에 대한 저항이 약하다고 하겠다.

정책의 선형적 승계를 다시 여러 가지 형태로 세분할 수 있겠으나 첫째로 전달체계의 수정으로 인한 선형적 승계를 들 수 있겠다. 예를 들면 주택건축에 대한 지원사업이 보조금지급의 형태에서 세제상의 혜택형태로 전환되거나 민간부문의 임차료에 대한 통제가 임차인에 대한 정부보조의 형태로 전환될 때 선형적 승계가 발생하게 된다.[1)]

[그림 10-1] 정책승계의 유형

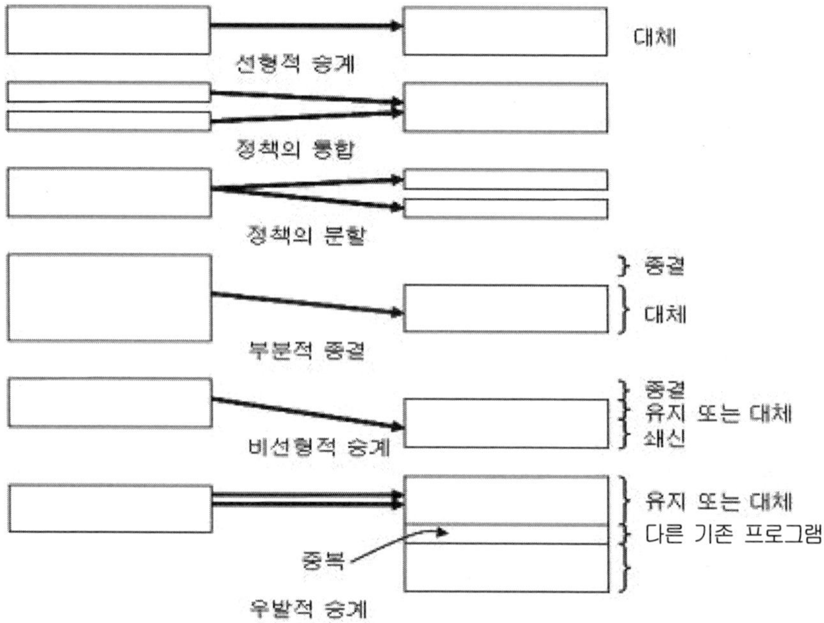


둘째 형태의 선형적 승계는 정책의 환원의 경우에도 일어날 수 있다. 1982년 1월에 실시된 중고생 교복자율화시책이 1986년 2학기부터 다시 교복제도로 환원된 경우가 그 좋은 예라 하겠다. 이러한 정책의 환원은 영국 같은 국가에서 많이 찾아볼 수 있다. 노동당정부에 의하여 국유화된 철강산업이 보수당정부에 의하여 민영화되었다가 1967년에 다시 국유화된 경우가 대표적인 예이다.[2]

다른 어떤 유형의 정책의 선형적 승계보다 정책의 환원이 가장 극적이고 충격적이라고 하겠으며 동일한 조직이 정책의 환원을 강력히 집행한다는 것은 지극히 어려울 것이다. 기존 정책에 수익자가 있는 경우에는 정책의 환원이 심한 저항에 직면할 수 있을 것이다. 영국철강산업의 민영화의 경

1) Brian Hogwood and B. Guy Peters, *Policy Dynamics*(New York: St. Martin's Press, 1983), pp. 63-64.

2) 유훈, 공기업론[5정증보판](서울: 법문사, 2005), pp. 195-199 참조.

우에 있어서는 전주주들이 혜택을 보았으나 재국유화조치는 민간주주들의 많은 반발을 샀다.

셋째 형태의 선형적 정책승계는 정책의 hiatus이다. 어떤 정책이 잠시 중단되었다가 재도입되는 경우를 말한다. 영국 같은 국가의 소위 소득정책(income policy)이 좋은 예이다. 소득정책이 시행되다가 잠시 중단되어 임금과 물가를 시장기능에 일임하다가 다시 소득정책이 도입되곤 했던 것이다. 또 하나의 예는 미국의 음란규제정책(anti-pornography policy)에서 찾아볼 수 있다. 법원의 판시로 특정한 음란판정의 기준이 무효화되었다가 다시 새로운 정책이 도입되고 있다.

### 2) 정책의 통합

정책의 통합이란 두 개 이상의 정책이 완전히 또는 부분적으로 폐지되고 이를 대신하는 새로운 정책이 도입되는 것을 말한다. 새로운 프로그램은 기존의 프로그램보다 영역이 확대되거나 축소될 수도 있다.

얼핏 보기에는 정책의 통합이 간단할 것 같이 보이나 실제에 있어서는 간단하지 않은 경우가 많다. 정책의 수혜자들이나 담당행정기관들이 정책의 통합에 찬성할 수도 있겠으나 심하게 저항하는 경우도 많이 있다. 특히 정책의 통합이 담당행정기관의 업무의 조정이나 개편에 큰 영향을 미치는 경우에는 심한 저항에 직면할 수 있다. 종전에 두 개의 기관이 각각 담당하던 두 개의 정책이 통합되어 어느 한 기관이 담당하게 되는 경우에는 통합된 정책을 담당하게 되는 기관은 불만이 없을 것이나 업무를 상실하게 되는 기관은 불만이 있을 것이다. 상실하게 되는 업무가 그 기관의 여러 업무 중 과히 중요하지 않은 업무일 때에는 저항이 크지 않을 것이나 핵심적인 업무일 때에는 심한 저항을 나타낼 것이다.

정책의 통합이 두 개의 기구의 통합을 초래하는 경우에도 복잡한 문제를 야기할 수 있다.[3] 특히 두 개의 기구가 서로 유사한 분야에 종사하고 있으

3) Brian W. Hogwood and Lewis A. Gunn, *Policy Analysis for the Real World* (Oxford: Oxford University Press, 1984), p. 244.

나 그 성격이 판이할 때에는 두 기구의 통합이 많은 문제를 제기할 수 있는 것이다.

### 3) 정책의 분할

위에서 고찰한 정책의 통합에 반대되는 개념으로서 한 정책이나 조직이 두 개 이상의 정책이나 조직으로 나누어지는 경우를 정책의 분할(policy splitting)이라고 한다. 정책의 분할은 한 조직이 두 개 이상의 조직으로 분할되는 경우에 흔히 볼 수 있다. 1973년 말 영국의 에너지부가 상공부(Department of Trade and Industry)에서 분리되어 나온 경우라든가 1980년 미국의 교육부가 보건·교육·복지부(HEW)에서 분리되어 나온 경우가 대표적인 예라고 할 수 있다. 우리나라에서는 동력자원부의 상공부에서의 분리가 대표적인 예라고 하겠다.

조직의 분할이 정책분할의 좋은 지표라고 할 수 있겠으나 때로는 보다 근본적인 정책의 변동이 발생할 수 있다. 1974년 미국의 원자력위원회가 핵규제위원회(Nuclear Regulatory Commission)와 에너지연구개발처(Energy Research and Development Administration)로 분할되었다. 이것은 원자력의 규제와 생산을 담당하던 조직이 규제정책을 담당하는 조직과 생산정책을 관장하는 조직으로 분할되었을 뿐만 아니라 규제정책의 강화를 초래했다. 과거에는 원자력활용에 호의적인 조직이 생산과 규제를 동시에 담당했으나 신설된 핵규제위원회는 반드시 원자력의 활용에 호의적이라 할 수는 없다는 것이다.

정책의 분할과 조직의 분할은 강도 높은 정책의 승계를 초래하는 경우가 많다. 새로운 조직의 설립이 정책형성의 초점에 변동을 가져와 정책의 승계를 초래할 수 있다는 것이다. HEW에서 분리되어 나온 교육부는 과거보다 교육정책의 개혁을 강력하게 추진하게 되었다. 뿐만 아니라 교육부가 독립하기 전에는 HEW의 예산이 삭감의 위기에 직면할 때마다 보건부문이나 복지부문의 예산보다 교육부문의 예산을 삭감하는 경향이 있었으나 교육부의 독립으로 이러한 폐단이 많이 시정되었다고 한다.

정책의 분할과 조직의 분할은 경우에 따라 수익자집단에 의한 신설조직의 점령(capture)을 초래할 수 있으며 이는 나아가서 수익자집단에 보다 유리한 정책을 가져올 수도 있다. 정책의 분할은 또한 입법부 상임위원회의 관할의 변경을 가져올 수도 있다. 특정한 상임위원회에서 별로 호의적인 대접을 받지 못했던 사업이 다른 상임위원회의 소관으로 넘어가 입법부로부터 보다 호의적인 대접을 받게 되는 경우도 있다.

경우에 따라서는 조직의 분할에 의한 정책의 승계가 소기의 성과를 거두지 못하고 원상복귀되기도 한다. 1964년 정권을 잡은 영국의 노동당정부는 경제문제에 관한 조정, 5개년계획의 수립, 산업정책의 수립 등을 담당할 경제부(Department of Economic Affairs)를 신설했다. 종전에 재무부가 담당하던 중기경제정책을 신설된 경제부가 담당하고 재무부는 단기경제정책을 관장하도록 했다. 그러나 재무부와 경제부 간의 분업은 용이한 문제가 아니었으며 재정을 장악하고 있는 재무부의 승리로 돌아갔다. 1969년 9월 경제부는 폐지되고 말았다.[4]

### 4) 부분적 종결

정책의 일부는 지속하되 일부를 종결하는 부분적 종결(partial termination)은 단순한 정책의 감축과는 구별되어야 한다. 한마디로 말해서 부분적 종결은 정책의 양적 변동뿐만 아니라 질적 변동까지 포함하는 것이라 하겠다.

화학비료생산과 화학비료생산회사에 대한 출자 및 관리 등을 통하여 화학비료의 안정적 공급을 담당하던 한국종합화학공업주식회사가 비료생산시설의 과잉과 수출물량의 감소 등으로 인하여 3개의 직영공장은 처분하고 자회사의 관리만을 담당하는 지주관리회사로 전환된 것은 부분적 종결의 좋은 예라 하겠다.[5] 3개 직영공장의 처분으로 종합화학의 업무가 양적으로 감소되었을 뿐만 아니라 질적으로도 변화되어 종전의 사업지주회사에서 주

4) W. Thornhill(ed.), *The Modernization of British Government*(London: Pitman, 1975), p. 70.

5) 정부투자기관경영평가단, 1983년도 정부투자기관경영실적평가보고서(서울: 경제기획원, 1984), p. 71.

식소유를 주된 사업으로 하는 순수지주회사로 전환된 것이다.[6)]

부분적 종결은 여러 가지 이유로 인하여 발생한다. 정책의 완전한 종결이 저항에 직면하여 부분적 종결로 끝나는 경우가 있는가 하면 완전한 종결의 전단계로서 부분적 종결이 이루어지는 경우도 있다. 전술한 바와 같이 정책의 종결은 폭발형, 점감형 및 혼합형으로 나눌 수 있는데 정책이 일시에 종결되는 폭발형의 경우에는 그 전단계로서의 부분적 종결이 있을 수 없겠으나 점감형이나 혼합형의 경우에는 완전한 종결의 전단계로서 부분적 종결이 발생한다. 미국항공우주국의 대학연구지원사업이 3년간에 걸쳐 단계적으로 종결되었는데 최종적으로 종결되기 전의 단계가 여기서 말하는 부분적 종결에 해당된다고 하겠다.[7)]

부분적 종결은 중앙정부의 지방자치단체에 대한 특정사업보조금의 감소의 결과로도 발생할 수 있다. 영국의 보수당정부가 집권하자 각급학교의 급식사업에 대한 중앙정부보조금을 감액하기로 결정했다. 중앙정부는 각 교육위원회에 지급되는 급식보조금의 금액만 삭감했으며 삭감된 보조금을 가지고 급식사업을 어떻게 운영하느냐는 교육위원회에 일임되었다. 교육위원회에 따라서는 피급식자의 부담을 인상하는 경우가 있었는가 하면 급식의 질이나 양을 줄이는 교육위원회도 있었다고 한다.

전술한 바와 같이 부분적 종결이 완전한 종결의 전단계로서 발행하는 경우가 있으나 반대로 부분적 종결이 예기치 않은 완전한 종결을 초래하는 경우도 있을 수 있다. 영국 급식사업의 경우 중앙정부의 보조금의 삭감으로 일부 교육위원회에서 피급식자부담을 인상한 결과 급식을 원하는 어린이들이 격감하여 인상된 부담으로 급식을 원하는 어린이 1인당 부담이 너무 높아져 급식사업의 지속이 불가능하게 되는 현상이 발생했다는 것이다.[8)]

6) 순수지주회사와 사업지주회사에 관해서는 유훈, 전게서, p. 365 참조.

7) Eugene Bardach, “Policy Termination as a Political Process,” *Policy Sciences*, June 1976, p. 125.

8) Hogwood and Peters, *op. cit.*, pp. 73-76.

### 5) 비선형적 승계

전술한 선형적 승계가 기존정책이 전적으로 폐지되고 동일한 목표를 지닌 새로운 정책이 수립되거나 동일분야에서 다소 다른 목표를 추구하는 새로운 정책이 수립되는 경우를 말하는데 대하여, 비선형적 승계의 경우에 있어서는 새로 수립되는 정책이나 프로그램이 기존의 정책과는 목표·특징·조직형태 등이 크게 다르다는 데 그 특색이 있다.

비선형적 승계의 대표적인 예를 미국의 주택정책에서 찾아볼 수 있다. 아론(Henry Aaron)에 의하면 미국주택정책이 걸어온 발자취를 살펴볼 때 8개의 목표를 찾아볼 수 있다.[9] 1954년 법과 1961년 법은 과거의 정책을 계승하면서 새로운 규정을 추가했는데 1956년 법과 1959년 법은 과거의 일부규정을 존치하면서 일부는 폐지하고 새로운 규정으로 대치했다.

### 6) 우발적 승계

예기치 않았던 원인 또는 계기로 인하여 발생하는 정책승계를 호그우드와 피터스는 우발적 정책승계라고 하고 있다. 중요하지 않은 원인으로 발생한 정책승계가 정책의 수정을 제창한 사람들의 관점에서 볼 때에는 과히 중요하지 않을 것이나 정책변동의 성공적인 집행을 원한다면 우발적 정책승계를 무시하는 것은 바람직하지 못하다고 하겠다.

우발적 정책승계의 대표적인 예를 영국 상수도사업의 광역화정책에서 찾아볼 수 있다. 종전에 지방자치단체들이 담당하고 있던 영국의 상수도사업이 1974년 4월 1일을 기하여 10개의 수도공사(Water Authority)로 통합되었다. 지방자치단체가 관장하던 상수도사업이었으므로 주무관서인 환경부(Department of Environment)가 주도권을 쥐고 개편안을 작성했다. 그러나 정책수립과정에 있어서 농민단체들이 하수도사업과 하천관리사업에 대하여 관심을 표명함에 따라 예기치 않게 농수산식량부(Ministry of

---

9) Henry J. Aaron, "Policy Implications: A Progress Report," in K. L. Bradbury and Anthony Downs(eds.), *Do Housing Allowances Work?*(Washington: Brookings Institution, 1981), p. 70.

Agriculture, Fisheries and Food)가 정책형성에 참여하게 되었으며 정책의 수정이 이루어지고 환경부뿐만 아니라 농수산식량부도 수도공사에 대한 중앙정부의 통제에 관여하게 되었다.[10]

## 제 2 절 한국의 정책승계

우리는 위에서 정책의 승계를 ① 선형적 승계, ② 정책의 통합, ③ 정책의 분할, ④ 부분적 종결, ⑤ 비선형적 승계 및 ⑥ 우발적 승계로 나누어서 고찰하였으나, 이곳에서는 비선형적 승계와 우발적 승계를 제외한 네 가지 형태의 정책승계에 관한 한국의 사례를 살펴보기로 한다.

### 1 정책투자기관 책임경영제의 도입(선형적 승계)

선형적 승계의 예로서 여러 가지를 들 수 있겠으나 우리는 정부투자기관관리기본법의 제정에 의하여 이루어진 정부투자기관의 책임경영제의 도입에 관하여 살펴보기로 한다.

#### 1) 배 경

정부투자기관예산회계법, 정부투자기관관리법 등을 토대로 한 투자기관의 운영이 정부로부터의 과다한 통제로 인하여 자율성확보에 어려움이 많다는 것이 오랫동안 지적되어 왔다. 전두환 정부는 이러한 다원적이고 잡다한 사전통제제도를 대폭 정비하고 책임경영제를 도입하기로 결정하고 정부투자기관관리기본법을 성안하여 1983년 정기국회에 제출하였다. 1983년 국회를 통과한 정부투자기관관리기본법은 1984년 3월 1일부터 발효하게

10) Hogwood and Peters, *op. cit.*, pp. 78-80.

되었으며 정부투자기관예산회계법과 정부투자기관관리법은 폐지되게 되었다. 책임경영제란 한마디로 말해서 투자기관의 자율적 운영을 보장한 다음 경영실적을 평가하여 그 결과에 따라 책임을 지는 것을 말한다.

정부투자기관관리기본법의 제정을 계기로 하여 이루어진 책임경영제의 도입을 선형적 정책승계로 보는 것은 정부투자기관에 대한 정책에 다음과 같은 일대 전환이 있었다고 단정하는 까닭이다.

① 관계법률에 관해서는 뒤에서 상술하겠으나 과거에는 정부투자기관예산회계법과 정부투자기관관리법이 있었으나 1984년 3월부터는 정부투자기관관리기본법이라는 법률이 시행되게 되었다.

② 과거에는 투자기관의 의결기관과 집행기관이 일원화되어 있었다. 다시 말해서 구제도하에서는 이사장이 따로 없었으며 사장이 이사회를 소집하고 이사회의 의장이 되었다. 이사들은 이사회의 부의된 안건을 심의・결정했을 뿐만 아니라 직접 집행도 담당했다.

신제도하에서는 사장과 별도로 이사장이 있으며 이사장이 이사회를 소집하고 그 회의의 의장이 된다. 이사들은 정책결정에만 참여하며 집행에는 관여하지 않는다. 구제도하에서의 이사들이 담당하던 집행업무를 담당케 하기 위하여 집행간부라는 최고경영조직을 신설했다.[11]

③ 과거에는 정책결정과 집행업무를 동시에 담당하는 이사의 외부임용이 가능했다. 신제도하에서는 사장을 제외한 모든 이사(이사장 포함)를 비상임으로 하였으며 사장을 제외한 이사들은 정책결정만 담당하고 집행에 관여하지 못하도록 사장과 함께 집행을 담당하는 집행간부라는 제도를 신설하고 집행간부의 외부임용을 금지했다.[12]

④ 과거에는 각 투자기관의 설립법, 정부투자기관예산회계법 및 정부투자기관관리법에 의하여 투자기관에 대한 주무부의 통제와 중앙통제가 엄격했으며 투자기관의 자율성발휘가 어려웠다. 1984년 3월부터 발효한 정부투자기관관리기본법은 「투자기관의 자율적 운영을 보장한다」[13]는 명문의 규

---

11) 유훈, 「정부투자기관경영합리화를 위한 개혁」, 행정논총, 제21권 제2호(1983), p. 72 참조.
12) 유훈, 전게서, pp. 388-389.
13) 정부투자기관관리기본법 제3조.

〈표 10-1〉 책임경영제의 도입에 따른 정책의 전환

| | 책임경영제 도입 전 | 책임경영제 도입 후 |
|---|---|---|
| 관계법률 | ① 정부투자기관예산회계법<br>② 정부투자기관관리법 | 정부투자기관관리기본법 |
| 의결기관과 집행기관 | 일원화 | 이원화 |
| 집행간부의 임용 | 외부임용가능 | 외부임용금지 |
| 투자기관에 대한 통제 | 주무부통제와 중앙통제강화 | 주무부통제와 중앙통제완화 |
| 예산의 심의·확정 | 주무부와 구경제기획원의 사정을 거쳐 국무회의의 심의와 대통령의 승인을 얻어 확정 | 이사회의 의결만으로 확정 |
| 물품구매·공사계약 | 조달청이 관장 | 투자기관에 일임 |
| 외부감사 | 다원화 | 원칙적으로 감사원만 담당 |
| 경영실적평가 | 제도가 있었으나 제대로 활용되지 못함 | 적극적으로 활용 |

정을 두고 있을 뿐만 아니라 투자기관에 대한 주무부의 통제와 재정경제부 등에 의한 중앙통제를 크게 완화했다. 이러한 통제의 완화를 몇 가지 분야에 걸쳐 구체적으로 검토하기로 한다.

⑤ 과거에는 우리나라 정부투자기관의 예산의 심의·확정은 행정부심의형에 속했으나 정부투자기관관리기본법에 의하여 자율적 확정형으로 전환되었다. 다시 말해서 과거에는 투자기관의 예산이 주무부와 구경제기획원의 사정을 거쳐 국무회의의 심의와 대통령의 승인을 얻어 확정되었으나 신제도하에서는 투자기관의 이사회의 의결만으로 확정되게 되었다.[14]

⑥ 투자기관의 물품구매와 공사계약도 과거에는 조달청장이 관장했으나 신제도하에서는 투자기관에 일임되었다.[15]

⑦ 투자기관에 대한 외부감사가 과거에는 다원화되어 있었다. 감사원뿐만 아니라 주무부·재무부·기타 관련기관들이 투자기관에 대한 감사를 실시했으나 신제도하에서는 원칙적으로 감사원 감사로 일원화되었다. 예외적

14) 유훈, 전게서, pp. 419-420.
15) 상게서, pp. 71-72.

으로 주무부장관이 필요하다고 인정할 때에는 「감사원과 협의하여」 외부감사를 실시할 수 있다.[16)]

⑧ 과거에는 경영실적평가제도가 없었던 것은 아니나 제대로 실효를 거두지 못했다. 신제도하에서는 경영실적평가가 중요한 역할을 담당한다.

### 2) 조직적 측면

책임경영제의 도입을 위한 정부투자기관관리기본법의 시행은 정부투자기관조직의 대폭적인 개편을 초래했을 뿐만 아니라 정부조직의 개편도 가져왔다.

먼저 정부투자기관의 경우를 본다면 정부투자기관 전부가 대폭적인 기구개편을 단행했다. 의결기관(이사회)과 집행기관의 이원화를 도입했으며 집행간부제도의 신설로 기구가 크게 개편되었다.

인적 구성도 크게 달라졌다. 각 투자기관의 이사회는 이사장, 사장, 당연직이사(2명의 공무원)와 민간인이사로 구성되게 되었는데 민간인이사로는 대학교수가 가장 많이 기용되었으며 다음이 민간단체간부, 연구기관의 장의 순으로 되어 있다.[17)]

과거의 업무담당이사들은 집행간부라는 새로운 자리로 옮겨가게 되었는데 집행간부의 명칭은 투자기관에 따라 각양각색이다. 많은 투자기관이 부사장(또는 부행장, 부총재)을 두고 있으나 조폐공사, 광업진흥공사 등 일부 투자기관에서는 부사장을 두지 않고 있다. 그 밖의 집행간부의 경우 비금융기관에서는 본부장, 금융기관에서는 부행장보(또는 부총재보)라는 명칭이 보편적으로 사용되고 있다.

다음에 정부조직의 개편을 본다면 투자기관관리에 관한 기본정책의 수립과 경영실적평가 등을 담당하기 위하여 재정경제부장관 및 투자기관의 주무부장관들과 대통령이 위촉하는 비상근위원으로 구성하는 정부투자기관경영평가위원회가 설치되었으며 평가지표의 개발과 경영실적평가를 담

16) 정부투자기관관리기본법 제29조 제3항.
17) 유훈, 전게서, p. 355.

당할 전문기구로서 한시적인 성격을 지닌 경영평가단이 설치되고 있다.[18]

이 밖에도 투자기관과 관련된 실무를 담당할 기구가 재정경제부에 설치되기에 이르렀다.

### 3) 법률적 측면

투자기관의 책임경영제의 도입을 위하여 많은 법령의 제정·폐지가 있었을 뿐만 아니라 25개 투자기관의 정관이 개정되었다.

첫째로, 정부투자기관관리기본법의 제정을 들 수 있다. 책임경영제의 도입을 위한 작업이 시작된 것은 1981년의 일이다. 한국개발연구원이 주동이 되어 이룩한 정부투자기관관리제도의 문제점과 개선방안에 관한 연구결과가 1981년 9월에 대통령에게 보고되었으며 1982년 3월 정부투자기관관리제도개선방안이 국무회의에서 의결되었다. 이어서 1982년 6월부터 12월에 걸쳐서 경제기획원이 마련한 관리기본법시안을 4인으로 구성된 법률제정작업반이 검토했으며 1983년 1월부터 9월까지는 법률안에 대한 관계부처의 의견조정이 이루어졌다. 이리하여 1983년 10월 6일 정부투자기관관리기본법안이 국무회의에서 의결되어 1983년 정기회에 제출되었다. 같은 해 12월 16일 관리기본법안이 국회를 통과했으며 1984년 3월 1일부터 시행되기에 이르렀다. 이와 동시에 관리기본법 부칙 제2조에 의거하여 정부투자기관예산회계법과 정부투자기관관리법은 폐지되었다.

둘째로, 관리기본법시행령의 제정을 들지 않을 수 없다. 오늘날 각국에서 위임입법의 중요성이 점차 높아지고 있는 것이 사실이나 관리기본법의 경우에 있어서는 중요한 사항을 대통령령에 많이 위임하였으므로 시행령의 중요성이 다른 어느 법률의 경우보다 높다고 하겠다. 1984년 3월 20일에 공포된 정부투자기관관리기본법시행령은 많은 중요한 사항에 관하여 규정하고 있는데 그 중에서 특히 중요한 것을 지적하면 다음과 같다.

① 관리기본법은 이사장은 대통령령이 정하는 바에 의하여 상임 또는 비상임으로 할 수 있다고 규정했는데 시행령은 이사장의 비상임을 못 박고

18) 정부투자기관관리기본법 제4조.

있으며 투자기관의 사장과 공무원은 이사장이 될 수 없다고 규정하고 있다.[19]

② 관리기본법은 이사도 상임 또는 비상임으로 할 수 있도록 규정했으나 시행령은 사장을 제외한 모든 이사는 비상임으로 하도록 규정하고 있다. 이 밖에도 시행령은 이사의 정수, 임명방법, 자격요건(적극적 요건)에 관해서 규정하고 있다.[20]

③ 관리기본법은 집행간부에 관해서 간단히 규정하고 모든 구체적인 사항을 시행령에 위임하고 있으므로 시행령에서 집행간부의 범위, 임기를 포함한 집행간부에 관한 중요한 사항을 규정하고 있다.[21]

④ 관리기본법은 투자기관의 물품구매와 공사계약의 체결을 투자기관에 일임하고 있으나[22] 대통령령이 정하는 물자나 시설공사는 반드시 조달청장에게 위탁하여 구매하거나 계약을 체결하여야 한다고 규정하고 있다. 시행령은 투자기관이 반드시 조달청장에게 위임하여야 하는 물품구매나 계약체결에 관해서 아무런 규정을 두지 않고 있으므로 투자기관의 물품구매와 공사계약체결은 전적으로 투자기관에 일임하는 결과가 되었다.

셋째로, 일부 투자기관설립법의 개정을 들 수 있다. 관리기본법 제3조는 「투자기관의 책임경영체제의 확립을 위하여 투자기관의 자율적 운영을 보장한다」고 규정하고 있을 뿐만 아니라 그 부칙에서 관리기본법 시행 당시 각 투자기관의 설립법, 기타 법령의 각종 규정이 관리기본법의 규정과 저촉될 때에는 관리기본법이 정하는 바에 의한다고 규정하고 있다.[23] 이러한 규정에 따라 일부 투자기관을 제외한 대부분의 투자기관설립법이 1986년 임시국회에서 개정되었으며 나머지 투자기관의 설립법도 불원 개정될 것으로 생각된다.

넷째로, 투자기관의 정관의 개정을 들 수 있다. 관리기본법 부칙은 관리

19) 정부투자기관관리기본법시행령 제11조.
20) 동령 제12조.
21) 동령 제13조.
22) 정부투자기관관리기본법 제27조.
23) 동법 부칙 제3조.

기본법시행 후 3개월 이내에 관리기본법에 따라 정관을 변경하여 주무부장관의 인가를 받아야 한다고 규정하고 있다.[24] 이 규정에 따라 모든 투자기관의 정관이 개정되었는데, 이 정관의 개정과정에 있어서 일부 투자기관의 경우 주무부와 많은 알력이 있었던 것으로 안다.

#### 4) 예산적 측면

정부투자기관 책임경영제의 도입이라는 정책승계는 예산적 측면에서는 큰 변동을 가져오지 않았다. 경영평가단의 운영을 위한 용역비를 새로 예산에 책정한 정도이다. 1984년 6월을 기하여 경제기획원 심사분석국이 심사평가국으로 개편되고 투자기관의 평가업무가 예산실에서 평가국으로 이관됨에 따라 경제기획원소관의 세출예산과목구조에 작은 수정이 가해졌다. 일반행정(130)이라는 장의 일반행정(131)이라는 관 밑에 경제행정(1100)이라는 항이 있으며 이 항이 다시 몇 개의 세항으로 나누어지는데 1984년도까지 심사분석(117)으로 되어 있던 세항이 1985년부터는 심사평가(116)라는 세항으로 개편되었다.

## 2 건설교통부의 신설(정책의 통합)

#### 1) 배 경

정책통합의 예로서 여러 가지를 들 수 있겠으나 우리는 이곳에서 1994년 12월에 이루어진 건설부와 교통부의 통합에 의한 건설교통부의 신설을 고찰하고자 한다.

정부기구개편이 있을 때마다 교통부와 체신부의 통합이 논의되었으나 다른 한편 건설부와 교통부의 통합도 논의의 대상이 되어 왔다. 같은 교통수단 중에서 철도·해운·항공은 교통부가 담당해 왔으나 도로는 건설부가 담당했기 때문에 교통문제에 관한 종합적인 대책이 불가능한 실정이었다.

---

24) 동법 부칙 제5조.

이리하여 교통정책과 건설정책의 통합이 일찍부터 논의되어 왔던 것이다. 부분적인 교통정책과 건설정책의 통합은 1976년 3월 항만청의 신설로 실현을 보았다. 교통부 해운국과 건설부의 항만시설국 및 산업입지국의 공업항과가 통합되어 항만청이 신설되었다는 것은 주지의 사실이다.

건설부와 교통부의 통합은 1994년 12월에 단행된 정부조직개편의 일환으로 행해졌는데 경제기획원과 재무부의 통합에 의한 재정경제부의 신설 못지않은 중요한 의미를 지니는 것이라 할 수 있겠다.

### 2) 조직적 측면

전술한 바와 같이 건설교통부는 건설부와 교통부의 통합으로 신설되었으며 이로써 오랫동안 필요성이 제기되었던 건설정책과 교통정책의 통합이 가능하게 되었다.

건설교통부의 신설로 조직면에서 많은 통합·감축이 가능해졌다고 하겠다. 우선 건설부문의 경우를 본다면 신설된 건설지원실 밑에 종전의 기술관리관실, 수자원국, 건설경제국이 흡수되었고 도시국과 주택국이 통합되어 주택도시국이 되었다. 교통부문의 경우에는 지역교통국과 도시교통국이 통합되어 육상교통국이 되었고 관광업무가 문화체육부로 이관되었기 때문에 관광국이 폐지되었다.

인원면에서 본다면 통합 직전의 건설부정원이 2,891명으로서 70%를 차지했으며 교통부정원이 1,238명으로서 30%를 차지했다. 통합으로 110명이 감축되어 통합 당시의 정원은 4,019명이었으나 17명이 늘어나 1995년 7월 25일 현재 건설교통부의 정원은 4,036명이다.

### 3) 법률적 측면

건설교통부의 설립을 위하여 법률적 측면에서 큰 변동이 없었다. 정부조직법이 개정된 외에는 다른 변동이 없었으나 그 후 대한주택공사법·한국도로공사법·한국수자원공사법·한국토지개발공사법 등 많은 법률이 개정되었다.

[그림 10-2] 건설교통부기구도(1994년 12월 현재)

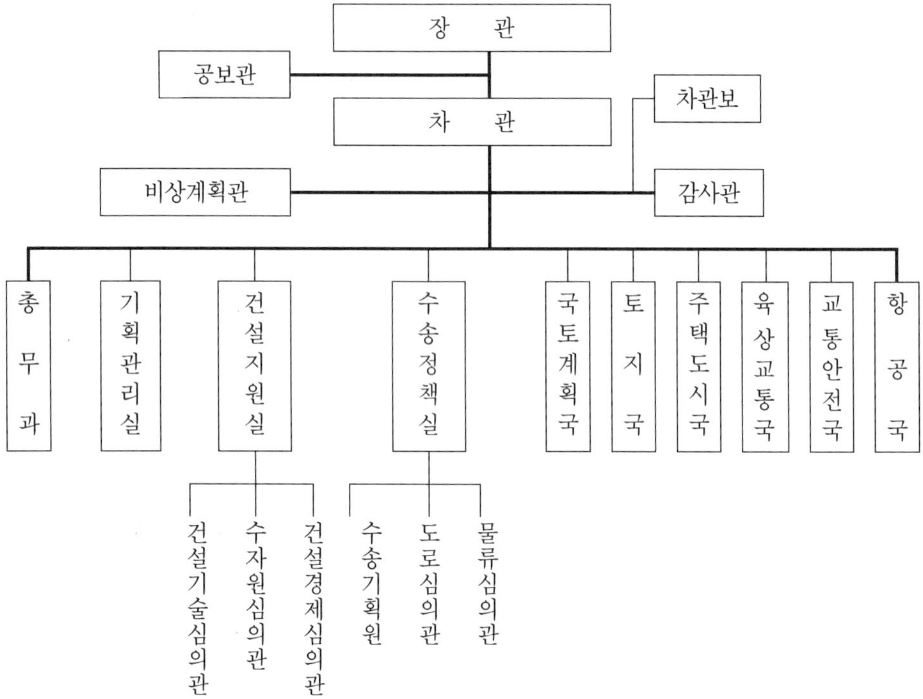


〈표 10-2〉 통합 당시의 건설교통부 정원구성

| 내 역 | 인원(명) |
|---|---|
| 통합직전 건설부정원 | 2,891 |
| 통합직전 교통부정원 | 1,238 |
| 소 계 | 4,129 |
| 감 축 | 110 |
| 합 계 | 4,019 |

자료: 건설교통부 감사담당관실 제공.

### 4) 예산적 측면

정부기구개편이 1995년도 예산이 국회를 통과한 후에 이루어졌으므로

〈표 10-3〉 건설교통부가 이체받은 예산(1995)

| 이체해 준 부처 | 금액(억원) |
|---|---|
| 건설부 | 58,129 |
| 교통부 | 16,329 |
| 소 계 | 74,456 |
| 잉여예산 | 34 |
| 합 계 | 74,422 |

자료: 건설교통부 감사담당관실 제공.

예산적 측면에서도 많은 조치가 이루어졌다. 인원의 경우와 같이 예산의 경우에도 건설부가 압도적으로 많은 예산을 보유하고 있었다.

건설부예산이 5조 8,129억원으로서 78.1%를 차지했으며, 교통부 예산이 1조 6,327억원으로서 21.9%를 차지했다. 통합으로 인한 잉여예산(인건비)이 34억원에 달했으므로 건설교통부의 1995년 초의 예산은 7조 4,422억원에 달했다.

### 5) 정책적 측면

전술한 바와 같이 정책의 통합이나 정책의 분할이 표면상으로 조직의 통합이나 조직의 분할로 나타나나 결코 조직의 통합이나 분할에 그치는 것이 아니다.

건설교통부의 신설도 건설부와 교통부의 조직의 통합에 그치는 것이 아니라 정책적 측면에서의 변화도 초래할 것이다. 조직의 통합이 이루어진지 얼마 안 되어서 아직 구체적으로 나타난 것이 많지 않으나 벌써 몇 가지 나타난 것이 있다.

첫째로 국토종합계획의 변모를 들 수 있겠다. 과거에는 건설부가 성안하는 국토종합계획에 건설부소관사항만 제대로 반영되고 교통부소관인 철도·해운·항공 등은 제대로 반영되지 못했다. 그러나 앞으로는 국토종합계획이 철도·해운·항공 등까지 포함하는 그야말로 종합계획이 될 것이다. 이리하여 건설교통부는 새로운 국토종합계획의 성안을 서두르고 있다.

둘째로 토지소유에 관한 정책과 토지이용정책의 통합이 용이해졌다는 것을 들 수 있겠다. 과거에는 건설부소관이었던 토지소유에 관한 정책과 교통부소관이었던 토지이용에 관한 정책이 제대로 조정되지 않아 문제가 많았으나 건설부와 교통부의 통합으로 두 정책의 통합이 용이해졌다. 이리하여 과거에는 일산 고속철도차량기지의 건설이 건설부측의 반대로 어려움이 있었으나 건설교통부 신설 후에는 이 문제가 해결되었다.[25]

## 3 동력자원부의 신설(정책의 분할)

### 1) 배 경

정책분할의 예로서 체육부의 신설 등 여러 가지를 들 수 있겠으나 우리는 이곳에서 상공부 동력개발국과 광무국이 분리되어 나와 형성된 동력자원부의 신설을 고찰하고자 한다.

1973년의 제1차석유파동 이후 석유를 포함한 에너지문제는 한국경제의 지속적 고도성장을 가로막는 bottle neck으로 생각되기에 이르렀다. 다른 한편 수출증대라는 정책적 과제의 수행을 위하여 상공부의 기구가 폭발적으로 늘어나기 시작하여 1972년만 하더라도 2인의 차관보밑에 7개국을 보유하고 있던 상공부가 1973년 1월의 기구개편에 의하여 5인의 차관보 산하에 11개국을 거느리는 기구가 되었으며 1977년 7월과 10월에는 공업단지국과 방위산업국이 신설되어 13개국으로 늘어났다. 이러한 상황하에서 1977년 12월 상공부의 2개국이 분리되어 나와 동력자원부가 신설되기에 이르렀다. 한마디로 말해서 제1차석유파동 후 우리나라 에너지원의 주종을 이루는 원유의 원활한 수급을 도모하기 위하여 업무량이 급속히 팽창한 상공부에서 에너지정책을 분리시켜 설립한 것이 동력자원부라 할 수 있다. 이와 같이 볼 때 상공부에서 동력자원업무를 분리시켜 동력자원부를 설립한 것은 미국의 HEW에서 교육업무를 분리시켜 교육부를 설립한 것과 유사점이 많다고 하겠다.

25) 1995년 7월 21일 건설교통부 차관보와의 면접.

### 2) 조직적 측면

전술한 바와 같이 동력자원부는 상공부의 13개국 중 2개국을 떼내어 설립한 것이다. 동력자원부가 분리되어 나오기 전의 상공부의 업무는 크게 상역, 공업, 동력자원부의 세 가지로 나눌 수 있었는데, 이 중 동력자원업무만 분리시켜 동력자원부를 설립한 것이다.

신설된 동력자원부의 기구를 본다면 [그림 10-4]와 같이 기획, 자원개발, 전기, 석유, 석탄의 5개국을 지니게 되었다. 상공부에서 분리되어 나온 2개국을 세분한 것이라 할 수 있겠다. 후술하는 바와 같이 정원면에서는 상공부뿐만 아니라 공업진흥청과 과학기술처에서도 동력자원부에 정원의 이체가 있었으나 공업진흥청이나 과학기술처의 기구가 이관된 것은 없고 이들의 기능만 일부 이관된 데 지나지 않았다.

정원을 본다면 <표 10-4>와 같이 상공부에서 67명, 공업진흥청에서 67명, 과학기술처에서 12명 도합 146명의 정원이 동력자원부로 이체되었으며

[그림 10-3] 상공부기구도(1977년 10월 19일)

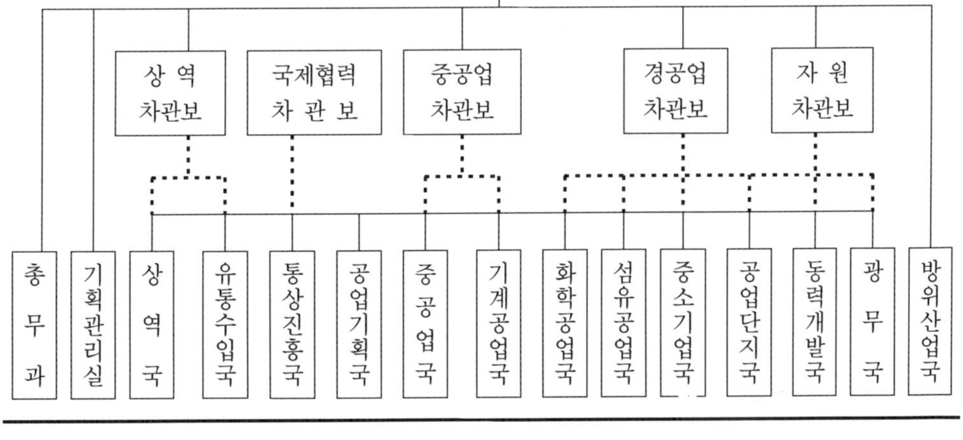

[그림 10-4] 동력자원부기구도

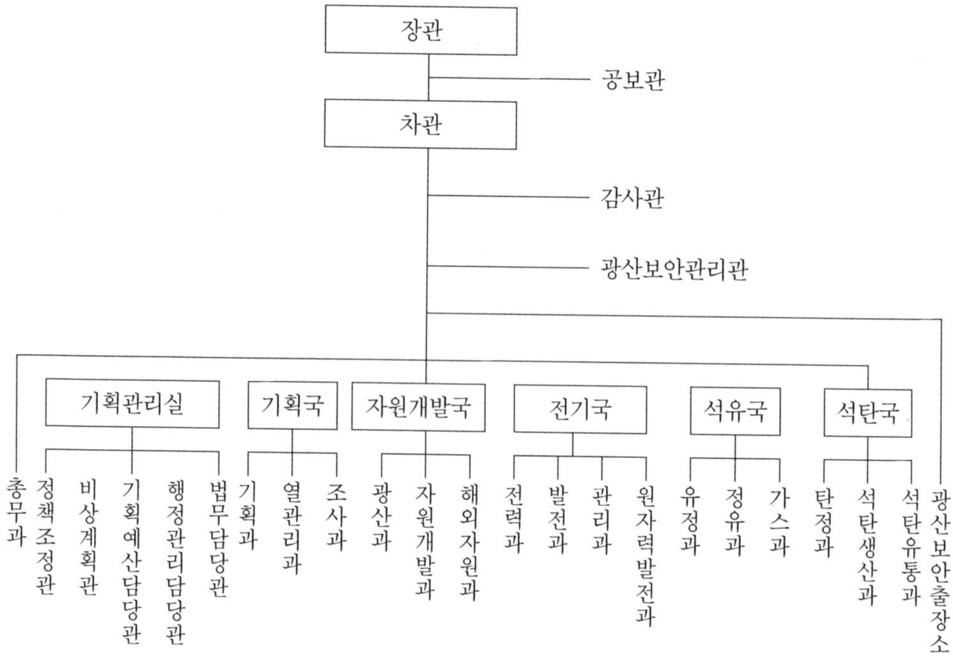


광산보안요원을 포함하여 163명이 증원되었다. 조직의 분할과 정책의 분할이 때로는 특정정책의 비중의 변화를 초래한다는 것을 동력자원부의 설립에서 찾아볼 수 있을 것 같다. 이체되어 온 정원보다 증원된 정원이 많다는

〈표 10-4〉 설립 당시의 동력자원부 정원구성

| 내 역 | 정 원(명) |
|---|---|
| 상공부에서 이체 | 67 |
| 공업진흥청에서 이체 | 67 |
| 과학기술처에서 이체 | 12 |
| 소 계 | 146 |
| 광산보안요원 | 20 |
| 증 원 | 143 |
| 합 계 | 309 |

자료: 경제기획원, 1979년도 예산개요.

사실이 이를 입증하는 것이라 할 수 있겠다.

### 3) 법률적 측면

법률적 측면에서 볼 때 정책분할로서의 동력자원부의 신설은 정책통합으로서의 건설교통부의 신설과 크게 다를 바 없다. 첫째로, 1977년 12월 16일부로 정부조직법이 개정되었다. 상공부에 관하여 규정하고 있는 제37조를 개정하여 상공부의 업무에서 「동력」을 삭제하였으며 제37조의 2를 신설하여 「동력자원부장관은 동력과 지하자원에 관한 사무를 장려한다」고 규정하였다.

둘째로, 정부조직법부칙에서 동력자원부의 신설에 따른 관계법률의 개정에 관하여 규정하였다. 광업법, 해저자원개발법, 대한광업진흥공사법, 석탄수급조정에 관한 임시조치법, 석탄광업육성에 관한 임시조치법, 광산보안법, 석탄개발임시조치법 등과 같은 광업관계법률, 농어촌전화촉진법, 한국전력주식회사법, 전기사업법, 전기공사법과 같은 전력관계법률, 석유사업법과 같은 석유관계법률 등에서 상공부를 동력자원부로 하고 상공부장관을 동력자원부장관으로 하는 것이 그 내용이었다.

셋째로, 이 밖에도 동력자원부의 설립을 계기로 석유사업법이 개정되었으며 그 다음해인 1978년 12월에 해외자원개발촉진법이 제정되었다. 해외자원의 개발을 촉진하여 장기적이고 안정적으로 자원을 확보하는 것을 목적으로 하는 법률이다. 이와 동시에 국내외 석유자원의 탐사 및 개발과 원유, 천연가스, 석유제품의 비축, 수출입, 수송과 판매를 담당할 석유개발공사의 설립을 위하여 한국석유개발공사법이 제정되었다.

### 4) 예산적 측면

동력자원부의 설치를 위한 정부조직법개정과 직제의 제정이 1977년 12월 16일부로 이루어지고 1978년 1월 1일부로 발족했으나 1978년도 예산은 1977년 12월 2일에 국회를 통과했으므로 동력자원부의 1978년도 예산은 우선 예산의 이체에 의하여 마련될 수밖에 없었다. <표 10-5>와 같이 1978년도 상공부예산 1,362억원의 64.8%에 해당되는 882억원이 동력자원

〈표 10-5〉 동력자원부의 신설에 따른 예산이체

(단위: 천원)

| 내 역 | 예산액 |
|---|---|
| 1978년도 상공부 당초예산액 | 136,179,202 |
| 동력자원부로 이체된 예산액 | 88,205,000 |
| 잔 액 | 47,974,202 |

자료: 재무부, 1978년도 결산개요(통계편), pp. 44-45.

부에 이체되었던 것이다. 추가경정예산에 의하여 다소 증액되어 1978년도 동력자원부 예산총액은 912억원에 달하게 되었다.

1979년도의 동력자원부예산은 1,393억원으로 대폭 증액되었는데, 석탄광업육성자금으로 1978년도보다 275억원이 늘어난 532억원이 책정된 데 주된 원인이 있었다고 하겠다.[26]

1980년도 예산은 더욱 늘어나 1,611억원에 달하게 되었는데 석탄산업에 대한 지원이 전년도보다 217억원이 증액된 749억원에 이른 까닭이다.[27] 1981년도에는 한국전력에 대한 지원이 전년도의 450억원보다 1,092억원이 늘어난 1,542억원에 달하게 됨으로써[28] 동력자원부예산이 2,933억원으로 급증하였다가 1982년도에는 2,098억원으로 다소 감액되었다.

〈표 10-6〉 동력자원부예산의 추이

(단위: 천원)

| 연 도 | 동력자원부예산 | 상공부예산 |
|---|---|---|
| 1978 | 91,202,025 | 48,127,777 |
| 1979 | 139,255,637 | 38,538,361 |
| 1980 | 161,057,748 | 79,207,125 |
| 1981 | 293,250,687 | 69,369,620 |
| 1982 | 209,806,919 | 64,035,482 |

주: 1978년도를 제외하고는 매년도 본예산임.
자료: 매년도 예산개요.

26) 경제기획원, 1979년도 예산개요(서울: 경제기획원, 1979), p. 125.
27) 경제기획원, 1980년도 예산개요(서울: 경제기획원, 1980), p. 158.
28) 경제기획원, 1981년도 예산개요(서울: 경제기획원, 1981), pp. 132-133.

이러한 동력자원부예산의 추이를 <표 10-6>과 같이 상공부의 예산과 대비하여 볼 때 동력자원부예산의 규모를 짐작할 수 있으며 상공부에서 동력자원부가 분리되어 나올 수밖에 없었던 상황과 정책분할의 불가피성을 이해할 수 있을 것 같다.

## 4 실험대학개혁사업(부분적 종결)

### 1) 개 관

1973년부터 시작된 실험대학개혁사업은 광범위한 대학개혁사업이다. 실험대학으로 선정된 대학수가 많을 뿐만 아니라 개혁사업의 내용도 다기적이다. 1973년도에 도입된 제1차 개혁사업은 ① 졸업학점의 감축조정, ② 계열별입학, ③ 부전공제의 세 가지였으나 1974년도에 와서 제2차 개혁사업으로 ① 복수전공제, ② 학업성취능력에 따른 학점취득, ③ 계절학기제,④ 등록금제도의 개선이 추가되었다.[29]

주지하는 바와 같이 제2차 개혁사업은 비중이 비교적 낮은 사업들이며 제1차 개혁사업에 속하는 세 가지 사업이 중요성이 높은 사업들이다. 제1차 개혁사업 중 졸업학점의 감축이나 부전공제도 문제점이 없었던 것은 아니나 큰 저항없이 실천에 옮겨졌으며 지금까지 그대로 시행되고 있다.

### 2) 계열별입학

그러나 계열별입학에 대해서는 처음부터 많은 문제점이 지적되었는데 ① 입학 후 전공선택시의 인기학과에의 집중현상, ② 영세학과소속교수들의 저항, ③ 인력수급계획의 단기적 혼란, ④ 학생의 소속감문제, ⑤ 1학년 학생의 지도문제 등이 대표적인 것이라 하겠다.[30]

---

29) 강신택, 「실험대학개혁사업과 대학의 관리」, 행정논총, 제17권 제2호(1979), pp. 125-127.

30) 장기원, 대학교육발전을 위한 실험대학운영의 평가분석(서울대학교 행정대학원 석사학위논문, 1981), p. 110.

이 중에서 인력수급계획의 단기적 혼란도 중요한 문제라 하겠으나 계열별입학의 최대문제점은 인기학과에의 집중현상, 이에 따른 영세학과교수들의 저항, 1학년학생의 소속감문제와 이에 따른 학생지도의 어려움으로 요약할 수 있겠다.

이러한 경향을 더욱 조장한 것이 학문영역의 광역구분이라고 할 수 있다.[31] 서울대학교의 예를 든다면 사회계열 속에 사회과학대학의 전학과뿐만 아니라 법과대학, 경영대학, 농대 농경제학과까지 포함되었으며 자연계열 이공계에는 자연대학과 공과대학이 포함되었던 것이다.

광역구분에서 오는 문제점을 해결하기 위하여 서울대학교의 경우 1979학년도부터는 대학별모집으로 전환하게 되었다. 단과대학 간의 문제는 대학별모집으로 해결되었으나 각 단과대학 내에서의 과밀학과와 과소학과의 문제는 계속 남게 되었으며 영세학과교수들의 불만은 커지기만 했다.

이리하여 1982년도부터 계열별입학은 더욱 후퇴하여 단과대학 내 소계열별모집으로 전환하게 되었다. 서울대학교 인문대학은 인문1, 인문2, 인문3의 소계열로 분할해서 모집하게 되었으며 사회과학대학은 사회1, 사회2, 사회3과 심리학과, 지리학과, 사회복지학과로 세분하여 모집하게 되었다. 심리학과, 지리학과, 사회복지학과는 학과별모집으로 되돌아간 것이다.

단과대학 내 소계열별모집으로 과밀학과의 과소학과문제는 어느 정도 해결되었으나 1학년학생들의 소속감문제와 학생지도문제는 여전히 해결되지 못했다. 특히 대학 내 소요사건에 있어서 실정도 잘 모르는 1학년학생들

〈표 10-7〉 서울대학교의 계열별모집의 후퇴

| 학년도 | |
|---|---|
| 1974~1978 | 계열별모집(8개 계열별모집과 예술계 등의 비계열별) |
| 1979~1981 | 대학별모집(12개 대학) |
| 1982~1983 | 대학 내 소계열별모집 |
| 1984~ | 학과별모집 |

자료: 매년도 서울대학교 대학신입생모집요강에서 작성.

31) 강신택, 전게논문, p. 130.

의 참여가 높다는 문제가 지적되고 이의 해결을 위해서는 학과별모집으로 후퇴할 수밖에 없다는 주장이 강력하게 제기됨에 따라 1984년도부터는 서울대학교의 경우 학과별모집으로 완전히 환원되게 되었으며 이러한 현상은 다른 시험대학에서도 널리 찾아보게 되었다. 실험대학개혁사업의 부분적 종결이 발생하게 된 것이다.

### 3) 조직적 · 법률적 · 예산적 측면

계열별입학의 폐지로 인한 실험대학개혁사업의 부분적 종결은 위에서 고찰한 다른 정책승계의 경우와는 달리 조직적 · 법률적 · 예산적 측면에서 변동이 거의 없었다.

우선 조직적 측면에서 볼 때 계열별입학의 폐지는 실험대학개혁사업을 담당한 대학교육국의 조직에 아무런 변화를 주지 않았으며 실험대학개혁사업을 실천에 옮긴 대학측에서도 이렇다 할 변동이 없었다.

다음에 법률적 측면에서 본다면 계열별모집의 도입을 위해서는 대학학생정원령 제2조를 개정했으나 계열별모집의 폐지를 위해서는 학생정원령을 포함한 법령의 개정이 불필요했다.

끝으로 예산적 측면에서도 변동이 없었다. 실험대학개혁사업을 위한 연구비로 1972년부터 1977년에 이르는 6개년간에 2억 970만원의 지원이 있었으나[32] 이것은 실험대학개혁사업도입을 위한 재정지원이었으며 계열별모집의 폐지는 예산면에서 아무런 변동을 초래하지 않았던 것이다.

## 5 비교분석

우리는 위에서 한국의 정책승계의 사례로서 책임경영제의 도입, 건설교통부의 신설, 동력자원부의 신설 및 실험대학개혁사업을 살펴보았다. 이제 이 네 가지 사례를 간단히 비교해 보기로 한다.

---

32) 장기원, 전게논문, p. 114.

〈표 10-8〉 4개 사례의 비교

| | 조직적 측면 | 법률적 측면 | 예산적 측면 |
|---|---|---|---|
| 책임경영제의 도입 (선형적 승계) | 대폭적인 조직개편 | 법령의 제정·개정 매우 많음 | 변동크지 않음 |
| 건설교통부의 신설 (정책의 통합) | 조직개편 있 었 음 | 법령의 개정 있음 | 변 동 있었음 |
| 동자부의 신설 (정책의 분할) | 조직개편 있 었 음 | 법령의 개정 많음 | 다소변동 있었음 |
| 실험대학개혁사업 (부분적 종결) | 조직개편 있 었 음 | 법령의 개정 없음 | 변동없음 |

① 책임경영제의 도입은 비교적 대폭적인 조직개편을 가져왔을 뿐만 아니라 매우 많은 법령의 제정·개정을 수반했다. 그러나 예산적 측면에서는 변동이 크지 않았다.

② 정책통합의 예라 할 수 있는 건설교통부의 신설은 건설부와 교통부의 통합으로 이루어졌으며 법령의 개정이 있었고 앞으로도 법령의 개정이 많을 것이다. 예산면에서도 변동이 있었다.

③ 정책분할의 예인 동자부의 신설은 과거의 상공부의 동력개발국과 석탄국이 분리되어 나와 이루어진 것으로서 많은 법령의 개정을 수반했으며 예산적 측면에서도 다소의 변동이 있었다.

④ 부분적 종결의 예인 실험대학개혁사업은 조직적·법률적·예산적 측면에 있어서 이렇다 할 변동없이 여러 사업 중에서 비교적 비중이 높은 계열별모집을 폐지한 사례이다.

끝으로 지적할 것은 「사례연구의 역사성」이다. 이곳에서 고찰한 사례 중에는 건설교통부의 신설, 동자부의 신설과 같이 오늘날의 현실과 맞지 않는 것이 있으나 과거에 있었던 역사적 사실에 관한 사례연구이므로 그 존재가치가 있다고 생각하여 여기서 고찰하기로 한 것이다.

# 제 11 장 정책의 종결

## 제 1 절 정책종결의 의의

### 1 정책종결의 개념

#### 1) 정책종결개념의 다양성

정책종결에 관해서는 여러 사람이 여러 가지로 정의하고 있다. 브루어(Gary Brewer)는 「역기능적이거나 중복되거나 불필요한 정책과 프로그램을 정비하는 것」이라고 정의하고 있으며[1] 드레온(Peter deLeon)은 「특정한 정부기능 · 프로그램 · 정책 · 조직을 의도적으로 종식시키거나 중지시키는 것」이라고 정의하고 있다.[2] 「기존하는 정책의 의도적인 종식을 결정 · 집행하는 것」이라고 정의하는 사람도 있다.[3]

1) Gary A. Brewer, "Termination: Hard Choices-Harder Questions," *Public Administration Review*, July-August 1978, p. 338.
2) Peter deLeon, "Public Policy Termination: An End and a Beginning," *Policy Analysis*, Summer 1979, p. 370.
3) 허범, "정책종결의 본질과 전략," 사회과학(성대 사회과학연구소), 제17집(1979), p. 91.

### 2) 본서의 정의

우리는 드레온의 정의에 다소 수정을 가하여 「특정한 정책을 의도적으로 종식시키거나 중지시키는 것」이라고 정의하고자 한다.

#### (1) 의도적 조치

정책의 종결은 의도적 조치이다. 후술하는 조직의 침체는 외부적 요인 또는 내부적 요인으로 조직의 인력, 이윤, 예산, 고객 등이 감소하는 비의도적인 현상인데 대하여 정책의 종결은 정책을 의도적으로 종식시키거나 중지시키는 것이다.

#### (2) 정책의 종식 또는 중지

정책의 종결은 정책을 종식시키는 경우뿐만 아니라 정책을 중지시키는 경우도 포함한다.

우리나라의 고교생 교복폐지(자율화) 정책이 좋은 예이다. 1983년부터 고교생의 교복이 폐지되고 자율화를 허용했으나[4] 교복의 폐지가 부작용이 많다 하여 교복착용이 부활되었다. 다시 말해서 교복착용정책은 일시 중지되었다가 다시 부활되었는데 이 경우도 정책의 종결에 포함된다고 하겠다.

## 2 유사개념

정책종결의 개념을 분명히 하기 위하여 이와 유사한 개념 두 가지를 살펴보려고 한다.

### 1) 감축관리

감축관리를 「역기능적이거나 중복·과다하거나 불필요한 기능·기구·인력·정책 그리고 사업 등을 의식적으로 정비하는 결정과 집행을 의미한다」고 정의하는 사람이 있으나[5] 우리는 감축관리를 「자원소비를 낮추고

4) 유훈, 정책학원론[제3정증보판](서울: 법문사, 2002), p. 601.

조직활동을 줄이는 방향으로 조직의 변혁(organizational change)을 유도하는 것」이라고 정의한 바 있다.[6]

감축관리와 정책종결을 동일한 개념으로 보는 사람도 있으나 개념상 양자는 구별되어야 할 것으로 생각된다. 첫째로 드레온과 같이 정책의 종결을 기능, 조직, 정책, 사업의 종결을 포함하는 넓은 뜻으로 해석할 때에는 양자의 개념이 많이 접근하나[7] 일반적으로 정책을 기능, 조직, 사업까지를 포함하는 넓은 개념으로 보기는 어려우므로 양자를 동일한 개념이라고 하기에는 문제가 있다.

둘째로, 정책종결은 정책을 종식시키거나 중지시키는 것을 의미하는 데 대하여 감축관리는 기능·기구·인력·정책 등을 종식시키거나 폐지하는 것뿐만 아니라 규모를 줄이는 것까지 포함한다고 하겠다.

한마디로 말해서 감축관리는 정책종결보다 넓은 개념이라고 할 수 있다. 따라서 개념상 양자는 구별되어야 하나 감축관리에 적용되는 이론이 일반적으로 그대로 정책종결에도 적용될 수 있다고 하겠다.

### 2) 조직의 쇠퇴

조직론에서 말하는 조직의 쇠퇴(organizational decline)란 조직의 인력, 이윤, 예산, 고객 등의 규모를 감축하거나 조직이 침체하는 것을 말한다.[8] 한마디로 말해서 조직의 쇠퇴는 조직의 감축(cutback)과 침체(stagnation)를 포함하는 개념이라 할 수 있는데 조직의 침체는 반드시 수입의 감소를 수반하는 것이 아닌데 대하여 조직의 감축은 항상 수입의 감소를 초래한다.

이와 같이 조직의 쇠퇴를 볼 때 이는 정책의 종결보다 넓은 개념일 뿐만

5) 허범, "기본정책의 관점에서 본 한국행정의 감축관리," 김운태편, 한국정치행정의 체계(서울: 박영사, 1982), p. 282.
6) 유훈, "감축관리와 예산절감," 지방재정, 1983년 5월호, p. 17.
7) Peter deLeon, "A Theory of Policy Termination," in Judith May and Aaron Wildavsky(eds.) *The Policy Cycle*(Beverly Hills: Sage Publications, 1978), p. 283.
8) David Whetten, "Sources, Responses, and Effects of Organizational Decline," in John R. Kimberly, Robert H. Miles, and Associates, *The Organizational Life Cycle* (San Francisco: Jossey-Bass, 1980), pp. 345-346.

아니라 감축관리보다도 광범위한 개념이라 할 수 있다. 위에서 말한 조직의 감축은 감축관리와 유사한 개념으로서 의도적으로 조직의 인력, 이윤, 예산, 고객 등을 줄이는 것인데 대하여 조직의 침체는 비의도적인 현상이라 할 수 있다.

## 제 2 절 정책종결의 연구

### 1 연구의 개관

정책연구에 종사하는 사람들이 정책과정에 관해서 여러 가지 견해를 제시해 왔으나 1970년대 전반까지는 라스웰(Harold D. Lasswell)을 제외하고는 정책의 종결단계에 대하여 언급한 사람은 별로 많지 않았으며,9) 정책의 종결에 관한 논문이나 저서도 희귀했다. 그러나 1970년대 후반부터 정책의 종결에 관한 연구에 관심을 표명하는 학자들이 늘어나기 시작했으며 이에 관한 논문이나 저서도 속출하고 있다.

이러한 정책종결에 관한 연구는 한때 감축관리(cutback management)나 조직의 쇠퇴(organizational decline)에 관한 연구와 보조를 같이했으나 최근에 와서는 정부부문의 구조조정, 민영화, 규제완화 등과 관련을 가지고 있다.

### 2 두 번의 심포지엄

전술한 바와 같이 정책종결에 관한 논문들이 1970년대 후반부터 발표되

9) Harold D. Lasswell, *The Decision Process: Seven Categories of Functional Analysis*(College Park: University of Maryland, 1956), p. 2.

기 시작하였는데 정책종결에 관한 연구에 많은 공헌을 한 것으로서 학술지에 게재된 두 번의 symposium을 들 수 있다.

### 1) 1976년의 심포지엄

1976년 6월호 Policy Sciences에 게재된 정책종결에 관한 symposium은 정책종결연구에 큰 자극제가 되었다. 바다크(Eugene Bardach)[10]와 빌러(Robert Biller)[11]의 논문을 제외하고는 사례연구 일색이라 할 수 있는 이 symposium은 이후의 정책종결연구자에 의하여 수없이 많이 인용되었으며 정책종결연구의 필요성을 일깨워 주는 데 큰 역할을 담당했다고 할 수 있겠다.

### 2) 1997년의 심포지엄

1997년 제12호의 International Journal of Public Administration도 학술지로서는 20여년만에 정책종결에 관한 symposium을 게재했다. 근래에 와서 정부부문의 구조조정이나 규제완화·민영화 등으로 정책종결에 관한 관심이 다시 높아졌기 때문이라 생각된다.

다니엘즈(Mark Daniels)의 서론[12]과 드레온의 결론[13]을 제외하고는 5편의 사례연구가 대종을 이루고 있다고 하겠다. 베스트(Samuel Best) 등은 주간상업위원회(ICC) 폐지의 가능성을 검토하고 있으며,[14] 프란츠(Janet Frantz)는 정책종결이 많은 대가를 지불해야 한다는 것을 강조하고 있으나

---

10) Eugene Bardach, "Policy Termination as a Political Process," *Policy Sciences*, June 1976, pp. 123-131.

11) Robert P. Biller, "On Tolerating Policy and Organizational Termination: Some Design Considerations," *Policy Sciences*, June 1976, pp. 133-149.

12) Mark R. Daniels, "Introduction to Symposium on Public Policy and Organization Termination," *International Journal of Public Administration*, No. 12, 1997, pp. 2043-2066.

13) Peter deLeon, "Afterwords: The Once and Future State of Policy Termination," *International Journal of Public Administration*, No. 12, 1997, pp. 2195-2211.

14) Samuel Best, Paul Teske and Michal Mintrom, "Terminating the Oldest Living Regulator: The Death of the Interstate Commerce Commission," *International Journal of Public Administration*, No. 12, 1997, pp. 2067-2095.

선원보건제도의 종결을 고찰하고 있다.[15] 그린우드(Justin Greenwood)는 정책의 종결과 승계가 다른 개념이라는 것을 주장하고 있으나 영국의 ILEA의 폐지에 관해서 많이 고찰하고 있다.[16] 해리스(Michael Harris)는 정책종결에 있어서 이데올로기적인 측면이 중요한 역할을 담당한다는 것을 강조하고 있으나 이스라엘의 기브츠(Kibbtz)가 폐지되지 않는 이유를 이데올로기적인 측면에서 고찰하고 있다.[17] 끝으로 노리스-티렐(Doroth Norris-Tirrell)은 비영리단체폐지를 검토하고 있으나 이 역시 아동재활서비스에 관한 사례연구이다.[18]

## 3 이론정립을 위한 시도

두 번에 걸친 심포지엄뿐만 아니라 정책종결에 관한 연구도 다른 많은 정책연구와 같이 일반적으로 사례연구가 많으나 이러한 사례연구를 토대로 정책종결에 관한 이론을 정립하려는 시도도 있었다.

### 1) 카우프만의 조직종결연구

정책종결에 관한 연구는 아니지만 정책종결연구에 많은 영향을 미친 것으로서 카우프만(Herbert Kaufman)의 조직종결(소멸)연구를 들 수 있다.

카우프만은 1976년에 발간된 그의 저서를 통하여 미연방정부의 421개 기관을 연구한 결과 1923년부터 1970년대 중반에 이르는 기간 중 소멸한 기관은 27개(15%)에 불과하다는 사실을 소개하고 정부의 조직이나 정책의

15) Janet E. Franz, "The High Cost of Policy Termination," *International Journal of Public Administration*, No. 12, 1997, pp. 2097-2120.

16) Justin Greenwood, "The Succession of Policy Termination," *International Journal of Public Administration*, No. 12, 1997, pp. 2121-2150.

17) Michael Harris, "Policy Termination: Uncovering the Ideological Dimension," *International Journal of Public Administration*, pp. 2151-2176.

18) Dorothy Norris-Tirrell, "Organization Termination in the Nonprofit Setting: The Dissolution of Children's Rehabilitation Services," *International Journal of Public Administration*, No. 12, 1997, pp. 2177-2194.

종결이 얼마나 어렵다는 것을 시사한 바 있다. 카우프만은 이어서 민간조직의 소멸률을 검토한 결과 동일한 50년간에 민간조직의 소멸률은 정부조직의 2배에 달한다는 사실을 발견했다.[19)]

1976년 저서의 속편이라 할 수 있는 1987년의 저서에서 카우프만은 정부조직의 퇴출이 어렵다는 종전의 주장을 이어가고 있다. 이 책에서 그는 조직의 발전이 일종의 진화(evolution)라는 주장을 펴고 있다. 조직이 퇴출되는 것은 체제유지의 실패에 원인이 있다고 본다. 다시 말해서 조직이 새로운 환경조건에 적응하지 못하는 데 그 원인이 있다는 것이다.[20)]

### 2) 드레온의 정책종결연구

후술하는 벤(Robert Behn)과 함께 정책종결연구에 가장 깊숙이 관여한 사람은 드레온이라 하겠다. 드레온은 1978년에 발표한 "정책종결의 이론"이란 논문에서 정책종결의 개념·유형을 위시하여 정책종결의 저해요인과 전략에 이르기까지 광범위하게 정책종결을 다루었으며[21)] 1983년의 "정책평가와 프로그램종결"에서는 정책종결의 요인도 검토하고 있다.[22)]

### 3) 벤의 정책종결전략

전술한 바와 같이 벤도 드레온과 함께 정책종결에 관한 많은 논문을 발표했다. 특히 1978년의 "정책종결의 방법"이라는 논문은 정책종결의 전략을 상세하게 다룬 것으로서 후학들에 의하여 많이 인용되는 논문이다.[23)]

---

19) Herbert Kaufman, *Are Government Organization Immortal*?(Washington, D. C.: Brookings Institution, 1976).

20) Herbert Kaufman, *Time, Chance and Organizations: Natural Selection in a Perilous Environment*(Chatham: Chatham House, 1987).

21) deLeon, "A Theory of Policy Termination," pp. 279-300.

22) Peter deLeon, "Policy Evaluation and Program Termination," *Policy Studies Review*, May 1983, pp. 631-647.

23) Robert D. Behn, "How to Terminate a Public Policy: A Dozen Hints for the Would-be Terminator," *Policy Analysis*, Summer 1978, pp. 394-397.

#### 4) 다니엘즈의 『공공사업의 종결』

정책종결에 관한 1997년의 심포지엄을 편집한 다니엘즈는 같은 해에 『공공사업의 종결』이라는 저서를 출간했다.

정책·조직의 종결을 개관한 후 다니엘즈는 종결에 관한 문헌을 상세히 고찰하고 지금까지의 종결연구의 특징을 몇 가지로 나누어서 서술하고 있다.[24]

## 제 3 절 정책종결의 특징과 종결요인

### 1 정책종결의 특징

정책종결에 관한 이론정립을 시도한 벤이나 드레온의 뒤를 이어서 최근 다니엘즈도 많은 사례연구의 결과를 토대로 정책종결의 특징으로서 다음의 몇 가지를 제시하였다.[25]

#### 1) 예산 외의 요인

경제적·재정적 요인으로 종결되는 정책이 없는 것은 아니나 많은 경우 정책은 다른 요인으로 인하여 종결된다는 것이 다니엘즈의 주장이다. 대부분의 경우 정책의 종결은 예산의 절감을 가져오는 것이 아니며 적어도 단기적으로는 예산의 팽창을 가져온다는 것이다.

설사 예산의 절감이 정책종결의 동기라 하더라도 그것만으로는 정책의 종결이 이루어지기 어려운 것이 일반적인 현상이라 하겠다.

#### 2) 종결에 대한 정치적 저항

다니엘즈는 정책종결이란 반대세력의 저항으로 이루어지기가 어려우며

24) Mark R. Daniels, *Terminating Public Programs*(Armonk: M. E. Sharpe, 1997).
25) *Ibid.*, pp. 69-80.

정치적 요인의 지배를 크게 받는다고 주장한다. 미국공군당국이 B-1폭격기의 성능에 대해서 회의를 표명한 후에도 B-1폭격기의 제조가 종결되지 않은 것은 하청업자들과 그들을 옹호하는 국회의원들의 저항에 그 원인이 있다고 하겠다. 미해군은 기지폐쇄의 위험에 직면하면 그 지방의 노동조합, 관련기업, 그 지방출신 국회의원 등을 동원하여 기지폐쇄를 반대하는 경우가 많다고 한다.[26]

### 3) 반대세력 무마의 필요성

정책종결을 이룩하기 위해서는 반대세력의 무마가 필요한 경우가 많은데 흔히 사용하는 방법은 코푸테이션(cooptation)이다. Massachusetts의 주립직업훈련학교를 폐교하려는 노력이 직원들의 거센 반대에 직면하자 학교는 폐쇄하되 직원들은 해임하지 않았다고 한다.[27]

우리나라 야간통행금지폐지의 경우 국방상 이유로 국방당국의 저항이 있자 전방접적지역과 해안지대는 통금해제에서 제외함으로써 반대세력을 무마했다고 할 수 있겠다.

### 4) 이념적 요인의 중요성

정책종결의 실현 또는 좌절에 있어서 이념적 요인이 중요한 역할을 한다. 1970년대 후반에 시작된 공기업의 민영화는 영국 보수당의 집권과 레이건 행정부의 등장으로 인한 정치의 보수화 회귀에 그 원인이 있다고 하겠다.

우리나라 제1공화국의 북진통일정책과 같은 비현실적인 정책이 10여년 이상 종결되지 않고 지속된 이유도 이념적인 요인에서 찾을 수 있다고 하겠다.

후술하는 바와 같이 이스라엘의 기브츠(Kibbtz)는 1980년대 후반부터 적자운영을 면치 못했으며 경제적인 관점에서 볼 때 더 이상 유지할 이유가 없었으나 이념적인 요인으로 폐지되지 않고 있다는 것이 해리스의 주장이

---

26) deLeon, "Public Policy Termination," p. 384.

27) Robert D. Behn. "Closing the Massachusetts Public Training Schools," *Policy Sciences*, June 1976, pp. 151-171.

다.[28]

### 5) 부활의 가능성

정책종결의 실현이나 좌절이 정치적 요인이나 이념적 요인의 영향을 많이 받는 까닭에 한번 종결되었던 정책이 부활하는 경우가 있다.

미국의 B-1폭격기가 좋은 예인데 그 유효성이 문제되어 한때 제조가 중단되었던 B-1폭격기가 다시 살아나 규모는 줄어들었으나 다시 제조를 시작했던 것이다. 종결된 정책이 되살아난 사례는 그린우드,[29] 슐스키(Abram Shulsky),[30] 월러스타인(Mitchel Wallerstein) 등의 글에서도 찾아볼 수 있다.[31]

우리나라의 토지공개념정책의 경우 1998년에 종결되었으나 경기의 회복으로 토지투기가 되살아나고 지가가 다시 앙등하는 경우 부활할 가능성이 있다고 하겠다.

### 6) 예측의 곤란

정책의 종결은 이루어지기가 어려울 뿐만 아니라 종결 여부나 종결의 시기를 예측하기 어렵다는 것이 다니엘즈의 주장이다. 베스트 등은 미연방정부 독립규제위원회 중 가장 긴 역사를 자랑하는 주간상업위원회(Interstate Commerce Commission)가 폐지될 것이 예측되나 언제 폐지될 것인지 단언하기가 어렵다고 주장하고 있다.

이것은 어느 나라에서나 찾아볼 수 있는 현상이나 특히 다수의 거부권행사기관(veto points)을 보유하고 있는 미국과 같은 국가에서 더욱 두드러지게 나타나는 현상이라 하겠다.

---

28) Harris, *op. cit.*, pp. 2155-2158.

29) Greenwood, *op. cit.*, pp. 2121-2150.

30) Abram N. Shulsky, “Abolishing the District of Columbia Motor Cycle Squad,” *Policy Sciences*, June 1976, pp. 173-182.

31) Mitchel B. Wallerstein, “Terminating Entitlements: Veterans' Disability Benefits in the Depression,” *Policy Sciences*, June 1976, pp. 173-182.

## 2 정책종결의 요인

정책의 종결을 가져오는 요인으로서 여러 가지를 들 수 있다. 필자는 다른 곳에서 휏텐(David Whetten)의 조직쇠퇴의 원인을 원용하여 정책종결의 원인을 검토한 바 있으나[32] 이곳에서는 드레온과 다니엘즈의 견해를 빌어 정책종결의 요인을 살펴보고자 한다.

### 1) 경제적 · 재정적 요인

정책종결을 가져오는 요인으로서 경제적 · 재정적 요인을 들 수 있다. 다니엘즈는 정치적 요인의 중요성을 강조하고 경제적 · 재정적 요인을 덜 중요시하나 근래에 와서 정책종결이 다시 많은 사람들의 관심을 모은 이유를 경제적 · 재정적 요인에서 찾아야 할 것 같다.[33]

후술하는 바와 같이 우리나라에서 통일벼장려정책이 종결될 수밖에 없었던 것은 국민의 양질미 선호성향으로 통일벼의 재고가 늘어나고 양곡관리기금의 결손이 연간(1993년) 1조 8,389억원에 달한데 그 원인이 있었다고 하겠다.

### 2) 능률성의 제고

능률성의 제고를 위하여 정책이 종결되는 경우를 많이 찾아볼 수 있다. 맥나마라 국방장관이 Skybolt미사일 프로그램을 종결한 것은 이보다 더 능률적인 대안이 있다고 확신한 까닭이라고 하겠다.[34]

최근 각국에서 일몰법이나 일몰규정에 의하여 조직이나 정책이 폐지되는 이유는 대부분 능률성의 제고에서 찾을 수 있다.[35]

---

32) 유훈, "정책의 종결," 행정논총 제22권 제1호(1984), pp. 56-70.

33) Elizabeth Graddy and Ke Ye, "When Do We 'Just Say No'? Policy Termination Decisions in Local Hospital Services," *Policy Studies Journal*, May 2008, p. 22.

34) A. C. Enthoven and K. W. Smith, *How Much is Enough*?(New York: Harper and Row, 1971).

### 3) 정치적 및 이데올로기적 요인

정치적 요인과 이데올로기적인 요인으로 정책이 종결되거나 종결되어야 할 정책이 종결되지 않는 경우를 흔히 볼 수 있다. 닉슨대통령이 경제기회청(Office of Economic Opportunity)을 폐지한 이유를 정치적 이데올로기에서 찾을 수 있으며[36] 경제적 관점에서 볼 때 마땅히 폐지되어야 할 이스라엘의 기브츠(Kibbtz)가 폐지되지 않은 이유도 이데올로기적인 측면에서 찾을 수 있다.[37] 후술하는 바와 같이 우리나라에서 야간통행금지가 폐지된 이유는 다른 그 무엇보다도 정치적 요인에서 찾을 수 있다고 하겠다.

### 4) 행태이론의 변화

드레온이 제시한 상술한 세 가지 요인 외에 다니엘즈는 정책종결의 또 하나의 요인으로 행태이론의 변화를 들고 있다.

과거에는 정신병환자는 정신병원에 격리시켜 치료하는 것이 정상이라고 생각했으나 1950년대에 개발된 행태이론에 의하여 격리수용치료보다는 지역사회에 기초를 둔 치료방법(Community-Based Treatment)이 바람직하다는 것이 정설로 등장하였다. 이리하여 미국의 많은 주에서는 정신병원이 폐쇄되기에 이르렀다는 것이다.[38]

### 5) 실현가능성

실험적인 성격(trial-type)의 정책에서 볼 수 있는 현상인데 사회문제의 성격상 정책집행과정에서 예기치 않았던 난관에 봉착하게 되어 정책의 실현가능성에 의문이 제기되었을 때 정책의 종결이 일어나게 된다.

실험적인 정책이 많은 것은 아니나 1960년대 미국의 존슨 대통령이 추진

---

35) Richard K. Kearney, "Sunset: A Survey and Analysis of the State Experience," *Public Administration Review*, January-February 1990, pp. 49-57.

36) Daniels, "Introduction," p. 2046.

37) Harris, *op. cit.*, p. 2170.

38) Valerie J. Bradley, "Policy Termination in Mental Health: The Hidden Agenda," *Policy Sciences*, June 1976, pp. 215-224.

한 빈곤, 소년범죄, 실업, 도시문제, 인종차별, 남녀차별 등에 관련된 정책 중에는 이러한 성격의 정책들이 있었다.

우리나라의 토지공개념정책도 이 유형에 속한다고 볼 수 있을 것이다. 사람에 따라 견해가 다르겠으나 토지공개념정책의 종결을 이러한 관점에서 볼 수도 있을 것이다.

## 제 4 절 정책종결의 전략과 효율적 종결

### 1 정책종결의 전략

광의의 정책종결의 전략은 두 가지로 나누어서 생각할 수 있다. 첫째는 전술한 바와 같이 정책의 종결을 저해하는 요인이 많으므로 역기능적이거나 불필요한 정책이라 할지라도 이를 종결하기는 용이하지 않다. 따라서 이러한 난관을 극복하고 어떻게 정책의 종결을 이룩하느냐 하는 것은 간단한 문제가 아니다. 둘째는 일단 정책의 종결이 결정된 후에 끝맺음을 어떻게 하느냐 하는 문제로서 프로젝트관리(project management)의 연구자들이 관심을 두고 있는 사항이라 하겠다. 우리는 첫째 문제를 이곳에서 다루고 둘째 문제는 다음 항에서 고찰하기로 한다.

불필요한 정책을 어떻게 종결하며 정책종결의 전략이 무엇이냐에 관해서 연구가 많은 것 같지 않다. 우리는 이곳에서 벤의 견해를 중심으로 정책종결의 전략을 검토하기로 한다.

#### 1) 관측기구의 배격

정책에 대한 관련자들의 찬반을 묻는 예고제는 새로운 정책의 채택을 위해서는 필요한 조치일는지 모른다. 새로운 정책의 장단점에 관해서 관련자뿐 아니라 일반대중의 견해를 듣고, 문제가 많으며 반대가 거세다고 생각할 때에는 조용히 철회함으로써 정책결정자들에게 곤혹을 면케 하는 이점이 있다.

그러나 기존정책의 종결에 관해서는 이러한 예고제가 불필요한 저항만 강화시킨다는 이유로 벤은 반대하고 있다. 기존정책의 수혜자나 이념적으로 이를 지지하는 사람들은 잘 조직되어 있으므로 즉시 많은 사람들을 동원하여 정책의 종결을 강력하게 반대할 것이나 특정한 정책의 종결에 찬성하는 사람들은 특별한 경우를 제외하고는 조직적인 활동을 펴기가 어렵다는 것이다.

이와 관련된 문제로서 누설의 방지를 들 수 있겠다. 특정한 정책의 종결을 발표하기 위하여서는 종결의 필요성이나 이유에 대한 충분하고 완전한 준비가 이루어져야 한다는 것이다. 이러한 준비없이 조기에 정책의 종결이 누설되는 경우에는 예고제의 경우와 같은 결과가 초래된다고 말하고 있다.[39]

### 2) 동조세력의 확대

정책의 종결을 이룩하기 위해서는 특정정책의 종결에 동조하는 세력의 확대를 꾀하는 것이 필요하다고 벤은 주장한다. 특별한 경우를 제외하고는 일반대중이 특정한 정책의 종결에 관심을 가지기는 어려우나 정책의 종결 여부는 관심을 가지는 대중(attentive public)에 의하여 결정되는 것이 보통이다. 따라서 정책의 종결에 반대하는 세력에 대항하기 위해서는 정책종결의 동조세력을 확대하는 것이 필요하다는 것이다.

Massachusetts의 주립직업훈련학교를 폐교하려는 노력이 반대세력의 강력한 저지로 난관에 직면하자 주정부 관계국장은 이 직업훈련학교에서 소년들을 어떻게 학대하고 있다는 사실을 폭로하여 다수의 진보적인 이익단체의 동조를 얻어 반대세력을 궁지에 몰아넣어 이 학교의 폐교를 이룩할 수 있었다고 한다.[40]

---

39) Behn, "How to Terminate a Public Policy," pp. 394-397.
40) *Ibid.*, pp. 397-398.

### 3) 정책의 해독의 노정

특정한 정책의 종결에 동조하는 세력을 구축하고 확대해 가기 위해서는 그 정책의 해독을 노정시키고 주의를 환기시키는 것이 무엇보다 필요하다고 하겠다.

비능률적·비효율적이며 낙후적이고 중복된 정책을 종결시키는 일은 동조세력을 얻기가 용이하지 않다. 그러나 해독을 끼치는 정책의 종결은 동조세력을 확보하기가 쉽다는 것이다. Massachusetts주의 직업훈련학교가 얼마나 시설이 나쁘며 훈련생들에게 얼마나 큰 해독을 끼치고 있는가를 널리 홍보한 결과, 이 직업훈련학교의 폐쇄에 동조하는 세력을 확보할 수 있었다는 것이다.

비효과적인 정책은 수정될 수 있으며 비능률적인 정책은 활성화될 수 있다. 낙후된 정책은 근대화될 수 있으며 중복된 정책은 병합이 가능하다. 이러한 정책들의 결함을 시정하기 위한 방안에는 여러 가지가 있다. 개선된 관리방법, 새로운 접근방법, 훈련된 인력의 배치, 보다 철저한 감독, 예산지원의 확대 등이 활용될 수 있다. 그러나 해독을 끼치는 정책은 종결만이 유일한 해결책이라는 것이다.

### 4) 타협의 배격

특정한 정책의 해독이 제시된다 하더라도 모든 관계자가 해독에 대해서 합의에 도달하기는 어렵다. 그러한 해독이 그 정책이 가져다주는 보다 큰 혜택의 대가라고 생각될 수 있는가 하면 특정한 정책의 혜택을 유지하고 해독을 제거하기 위하여 정책의 수정으로 족하며 정책의 종결에까지 이를 필요가 없다는 주장도 나올 수 있다.

모든 정책적 갈등에서 볼 수 있는 바와 같이 정책의 종결을 위한 투쟁에 있어서도 타협이란 많은 경우 생존을 위한 전술로 사용된다.[41] 따라서 정

41) Simon, Smithburg and Thompson은 행정기관이 사용하는 생존을 위한 전술로서 ① 외부조직의 지원의 활용, ② 입법부의 지원의 획득, ③ 상급자 기타 prestige가 있는 인사의 활용, ④ 대중의 지지획득, ⑤ 타협의 다섯 가지를 들고 있다[Herbert A. Simon, Donald W. Smithburg, and Victor A. Thompson, *Public Administration*(New York:

책의 종결을 이룩하기 위해서는 타협을 배격해야 한다는 것이 벤의 주장이다.

해독을 끼치는 정책의 종결을 위하여 타협을 배격하는 것이 얼마나 중요한가는 「국민방위군」의 폐지에 있어서도 찾아볼 수 있다. 제2국민역 해당자인 만 17세 이상 40세 미만의 장정으로 국민방위군을 집단이송 수용할 때 간부들에 의한 국고금과 물자의 착복으로 다수의 병사자를 낸 국민방위군사건이 터지자 국회에서 국민방위군의 폐지가 논의되었다. 국민방위군설치에 관한 법률폐지에 관한 법률안이 상정되자 방위군의 과오를 부인하는 것은 아니나 방위군의 전공(戰功)을 전연 무시할 수도 없을 뿐만 아니라 후방병력의 확보가 중요한 때이니만큼 방위군을 폐지하지 말고 대안을 마련하자는 타협안이 제시되었던 것이다. 그러나 방위군폐지론자들은 이러한 타협안을 배격하여 방위군의 폐지를 관철하였다.[42]

### 5) 종결담당자로서 외부인사의 기용

정책의 종결은 용이하게 이루어지는 것이 아니다. 정책의 해독을 널리 알리고 종결의 동조세력을 규합할 사람이 필요한데 이러한 종결담당자는 내부인사보다 외부인사가 적격인 경우가 많다. 바다크가 지적한 바와 같이 관리자의 경질이 종결을 촉진하는 경우가 많은 것이다. 외부인사가 종결담당자로서 기용된 예로서 미국 경제기회처(OEO)의 처장서리로 임명된 필립스(Howard Phillips)를 들 수 있다. OEO를 해체하기 위하여 1973년 1월에 취임한 필립스는 많은 내부인사들을 해임하고 외부에서 사람들을 대폭 기용하여 OEO의 폐지를 수행했다고 한다.

외부인사들은 인기가 없는 발언을 하기가 용이하며, 내리기 어려운 지시를 하달하여 정책의 종결을 이룩할 수 있다는 것이다.[43]

---

Knopf, 1950), Chapter 19].

42) 국회사무처, 국회사 제1권(서울: 국회사무처, 1971), pp. 427-428.

43) Behn, "How to Terminate a Public Policy," pp. 402-403.

### 6) 입법부와의 관계

정책의 종결은 다음과 같은 이유로 입법부가 주도할 수 없으며 행정부에서 주도권을 쥘 수밖에 없다. 첫째로 정책의 종결에 관한 안건은 관계상임위원회나 예산결산위원회의 표결에 부쳐질 가능성이 많은데 이러한 위원회의 유력한 위원은 종결의 대상이 되는 정책의 제안자인 경우가 많다. 둘째로 입법부는 본질적으로 타협이 체질화되어 있는 조직이다. 따라서 어떤 정책의 종결에 관한 안건이 상정되면 정책의 종결보다는 정책의 수정, 조직의 개편이 이루어질 가능성이 더 크다는 것이다.

이러한 이유로 입법부의 유력한 지도자의 비공식적인 승인이 정책의 종결에 관해서 입법부로부터 얻을 수 있는 최선의 지원이라는 것이다. 전술한 바 있는 Massachusetts의 직업훈련학교의 폐쇄에 있어서는 주하원의장의 비공식적인 양해를 얻었던 것이다.[44)]

### 7) 단기적 대가의 지불

경우에 따라서는 정책을 종결하는 것이 계속하는 것보다 더 많은 경비를 소요로 한다. 그러나 바람직하지 못한 정책을 종결시키기 위해서는 이러한 단기적 대가를 지불할 필요가 있다. 미해군은 1977년 워싱턴에 있는 해군전자체계엔지니어링센터(Naval Electronic Systems Engineering Center)를 폐지함으로써 연간 45만달러의 인건비와 4만 7천달러의 부대경비를 절약하게 되었는데 이 센터를 폐지하는 데 소요된 경비는 81만 8천달러였다고 한다.

이와 같이 정책의 종결은 퇴직금의 지급, 대체정책소요경비 등으로 단기적인 절약을 위한 방안으로서는 실효가 없을는지 모르나 장기적인 안목에서 보아야 한다는 것이다.[45)]

---

44) Robert D. Behn, "Closing a Government Facility," *Public Administration Review*, July-August 1978, pp. 334-335.
45) Behn, "How to Terminate a Public Policy," pp. 406-407.

### 8) 정책수익자에의 대가제공

정책의 종결로 피해를 입는 공무원이나 수익자를 완전히 무마한다는 것은 불가능한 일이나 일부의 피해는 퇴직금 등으로 그들이 입는 피해를 어느 정도 감소시킬 수는 있을 것이다.

우선 그 정책의 집행을 담당하던 공무원들에게는 퇴직금을 주거나 새로운 보직을 줄 수 있을 것이다. 이것만 가지고서는 그들의 피해를 완전히 보상하기는 어렵다고 하더라도 공무원들의 문제는 그렇게 심각한 것이 아니다. 보다 어려운 문제는 그 정책의 수익자들을 어떻게 무마하느냐 하는 것이다. 대부분의 경우 수익자들은 정책의 종결을 차별대우로 본다. 따라서 금전적인 보상에 의한 무마란 불가능한 것이다. 그러나 특정한 정책의 종결이 타당성이 높은 경우 수익자들이 보상금을 받아들일 가능성이 높다. 뿐만 아니라 이러한 보상금의 지급은 일반대중에게 특정한 정책의 종결이 차별대우가 아니라는 인상도 줄 것이다.[46]

### 9) 종결이 아니라 채택의 제창

전술한 바와 같이 종결은 부정적인 함축을 지니고 있는 까닭에 정치지도자들은 정책의 종결을 원치 않는다. 따라서 A라는 정책을 종결시키는 것이 B라는 정책 채택의 전제조건이라면 A정책의 종결을 내세우는 것보다 B정책의 채택을 앞세우는 것이 바람직하다는 것이다.

대부분의 정책의 쇄신은 여러 가지 측면을 지니고 있으므로 어떤 정책의 변경이건 가장 정치적 지원을 많이 받을 수 있는 측면을 내세우는 것이 바람직하다는 것이 벤의 주장이다.[47]

### 10) 종결목표의 한정

특정한 정책의 종결은 종결담당자(terminator)의 동기 여하에 따라 여러 가지 목표가 있을 수 있다. 해독을 끼치는 정책인 까닭에 종결시키기를 원

---

46) *Ibid.*, p. 407.
47) *Ibid.*, pp. 408-409.

하는 경우가 있는가 하면 비능률적이며 효과성이 낮은 까닭에 종결시키기를 원하는 경우도 있을 것이다. 개혁자들은 보다 나은 정책을 도입하기 위하여 낙후된 정책을 종식시키기를 원하기도 한다.

정책을 종결시킬 때에는 가급적 목표를 한정시키는 것이 반대세력을 최소한으로 줄이므로 정책종결을 달성하는 데 도움이 된다. 밀러(Miller)국장이 Massachusetts주의 직업훈련학교를 폐쇄함에 있어서 그의 목표는 소년범을 주정부가 운영하는 기관에 감금하는 제도를 폐지하는 데 있었다. 이리하여 밀러국장은 직업훈련학교를 폐쇄했으나 그 학교의 직원들을 일시에 해임하거나 전보시키지는 않았다. 학교가 폐쇄된 지 3년이 지난 후에도 이 학교에 「근무」하는 직원이 일부 남아 있었다고 한다. 이렇게 함으로써 직업훈련학교의 폐쇄에 대한 직원들의 반대를 무마할 수 있었던 것이다.

「정책」과 그 정책을 담당하는 「기관」을 구별할 필요가 있다. 「정책의 종결」을 이룩하고자 할 때에는 목표가 무엇인지 명확히 할 필요가 있다. 해독을 끼치거나 개혁될 필요가 있어서 「정책」을 종결하고자 하느냐 그렇지 않으면 지나치게 비경제적이어서 「기관」을 폐지하고자 하느냐를 분명히 할 필요가 있다는 것이다. 정책은 종결하나 기관은 존치할 수 있다. 반대로 기관을 폐지하고 정책의 집행을 딴 기관으로 이관할 수 있다. 정책종결의 추진자들은 반대세력을 줄이고 그들의 노력을 집중하기 위하여 목표가 무엇인가를 분명히 하고 가급적이면 목표를 한정할 필요가 있다는 것이다.[48)]

## 2 정책의 효율적 종결

우리는 위에서 정책종결의 반대세력을 극복하고 정책의 종결을 이룩하기 위해서 어떠한 전략이 필요한가를 살펴보았다. 이곳에서는 정책종결이 결정된 후에 정책을 효율적으로 종결시키기 위해서 어떠한 조치가 필요한가를 살펴보기로 한다.

---

48) *Ibid.*, pp. 409-419; Behn, “Closing a Government Facility,” pp. 335-336.

### 1) 문제의 분류

스파이러(Herbert Spirer)는 프로젝트관리의 관점에서 정책의 종결에 따르는 문제를 크게 정서적 측면과 지적인 측면으로 나누고 정서적인 측면을 다시 종사자의 문제와 수익자의 문제로 구분하며, 지적인 측면(세부적 문제)은 대내적 문제와 대외적 문제로 나누고 있다.[49]

<table>
<tr><td rowspan="4">정책종결에 수반되는 문제</td><td rowspan="2">정서적 문제</td><td>종사자의 문제</td></tr>
<tr><td>수익자의 문제</td></tr>
<tr><td rowspan="2">지적 문제</td><td>대내적 문제</td></tr>
<tr><td>대외적 문제</td></tr>
</table>

### 2) 종사자의 정서적 문제의 처리

전술한 바와 같이 정책종결에 따른 정서적 문제는 종사자의 문제와 수익자의 문제로 나눌 수 있는데 이곳에서는 종사자의 문제를 다루고 수익자의 문제는 다음 항에서 검토하기로 한다.

정책의 종결이 결정된 후라 할지라도 정책집행의 관리자의 종사자들에 대한 권한에는 변동이 없다. 다만 상황의 변동에 적절히 적응만 하면 된다. 정책종결과 관련된 종사자의 정서적 문제는 미래에 대한 불안, 집단의식의 상실, 업무수행에 대한 흥미의 상실, 재배치의 문제 등이라 하겠다. 이에 대처하기 위해서는 다음과 같은 조치가 강구되어야 한다.[50]

#### (1) 목표의 확립

정책의 종결 자체가 하나의 독립된 프로젝트라는 것을 분명히 할 필요가 있다. 정책의 종결을 위한 작업에 프로젝트명을 부여하는 관리자도 있다. 종결작업에 착수할 때 직원회의를 개최하여 질서있는 종결이라는 목표를 분명히 해두는 것이 필요하다.

---

49) Herbert F. Spirer, "Phasing Out the Project," in David Cleveland and William R, King(eds.), *Project Management Handbook*(New York: Van Nostrand, 1983), p. 248.

50) *Ibid.*, pp. 250-253.

(2) 일체감의 부여

정책의 종결을 담당하는 팀에게 일체감을 부여하는 조치가 필요하다. 인원이 많은 때에는 뉴스레터(newsletter) 등의 발간 등도 바람직할는지 모른다는 것이 스파이러의 주장이다.

(3) 빈번한 회합의 개최

원활한 커뮤니케이션과 일체감의 부여 등을 위하여 빈번하게 회합을 가지는 것이 필요하다. 장시간에 걸친 공식적인 회의보다는 비공식적이고 짧은 회합을 빈번하게 개최하는 것이 바람직하다.

(4) 관리자의 순시

정책의 종결작업에 종사하는 모든 직원을 한자리에 모으는 일이 불가능한 경우가 많다. 사무실이 여러 곳에 분산되어 있거나 작업관계로 동시에 집합하기가 어려운 경우 등이 있으므로 관리자가 직접 현장을 순시하는 것도 바람직하다.

(5) 합리적인 감축인력의 활용

정책의 종결에 따라 감축되는 인력의 활용을 위한 합리적인 조치가 필요하다. 사기업의 경우와는 달리 정부부문에서는 정책이 종결되었다 하여 거기에 종사하던 공무원을 감원하기는 어려운 경우가 많을 것이다. 따라서 잉여인력의 활용을 위한 계획을 조속히 수립하여 이를 관련 공무원들에게 주지시킬 필요가 있다.

### 3) 수익자의 정서적 문제의 처리

정책의 종결이 결정되면 수익자들은 그 정책에 대해서 관심을 잃게 되며 관리자의 수익자에 대한 영향력은 급속히 감소된다. 관리자는 수익자들이 받을 수 있는 잔여혜택을 제공하고 종결 후에 일어날 모든 문제에 대한 처리가 완벽하게 이루어지도록 조치해야 한다.[51)]

---

51) *Ibid.*, p. 253.

#### 4) 세부적인 문제의 처리

전술한 바와 같이 정책종결에 수반되는 문제의 지적인 측면은 세부적인 문제이다. 세부적인 문제는 다시 대내적인 문제와 대외적인 문제로 나누어 진다는 것은 전술한 바와 같다.

세부적인 문제는 정책의 유형이나 성격 여하에 따라서 지극히 다양하므로 이러한 문제들을 누락됨이 없이 완벽하게 처리하기 위해서는 tree diagram, matrix, 체크리스트 등의 방법을 활용하는 것이 바람직할 것이다.[52]

## 제 5 절 한국의 정책종결사례

### 1 통일벼 장려정책

#### 1) 정책대두의 배경

우리나라의 식량난은 6·25전쟁으로까지 소급해 올라갈 수 있는데 1956년부터는 미국의 PL-480에 의한 농산물의 도입으로 식량난이 어느 정도 완화되었다. 그러나 1960년대에 들어와 미국의 잉여농산물의 도입감소와 흉작 등으로 부족양곡의 확보가 어려운 과제로 대두하게 되었으며 1970년대에 들어와 식량난이 더욱 어려운 문제로 등장하게 되었다. 1973년 석유파동에 이어 일어난 세계적인 식량파동으로 세계식량수급사정은 공급과잉에서 공급부족 상태로 전환하게 되었기 때문이다. 통일벼의 보급·장려정책은 이러한 배경하에서 등장하게 되었다.[53]

---

52) *Ibid.*, pp. 256-260.

53) 농림수산부, 통일벼 보급 및 수매중단배경(서울: 농림수산부, 1994), p. 1.

### 2) 정책수단으로서의 수매

통일벼의 보급을 위하여 정부는 수매라는 정책수단을 효과적으로 활용하였다. 1974년만 하더라도 정부수매량 5,105천석 중 일반벼가 1,150천석(22.5%), 통일벼가 3,955천석(77.5%)를 차지했으나 통일벼 수매량의 비중이 더욱 높아지기 시작하여 1977년에는 통일벼의 비중이 98.2%에 달하게 되었으며 1978년에는 99.9%에 이르렀다. 한마디로 말해서 1988년까지 정부는 통일벼에 한해서 농가의 출하희망전량을 수매했던 것이다.

### 3) 통일벼 장려정책의 성공

통일계 벼의 본격적인 농가보급이 실시된 것이 1973년이었으나 정부의 장려정책에 힘입어 빠른 속도로 식부면적이 늘어나기 시작했다.

1974년만 하더라도 전식부면적에 있어서 통일벼 식부면적이 차지하는 비율이 15.2%에 지나지 않았으나 3년 후인 1977년에는 54.6%로 늘어났다. 이와 동시에 전체 미곡생산량에 있어서 통일벼가 차지하는 비율이 1974년의 19.4%에서 1977년에는 61.2%에 달하게 되었으며 쌀의 자급을 달성하게 되었다.[54]

### 4) 통일벼 장려정책의 종결

1960년대 이후의 고도성장에 힘입어 국민의 소득수준이 크게 향상되고 식생활 패턴에 변화가 일어났다. 육류·채소류·과실류의 소비가 늘어나는 반면 쌀을 포함한 곡류의 소비가 크게 감소하였다. 거기에다가 국민의 소득증대에 따라 가계에 있어서 쌀구입비가 차지하는 비중이 크게 감소하여 대부분의 소비자가 값이 다소 비싸더라도 양질미를 선호하게 되었다.

이와 같은 현상으로 통일벼의 판매가 부진하여 통일벼의 재고가 늘어나게 되었으며 이것이 국고에 주는 부담이 점증하게 되었다. 1994년 4월 말 현재 통일벼의 재고는 4,877천석에 달하였으며 양곡관리기금의 결손은 1993년에 1조 8,389억원에 달하게 되었다.

---

54) 상게서, pp. 4-5.

이리하여 정부는 통일벼 장려정책을 더 이상 지속할 수 없게 되었다. 한마디로 말해서 통일벼 장려정책 종결의 원인은 환경의 엔트로피였다고 하겠다.

통일벼 장려정책을 처음 도입할 때처럼 이를 종결할 때에도 정부는 수매를 활용하였다. 1988년 정부는 1989년산 통일벼의 수매량을 600만석으로 예시하였으며 실제로 5,791만석을 수매했다. 1989년 12월에는 1990년산 통일벼 수매량은 더욱 줄여 450만석으로 예시했으며 일반벼의 수매를 개시하여 1989년산 일반벼를 5,957천석 수매했다. 1990년에는 91년산 통일벼 수매량은 150만석으로 예시했으며 1991년 12월에는 1992년산부터 통일벼 수매중단을 예시했다. 이리하여 한때 31,363천석에 달했던 통일벼 생산량이 1992년에는 29천석으로 감소했으며 1993년에는 완전히 그 생산이 중단되었다.

## 2 토지공개념정책

### 1) 정책대두의 배경

토지공개념이란 토지의 소유권은 인정하지만 이용권과 수익권, 그리고 때에 따라서는 처분권까지도 국가가 관리하겠다는 개념이다.[55]

이러한 토지공개념정책이 대두하게 된 것은 1980년대의 토지투기와 이에 따른 지가의 앙등에 그 원인이 있다고 하겠다. 1975년부터 1988년에 이르는 기간 중 소비자물가는 4.1배 올랐지만 지가는 16.8배나 올라 부동산투기가 더 이상 방치할 수 없는 사회문제로 제기되었으므로 이를 해결하기 위하여 등장한 것이 지가의 안정과 토지투기억제를 목표로 하는 토지공개념정책이라 하겠다.

### 2) 정책수단

토지공개념정책은 택지소유상한제, 개발이익환수제 및 토지초과이득세

55) 김정호, 토지세의 경제학: 미신과 현실(서울: 한국경제연구원, 1997), p. 140.

라는 세 개의 기둥으로 구성되는데 우리는 이를 정책수단이라는 관점에서 살펴보고자 한다.

### (1) 택지소유상한제

이는 토지소유상한설정제의 일환으로 도입된 제도이다. 토지소유상한제는 가계나 기업이 생활과 생산활동에 필요한 만큼의 토지만을 소유할 수 있도록 하는 제도이다.

그러나 주거토지(택지)의 경우에는 상한을 설정하기가 비교적 용이하나 기업의 경우 여러 가지 이유로 상한을 설정하기가 어려우므로 토지공개념 위원회의 보고서도 주거용토지(택지) 또는 택지화 가능한 유휴토지에 한정할 것을 건의했다.[56]

이러한 건의가 채택되어 7대도시 내 200평 이상의 택지소유를 금지하며 소유상한을 초과하는 택지와 법인이 소유하는 택지에 대해서는 초과소유부담금을 부과하는 것을 골자로 하는[57] 「택지소유상한에 관한 법률」이 제정되어 1989년 12월 30일 공포되었다.

### (2) 개발이익환수제

개발이익환수제는 개발사업대상지의 지가가 상승하는 데서 발생하는 개발이익을 환수하여 부의 분배가 편중되는 것을 방지하는 제도이다. 개발이익환수제에서는 개발이익의 평가를 어떻게 할 것인가도 어려운 문제이나 무엇보다 개발부담금의 부과대상사업의 선정이 민감한 문제라 하겠다.

개발이익환수제의 도입을 위하여 1989년 12월 30일에 공포된 「개발이익환수에 관한 법률」은 대상사업으로서 택지개발사업, 공업단지개발사업, 골프장 건설사업 등 11개 사업을 들고 있는데 부담률은 원칙적으로 산정된 개발이익의 50%로 하고 있다.[58]

---

56) 손재영, "토지문제의 경제적 해석과 정책수단의 검토," 법무부편, 토지공개념과 토지정책(법문사, 1989), pp. 164-165.
57) 택지소유상한에 관한 법률 제7조 및 제19조.
58) 개발이익환수에 관한 법률 제5조 및 제13조.

(3) 토지초과이득세

개발사업의 유무에 관계없이 일정조건에 해당되는 모든 토지소유자에게 지가상승액의 일부를 조세의 형태로 거두는 제도이다.

전술한 2개의 법률과 함께 1989년 12월 30일에 공포된 토지초과이득세법은 유휴토지에서 생긴 이익의 30% 내지 50%를 환수하도록 규정하고 있다.[59]

### 3) 토지공개념정책의 성과

위에서 살펴본 세 가지 정책수단을 보유하는 토지공개념정책은 비교적 좋은 성과를 거두었다. 1990년부터 1997년에 이르는 8년 동안 무분별한 토지과다소유를 억제하고 부동산경기과열을 방지하는 기능을 수행했다. 1989년부터 1997년에 이르는 기간 동안 소비자 물가상승률은 연평균 6.1%였지만 지가상승률은 1991년의 9.1%를 고비로 지속적으로 떨어졌다.

다른 한편 이들 토지공개념3법에 의하여 거두어들인 세수를 본다면 <표 11-1>과 같이 택지소유상한법이 1조 6,588억원을 거두어들였으며 개발이익환수법은 1조 5,780억원을 징수했고, 토지초과이득세법은 9,477억원의 세수를 올렸다.[60]

### 4) 토지공개념정책의 종결

1997년 말의 외환위기와 그에 따른 IMF체제의 도래 이후 구조조정으로 인한 부동산매물의 증가와 금리의 폭등으로 부동산경기가 급속히 냉각하고 지가가 크게 떨어졌다. 거기에다가 자산디플레이션에 이은 복합불황의 가능성마저 제기되어 토지공개념정책의 재검토가 필요하다는 주장이 제기되었다.

이에 정부는 부동산경기의 활성화와 복합불황의 방지를 위하여 도입된 지 8년여에 달하는 토지공개념정책의 재검토와 그 종결을 결정하게 되었다. 먼저 1987년 7월 택지소유상한법의 폐지를 결정함으로써 택지의 취득

59) 토지초과이득세법 제3조 및 제12조.
60) 매일경제신문 1988. 7. 22.

〈표 11-1〉 토지공개념3법의 세수실적

| | 택지소유상한법 | 개발이익환수법 | 토지초과이득세법 |
|---|---|---|---|
| 부과건수 또는 필지 | 61,544 | 10,547건 | 122,000필지 |
| 세수실적 (억원) | 16,588 (92~97) | 15,780 (90~97) | 9,477 (91~94) |

자료: 매일경제신문 1998. 7. 22.

및 처분을 자유화하게 되었으며 같은 달에 개발이익환소법을 개정하여 1999년까지 부과를 중지하고 2000년부터는 부과율을 50%에서 25%로 인하하기로 하였다. 이어서 김대중 대통령의 선거공약에 따라 1998년 하반기 중에 토지초과이득세법을 폐지하였다. 한마디로 말해서 1998년 중에 토지공개념정책은 사실상 종결되었다.

## 3 북진통일정책

### 1) 정책의 배경

제1공화국의 이승만 대통령이 통일정책으로서 내세운 북진통일정책은 실현가능한 정책이라기보다는 다음과 같은 여러 가지 배경하에서 제기된 구호의 성격이 짙은 정책이라 하겠다.61)

#### (1) 국내적 요인

대한민국정부는 건국 초기부터 많은 시련과 위협에 직면했다. 정부수립 전인 1948년 4월 3일에 일어난 제주도 시위・폭동사건(4・3사건)을 위시하여 같은 해 10월에 일어난 여수・순천반란사건과 1948년 11월부터 1949년 1월에 걸친 대구반란사건 등이 그 대표적인 예이다. 뿐만 아니라 미국은

61) 양영식, 한국통일정책의 변천에 관한 연구 (건국대학교 박사학위논문, 1988); 김윤권, 우리나라 정책변동요인에 관한 연구 (서울대학교 행정대학원 석사학위논문, 1991); 정용석, "북진통일논의의 허실," 월간정경문화, 1984년 9월호.

1948년 9월 15일부터 주한미군의 철수를 시작하여 1949년 6월 29일에 이를 완료하였다.

이러한 상황하에서 국가의 안전을 확보하기 위하여 국민들의 이념적 단합이 필요하다고 생각한 이승만 대통령은 북진통일을 내세움으로써 국민들의 반공정신을 강화하고 좌익세력의 도전에 대처해 나가자 했던 것이다.

#### (2) 남북협상론의 억제

이승만 대통령의 남한단독정부수립을 민족의 영구적 분단을 기도하는 것이라고 비판하고 남북협상에 의하여 민족통일을 이룩하자는 김구·김규식 등의 남북협상론은 지식층을 위시한 많은 국민들의 지지를 받고 있었다.

이러한 남북협상론이 비현실적이라고 단정한 이승만은 그의 남한단독정부수립의 당위성을 위해서 남북협상론을 잠재울 필요가 있었으며 이를 위해서 무력북진통일정책을 내세웠다고 생각된다.

#### (3) 원조획득의 수단

이대통령의 북진통일정책은 미국의 원조를 효과적으로 획득하기 위한 수단으로도 활용되었다. 북진통일정책은 북한에서 반공폭동이 발생할 때 북진통일하여 한반도 전체를 반공보루로 확보할 수 있음을 알리기 위한 것이었으며 미국의 대한원조가 여러 가지 목적을 위하여 사용될 수 있다는 것을 시사했다.

#### (4) 국제적 요인

미·소 간의 냉정체제의 영향으로 한반도는 미·소냉전의 대결장이 될 수밖에 없었다. 그로 인해 남북한 양측은 상대방을 같은 민족이 아니라 적으로 간주하여 무력을 사용해서라도 상대방을 굴복시키는 것이 최상의 통일정책이라 인식했기 때문에 남북한 양측이 다 무력통일을 옹호했다. 뿐만 아니라 이승만 대통령은 공산폭동에 시달리고 있는 필리핀·말레이시아와 대만 등과 제휴하여 공산세력의 아시아 장악을 방지하기 위한 태평양방위체제의 구축을 구상하고 있었다. 그러한 이대통령으로서는 북진통일정책이 당연한 귀결이었는지 모른다.

### 2) 정책스테이트먼트

북진통일정책에 관한 표현 또는 표명을 말하는 정책스테이트먼트(policy statements)로서[62] 법률・대통령령이 있는 것은 아니고 이승만 대통령의 각서나 성명서 등이 존재할 뿐이다.

#### (1) 한국전쟁전의 스테이트먼트

이대통령이 북진통일정책을 공식적으로 언급하기 시작한 것은 정부수립 다음 해인 1949년의 일이다. 이대통령은 1949년 2월 12일 장면 주미대사와 오리버에게 보낸 각서 속에서 "한국의 안전은 오직 무력에 의한 국토통일에 달려 있다"고 주장했다.

#### (2) 한국전쟁 중의 스테이트먼트

한국전쟁 중에는 북진통일정책을 표명할 기회가 많았다. 비교적 개전 초기인 1950년 7월 19일 이대통령은 한국정부의 공식입장을 트루먼 대통령에게 전달하면서 "UN군의 작전목표가 전전원상(戰前原狀)의 회복, 즉 38선에의 진격・정지에 그쳐서는 안 되며, 북진통일을 완수해야 한다"는 것을 강조했다.

휴전협상의 기운이 성숙해진 1951년 5월 26일에 발표한 성명서에서 이대통령은 "이미 제거된 38선을 다시 발생시키는 휴전협상을 개시하는 경우에는 실지를 회복할 때까지 단독적인 행동을 수행하겠다"는 것을 주장했다.

#### (3) 정권말기의 스테이트먼트

이대통령의 이러한 북진통일정책은 미국뿐만 아니라 국제사회에서도 배격되었으나 이대통령은 정권 말기까지 무력통일을 강력히 주장했다. 이대통령은 1959년 6월 9일 특별성명을 통해 "우리는 기회만 주어진다면 미국병력의 원조없이도 그리고 대전을 유발하지 않고 북한으로부터 공산주의자들을 몰아내고 통일을 할 수 있다. 한국을 통일할 수 있는 유일한 길은 무력행사"뿐이라고 역설했다.

---

62) 제1편 제1장 「정책의 의의와 유형」 참조.

### 3) 정책의 종결

#### (1) 종결요인

북진통일정책의 종결을 가져온 요인으로서 첫째로 정권교체를 들 수 있다. 4·19로 자유당정권이 물러나고 과도정부를 거쳐서 민주당정부가 등장하자 자유당정부의 많은 정책과 함께 북진통일정책도 폐기했다.

민주당정부는 1960년 8월 24일 정일형 외무장관의 「외교시책7개항」 발표를 통해 「북진통일과 같은 무모하고 무계획적인 슬로건을 버리고 국제연합의 결의를 존중하며 국제연합 감시하에 남북한을 통한 자유선거에 의한 통한 정책을 수행한다」고 선언했다.[63]

둘째로 정책종결의 요인으로서 정책의 소망성·실현가능성을 들 수 있다. 정권의 교체에 의하여 민주당정부가 집권하였다고 하더라도 소망스럽고 실현가능한 정책이었다면 쉽게 폐기할 명분을 찾기는 어려웠을 것이다. 정일형 외무장관의 발표에도 있듯이 북진통일정책은 "무모하고 무계획적인 슬러건"에 지나지 않는다고 판단하고 이를 종결하였던 것이다.

셋째로 경제적·재정적 요인을 들 수 있다. 한국전쟁으로 인한 국민경제의 피폐로 미국의 원조없이는 방대한 군사력을 유지할 능력이 없었으며 따라서 미국이나 국제여론이 외면하는 북진통일정책을 지속한다는 것은 불가능한 일이었다.

이와 같이 북진통일정책의 종결요인을 여러 가지로 나누어서 고찰하였으나 그 중에서도 가장 중요한 요인이 다니엘즈가 강조한 바와 같이 정치적 요인인 정권의 교체라 하지 않을 수 없다. 정책의 실현가능성이나 경제적·재정적 요인도 중요하지만 4·19로 인한 정권의 교체가 없었더라면 북진통일정책의 종결은 기대하기는 어려웠을 것이다.

#### (2) 정책종결과 선형적 승계

정책의 종결은 종결로서 끝나는 경우도 있으나 벤이 지적한 바와 같이[64]

---

63) 양영식, 전게논문, p. 45.

64) Behn, "How to Terminate a Public Policy," pp. 408-409.

새로운 정책으로 이어지는 경우가 더 많다. 다시 말해서 선형적 승계가 일어나는 경우가 많다.[65]

이 경우에도 무력북진통일정책이 평화적 통일정책으로 승계가 일어났다. 민주당정부의 통일정책은 한마디로 말해서 "국제연합감시하에 남북한을 통한 자유선거에 의한 통일정책"이었다. 5·16 후에 등장한 제3공화국정부도 이를 계승하였다.

## 4 야간통행금지

### 1) 정책의 배경

야간통행금지는 1945년 해방 후부터 37년간 지속된 정책이다. 남북으로 분단된 상황하에서 정부나 국민이 야간통행금지는 「불가피한 것」으로 받아들여왔다.

그동안에도 야간통행금지를 폐지하자는 주장이 없었던 것은 아니다. 이를 무마하기 위한 방안의 하나로 충청북도와 같은 일부 지역을 대상으로 야간통행금지해제를 시험적으로 실시했으며 크리스마스·연말 등에도 일시적으로 야간통행금지를 해제해 왔다.

그러나 치안·국방당국의 저항으로 정치적 결단이 없었더라면 야간통행금지의 해제는 어려웠을 것이라고 필자는 생각한다. 시험적으로 야간통행금지해제를 실시한 충청북도의 경우 「시험적」 실시기간이 16년이나 지속되었다는 사실만 보아도 알 수 있다.[66]

### 2) 정책의 종결

#### (1) 종결요인

야간통행금지가 종결된 가장 중요한 요인은 정치적인 것이라고 하겠다.

65) 본편 제2장 「정책의 승계」 참조.
66) 동아일보 1982. 1. 4.

이런 의미에서 다니엘즈의 주장이 타당성이 있다고 할 수 있겠다.

1980년 8월 16일에 사임한 최규하 대통령의 뒤를 이어 전두환 국보위 상임위원장이 8월 27일 통대에서 11대 대통령으로 선출되어 9월 1일 취임하였다. 이러한 상황진전에 불만을 품은 학원가는 소요가 끊이지 않았고, 드디어 1980년 10월 18일에는 고대에 휴교령이 내려졌다.

1980년 10월 23일에는 5공헌법이 국민투표에서 확정되어 10월 27일 공포되었으며 같은 날 국회를 대신할 국가보위입법회의가 발족했다. 이어서 11월 12일에는 정치활동규제자 811명의 명단이 공고되었으며 11월 15일에는 24명의 추가명단이 발표되었다.

새로 공포된 5공헌법애 따라 1981년 3월 3일에는 전두환 대통령의 12대 대통령 취임이 있었으며 10월 15일에는 정부조직정비가 단행되어 서기관이상 599개 직위가 축소되었다.

이와 같은 긴장된 사회분위기에 숨통을 트고 제5공화국 정권의 정통성 부족을 보완하는 뜻에서 1981년 8월 8일에는 해외여행자유화조치가 발표되고 이어서 1982년 1월 1일에는 야간통행금지폐지가 발표되었으며 1월 2일에는 고교생의 머리모양 자유화와 교복 자유화(83년부터)가 발표되었다.

(2) **기대효과**

야간통행금지는 긴장된 사회분위기를 다소간이나마 해소한다는 효과 외에 생산·유통·소비 등 모든 경제활동에 활력소로 작용할 것으로 기대하였다.

첫째로 야간통행금지폐지는 생산의 증대를 가져오리라는 기대가 있었다. 공단이나 건설공사현장의 근로자들이 마음 놓고 밤일을 할 수 있다는 기대가 있었다. 수출의 증대도 기대효과의 하나이다. 통행금지해제와 함께 수출상담이 늘어나고 통신·수송 등 부대업무도 보다 활발해짐으로써 수출증진에 이바지하리라는 것이다.

둘째로 야간통행금지폐지는 유통 및 소비부문에도 활력소로 작용하리라는 기대가 있었다. 시간을 다투는 농산물의 운반에서부터 각종 생활필수품의 원활한 이동은 가격상승요인을 감소시킬 뿐만 아니라 밤늦게까지 열어 놓는 시장과 유통업소는 소비의 증대를 초래하리라는 기대도 있었다.

## 5 사례의 비교분석

위에서 검토한 한국의 정책종결사례를 다니엘즈가 제시한 정책종결의 특징과 종결요인이라는 관점에서 비교 고찰하고자 한다.

### 1) 예산절감

통일벼 장려정책의 종결은 통일벼의 재고누적으로 발생하는 양곡관리기금의 누적적자를 줄이는 데 이바지했으나 토지공개념정책의 종결은 예산의 절감은 고사하고 조세수입의 감소를 초래했다. 북진통일정책의 종결은 예산절감과는 무관한 것이었으며 야간통행금지의 종결은 경찰력의 보강 등으로 인한 예산의 팽창을 초래했다. 한마디로 말해서 통일벼 장려정책의 종결만이 예산의 절감을 가져왔다.

### 2) 종결에 대한 저항

일반적으로 정책종결에 대한 저항이 강하기 마련이나 위에서 검토한 정책종결은 저항이 강하지 않았다. 통일벼 장려정책의 종결과 북진통일정책

〈표 11-2〉 한국정책종결의 특징

| | 통일벼장려정책 | 토지공개념정책 | 북진통일정책 | 야간통행금지 |
|---|---|---|---|---|
| 예산절감 | 예산절감 있었음 | 예산팽창은 아니나 조세수입의 감소 있었음 | 예산절감과 무관 | 예산팽창 있었음 |
| 종결에 대한 저항 | 무 | 크지 않았음 | 무 | 다소 있었음 |
| 이념적 요인 | 무관 | 다소 작용 | 다소 작용 | 무관 |
| 부활의 가능성 | 무 | 가능성 있음 | 무 | 무 |
| 예측의 곤란 | 예측 가능 | 예측 가능 | 예측 가능 | 예측 곤란 |
| 종결요인 | 재정적 요인 | 경제적 요인 | 정치적 요인 | 정치적 요인 |

의 종결은 저항이 없었으며 토지공개념정책의 종결과 야간통행금지의 종결은 저항이 다소 있었으나 크지 않았거나 노정되지 않았다.

#### 3) 이념적 요인

통일벼 장려정책의 종결과 야간통행금지의 종결은 이념적 요인과 무관했으며 토지공개념정책의 종결과 북진통일정책의 종결은 이념적 요인이 다소 작용했다고 볼 수 있겠다. 토지공개념정책의 경우 부동산경기의 냉각과 지가의 하락이 근본적인 원인이었다고 하겠으나 시장원리의 회복이라는 이념적 요인도 작용했다고 볼 수 있다. 북진통일정책의 경우 정권교체가 근본적인 원인이었으나 4·19 이후의 반공이념의 약화도 무관하지 않다고 하겠다.

#### 4) 부활의 가능성

미국에서는 한번 종결된 정책이 부활하는 경우가 많다는 것이 다니엘즈의 주장이나 우리나라 정책종결의 경우 토지공개념정책을 제외하고는 부활의 가능성이 희박하다고 하겠다. 토지공개념정책은 지가가 폭등하고 토지투기가 재연되는 경우 부활할 가능성이 있을 것이다.

#### 5) 예측의 곤란

다니엘즈는 미국 정책종결의 경우 종결 여부나 종결의 시기를 예측하기 어렵다고 하고 있으나 우리나라 정책종결은 예측이 가능했다고 하겠다. 다만 야간통행금지의 경우 언젠가는 폐지될 것이라고 기대할 수 있었으나 1982년 1월이라는 시기를 예측하기는 어려웠다.

#### 6) 종결요인

통일벼 장려정책은 양곡관리기금의 누적적자 해소라는 재정적 요인에서 종결의 원인을 찾을 수 있으며 토지공개념정책은 부동산경기의 활성화와 복합불황의 방지라는 경제적 요인때문에 종결되었다. 북진통일정책은 정책의 소망성이나 실현가능성도 논란의 대상이었으나 정권교체가 이루어지지 않았던들 그 종결을 기대하기 어려웠을 것이다. 야간통행금지는 긴장된 사회분위기의 완화와 5공정권에 대한 국민 지지도의 제고를 바라는 정책결정자의 정치적 결단으로 종결되었다고 하겠다.

# 제 4 편

# 위기 · 학습 · 정책 활동가와 정책변동

# 제 12 장 위기와 정책변동

## 제 1 절 위기의 개념과 유형

### 1 위기에 대한 관심의 고조

정책변동의 연구가들 중에는 위기와 정책변동을 연관짓는 사람들이 많다. 폴즈비(Nelson Polsby)는 위기가 항상 정책변동으로 연결되는 것이 아니라는 전제하에 위기를 성공적으로 정책변동으로 연결시킨 경우와 위기를 정책변동으로 연결시키는 데 실패한 예를 들고 있다.[1)]

킹돈(John Kingdon)은 위기를 관심집중적 사건으로 파악하여 위기와 정책변동의 관련을 고찰하고 있으며[2)] 후술하는 바와 같이 크로즈(Barbara Clowse)와 라이트(Paul Light)는 위기와 정책변동의 관계를 사례를 통하여 규명하고 있다. 최근에는 버가리(Sandra Vergari)가 "정책위기와 정책

1) Nellson W. Polsby, *Political Innovation in America: The Politics of Policy Initiation*(New Haven: Yale University Press, 1984), pp. 168-170.
2) John W. Kingdon, *Agendas, Alternatives, and Public Policy*(Boston: Little, Brown and Co., 1984), pp. 99-105.

변동"이라는 박사논문을 통하여 위기를 체계적으로 정의하고 위기와 정책 변동의 관계를 이론적으로 규명하려고 하였다.3)

## 2 위기의 개념

위기는 여러 사람이 여러 가지로 정의하고 있으나 이들의 정의는 크게 위기를 전환점(turning point)으로 보는 견해와 위기의 특징을 중요시하는 견해로 나눌 수 있다.

### 1) 전환점으로서의 위기

위기를 전환점으로 보는 사람들은 의학의 위기의 정의 영향을 받았다고 할 수 있다. 의학에서는 위기가 생사의 갈림길을 의미한다는 것이다. 이리하여 월휀스타인(E. W. Wolfenstein)은 위기를 기존의 정치적 · 사회적 질서의 변동을 초래할 수 있는 상황이라고 보고 있는 것이다.4)

위기를 전환점이라고 보는 사람들은 쿠바미사일사건과 한국전쟁의 예를 드는 경우가 많다. 쿠바미사일사건은 제3차 대전을 유발할 뻔한 사건이었으나 쿠바위기의 해결은 미소 간의 군비축소의 시발점이 되었다고 할 수 있다는 것이다.

한국전쟁과 미국의 개입결정은 쿠바위기와는 정반대의 의미에서 전환점을 이루었다고 할 수 있다. 한국전쟁은 미국이나 서방제국의 군사비의 급증을 초래하는 계기가 되었다는 점에서 냉전의 전환점을 이루었다고 할 수 있다는 것이다.5)

---

3) Sandra Marie Vergari, "Policy Crises and Policy Change: Toward a Theory of Crisis Policy Making," unpublished Ph.D. dissertation, Michigan State University, 1996.

4) E. W. Wolfenstein, "Some Psychological Aspects of Crisis Leaders," in L. J. Edinger(ed.), *Political Leadership in Industrial Societies*(New York: Wiley, 1967), p. 156.

5) Charles F. Hermann, *Crisis in Foreign Policy*(Indianapolis: Bobbs-Merrill, 1969), pp. 23-24.

### 2) 특징접근법

위기를 전환점으로 보는 견해와는 달리 위기의 특징을 규명함으로써 위기의 정의에 이바지하려는 사람들도 있다.

밀러(E. Miller)와 이스코(I. Iscoe)는 개인이나 소집단활동의 연구를 통하여 위기의 특징으로서 ① 시간적 요인, ② 행태의 현저한 변화, ③ 주관적 측면, ④ 상대적 측면, ⑤ 신체적 긴장의 다섯 가지를 들고 있으며[6] 위너(A. J. Wiener)와 카안(H. Kahn)은 위기의 특징으로서 ① 조속한 결정의 필요, ② 불확실성의 증대를 포함하여 열두 가지를 들고 있다.[7]

### 3) 허만의 정의

위기의 정의에 있어서 두 가지 접근방법이 다 문제가 있으나 우리는 본질적으로 특징접근법을 택하는 허만(Charles Hermann)의 견해에 따라서 위기상황의 속성으로서 다음의 세 가지를 들고자 한다.[8]

#### (1) 우선순위 높은 목표에 대한 위협

위기상황이란 우선순위가 높은 목표에 대한 위협이 있는 상황이다. 그것이 국가안보에 대한 위협일 수도 있으며 정치안정에 대한 위협일 수도 있다.

#### (2) 조속한 결정

위기상황은 조속한 결정을 요하는 상황이라 하겠다. 쿠바미사일사건의 경우 구소련의 선박이 쿠바에 도착하여 미사일진지의 구축을 끝내면 미국의 대처방안이 제한되므로 구소련의 선박이 쿠바에 도착하기 전에 미국의 정책결정자들이 결정을 끝내야 했던 것이다. 같은 얘기가 한국전쟁의 경우에도 적용될 수 있다. 북한군이 한반도의 점령을 끝내고 나면 미국의 대처

6) E. Miller and I. Iscoe, "The Concept of Crisis: Current Status and Mental Health Implications," *Human Organization*, Fall 1963, p. 196.
7) A. J. Wiener and H. Kahn, *Crisis and Arms Control*(Indianapolis: Hudson Institute, 1962), pp. 8-12.
8) Hermann, *op. cit.*, pp. 29-30.

방안이 제한되므로 그 전에 결정을 내려야 했다.

(3) **의외성**

위기의 세 번째 상황적 속성은 의외성이다. 예기치 못한 상황이 발생했을 때에는 이에 대처하기 위한 기존의 절차가 없는 경우가 많다는 것이다. 그러나 허만의 의외성의 정의에 있어서 중요한 것은 기존의 절차가 없다는 것보다는 정책결정자들이 그러한 사태가 발생할 것이라고 생각하지 못했다는 것이 더 중요하다고 말하고 있다.

(4) **외교정책상의 위기와 국내적 위기**

위에서 살펴본 허만의 견해는 외교정책상의 위기를 중심으로 한 것이나 우리는 그의 견해가 그대로 국내적 위기에도 적용될 수 있다고 생각하여 그의 주장을 검토했다.

## 3 유사개념

우리는 위에서 위기의 개념을 살펴보았는데 이곳에서는 정책변동의 연구에서 사용되고 있는 몇 가지 유사개념을 살펴봄으로써 위기의 개념을 좀 더 명확히 하고자 한다.

### 1) 위급상황

위기와 유사한 개념으로서 위급상황(emergency)을 들 수 있다. 행정학에서는 위급상황관리(emergency management)를 중요시하고 있으며 미국 행정학회보(Public Administration Review)는 1985년 1월 이에 관한 특집을 발간한 바 있다.[9]

위기와 위급상황의 차이는 분명하지 않으며 사람에 따라서는 양자를 같은 개념으로 사용하기도 한다. 노화준교수는 위급상황의 발생요인으로서

9) William J. Petak(ed.), "Emergency Management: A Challenge for Public Administration," *Public Administration Review*, January 1985 Special Issue.

① 자연재해, ② 부적절한 테크놀로지의 관리, ③ 사회적 갈등을 들고 있으며 명확한 언급은 없으나 양자를 같은 개념으로 사용하고 있는 것 같다.[10)]

미연방정부는 위급상황관리를 중요시하여 위급상황관리청(Emergency Management Agency: FEMA)을 설치하고 주로 자연재해로부터 발생하는 피해를 최소화하고 조속한 복구에 힘쓰고 있다. 명확히 언급하고 있지는 않으나 FEMA도 자연재해나 부적절한 테크놀로지의 관리에서 발생하는 재해를 위급상황으로 보고 이에 대처하고 있다는 것이 저자의 생각이다.[11)]

### 2) 외부의 충격

외부의 충격(external shock)이란[12)] 정책체제 외부에서부터 오는 충격을 말한다. 토마스(Gerald Thomas)가 말하는 외부의 충격은 정책변동을 초래하는 요인으로 작용한다는 점에서 우리가 말하는 위기와 동일하나 위기보다는 넓은 의미로 사용되는 것 같다.[13)]

토마스는 외부의 충격이 정책지향적 갈등, 정책지향적 학습과 상호작용을 하면서 정책변동을 초래한다고 주장하나 외부의 충격에 관해서 길게 언급하지 않고 있다. 그러나 그가 외부의 충격의 예로서 구소련의 붕괴와 걸프전쟁을 들고 있는 것으로 보아서 그가 말하는 외부의 충격이 우리가 여기서 말하는 위기보다는 넓은 뜻을 지니고 있는 것 같다.[14)]

---

10) 노화준, "위기발생의 의사결정경로와 위기관리," 행정논총 제29권 제1호(1991), pp. 122-125.

11) Peter J. May, "FEMA's Role in Emergency Management: Examining Recent Experience," *Public Administration Review*, January 1985, pp. 40-48.

12) Mintrom과 Vergari는 exogeneous shock라는 표현을 사용하고 있다(Michael Mintrom and Sandra Vergari. "Advocacy Coalition, Policy Entrepreneurs, and Policy Change," *Policy Studies Journal*, Autumn 1996. p. 422).

13) Gerald B. Thomas, "External Shocks, Conflict and Learning as Interactive Sources of Change in U.S. Security Policy," *Journal of Public Policy*, May-August 1999, pp. 209-211.

14) *Ibid.*, p. 223.

### 3) 관심집중적 사건

위에서 살펴본 외부의 충격보다 많이 사용되는 개념으로서 관심집중적 사건(focusing events)이 있다. 관심집중적 사건이란 국민대중의 관심을 끌 수 있는 돌발사건[15]을 말하는데 지진 · 태풍 · 기름유출사건 · 원자력발전사고와 같은 자연재해나 부적절한 테크놀로지의 관리에서 발생한 사건뿐만 아니라 대규모적 시위나 정부의 스캔들까지도 포함하는 것으로서 언론의 대대적인 보도로 국민대중의 관심이 집중되는 모든 사건을 말한다.[16]

관심집중적 사건의 한 예로서 알래스카의 좁은 해협에서 1989년 발생한 엑손 발데즈(Exxon Valdez)호의 대형사고를 들 수 있다. 원유에 흠뻑 젖은 동식물의 실태를 언론이 생생하게 대대적으로 방영 · 보도함으로써 온 국민이 관심을 가지게 되었으며 이것이 나아가서 석유오염방지정책의 변동을 초래했던 것이다.[17]

킹돈도 정책변동을 초래하는 요인으로서 관심집중적 사건에 관해서 길게 설명하고 있는데 그가 말하는 관심집중적 사건은 위기나 재해를 포함하는 넓은 개념이다. 킹돈은 이러한 관심집중적 사건이 정책변동을 초래하려면 많은 경우 동반사건(accompaniment) 또는 후속사건이 필요하다고 말하고 있다.[18]

한마디로 말해서 관심집중적 사건도 정책변동을 초래할 수 있다는 점에서 위기와 같으나 위기보다는 다소 넓은 개념으로서 대중의 관심이 집중됨으로써 문제를 부각시키고 종전의 소수집단에게 유리한 고지를 제공함으로써 정책변동을 초래할 수 있는 계기를 마련하는 것이 관심집중적 사건이라는 것이다.

---

15) Thomas A. Birkland, *An Introduction to the Policy Process*, second edition (Armonk: Sharpe, 2005), p. 101.

16) Thomas A. Birkland, "Focusing Events, Mobilization, and Agenda Setting," *Journal of Public Policy*, January-April 1998, pp. 53-55.

17) Thomas A. Birkland and Radhika Nath, "Business and Political Dimensions in Disaster Management," *Journal of Public Policy*, September-December 2000, pp. 281-282.

18) Kingdon, *op. cit.*, pp. 99-103.

## 4 위기의 유형

### 1) 외교안보적 위기와 국내적 위기

위기는 여러 가지 관점에서 여러 가지로 분류할 수 있으나 첫째로 외교안보적 위기와 국내적 위기로 나누어서 고찰할 수 있다.

일반적으로 위기에 관한 연구는 외교안보적 위기에 관한 것이 많은 것 같다. 우리가 앞에서 인용한 허먼의 위기에 관한 연구도 외교정책상의 위기에 관한 것이다. 외교안보적 위기는 국가의 존립과 관련이 있는 경우가 많은 까닭에 쉽게 부각될 수 있다고 하겠다. 우리가 뒤에서 고찰하는 세 가지 정책변동 사례 중 '스푸트니크(Sputnik)위기와 정책변동'은 외교안보적 위기와 관련된 것이다.

외교안보적 위기에 관한 연구처럼 많지는 않으나 국내적 위기에 관한 연구도 사례연구이기는 하나 많이 찾아볼 수 있다. 미국의 사회보장재정위기에 관한 라이트의 연구는[19] 국내적 위기에 관한 대표적 연구라 할 수 있다.

우리는 국내적 위기가 그 속성에 있어서 외교안보적 위기와 동일하다고 보고 허먼의 외교안보적 위기에 관한 견해를 국내적 위기에도 적용하기로 한다.

### 2) 외부적 위기와 내부적 위기

외부적 위기는 정책체제 외부에서 발생하는 위기를 말하며 내부적 위기는 정책체제 내에서 발생하는 위기를 말한다. 따라서 우리가 이곳에서 말하는 위기는 대부분이 외부적 위기라 할 수 있다. 위기와 유사한 개념인 "외부의 충격"이 이를 말해 준다고 하겠다.

그러나 정책활동가모형을 내세우는 민트롬(Michael Mintrom)과 버가리

19) Paul Light, *Artful Work: The Politics of Social Security Reform*(New York: Random House, 1985).

는 대부분의 경우 위기는 체제외부에서 발생하는 것이나 때로는 체제내부에서 발생할 수 도 있다고 주장한다.[20]

### 3) 발생요인에 의한 분류

버가리는 국내적 위기를 그 발생요인에 따라 다음과 같이 네 가지로 분류하고 있다.[21] 법원판결로 인한 위기와 같이 미국적인 특수성에서 오는 것도 있으나 앞으로 우리나라에서도 발생할 수도 있으므로 그의 분류를 검토하기로 한다.

#### (1) 자연재해 또는 사고로 인한 위기

태풍, 지진, 가뭄 비행기추락사고, 기름유출, 대규모작업장사고(화재 및 광산사고 포함), 원자력발전소사고 등과 같이 자연재해 또는 부적절한 테크놀로지 관리에서 발생하는 위기를 말한다. 전술한 위급상황(emergency)이 대체로 이에 해당된다고 할 수 있겠다.

#### (2) 사회질서 교란으로 인한 위기

폭동, 대규모시위, 테러행위와 같이 사회질서의 교란으로 인하여 발생하는 위기도 빈번히 볼 수 있는 상황이다. 특히 1960년대에 빈발한 이러한 위기는 많은 정책변동을 초래했다.

#### (3) 법원판결로 인한 위기

모든 학군(學群)에게 보다 균등하게 재정지원을 해야 한다는 법원의 판결이나 교도소시설을 개선해야 한다는 법원의 판결로 정책결정자들이 이를 위한 법률의 제정을 할 수밖에 없는 상황이 조성됨으로써 발생하는 위기이다.

#### (4) 정책결정자에서 유래하는 위기

정책결정자의 결정이나 결정의 유보로 발생하는 위기를 말한다. 후술하는 미국의 사회보장재정위기나 의료제도관련위기가 그 대표적인 예라고 하겠다. 전술한 내부적 위기가 대부분 이에 해당된다고 할 수 있겠다.

---

20) Mintrom and Vergari, *op. cit.*, p. 425.

21) Vergari, *op. cit.*, p. 46.

# 제 2 절 위기와 정책변동

## 1 위기와 정책변동의 개연성

많은 사람들이 위기상황이 정책변동을 초래한다고 주장한다. 그러나 우리가 강조하고자 하는 것은 위기가 항상 정책변동으로 연결되는 것은 아니라는 사실이다. 다시 말해서 위기상황하에서는 정책변동의 개연성이 있을 뿐이다.

### 1) 정책변동에 연결되는 위기

정책변동에 연결된 위기 또는 위기가 초래한 정책변동(crisis-induced policy change)의 예는 수없이 많으나 우리는 뒤에서 세 가지 사례를 제시했다.

첫째로, 구소련의 스푸트니크의 발사가 초래한 미국의 국가안보상의 위기가 국방교육법의 제정을 통하여 연방정부의 교육재정지원이라는 정책변동을 초래했다는 사실을 들 수 있겠다.

둘째로, 미국의 사회보장재정위기가 다소 시일이 소요되기는 했으나 사회보장지출의 감축과 수입의 확대를 함께 도모하는 사회보장개혁방안이라는 정책변동을 가져왔다는 것도 후술하는 바와 같다.

셋째로, 1987년 하반기부터 1988년에 걸친 한국의 토지투기와 지가의 앙등이 택지소유상한제, 개발이익환수제 및 토지초과이득세로 구체화된 토지공개념정책의 도입이라는 정책변동을 초래했다는 것은 널리 알려진 사실이다.

### 2) 정책변동 초래에 실패한 위기

위에서도 지적한 바와 같이 모든 위기가 정책변동을 초래하는 것은 아니다. 1967년 10월 17일에 발생한 근하군 유괴살인사건으로 많은 사람들이 중학입시경쟁에서 오는 폐단이 극에 달했다고 생각했으나 당시의 문교당국은 아무런 조치도 취하지 않았으며 정책변동은 새로운 장관의 취임을 기다릴 수밖에 없었던 것이다.[22)]

미국에서도 케네디 대통령, 킹(Martin Luther King), 로버트 케네디(Robert Kennedy)의 암살사건뿐만 아니라 최근 연이은 학원총기사건이 발생하여 많은 사상자를 냈음에도 불구하고 강력한 총기규제를 요구하는 집단들이 아직도 이것을 정책변동에 연결시키지 못하고 있다.

미국의 클린턴 행정부 초기에 제기되었던 의료체계위기도 예로 들 수 있다. 클린턴 대통령을 위시하여 많은 지도자들이 위기의 도래를 강조했으나 아무런 정책변동도 초래하지 못했던 것이다.[23)]

### 3) 결 어

이와 같이 고찰할 때 처음에도 지적한 바와 같이 모든 위기 또는 "위기의 선언"이 정책변동을 초래하는 것이 아니라는 사실을 다시 한번 깨닫게 된다. 이리하여 다음에 정책변동을 초래하는 위기관련요인을 몇 가지로 나누어서 살펴보고자 한다.

## 2 정책변동을 초래하는 위기적 요인

### 1) 정책결정자의 위기인지

위기가 정책변동을 초래하기 위해서는 무엇보다 중요한 것이 정책결정자의 위기인지이다. 이익집단·언론·학계 등에서 위기의 도래를 아무리 주장해도 정책결정자들이 특정한 상황을 위기로 인지하지 않는 한 정책변

22) 서울대학교 행정대학원 행정조사연구소편, 한국행정사례집(서울: 법문사, 1974), pp. 164-182.

23) Vergari, *op. cit.*, pp. 53-54.

동은 일어나지 않는다는 사실에 유의할 필요가 있다.

더욱 어려운 문제는 정책결정자들 간에 특정한 상황의 인식에 차이가 있는 경우이다. 야당은 특정한 상황을 위기라고 단정하지만 정부나 여당은 그 상황을 위기라고 보지 않는 경우를 우리는 얼마든지 볼 수 있다. 이리하여 버가리는 다수의 정책결정자들이 특정한 상황을 위기라고 인지할 때에 비로소 정책변동이 가능하다고 말하고 있다.[24]

### (1) 우선순위 높은 목표에 대한 위협

정책결정자들이 특정한 상황을 위기라고 인지하기 위해서는 우선순위 높은 목표에 대한 위협이 있어야 한다. 후술하는 바와 같이 구소련의 스푸트니크발사는 구소련이 미국보다 우주과학에 있어서 앞섰을 뿐만 아니라 로켓기술에 있어서도 미국보다 앞섰다는 것을 의미했다. 뿐만 아니라 이것은 제3세계지도자들에게 큰 감명을 줌으로써 외교적 측면에서도 미국에 많은 어려움을 주는 사건이라고 생각했으므로 많은 정책결정자들이 구소련의 스푸트니크발사는 미국의 국가안보에 중대한 위협을 주는 사건이라고 단정하게 되었던 것이다.

### (2) 조속한 조치의 필요성

특정한 상황을 위기라고 인지하기 위해서는 우선순위 높은 목표에 대한 위협이 있을 뿐만 아니라 조속한 조치의 필요성도 느껴야 한다. 후술하는 바와 같이 우리나라가 1987년 후반기부터 1988년에 걸쳐 토지투기열풍에 휩싸였을 때 노태우정부는 조속한 조치를 취하지 않으면 토지투기와 지가앙등이 취약한 정권에 큰 타격을 가할 수 있는 사회불안·정치불안을 초래한다고 생각하고 토지공개념정책의 도입을 단행했던 것이다.

## 2) 소수연합에 유리한 고지제공

위기를 관심집중적 사건으로 보는 사람들은 위기가 정책변동에 우호적인 집단(pro-change groups)이나 소수연합(minority coalition)에게 유리

---

24) *Ibid.*, pp. 53-54.

한 고지를 제공한다는 점을 지적하고 있다.[25]

### (1) 현행정책에 대한 비판의 제기

바움가트너(Frank Baumgartner)와 죤즈(Bryan Jones)는 특정한 문제에 많은 관심이 집중되면 그 문제와 관련된 현행정책에 비판이 가해지기 마련이며 이는 나아가서 지배적 정책커뮤니티나 정책독점집단에게 정책변동을 받아들일 수밖에 없게 만드는 경우가 많다는 것이다.

현행정책을 지지하는 정책커뮤니티의 지배집단은 그 문제를 둘러싼 갈등을 억제하고 국민대중의 관심을 희석시키려고 노력할 것이나 관심집중적 사건에 대한 보도의 증대로 현행정책이 실패했다는 주장이 확산되고 해결책의 모색을 위한 노력이 활성화되며 이는 나아가서 정책변동을 초래하게 된다는 것이다.

### (2) 논의배제벽의 제거

무의사결정론의 주장을 빌릴 것도 없이 현상유지를 원하는 집단들은 그들의 이익에 상반되는 이슈(issue)의 제기를 두려워하기 때문에 그러한 이슈를 억압하기 마련이다.[26] 그러나 관심집중적 사건이라 할 수 있는 위기가 발생하여 언론의 보도가 집중될 때 변동우호적인 집단이 이러한 장벽을 극복하기 용이해진다.

바움가드너와 죤즈의 표현을 빌린다면 정책독점(policy monopoly)의 붕괴가 용이해진다는 것이다.[27] 전술한 바와 같이 이러한 위기는 돌발적이며 극적일 뿐만 아니라 유해한 경우가 많으므로 현상유지를 원하는 집단이 손쓸 여유가 없는 경우가 많다는 것이다.

### (3) 열세집단에 유리한 위치 제공

관심집중적 사건이라 할 수 있는 위기의 돌발적인 성격은 열세집단에게

---

25) Birkland, "Focusing Events, Mobilization, and Agenda Setting," pp. 55-57.

26) 유훈, 정책학원론[제3정증보판](서울: 법문사, 2002) 제1편 제4장 제4절 「무의사결정론」 참조.

27) Frank B. Baumgartner and Bryan Jones, *Agendas and Stability in American Politics*(Chicago: University of Chicago Press, 1993), pp. 6-9.

문제논의에 있어서 유리한 위치를 제공해준다. 위기가 돌발적으로 발생했으므로 일반대중이나 정책결정자들이 관심집중적 사건을 동시에 접하게 된다. 따라서 정책엘리트집단이 일반대중보다 앞서서 문제의 성격이나 실질적 내용을 파악하고 규정할 수 없게 되며 그 문제의 토론에 참여할 모든 참여자들이 사건의 성격을 동시에 파악하게 된다는 것이다.

다시 말해서 위기의 돌발성으로 정치적으로 열세에 놓여 있는 집단들이 전략적으로 유리한 위치를 차지할 수 있는데 대하여 정책독점집단은 정치적으로 매우 곤혹스러운 환경하에서 부정적 보도의 영향을 억제하고 현행 정책을 방어하는 데 급급하게 된다는 것이다.

### 3) 위기를 활용하는 정책활동가

정책변동에 있어서 정책활동가(policy entrepreneurs)의 역할을 강조하는 연구자들은 이러한 위기를 정책변동으로 연결하는 사람들이 정책활동가라고 보고 있다.

#### (1) 정책활동가모형

저자가 다른 곳에서 상술한 바와 같이[28] 정책활동가모형이란 한마디로 말해서 역동적인 정책변동과정에 있어서 정책활동가의 중요성과 역할을 부각시키려는 모형이라 할 수 있다.

전술한 바와 같이 위기가 자동적으로 정책변동을 초래하는 것이 아니며 바람직한 위기관리가 이루어질 때 정책변동이 초래되는 것이라면 위기와 정책변동을 연결하는 고리의 역할을 하는 것이 무엇이며 누구인가 하는 문제가 제기되는 데 정책활동가모형은 이 연결고리의 역할을 많은 경우 정책활동가가 담당한다고 주장하는 것이다. 이리하여 슈나이더(Mark Schneider)와 테스케(Paul Teske) 등은 정책활동가를 변동의 역군(agents for change)이라고 부르고 있는 것이다.[29]

---

28) 유훈, "정책변동과 정책활동가," 행정논총 제39권 제1호(2001), pp. 23-42.

29) Mark Schneider and Paul Teske with Michael Mintrom, *Public Entrepreneurs: Agents for Change in American Government*(Princeton: Princeton University Press, 1995), p. 3.

**(2) 결합과 연합형성을 위한 역할**

우리는 위에서 위기를 정책변동으로 유도하는 것이 정책활동가의 역할이라고 했는데 이 과정에 있어서 그들이 구체적으로 담당하는 기능으로서 결합(coupling)[30]과 연합형성(coalition building)을 들 수 있다.[31] 결합과 연합형성에 관한 상세한 고찰은 제14장에 넘기기로 하고 이곳에서는 생략하기로 한다.

## 제 3 절 위기가 초래한 정책변동사례

### 1 스푸트니크위기와 정책변동

#### 1) 사례의 개요

미국에서는 오랫동안 교육은 주정부나 지방자치단체의 기능으로 생각되어 왔으며 연방정부는 교육에 거의 관여하지 않았고 교육을 위한 연방정부의 재정지원도 없었다.

그러다가 1957년 10월 4일 구소련이 인공위성 스푸트니크 1호를 발사하여 미국에 큰 충격을 주었다. 우주과학을 포함하는 과학기술수준에 있어서 구소련보다 앞서 있다고 생각하던 미국에서 스푸트니크의 발사로 미국이 구소련보다 과학기술수준이 뒤떨어졌다는 반성이 일어나게 되었으며 이것은 미국의 교육제도가 구소련의 교육제도에 비하여 낙후되어 있으며 과학기술종사자의 배출이 뒤떨어진 데 그 원인이 있다는 사실을 자인하지 않을 수 없게 되었다.

---

30) Kingdon, *op. cit.*, pp. 190-193.

31) Paul A. Sabatier and Christopher M. Weible, "The Advocacy Coalition Framework: Innovations and Clarifications," in Paul A. Sabatier(ed.), *Theories of the Policy Process,* second edition(Boulder: Westview Press, 2007), pp. 196-197.

이러한 미국교육의 결함을 시정하기 위해서는 연방정부의 재정적 지원이 불가피하다는 주장이 강력히 제기되었으나 연방정부의 개입이 통제를 수반한다는 고정관념을 바탕으로 하는 연방정부재정지원반대론도 만만치 않았다.

이리하여 재정지원의 주창자들은 연방정부의 교육에 대한 지원을 국가안보와 결부시키기로 전략을 수립하고 연방정부의 지원이 원칙적으로 바람직하지 못하지만 국가안보가 위협을 받는 상황하에서 위기를 극복하기 위하여 잠정적으로 교육에 대한 지원을 하여야 한다고 반대론자들을 설득하기 시작했다. 많은 우여곡절 끝에 행정부안과 민주당안의 절충이 이루어져 의회의 의결을 거쳐 1958년 9월 2일 국방교육법(National Defense Education Act)이 대통령의 서명을 얻어 공포되었다.[32] 잠정적이고 한시적이었던 이 법률이 그 후 수차에 걸쳐 연장되고 연방정부의 교육에 대한 지원을 항구화하는 길을 트게 되었다

### 2) 위기가 초래한 정책변동

#### (1) 스푸트니크와 위기감의 고조

전술한 바와 같이 미국은 오랫동안 우주과학을 포함한 과학기술수준에 있어서 구소련보다 앞서 있는 것으로 생각했다. 그러나 1957년 10월 4일 구소련이 스푸트니크 1호를 발사함으로써 미국인들에게 큰 충격을 주었다. 세계최초의 인공위성인 스푸트니크 1호는 184파운드의 무게를 지닌 것으로서 96분마다 지구를 회전했다. 1개월 후인 11월 3일에는 구소련이 스푸트니크 2호를 발사했는데 이것은 스푸트니크 1호보다 6배나 무거운 1,120 파운드에 달하는 인공위성이었다.[33]

이러한 구소련의 스푸트니크의 발사가 초래한 위기는 허만이 말하는 위기의 세 가지 속성을 함께 지니는 것이었다.[34]

---

32) Barbara B. Clowse, *Brainpower for the Cold War: The Sputnik Crisis and National Defense Education Act of 1958*(Westport: Greenwood Press, 1981), p. 138.
33) *Ibid.*, pp. 6-14.
34) Hermann, *op. cit.*, pp. 29-30.

첫째로, 그것은 국가안보에 대한 위협을 초래한 사건이었다. 미국의 정부 당국이나 군사전문가들은 그것이 구소련이 우주과학기술뿐만 아니라 로켓 기술에 있어서 미국보다 앞섰다는 것을 의미하므로 미국의 국가안보에 지대한 위협을 초래하는 상황으로 파악했다.

둘째로, 그것은 빠른 결정을 요구하는 사건이었다. 스푸트니크 1호에 이어 스푸트니크 2호의 발사로 미국의 전문가들뿐만 아니라 일반대중도 미국이 낙후된 과학기술을 바로잡기 위해서는 조속한 시일 내에 특단의 조치를 강구해야 한다고 생각하게 되었다.

셋째로, 스푸트니크의 발사는 의외적인 사건이었다. 전문가들 중에는 그것을 태평양전쟁을 유발한 일본의 진주만공격에 비유하는 사람들이 많았다. 국가안보에 중대한 위협을 가하는 사건일 뿐만 아니라 의외의 사건이라는 것이다.

### (2) 정책변동과정

**① 군사적인 위기인 동시에 교육의 위기**: 구소련의 스푸트니크의 발사는 미국의 전문가들에 의하여 군사적 위기로 파악되었다. 미국이 핵무기의 제조에 있어서는 구소련보다 앞섰으나 스푸트니크의 발사는 구소련이 미국보다 우주과학에 있어서 앞섰을 뿐만 아니라 무거운 인공위성을 발사하여 지구궤도에 진입시킬 수 있다는 것은 대륙간탄도유도탄(ICBM)에 활용될 수 있는 로켓기술에 있어서 미국보다 앞섰다는 것을 의미했다.

이것은 군사적인 면에서 미국에 중대한 위협을 가하는 사건일 뿐만 아니라 제3세계지도자들에게 큰 감명을 줌으로써 외교적 측면에서도 미국에 많은 어려움을 주는 사건이었다.[35]

그러나 전문가들은 이러한 과학기술에 있어서의 미국의 낙후는 근본적으로 미국의 교육제도의 결함에 그 원인이 있다고 보았던 것이다. 미국의 진보적 교육(Progressive Education)이 교육내용에 있어서 문제가 있을 뿐만 아니라 과학자 · 기술자의 배출을 제대로 하지 못한다는 것이다. 따라서 미국의 과학기술의 낙후를 시정하기 위해서는 교육제도의 개선이 우선되어

35) Clowse, *op. cit.*, p. 24.

야 한다는 주장이 크게 부각되었다.

구소련교육제도의 시찰이 이어졌고 구소련교육에 관한 보고서도 연이어 발표되었다. 이리하여 스푸트니크발사 6주 후에는 이 사건은 냉전에 있어서의 미국의 패배로 인식되었을 뿐만 아니라 미국교육기관의 목표와 가치에 대한 심판으로 인식되었다.[36]

② **교육지원을 위한 행정부안과 민주당안**: 그동안에도 교육을 위한 연방정부지원이 논의 대상이 되었으나 성과를 거두지 못하다가 1958년에 와서 교육을 국가안보에 연결시킴으로써 해결의 실마리를 찾게 되었다.

교육을 위한 연방정부지원이 여러 가지 이유로 벽에 부닥쳤으나 스푸트니크위기를 계기로 국가안보를 위해서 미국의 교육을 개혁해야 하며 그러기 위해서는 연방정부의 재정지원이 불가피하다는 것이 주창자들의 논리였던 것이다.

아이젠하워행정부에서는 폴솜(Folsom) HEW장관과 리챠드슨(Richardson) 차관보가 중심이 되어 연방정부의 지원방안을 마련했는 데 5년간 8억 8,400만달러를 지원한다는 것이 골자였다. 아이젠하워 대통령은 이것도 규모가 크다고 하여 더욱 축소하기를 원했다.

이러한 와중에 미국의 시험위성발사가 실패하는 사건이 발생했다. 1957년 12월 7일 Cape Canaveral의 발사대에서 뱅가드(Vanguard)로켓이 폭발하였던 것이다. 일부 전문가들은 미국이 구소련을 뒤쫓아가기 위해서 지나치게 서두른 나머지 이러한 불상사가 발생했다고 비판했다. 이유가 무엇이든 간에 시험위성발사실패는 미국이 과학기술의 선두주자가 될 수 없음을 입증하는 것이라는 비판이 더욱 거세어져 정부당국을 더욱 곤혹스럽게 했다.

행정부안과는 별도로 민주당이 다수를 차지하는 의회에서는 엘리옷(Carl Elliot) 하원의원과 힐(Lister Hill) 상원의원이 중심이 되어 민주당안을 성안하게 되었다. 11회에 걸쳐 수정을 거듭한 이 안은 초등학교에서 박사과정에 이르는 전 과정을 통하여 미국교육의 결함을 시정하기 위하여 대규모

36) *Ibid.*, pp. 14-16.

적인 지원을 하는데 그 목표를 두었다.

③ **두 안의 절충과 법률의 공포**: 리차드슨차관보가 중심이 되어 행정부안과 민주당안의 절충이 진행되었으며 상·하양원의 해당 상임위원회의 공청회를 거쳐 1958년 8월 상·하양원안이 각각 성립되었다. 그러나 연방정부의 재정지원에 대하여 비교적 소극적인 하원안과 다소 적극적인 상원안 간에는 많은 격차가 있었으며 양원협의위원회(conference committee)에서의 타협은 험난한 과정이었다.

양원협의위원회의 타협안이 상원에서는 66 대 15로 통과되었으며 하원에서는 212 대 85로 의결되었다. 아이젠하워 대통령의 지지표명으로 다수의 공화당의원들이 찬성으로 돌아섰다. 1958년 9월 2일 대통령은 다른 104건의 법안과 함께 이 법안에도 서명함으로써 1958년의 국방교육법이 공포되었다.

## 2 미국사회보장재정위기와 정책변동

### 1) 사례의 개요

미국의 사회보장재정에 파탄의 징후가 나타나기 시작한 것은 1980년 초의 일이다. 연간 100억달러 내지 150억달러의 적자를 시현하기 시작했으며 1982년에 가면 사회보장기금이 바닥이 날 것이라는 전문가들의 전망이었다.

이러한 사회보장재정의 위기를 수습하기 위하여 여러 가지 방안과 방법이 제시되었다. 먼저 픽클(Pickle) 하원의원이 1981년 1월 15일 위기수습방안을 내포하는 법안을 냈으며 1981년 1월 20일 취임한 레이건 대통령도 수습방안을 제시했으나 어느 하나도 성공을 거두지 못했다.

마침내 1981년 9월 24일 레이건 대통령은 양당이 합의할 수 있는 방안의 모색을 위하여 사회보장개혁위원회(National Commission on Social Security Reform)의 설치를 제안했다. 그러나 이 위원회가 인선을 마치고 최초의 모임을 가진 것은 1982년 2월 27일이었다. 이 위원회를 통하여 공화당과 민주당이 절충을 벌였으나 번번이 실패로 돌아갔다. 드디어 1983년 1월 4일 양당 간의 절충을 위하여 9인소위원회(Gang of Nine)를 구성하여 본격적인 절충에 들어갔다. 이 소위원회의 양당타협안이 사회보장개혁위원회 전체회의를 통과한 것이 1월 15일이었다. 법안이 하원세입위원회 심의를 거쳐 1983년 3월 9일 하원본회의를 통과했으며, 상원 재정위원회 심의를 거쳐 상원을 통과한 것이 3월 23일이었다.

상·하양원 간의 타협을 위한 양원협의위원회안을 하원과 상원이 각각 승인하여 4월 20일 레이건 대통령이 법안(PL 98-21)에 서명함으로써 3년여에 걸친 우여곡절 끝에 사회보장재정의 위기를 수습하기 위한 방안이 매듭을 짓게 되었다.

### 2) 위기가 초래한 정책변동

#### (1) 사회보장재정의 파탄위기

전술한 바와 같이 미국의 사회보장재정에 파탄의 징후가 나타나기 시작한 것은 1980년 초의 일이다. 1977년 카터행정부하에서 사회보장재정의 보강을 위한 법률이 통과된 후라 새로운 위기의 도래는 의외의 사건이라 하겠다.

사회보장재정의 위기도 허먼이 말하는 위기의 세 가지 속성을 함께 지니는 것이었다고 하겠다.

첫째로 그것은 국가재정의 건전성에 위협을 가하는 사건일 뿐만 아니라 은퇴한 노령층의 생존을 위협하는 사건이었다.

둘째로 그것은 빠른 결정을 요구하는 사건이었다. 1980년 사회보장기금의 잔액은 연간사회보장지출의 25%에 불과했다. 다시 말해서 3개월분 사회보장지출에 충당할 수 있는 액에 지나지 않았다. 따라서 조속한 결정을 내려야 했다.

셋째로 그것은 의외의 사건이었다. 전술한 바와 같이 1977년에 공포된 법률로 사회보장재정은 위기를 극복한 것으로 알았는데 1980년 초에 의외로 재발했던 것이다.

이러한 사회보장재정의 위기가 발생한 데에는 세 가지 원인이 있다. 첫째로 사회보장급여가 인플레이션에 연결되어 있다는 것이다. 이러한 연동제는 그때그때 의회가 급여액을 조정하는 불편을 제거한다는 장점이 있으나 근로인구의 보수의 인상률이 인플레이션을 따라가지 못할 때에는 빠른 속도로 기금의 고갈을 초래할 수 있다.

둘째로 1977년의 사회보장재정 수습방안은 1981년, 1985년, 1990년에 사회보장세 인상에 의한 수입의 증대를 규정했으므로 1980년의 문제를 해결하지 못했다는 것이다.

셋째로 사회보장기금의 잔액이 빠른 속도로 줄어들어 1977년만 하더라도 기금의 잔액이 연간지출의 66%에 해당하는 것이었으나 1980년에는 잔액이 연간지출의 25%로 급감하였던 것이다. 이러한 상황하에서는 작은 이변이 발생해도 중대한 문제가 일어나게 되는 것이다.[37]

또 하나 지적할 것은 사회보장재정의 파탄이 단기적인 위기를 초래할 뿐만 아니라 장기적인 위기도 초래한다는 것이다. 제2차대전 직후의 baby boom시기에 출생한 사람들이 은퇴하는 2015년 이후에 다시 위기가 온다는 것이다. 그러나 그것은 그렇게 심각하지 않을 것이라는 것이 전문가들의 전망이다. 1990년부터 2015년에 이르는 기간 중에 많은 잉여가 발생하여 축적할 수 있는 까닭이다.

### (2) 정책변동과정

① **재정파탄 수습방안들의 실패**: 1980년 초에 사회보장재정위기의 징후가 보이자 여러 가지 수습방안이 여러 사람에 의하여 제시되었다. 먼저 1981년 1월 5일 픽클 하원의원이 사회보장수습방안을 제출하여 하원세입위원회 사회보장소위원회를 통과했으나 그 이상 진전을 보지 못했다.

1월 20일에 레이건 대통령이 취임하자 여러 가지 형태의 행정부안이 제시되었다. 특히 5월 12일에는 슈웨이커(Schweiker) 보건인적서비스장관이 사회보장개혁안을 제시했는 데 5월 20일 상원이 96 대 0으로 이를 부결했다. 이 밖에도 여러 가지 행정부안이 제시되었으나 어느 하나도 햇빛을 보지 못했다.

---

37) Light, *op. cit.*, p. 92

② **사회보장개혁위원회의 설치와 활동**: 마침내 1981년 9월 24일 레이건은 민주·공화 양당이 합의할 수 있는 방안의 모색을 위하여 사회보장개혁위원회(National Commission on Social Security Reform)의 설치를 제의했다.

사회보장개혁위원회가 활동을 개시하기 전에 인선이 문제였다. 15명으로 구성되는 사회보장개혁위원회는 대통령이 5명, 상원이 5명, 하원이 5명 임명하도록 되어 있었는데 결과적으로 공화당 8명과 민주당 7명으로 구성되었다. 그러나 민주당측에서는 보수파 10명과 진보파 5명으로 구성되었다고 보았다.[38]

이와 같이 인선을 마친 사회보장개혁위원회는 1982년 2월 23일 최초의 모임을 가졌다. 레이건 대통령과 오닐(O'Neill) 하원의장(민주당) 간의 회담도 주선하는 등 공화당과 민주당 간의 타협안을 모색했으나 1982년 말까지 아무런 성과를 거두지 못했다.

③ **소위원회의 활동**: 사회보장개혁위원회가 아무런 성과를 거두지 못하자 1982년 크리스마스 기간 중 백악관측은 볼(Robert Ball) 및 모이니한(Daniel Moynihan) 상원의원과 접촉을 벌였다. 그리하여 사회보장개혁위원회 위원 중 5명과 백악관측 4명 도합 9명으로 9인소위원회(The Gang of Nine)를 구성했다.

그러나 실질적인 교섭은 민주당을 대표하는 볼과 백악관(공화당)을 대표하는 스톡만(Stockman, 관리예산처장) 두 사람 사이에서 이루어졌다. 9인소위원회 타협안은 사회보장개혁위원회에 제출되어 1월 5일부터 15일에 이르는 기간 중 그 심의를 거쳐 12 대 3으로 의결되었다.[39]

④ **사회보장개혁위원회안의 의결**: 사회보장개혁위원회안에 대한 심의는 하원세입위원회에서 시작되었다. 1983년 2월 1일부터 3일에 걸쳐 하원세입위원회가 공청회를 개최했으며 세입위원회 사회보장소위원회와 세입위원회의 심의를 거쳐 3월 9일 하원본회의를 통과했다. 3월 9일 재정위원회에

38) *Ibid.*, p. 166.
39) *Ibid.*, p. 240.

서 시작된 상원의 심의는 3월 23일 상원본회의를 통과함으로써 끝났다.

상・하양원안을 조정하기 위한 양원협의위원회가 하루만에 타협안을 마련하였으며 이 타협안이 각각 하원과 상원의 승인을 얻어 3월 25일 의회의 심의를 마쳤다. 행정부에 이송된 법안(PL 98-21)이 레이건 대통령의 서명을 얻은 것은 1983년 4월 20일이었다.

## 3 토지투기와 토지공개념정책

### 1) 사례의 개요

우리나라에서 토지투기와 지가의 앙등이 빈번히 있었으나 1980년대의 토지투기와 지가의 앙등은 심각한 사회문제를 제기했다. 1975년부터 1988년에 이르는 기간 중 소비자물가는 4.1배 올랐지만 지가는 16.8배나 올랐던 것이다. 특히 1987년 하반기 이후의 지가의 앙등은 심각한 것이었다. 1987년의 전국평균지가상승률은 14.7%였으며 1988년에는 그 두 배 가까이 되는 27.5%에 달하게 되었다.

이러한 지가의 폭등에 당황한 노태우정부는 1988년 7월 20일 긴급부동산대책회의를 개최했다. 8월 10일에는 「8・10 조치」를 발표하여 토지공개념정책 도입을 위한 기반을 닦았다. 토지투기와 지가앙등을 억제하기 위한 기구로서 부총리를 위원장으로 하는 부동산정책위원회를 위시하여 부동산실무위원회, 토지공개념연구위원회 등을 발족시켰다.

다음 해인 1989년 2월 14일 토지공개념연구위원회가 그동안의 연구결과를 중간보고형식으로 부동산정책위원회에 제출했다. 그 후 정책토론회를 거쳐 토지공개념관련법안이 부동산정책위원회를 통과하여 입법예고되었다. 당정협의를 거쳐 국회에 제출된 법안이 12월 18일 국회를 통과했으며 12월 30일 공포되었다.

사유재산권을 침해한다는 논란이 제기되어 많은 관심을 모았던 토지공개념정책의 도입이라는 정책변동은 부동산투기의 난무와 그에 따른 지가의 앙등이라는 위기가 아니었으면 불가능했을 것이다.

## 2) 위기가 초래한 정책변동

### (1) 토지투기와 위기감의 고조

토지투기와 그로 인한 지가의 앙등은 1980년대에 접어들면서 지속적인 형상이었으나 1987년 후반에 와서 격화하여 1987년의 전국평균 지가상승률이 14.7%였으며 1988년에는 27.5%에 달하게 되었다.

이러한 토지투기와 지가의 앙등이 주택건설이나 공공사업의 추진을 어렵게 하였을 뿐만 아니라 기업의 생산활동의 위축도 초래했다. 1988년의 경우 토지로부터의 자본이득이 제조업국내총생산의 171.2%에 해당되는 기현상을 초래했던 것이다.[40] 모기업의 경우 일정기간 동안 부동산에 1조원 가량을 투자한 데 비하여 부동산 이외의 기업투자액은 그 4분의 1에도 못 미치는 2,388억원에 지나지 않았다.[41]

이보다 더 심각한 문제는 토지소유의 편중과 이에 따른 분배측면의 문제라고 지적하는 사람들이 있다. 개인이 소유한 모든 토지의 65.2%를 토지소유자의 상위 5%계층(54만명)이 가지고 있으며 이들의 토지로부터의 자본이득이 GNP의 32.8%에 해당되는 것이라는 계산이 나와 있다.[42]

이러한 1987년부터 1988년에 걸친 토지투기와 그에 따른 지가의 앙등은 허먼이 말하는 위기의 세 가지 속성을 지니는 것이라고 할 수 있다.

첫째로 그것은 정치적으로 취약한 정권의 초기단계에 있어서 사회안정·정치안정을 위협하는 사건이라 할 수 있다. 1987년의 6·29선언으로 민주화가 급속히 진전됨에 따라 사회기강도 문란해진 상황하에서 1988년 2월 25일 노태우 대통령이 취임했다. 9월에 서울올림픽을 개최하기는 했으나 11월 23일에는 전두환 전대통령부부의 백담사은둔이 시작되었다.

1987년 12월의 대통령선거에서 대통령을 배출하기는 했으나 국회의 과반수의석을 차지하지 못한 민정당이었다. 이러한 취약한 정권의 초기단계에 있어서 토지투기와 그에 따른 지가의 폭등은 토지소유의 편중과 그에

40) 손재영, "토지문제의 경제적 해석과 정책수단의 검토," 법무부편, 토지공개념과 토지정책(서울: 법무부, 1989), p. 157.
41) 한겨레신문, 1989년 12월 12일.
42) 손재영, 전게문, pp. 155, 157.

따른 분배측면의 문제까지 겹쳐 그렇지 않아도 정치적으로 흔들리는 정권에 더욱 큰 불안을 초래하는 요인으로 작용하였다.

둘째로 그것은 조속한 결정을 요구하는 사건이었다. 천정부지(天井不知)로 오르는 지가는 서민들의 내집마련을 더욱 어렵게 하였을 뿐만 아니라 기업윤리의 마비도 초래하여 기업들이 생산 활동보다는 부동산투기에 열중하는 현상을 초래했다. 일부 재벌기업들이 항공촬영까지 활용하여 부동산 매입에 혈안이 되어 있다는 보도까지 있었다.

셋째의 의외성에 관해서는 논란의 여지가 있다. 이미 1983년부터 지가의 앙등이 시작되었으므로 의외의 사건이라고 하기는 어려울는지 모르나 1987년 하반기부터 1988년에 걸친 지가의 폭등은 다소 의외적이었다고 할 수 있을 것이다.

(2) **정책변동과정**

① **부동산정책위원회 등의 출범**: 1988년 2월 25일에 출범한 노태우정부는 1987년 하반기부터 시작된 지가의 앙등에 당황하여 1988년 7월 20일 긴급부동산대책회의를 열어 토지투기를 방지하고 지가의 상승을 억제하기 위한 방안을 논의했다. 8월 10일에는 소위 「8 · 10 조치」를 발표했으며 부총리를 위원장으로 하고 내무 · 재무 · 농수산 · 상공 · 건설부장관과 대통령경제수석비서관을 위원으로 하는 부동산정책위원회가 1988년 8월 23일에 발족했으며 이틀 후에는 부동산대책실무회의가 구성되어 활동을 시작했다. 이어서 학계와 실무계 인사로 구성된 토지공개념연구위원회가 설치되어 가동을 시작했다.

토지공개념연구위원회는 1989년 2월 14일 그동안의 연구결과를 중간보고서 형식으로 부동산정책위원회에 제출했으며 2월 23일과 24일 양일에 걸쳐 정책토론회도 가졌다. 토지공개념관련법안이 부동산정책위원회를 통과한 것은 7월 6일이며 7월 7일 입법예고되고 9월 11일에는 당정협의까지 마쳤다.[43]

43) 한은미, "토지공개념의 의의와 과제," 법무부편, 토지공개념과 토지정책(서울: 법무부, 1989), pp. 16-18.

② **국회의 법안심의과정**: 토지공개념관련법안의 국회심의과정이 순탄하지 않을 것이라는 전망도 있었으나 당정협의까지 마친 법안들은 사소한 수정을 거쳐 12월 18일 국회를 통과했다. 한때 택지소유의 상한을 6대도시의 경우 정부원안의 200평에서 180평으로 낮춘다는 설도 있었으나[44] 이 역시 원안대로 의결되었다.

③ **토지공개념정책의 정책수단**: 전술한 바와 같이 토지공개념정책의 구체화를 위하여 1989년 12월 14일 국회는 4개의 법안을 의결했으며 정부는 12월 30일 이를 공포했다. 이 중 「토지관리 및 지역균형개발 특별회계법」은 정책집행을 위한 특별회계설치를 규정한 법률이므로 이를 제외하고 나머지 3개만을 약술하기로 한다.

ⓐ 택지소유상한제: 토지소유상한제의 일환으로 도입된 택지소유상한제는 기업의 토지상한은 여러 가지 이유로 설정하기가 어려우므로 택지의 소유상한만을 설정한 제도이다. 7대도시(제정당시에는 6대도시) 내 200평 이상의 택지소유를 금지하며 소유상한을 초과하는 택지와 법인이 소유하는 택지에 대해서는 초과소유부담금을 부과하였다.

ⓑ 개발이익환수제: 개발사업대상지의 지가가 상승하는 데서 발생하는 개발이익을 환수하여 부의 분배가 편중되는 것을 방지하는 제도이다. 「개발이익환수에 관한 법률」은 택지개발사업, 공업단지개발사업, 골프장건설사업 등 11개 사업을 대상으로 하여 원칙적으로 상정된 개발이익의 50%를 환수하도록 규정하였다.

ⓒ 토지초과이득세: 개발사업의 유무에 관계없이 일정조건에 해당되는 모든 토지소유자에게 지가상승액의 일부를 조세의 형태로 거두는 제도이다. 「토지초과이득세법」은 유휴토지에서 생긴 이익의 30%내지 50%를 환수하도록 규정하였다.

### (3) 정책변동의 특징

① **위기없이는 불가능했던 정책변동**: 토지공개념이란 토지의 소유권은 인정하지만 이용권과 수익권, 그리고 때에 따라서는 처분권까지도 국가가

---

44) 한겨레신문, 1989년 12월 2일.

관리하겠다는 개념이다.

토지공개념정책이 공개적으로 등장한 것은 1978년의 일이다. 당시의 건설부장관이 토지공개념이라는 용어를 처음으로 사용하였던 것이다.[45] 그러나 토지의 소유와 이용의 분리로 대표되는 토지공개념정책이 정부에 의하여 공식적으로 채택되기는 용이한 문제가 아니었다. 수익권, 이용권 및 처분권의 세 가지가 소유권을 구성하는 요소라는 사실을 감안할 때 토지의 소유권은 인정하지만 이용권과 수익권 그리고 때에 따라서는 처분권까지 국가가 관리하겠다는 토지공개념정책은 극단적으로 말하면 토지를 직접적으로 몰수하지 않고도 실질적인 국유화를 달성하는 효과를 거두는 정책이라고 볼 때 공식적으로 채택하기는 용이하지 않았다.

그러나 전술한 바와 같이 1987년 하반기부터 1988년에 걸쳐 발생한 토지투기와 그에 따른 지가의 앙등이 심각한 사회문제로 등장하게 되었고 취약한 정권의 안정에 심대한 영향을 미친다고 판단한 노태우정부로서는 획기적인 정책을 채택하지 않을 수 없었다고 생각된다. 국회의 법안심의과정이 순탄하지 않을 것이라는 전망도 있었으나 그 당시의 상황이 정부원안에 큰 수정을 가할 형편이 아니었으므로 대체로 정부원안대로 통과되었던 것이다.

② **충분한 토론을 거친 정책변동**: 토지공개념정책의 채택은 한국으로서는 충분한 검토를 거친 정책변동이라 할 수 있다. 전술한 바와 같이 건설부장관이 토지공개념이라는 용어를 처음으로 사용한 것이 1978년이나 토지공개념정책을 정부에서 공식적으로 논의의 대상으로 삼은 것은 1988년 7월이라 할 수 있다. 1988년 7월 20일 긴급부동산대책회의를 소집하였으며 8월에는 부동산정책위원회, 부동산실무대책회의에 이어서 토지공개념연구위원회까지 발족하게 되었다.

토지공개념연구위원회가 그동안의 연구결과를 중간보고의 형식으로 부동산정책위원회에 제출한 것이 다음 해인 1989년 2월 14일이었다. 그 후 정책토론회, 입법예고, 당정협의까지 거쳐 국회에 관련 법안이 제출되었으며 12월 18일 국회의 의결을 마치고 12월 30일 공포되었다. 한마디로 말해

45) 김정호, 토지세의 경제학(서울: 한국경제연구원, 1997), p. 140.

서 긴급부동산대책회의에서 관련 법률의 공포까지 1년 5개월이 소요된 정책변동이다.

우리나라에도 공정거래법의 제정과 같이 16년이 소요된 정책변동도 있으나 권력분립이 엄격하지 않은 우리나라에서는 정책변동에 소요되는 기간이 길지 않다는 사실을 감안할 때[46] 토지공개념정책의 채택은 비교적 장기간에 걸쳐 충분한 검토를 거친 정책변동이라 해도 좋을 것 같다.

③ **종결된 정책**: 토지공개념정책을 구체화하는 법률들이 공포된 것은 1989년 12월 30일이었으며 8년간 많은 성과를 거두었다. 그러나 1997년 말의 외환위기와 그에 따른 IMF체제의 도래이후 부동산경기가 급속히 냉각하고 지가가 크게 떨어졌다. 이에 정부는 부동산경기의 활성화와 복합불황의 방지를 위하여 도입된 지 8년여에 달하는 토지공개념정책을 종결하게 되었다.

## 4 사례의 비교분석

### 1) 비교분석의 기준

우리는 위에서 위기가 초래한 정책변동에 관한 3개 사례를 살펴보았다. 이곳에서는 ① 정책변동의 비중, ② 정책변동소요기간, ③ 정책활동가의 역할이라는 세 가지 기준에 따라 3개 사례를 비교분석하고자 한다.

정책변동의 비중을 기준으로 삼는 것은 이것이 객관화하기는 어렵겠으나 위기가 초래한 정책변동이 얼마나 중요성을 지니는가를 평가할 필요가 있는 까닭이다. 위기가 초래한 정책변동이 이념적으로나 실제적으로 중요한 의의를 지니는 경우가 있는가 하면 큰 의의를 지니지 못하거나 몇 년 후 종결되어 정책변동으로서의 의의를 많이 상실하는 경우도 있다.

둘째로 정책변동소요기간을 기준으로 삼는 것은 그 정책변동이 폴즈비가 말하는 속결형이냐 배양형이냐를 판단하는 데 중요한 자료가 될 수 있

46) 유훈, 전게서, 제2편 제4장 「정책형성유형」 참조.

기 때문이다.[47]

셋째로 정책활동가의 역할을 또 하나의 기준으로 삼는 것은 위기를 정책변동으로 연결하는 데 정책활동가의 역할이 중요하다는 주장을 검증하기 위해서이다.

### 2) 정책변동의 비중

위에서 고찰한 세 가지 사례에 있어서 정책변동의 비중에 있어서 다소 차이가 있다는 것을 알 수 있다. 먼저 스푸트니크사례에 있어서 이 위기가 초래한 정책변동은 그 의의가 크다고 하겠다. 스푸트니크위기가 계기가 되어 제정한 국방교육법은 그때까지는 금기시되었던 연방정부의 교육에 대한 재정지원을 가능케 했을 뿐만 아니라 이 법률은 그 후 수차에 걸쳐서 연장되어 교육에 대한 연방정부의 재정지원을 항구화하였던 것이다. 여기서 더 나아가서 이것으로 인하여 오늘날 미국의 고등교육이 다른 나라의 추종을 불허하는 수준으로 향상되었을 뿐만 아니라 미국의 과학기술 수준의 비약적 발전을 초래하는 데 크게 이바지했다고 할 수 있겠다.

사회보장재정사례에 있어서 이 위기가 초래한 정책변동으로 미국의 사회보장제도가 단기적인 재정위기에서 벗어날 수 있었을 뿐만 아니라 장기적인 재정위기도 모면할 수 있게 되었다는 것을 알 수 있다.

토지투기사례에 있어서 이 위기가 초래한 토지공개념정책의 도입이라는 정책변동은 이념적으로 소유권개념에 수정을 가했다는 점에서 대단히 중요한 정책변동이라 할 수 있을는지 모른다. 그러나 한 가지 유감스러운 것은 IMF체제 도래 이후 부동산경기가 급속히 냉각하고 지가가 크게 떨어지자 토지공개념정책이 종결되었다는 사실이다.[48]

### 3) 정책변동소요기간

위기가 도래한 때로부터 정책변동이 이루어지기까지의 기간을 말하는

47) Polsby, *op. cit.*, p. 158.
48) 유훈, 전게서 제3편 제4장 「정책의 종결」 참조.

정책변동소요기간도 사례에 따라서 차이가 있다는 것을 알 수 있다.

먼저 스푸트니크사례의 경우를 본다면 구소련이 1957년 10월 스푸트니크 1호를 발사한 때로부터 1958년 9월 국방교육법이 제정되기까지는 11개월이 소요되었다. 미국과 같이 일반적으로 법률의 제정을 포함하는 정책결정이 많은 시간을 소요로 하는 국가에서 이와 같이 중요한 정책변동이 단시일 내에 이루어졌다는 것은 첫째로 이것이 분배정책과 관련된 정책변동이며, 둘째로 구소련의 스푸트니크발사가 정책결정자들에게 심각한 위기감을 조성한데 그 이유가 있다고 하겠다.

사회보장재정사례의 경우 위기를 감지한 1980년 초부터 1984년 PL 98-21이 제정되기까지는 4년의 세월이 소요되었다는 것을 알 수 있다. 일반적으로 정책결정에 많은 시일이 소요되는 미국이라 할지라도 정책변동에 4년의 세월이 소요되었다는 것은 다소 긴 감이 있는데 무엇보다도 이것이 재분배정책과 관련된 정책변동이었다는 것이 그 이유라 하겠다. 그리고 또한 가지 첨부할 것이 있다면 정책결정자들이 사회보장 트러스트펀드(Trust Fund)의 재정위기를 국가안보상의 위기보다 덜 심각하게 느꼈다는 사실이라 하겠다.

토지투기사례의 경우 노태우정부가 지가의 폭등에 당황하여 1988년 7월 긴급부동산대책회의를 개최했을 때로부터 토지공개념관련법률들이 공포된 1989년 12월 말까지 1년 5개월 정도가 소요되었다.

일반적으로 정책결정에 많은 시일이 소요되지 않는 한국에서 정책변동에 1년 5개월이 소요되었다는 것은 예외적인 일이라 하겠다. 무엇보다 이것이 재분배정책과 관련된 정책변동이었다는 것이 많은 시일이 소요된 이유라 하겠으며 소유권개념에 수정을 가하는 정책변동이었으므로 많은 시일이 소요되었다는 사실도 간과해서는 안 되겠다.

### 4) 정책활동가의 역할

저자는 다른 기회에 위기를 정책변동으로 연결하는 고리의 역할을 담당하는 것이 정책활동가(policy entrepreneur)라는 주장을 편 바 있으며 제14장에서 이를 되풀이하고자 한다. 이곳에서는 위에서 살펴본 세 가지 사례에 있어서 정책활동가들이 어떠한 역할을 담당했는가를 살펴보고자 한다.

먼저 스푸트니크사례에 있어서 정책활동가들이 중요한 역할을 담당했다는 것을 알 수 있다. 엘리옷 하원의원과 힐 상원의원이 각각 하원과 상원에서 법안에 수정을 가하고 통과시키는 데 중요한 역할을 담당했을 뿐만 아니라 민주당의원인 이들은 민주당안과 공화당안(행정부안)의 절충을 위해서도 많은 역할을 수행했다. 행정부 내에서도 여러 사람이 노력하였으나 리챠드슨 차관보의 역할이 중요했다. 많은 경우 리챠드슨 차관보는 행정부를 대표하여 입법부와 절충을 버리고 타협안을 성립시키는 데 큰 역할을 담당했다.

사회보장재정사례에 있어서도 정책활동가의 역할을 찾아볼 수 있다. 관리예산처장이었던 스톡만이 처음부터 끝까지 주동적인 역할을 담당했다. 특히 최종단계에 있어서는 9인소위원회를 구성하여 민주당측의 볼과의 절충을 통하여 타협안을 끌어냈으며 이 안이 사회보장개혁위원회안으로서 의회의 심의를 거쳐 최종안의 골자를 이루었다고 하겠다.

토지투기사례에 있어서도 정책활동가의 역할을 찾아볼 수 있다. 1988년 8월 10일에 발표된 「8 · 10조치」를 성안하고 토지공개념관련법안의 초안을 마련하여 입법예고를 하고 당정협의에 부의하는 과정에 있어서 주동적인 역할을 담당한 사람이 당시 건설부 토지국의 이규황 국장이었다. 직급이 국장인 직업공무원이었으나 토지공개념정책의 도입에 있어서 정책활동가로서의 역할을 수행했다는 것은 사실인 것 같다.[49]

49) 2001년 7월 2일 이규황과의 면접

# 제 13 장 정책학습과 정책변동

## 제 1 절 정책학습의 의의와 유형

### 1 정책학습에 대한 관심의 고조

#### 1) 헤크로의 연구

정책학습에 의거한 정책변동에 관한 연구는 정책변동이 갈등의 결과로 발생하는 것이라는 소위 갈등모형(conflict-based model)에 대한 반론으로 제기되었다고 하겠다.

정책학습에 관하여 처음으로 언급한 사람은 도이취(Carl Deutsch)이나[1] 정책변동과의 관련하에서 학습모형(learning model) 또는 학습접근법을 제창한 사람은 헤크로(Hugh Heclo)라 할 수 있다. 헤크로는 1974년 그의 저서에서 종전의 갈등모형을 비판하고 지식의 습득과 활용에 초점을 맞추는 접근방법이 갈등의거이론보다 정책의 변동을 이해하고 설명하는 데 장점이 있다고 주장했다.[2]

1) Karl Deutsch, *The Nerves of Government*(New York: The Free Press, 1966).

### 2) 사비티어와 홀

헤크로와 관점을 달리하나 정책변동과 정책학습의 관련을 주장한 사람으로서 사바티어(Paul Sabatier)를 들 수 있겠다. 사바티어는 정책변동을 설명하기 위한 모형으로서 지지연합모형(advocacy coalition model)을 제시했다.[3] 사바티어는 정책변동에 영향을 미치는 요인으로서 외부적 요인과 내부적 요인을 들고 있는데 내부적 요인의 하나로서 정책지향적 학습(policy-oriented learning)을 강조하고 있다. 정책학습은 지지연합내에서도 이루어질 수 있겠으나 다른 지지연합으로부터의 학습도 가능하다고 주장했다.[4]

영국 경제정책의 변동을 연구한 홀(Peter Hall)도 정책변동과정에서의 정책학습의 중요성을 강조하고 있다.[5] 한 가지 특기할 것은 전술한 헤크로는 학습모형을 갈등모형에 대한 반론으로서 제기한데 대하여 홀은 사회적 학습으로서의 정치와 권력투쟁으로서의 정치가 서로 얽혀 있다는 사실을 강조하고 있다는 점이다.[6]

### 3) 정책이전에 관한 연구

정책학습에 관한 연구 중 특이한 것으로서 1940년대에 이미 시작된 정책이전(policy transfer)에 관한 연구를 들 수 있겠다. 다른 정치단위(political units)의 선례나 경험으로부터 가능할 뿐만 아니라 과거의 경험, 역사로부터도 가능하다는 주장이 제기되고 있다.[7]

---

2) Hugh Heclo, *Modern Social Politics in Britian and Sweden*(New Haven: Yale University Press, 1974).

3) Paul Sabatier, "An Advocacy Coalition Framework of Policy Change and the Role of Policy-Oriented Learning Therein," *Policy Sciences*, No. 2-3, 1988, pp. 134-137.

4) *Ibid.*, pp. 149-151.

5) Peter Hall, "Policy Paradigms, Social Learning, and the State," *Comparative Politics*, April 1993, pp. 279-280.

6) *Ibid.*, p. 292.

7) Colin Benett, "How States Utilize Foreign Evidence," *Journal of Public Policy*, January-March 1991, pp. 31-54; Peter May, "Policy Learning and Failure," *Journal of Public Policy*, October-December 1992, pp. 331-354; Colin J. Benett and Michael

정책이전에 관한 연구가 처음에는 자율적인 이전에 한정되었으나 근래에 와서는 타국이나 국제기구 등의 외압에 의한 타의적인 이전에 관한 연구도 성행하고 있다.[8]

정책이전에 관한 연구 중 특기할 것은 로즈(Richard Rose)의 교훈얻기(lesson-drawing)에 관한 연구다. 로즈는 교훈얻기를 정책이전과 동의어로 사용하고 있는데 광범위한 사례를 원용하여 교훈얻기를 다섯 가지로 세분하여 검토하고 있다.[9]

## 2 정책학습의 개념과 유사개념

### 1) 정책학습의 개념

정책학습에 관해서는 여러 사람이 여러 가지로 정의를 내리고 있는데 홀의 정의와 헤크로의 정의가 대조적이다.

#### (1) 홀의 정의

홀은 정책학습이란 최종적인 목적을 보다 낫게 달성하기 위하여 과거의 정책의 결과나 새로운 정보에 비추어 정책의 목표나 기법을 조정하려는 의식적인 노력이라고 정의하고 있다.[10] 헤크로가 정책학습을 덜 의식적인 활동이라고 보는데 대하여 홀은 정책학습을 의식적 내지 계획적인 활동으로 보고 있는 것이다.

---

Howlett, "The Lessons of Learning: Reconciling Theories of Policy Learning and Policy Change," *Policy Sciences*, August 1992, pp. 275-294; Richard E. Neustadt and Ernest R. May, *Thinking in Time: The Uses of History for Decision Makers* (New York: Free Press, 1986).

8) David Dolowitz and David Marsh, "Who Learns What from Whom: A Review of the Policy Transfer Literature," *Political Studies*, June 1966, pp. 347-349.

9) Richard Rose, "What is Lesson-Drawing," *Journal of Public Policy*, January-March 1991, pp. 3-30.

10) Peter Hall, "Policy Paradigms, Social Learning and the State," A Paper Presented to the International Political Association, Washington, D.C., 1988, p. 6.

#### (2) 헤크로의 정의

정책학습에 의거한 정책변동에 관한 연구의 창시자라 할 수 있는 헤크로는 정책학습을 사회적 또는 환경적 변동에 적응하기 위하여 발생하는 정부의 덜 의식적인 활동이라고 정의하고 있다. 다시 말해서 헤크로는 학습이란 경험의 결과 발생하는 비교적 장기간에 걸친 행태의 변화라고 보는데 이러한 변화는 외부적인 정책환경의 변화에 대한 반응으로 발생한다는 것이다.[11]

#### (3) 본서의 정의

우리는 정책학습을 넓게 해석하여 홀의 견해와 헤크로의 주장을 망라하고자 한다. 이리하여 우리는 정책학습이란 과거의 정책의 결과나 새로운 정보에 비추어 정책의 목표나 기법·수단을 조정하려는 의식적인 노력뿐만 아니라 정책환경의 변화에 적응하려는 덜 의식적인 활동까지 포함하는 개념으로 파악하고자 한다.

### 2) 유사개념

정책학습의 개념을 좀더 분명하게 하기 위하여 몇 가지 유사개념을 살펴보고 이들과 정책학습의 차이점을 검토하고자 한다.

#### (1) 정책이전

정책학습에 관한 연구자 중에는 정책이전(policy transfer)의 중요성을 강조하는 사람들이 많다. 정책이전이란 자의 또는 강압에 의하여 다른 정치당위(political unit)의 정책을 옮겨오는 것을 의미한다. 전술한 바와 같이 정책이전연구는 처음에는 자의적 이전만을 대상으로 삼았으나 근래에 와서는 자의적인 것뿐만 아니라 타국 또는 국제기구 등의 강압에 의한 이전까지 포함하게 되었다.

한마디로 말해서 정책이전은 정책학습보다 좁은 개념이라 할 수 있다. 정책학습이 과거의 결과, 새로운 정보, 정책환경의 변화 등에 비추어 정책

11) Heclo, *op. cit.*, p. 306.

의 목표나 기법·수단 등을 조정하려는 의식적 또는 덜 의식적인 활동인데 대하여 정책이전은 새로운 정보를 토대로 의도적으로 타정치단위의 정책을 이전 또는 모방해 오는 활동을 의미한다.

### (2) 교훈얻기

전술한 정책이전과 거의 같은 뜻으로 사용되고 있는 교훈얻기(lesson-drawing)는 로즈 등이 즐겨 사용하는 개념인데 타정치단위의 정책에서 교훈을 얻어 이를 모방하거나 이전하여 오는 것을 말한다.[12)]

로즈는 정책이전과 교훈얻기를 동의어로 사용하나 도로윗츠(David Dolowitz)와 마쉬(David Marsh)는 양자를 구별하여야 한다고 주장한다. 교훈얻기는 자의적인 이전만을 의미하는데 대하여 정책이전은 자의적인 경우뿐만 아니라 타국이나 국제기구 등에 의한 외압에 의한 타의적인 경우도 포함한다는 것이다.[13)] 로즈는 교훈얻기를 다시 복제(copying), 모방(emulation), 혼성(hybridization), 합성(synthesis), 시사(inspiration)로 세분하고 있으나 상세한 것은 생략하기로 한다.

### (3) 정책수렴

여러 국가, 여러 주, 여러 자치단체의 정책이 유사해지는 현상을 의미하는 정책수렴(policy convergence)에 관한 연구도 많이 이루어지고 있다.

정책수렴을 세분하여 정책목표의 수렴, 정책내용의 수렴, 정책수단의 수렴, 정책스타일(policy style)의 수렴으로 나눌 수 있으나 분석적인 분류라고 하기는 어려울 것이다.[14)]

이러한 정책수렴의 원인에 관해서는 전문가집단의 활동, 다국적기업의 영향 등 많은 주장이 제기되고 있으나 아직도 학자들 간에 합의된 바 없으며 앞으로 많은 연구가 이루어져야 할 것으로 생각된다.

정책수렴은 전술한 정책이전 또는 교훈얻기의 일종이라 할 수 있는 모방

---

12) Rose, *op. cit.*, pp. 7-10.

13) Dolowitz and Marsh, *op. cit.*, p. 344.

14) Colin Benett, “Review Article: What is Policy Convergence and What Causes It?” *British Journal of Political Science*, 1991, p. 218.

의 결과 일어나는 현상이라 할 수 있으며 정책학습보다는 좁은 개념이라 할 수 있겠다.

## 3 정책학습의 유형

정책학습의 유형은 여러 사람이 여러 가지로 분류하고 있으나 우리는 그 중에서 다음과 같은 몇 가지만 살펴보고자 한다.

### 1) 메이의 유형

메이(Peter May)는 정책과 관련된 학습을 크게 정책학습과 정치적 학습으로 나누고 정책학습을 다시 수단적 정책학습(instrumental policy learning)과 사회적 정책학습(social policy learning)으로 세분하고 있다.

#### (1) 수단적 정책학습

정책수단이나 정책집행디자인에 관한 학습을 의미하는 수단적 정책학습은 기존의 정책목표의 테두리 안에서 정책실패나 향상된 정책실적의 원천을 이해하는 데 도움을 준다고 하겠다.

이와 같은 수단적 정책학습을 이룩하기 위해서는 경험이나 공식적 평가에 의하여 정책수단이나 정책집행에 관한 올바른 이해가 전제되어야 한다.[15]

메이는 수단적 정책학습의 예로서 1976년부터 1984년에 이르는 기간 중의 미국의 위험성 고체폐기물정책을 들고 있다. 처음에는 폐기물의 매립에 의존하는 정책을 사용했으나 점차 고체폐기물의 재활용 등에 의존하는 정책으로 전환했다는 것이다.[16]

#### (2) 사회적 정책학습

정책의 목표, 정책의 범위, 정책문제 등에 관한 학습을 의미하는 사회적

---

15) May, *op. cit.*, pp. 335-337.

16) Richard Barke, "Policy Learning and the Evolution of Federal Hazardous Waste Policy," *Policy Studies Journal*, September 1985, pp. 123-131.

정책학습은 정책목표와 관련된 기대의 변동을 초래한다.

이와 같은 사회적 학습을 이룩하기 위해서는 관련된 정책영역 안에서 정책문제나 그 해결책에 관한 인과관계에 관한 사고의 변화가 전제되어야 한다.

한마디로 말해서 수단적 정책학습이 정책수단이나 정책집행디자인에 관한 학습인데 대하여 사회적 정책학습은 정책목표나 정책의 근본적인 문제에 관한 학습이라 하겠다.

메이는 사회적 정책학습의 예로서 1986년의 개혁으로 나타난 미국의 연방소득세정책과 1964년부터 1984년에 이르는 기간 중의 미국의 정신보건정책을 들고 있다.

연방소득세정책은 1986년의 개혁에 의하여 과세범위의 확대, 세율의 인하, 기업조세부담비율의 인상과 같은 조세철학의 변동을 초래했다는 것이다. 또한 정신보건정책은 종전의 정신병원에의 격리에 의존하던 정책에서 통원치료에 역점을 두는 정책으로 전환했다는 것이다.[17]

### (3) 정치적 학습

특정한 정책을 창도하고 추진하기 위한 전략에 관한 학습을 의미하는 정치적 학습은 정책의 실현가능성이나 정책과정에 역점을 두는 것으로서 특정한 정책을 보다 세련된 방법으로 창도하고 추진하는 데 이바지한다는 것이다.

정치적 학습은 엄밀하게 말해서 정책학습이라 할 수 없을는지 모른다. 그리하여 전술한 바와 같이 메이도 정책과 관련된 학습을 정책학습과 정치적 학습으로 나누고 정책학습을 수단적 정책학습과 사회적 정책학습으로 세분하고 있는 것이다. 그러나 정치적 학습이 윌다브스키(Aaron Wildavsky)가 언급한 바와 같이 정책창도자들의 특정 정책목표로부터의 전략적 후퇴를 초래할 수도 있으므로 정치적 학습도 정책과 관련된 학습이라 하여야 할 것이다.

---

17) David A. Rochefort, "Policymaking Cycles in Mental Health," *Journal of Health Politics*, Policy and Law, Spring 1988.

### 2) 베넷트와 호렛트의 유형

베넷트(Colin Bennett)와 호렛트(Michael Howlett)는 정책학습을 정책변동과의 관련하에서 고찰한 그들의 논문에서 정책학습의 주제, 정책학습의 내용, 정책학습의 효과라는 세 가지 관점에서 정책학습을 다음과 같이 세 가지로 나누고 있다.[18]

#### (1) 정부의 학습

정부의 학습(governmental learning)이란 정부관계자들이 정책과정과 관련된 문제를 학습하는 것을 말하는 데 정부의 학습의 효과는 조직의 변동으로 나타난다는 것이다.

#### (2) 교훈얻기

베넷트와 호렛트는 교훈얻기(lesson-drawing)를 전술한 로즈와는 다소 다른 뜻으로 사용하는 것 같다. 이들에 의하면 교훈얻기는 정책네트워크가 정책수단에 관하여 학습하는 것으로서 그 효과는 프로그램변동(program change)으로 나타난다는 것이다.

#### (3) 사회적 학습

사회적 학습은 정책커뮤니티(policy community)가 아이디어에 관해서 학습하는 것으로서 사회적 학습의 효과는 패러다임변동(paradigm change)으로 나타난다는 것이다. 패러다임변동은 공저자의 한 사람인 호렛트가 영국 경제정책의 변동을 연구한 홀의 모형에서 빌려 온 것으로서 근본적인 정책변동을 의미한다.

### 3) 그라스버겐의 유형

환경문제를 연구한 그의 논문에서 그라스버겐(Pieter Glasbergen)은 정책학습을 다음과 같이 세 가지로 분류하고 있으며[19] 미국의 환경문제를 정

---

18) Benett and Howlett, *op. cit.*, pp. 275-284.

19) Pieter Glasbergen, "Learning to Manage the Environment," in William M. Lafferty and James Meadowcraft(eds.), *Democracy and Environment: Problems and Prospects*(Cheltenham, UK: Edward Elgar, 1996), pp. 175-193.

책학습의 관점에서 검토한 휘오리노(Daniel Fiorino)는 그리스버겐의 유형을 그대로 계승하고 있다.[20)]

(1) **기술적 학습**

주어진 정책목표의 테두리 안에서 새로운 정책수단을 모색하는 것과 관련된 기술적 학습(technical learning)은 정책목표나 기본적인 전략에 관한 검토없이 기술적 측면의 변동만을 추구한다. 규제 · 감시 · 집행의 강화와 같은 기술적이고 세부적인 문제에 관한 학습을 의미한다. 메이의 수단적 학습과 유사한 것이라 하겠다.

(2) **개념적 학습**

개념적 학습(conceptual learning)이란 정책목표를 재정립하고 문제정의(problem definition)와 전략을 재조정하는 과정이라 하겠다. 메이의 사회적 학습, 베넷트-호렛트의 사회적 학습과 유사하다고 하겠다.

(3) **사회적 학습**

사회적 학습은 행위자 간의 상호작용과 커뮤니케이션에 초점을 맞추고 있다. 사회적 학습은 기술적 학습의 인지능력과 개념적 학습의 정책목표나 전략의 재검토에 토대를 두고 있으나 관련자 간의 관계와 커뮤니케이션의 질을 강조한다.

## 제 2 절 정책학습과정과 정책변동

### 1 갈등모형과 학습모형

본장의 모두에서 언급한 바와 같이 과거에는 정책변동이 갈등의 결과 발

20) Daniel J. Fiorino, "Environmental Policy as Learning: A New View of an Old Landscape," *Public Administration Review*, May-June 2001, p. 324.

생하는 것이라는 갈등모형(conflict-based model)이 지배적이었다. 이에 대하여 헤크로는 1974년의 그의 저서에서 갈등모형을 비판하고 지식의 습득과 활용에 초점을 맞추는 학습모형이 정책의 변동을 이해하고 설명하는 데 장점이 있다는 주장을 폈다.

영국 경제정책의 변동을 연구한 홀은 정책학습의 중요성을 인정하나 헤크로와는 달리 사회적 학습으로서의 정치와 권력투쟁으로서의 정치가 서로 얽혀 있으며 양자를 확연히 구분하기는 어렵다는 주장을 폈던 것이다.[21)]

영국 경제정책의 변동이 케인즈주의의 실패를 인정하고 그 대안으로서 통화주의(monetarism)를 선택함으로써 일어났으나 1979년의 정권교체가 없었더라면 기존정책의 실패를 인정하고 새로운 대안을 모색하고 새로운 정책을 채택하는 정책학습과 그로 인한 정책변동이 일어나기 어려웠을 것이다. 다시 말하자면 권력투쟁의 결과 보수당이 승리하는 정권교체가 아니었더라면 정책학습이 일어나기 어려웠다는 것이다.

다른 한편 1970년대 초부터 시작된 노동당정부의 연이은 경제정책의 실패가 1979년의 보수당승리에 크게 이바지했다는 사실은 많은 사람들이 인정하는 바이다. 이렇게 볼 때 권력투쟁과 그로 인한 정권교체와 정책학습이 서로 얽혀 있다는 사실을 알 수 있을 것 같다.

한국의 북진통일정책의 변동에서도 같은 현상을 찾아볼 수 있다. 이승만대통령의 북진통일정책이 실현가능성이 없으며 소망스럽지 못한 정책이라는 것이 1950년대 후반에 드러났으나 4·19로 인한 정권교체가 없었더라면 북진통일정책이 자유선거에 의한 통일정책으로 전환되기는 어려웠을 것이다.

그러나 다른 한편 정권교체에 의하여 민주당정부가 집권하였다고 하더라도 소망스럽고 실현가능한 정책이었다면 쉽게 폐기할 명분을 찾기는 어려웠을 것이다.[22)] 한마디로 말해서 권력투쟁(정권교체)과 정책학습이 얽혀 있는 사례를 여기서도 찾아볼 수 있다고 하겠다.

---

21) Hall, *Comparative Politics*, p. 292.
22) 유훈, 정책학원론[제3정증보판](서울: 법문사, 2002), pp. 598-599.

## 2 홀의 정책학습과정과 정책변동

정책학습은 모호한 개념이라고 주장하는 사람들이 많으며 정책학습과 정책변동의 경계도 애매모호한 경우가 많다. 우리는 홀과 메이 두 사람의 견해를 빌려서 정책학습과정과 정책변동을 구체적으로 고찰하고자 한다.

홀은 1970년대 후반부터 1980년대에 걸쳐서 일어난 영국 경제정책의 변동을 ① 패러다임의 안정에서, ② 변이(變異)의 축적, ③ 실험, ④ 권위의 손상, ⑤ 분쟁(contestation), ⑥ 새로운 패러다임의 정착으로 나누어서 고찰하고 있다.[23]

호렛트도 홀의 모형을 가지고 캐나다의 원주민(인디언)정책의 변동을 고찰하고 있다. 호렛트는 자기의 캐나다 원주민정책의 연구에 의하여 홀의 모형이 경제정책 이외의 분야에도 적용이 가능하다는 것이 입증되었다고 하고 있다.[24]

우리는 이곳에서 홀의 모델을 토대로 하여 정책학습과정과 정책변동을 고찰하되 필요에 따라 호렛트의 사례도 언급하고자 한다.

### 1) 패러다임 안정

영국의 경제정책은 보수당 집권기는 몰라도 적어도 노동당 집권기에는 케인즈주의가 경제정책을 지배했다고 하겠다. 말하자면 기존 패러다임 정착기였다고 하겠다. 경제정책의 제1차적 목표가 실업률을 감소시키는 데 있었으며 이를 달성하기 위하여 통화정책보다 재정정책이 중요한 수단으로 사용되었다고 하겠다.

---

23) Hall, *Comparative Politics*, pp. 279-280.

24) Micheal Howlett, "Policy Paradigms and Policy Change: Lessons from the Old and New Canadian Policies Towards Aboriginal Peoples," *Policy Studies Journal*, No. 4, 1994, p. 640.

### 2) 변이의 축적

변이(anomalies)의 축적은 1970년대 초부터 시작되었다고 하겠다. 제2차 윌슨정부(1974-76)와 캐라한정부(1976-79)하에서 일어나기 시작했다.

물가가 급등하고 동시에 성장률의 저하와 실업률의 상승이 일어났다. 영국에서 오랫동안 상식으로 통했던 필립스(Phillips)곡선에 의하면 물가상승률과 실업률 사이에 일정한 역(逆)의 관계(trade-off)가 있으며 물가상승률이 낮을수록 실업률이 높다는 것이다. 다시 말해서 물가와 실업률이 동시에 상승하는 현상은 케인즈주의로서는 설명할 수가 없을 뿐만 아니라 케인지안 재정정책으로서는 물가앙등을 억제하고 실업률의 상승을 동시에 막을 수 있는 방안이 존재하지 않는다는 것이다.

### 3) 실 험

물가와 실업률이 동시에 상승하는 스태그플레이션(stagflation)을 잡기 위하여 노동당정부는 여러 가지 대책을 강구했다. 물가의 폭등을 억제하기 위하여 1976년 히리(Healey)재무장관이 디플레이션정책을 채택하였던바 1977년에는 선진국 중 캐나다를 제외한 그 어떤 국가보다 실업률이 상승하는 결과를 초래했다. 뿐만 아니라 환율이 급락하여 1977년 초에 파운드당 2.024달러였던 환율이 9월 말에는 파운드당 1.637달러로 폭락했다. 해외로부터의 거액의 차입이 환율의 더 이상의 하락을 막았으며 환율은 파운드당 2달러로 복귀했다.

물가의 앙등과 실업률의 상승에 불만을 품은 노동조합을 달래기 위한 조치도 강구하게 되었다. TUC의 건의에 따라 부록(Bullock)경을 위원장으로 하는 부록위원회를 설립했는데 이 위원회는 1977년 1월에 제출한 보고서에서 서독의 공동결정(co-determination)과 유사한 제도를 채택할 것을 건의했으나 채택되지 않았다.

근로자들의 소득보전을 위하여 1972-73년, 1975-77년의 소득정책에 이어 캐라한수상은 전년보다 5% 임금을 인상하는 소득정책을 1978년에 발표했다. TUC는 정부로부터 사전협의가 없었다는 이유로 이를 거절했으며 대

규모적인 파업이 일어나고 1979년의 총선에서 보수당이 승리를 거두는 데 일조가 되었다고 하겠다.[25)]

#### 4) 권위의 손상

전술한 바와 같이 홀의 모형을 모방하여 캐나다 원주민정책을 연구한 호렛트는 권위의 손상이 실험보다 먼저 온다고 주장했으나 홀은 실험 다음에 권위의 손상이 온다고 보고 있다. 그러나 홀도 권위의 손상과 실험이 서로 얽혀 있다는 것을 인정하고 있는 것 같다.

노동당정부는 1972-73년, 1975-77년, 1978년의 소득정책을 가지고 노동조합과 협상을 버리는 과정에서 권위의 손상을 크게 입었다. 특히 1978년에는 캐라한수상이 소득정책과 총선일자를 협의하기 위하여 브라이톤에서 개최된 9월의 TUC총회 직전에 6명의 노동조합지도자를 서섹스의 사저에 초청하였으나 노동조합을 설득하는 데 실패했다. 불만의 겨울(Winter of Discontent)이 시작되었으며 대규모적인 파업이 일어났다는 것은 전술한 바와 같다,

이와 같은 노동당정부의 권위의 손상은 재보궐선거에서도 나타났다. 1975년 6월 울윗치서구가 보수당에 넘어갔으며 1976년 11월에는 월솔북구에서도 패배했다. 1977년 3월에는 버밍햄 스텟치퍼드가 보수당에 넘어갔으며 4월에는 노동당의 아성이었던 아쉬필드에서도 패배했다. 1978년 3월에는 보수당이 일포드북구에서도 승리했다.

이와 같은 연이은 재보선에서의 패배는 노동당정부가 경제정책에서 실패했을 뿐만 아니라 정부의 권위가 크게 손상을 입었기 때문이었다고 하겠다.

#### 5) 분쟁(Contestation)

케인즈주의에 의거한 노동당정부의 경제정책이 실패를 거듭하자 케인지안 패러다임에 대한 대안이 모색되었는 데 통화주의가 가장 유력한 도전자로 등장하게 되었다.

---

25) David Childs, *Britain Since 1945: A Political History*, fifth edition(London: Routledge, 2001), pp. 201-204.

그러나 통화주의의 승리에 결정적 계기를 제공한 것은 1979년의 총선이었다고 하겠다. 댓쳐가 이끄는 보수당이 635석의 총 의석 중 339석을 차지함으로써 268석에 그친 노동당을 누르고 승리하였다. 영국 최초의 여성수상이 된 댓쳐는 통화주의적 경제정책의 도입에 본격적으로 나서게 되었다.

댓쳐수상은 내각의 중요한 위원회를 통화주의 신봉자로 충원했으며 수상의 경제고문에 통화주의자인 월터즈를 임명했다.[26] 재무장관(Chancellor of Exchequer)에 임명된 호오가 1976년 6월에 발표한 예산안은 직접세 대신 간접세에 역점을 두었으며 실업률의 감소보다 인플레이션의 억제에 역점을 두는 것이었다. 소득세율은 인하되고 8% 내지 12.5%였던 부가가치세율은 15%로 인상되었다.

북해석유의 발견과 금리의 인상으로 환율이 올랐으며 파운드에 대한 외국인투자는 증가했으나 수출경쟁력은 떨어졌으며 실업률은 상승했다. 1978년 취업인력의 5.4%에 해당하는 125만명에 달했던 실업자가 1980년 10월 200만명으로 늘어났으며 1982년 267만명에 달하게 되었다.

1981년 3월에 발표된 예산안은 보다 신축적인 토대 위에 긴축재정정책을 채택했다. 실업률이 급상승하고 있는 상황하에서 긴축재정을 채택했다고 하여 364명의 저명한 경제학교수들로부터 항의서신이 날아왔다.[27]

### 6) 새로운 패러다임의 정착

1985년까지 지속된 댓쳐정부 경제정책의 제2기는 통화주의의 원칙은 견지하되 보다 신축성을 지니게 되었다. 동시에 환율과 공공부문차입한도도 주요한 정책가이드라인으로 등장함으로써 전통적인 통화주의자들로부터 비판을 받기도 했다.

포크란드전쟁에서 승리한 덕택에 보다 많은 의석으로 재선에 성공한 댓

26) Hall, *Comparative Politics*, pp. 284-287; Ian Greener, "Social Learning and Macroeconomic Policy in Britain," *Journal of Public Policy*, May-August 2001, pp. 133-192.

27) Peter Riddell, *The Thatcher Decade: How Britain has Changed During the 1980's* (Oxford: Basil Blackwell, 1989), p. 19.

쳐는 개각을 단행하여 호오대신에 로손(Nigel Lawson)을 재무장관에 임명했다. 공식적인 통화량목표는 점차 중요성을 상실해 갔으며 환율과 성장률에 역점을 두게 되었다.

1980년대 말에 이르러서는 댓쳐정부가 엄격한 통화주의를 추구하지는 않았으나 그렇다고 해서 캐인즈주의로 되돌아간 것은 아니었다. 한마디로 말해서 1980년대 말의 경제정책은 재량적 통화주의라 할 수 있을 것이다. 그 어떤 목표가 결정적으로 중요하지는 않았으나 정책은 여전히 자산의 가치, 환율, 금리와 같은 통화적 지표에 의하여 좌우되었던 까닭이다.[28]

댓쳐정부하에서의 경제정책의 실적을 본다면 비교적 양호한 편이었다고 하겠다. 우선 성장률을 본다면 1979년 전반기에 -5%을 기록했던 GDP성장률이 1981년 후반기부터 회복하기 시작하여 1988년의 GDP는 1979년에 비하여 21% 성장했다.

다음에 인플레이션을 본다면 1979년 5월에 10.3%였던 12개월간 소비자물가 상승률이 1980년 8월에는 21%까지 치솟아 올랐으나 그 후 하락하기 시작하였다. 1983년부터 1988년까지의 소비자물가 상승률은 다른 선진국들이 2% 내지 4.5%를 시현한데 대하여 영국은 3.5% 내지 6%를 기록했다. 다시 말해서 다른 선진국에 비하여 다소 높은 편이었으나 한때 21%까지 상승하였던 데 비하면 많이 안정되었다고 하겠다.

실업률의 억제를 정책목표로 삼지 않았던 보수당정부였던 까닭에 실업률은 크게 감소되지 않았다. 1979년 5월에 109만명이었던 실업자가 2년 후에는 213만명에 달했으며 1986년 7월에는 313만명에 이르렀다. 그 후 실업률이 하락하기 시작하여 1989년 봄에는 200만명 이하로 억제되었다.[29]

## 2 메이의 정책학습과정과 정책변동

정책학습의 유형을 설명하는 데 많은 지면을 할애하고 있는 메이는 정책

28) *Ibid.*, pp. 19-25.
29) *Ibid.*, pp. 26-28.

학습과정에 있어서 정책실패의 인정이 중요한 역할을 한다고 주장한다.

### 1) 정책실패의 인정

정책의 성공도 정책성공의 조건을 추적케 함으로써 정책학습에 도움이 되나 정책의 성공보다 정책의 실패와 그 인정이 정책학습에 계기를 제공할 수 있다고 메이는 주장한다.

실패의 인정이 있어야 정책의 재고와 새로운 디자인이 일어날 수 있는데 정책결정자들에 의한 실패의 인정이란 정상적인 상황하에서 기대하기 어려운 것이 일반적인 현상이다. 특히 이념정당의 집권하에서는 실패의 인정이 핵심적 가치의 재검토를 초래하는 까닭에 더욱 어렵다는 것이다.[30]

다시 말해서 영국의 노동당과 같은 이념정당이 집권하는 상황하에서 그들이 오랫동안 신봉해 오던 정책의 실패를 인정한다는 것이 지극히 어려운 일이었다.

그러나 1979년 총선에서 보수당이 승리하여 집권하게 되자 노동당정부하에서는 불가능했던 경제정책의 실패를 인정하게 되었고 정책학습이 이루어지게 되었던 것이다.

정권의 교체가 일어나면 앞선 정권의 정책의 실패를 인정하기 쉬운 것이 사실이나 정권의 교체없이도 정책실패의 인정이 가능한 경우가 많이 있다. 그 한 예가 관심집중적 사건(focusing event)으로 인한 정책실패의 인정이다.

후술하는 바와 같이 1989년 대형탱커 엑손 발데즈(Exxon Valdez)호가 알래스카의 좁은 해협에서 좌초하여 많은 원유를 유출하는 사고가 발생했다. 매스컴이 원유에 흠뻑 젖은 동식물의 실태를 대대적으로 보도하여 온 국민이 관심을 갖는 관심집중적 사건이 발생함으로써 정책결정자들이 정책의 실패를 인정하고 법률의 제정에 나서게 되었다.[31]

---

30) May, *op. cit.*, p. 341.

31) Thomas A. Birkland, "Focusing Events, Mobilization, and Agenda Setting," *Journal of Public Policy*, January-April 1998, pp. 53-55.

### 2) 새로운 대안의 모색

정책실패의 인정이 있으면 그 다음 단계는 대안의 모색이라 하겠다. 영국에서 케인즈주의에 입각한 노동당정부 경제정책이 실패한 것을 인정한 보수당정부는 케인즈주의를 대체할 것으로서 통화주의에 토대를 둔 경제정책을 택하고 이를 추진하기 시작했다.

새로운 대안의 모색이 용이한 경우도 있으나 그렇지 못한 경우에는 위원회 등을 설립하는 경우가 많다. 미국의 사회보장제도가 재정위기에 직면했을 때 각계에서 여러 가지 수습안이 제시되었으나 성공을 거두지 못하자 1981년 사회보장개혁위원회(National Commission on Social Security Reform)가 설치되었다. 많은 우여곡절 끝에 사회보장개혁위원회가 제시한 개혁안이 결실을 보게 되었던 것이다.[32]

한국에서는 1988년 2월 25일에 출발한 노태우정부가 1987년 하반기부터 시작된 지가의 앙등에 당황하여 1988년 8월 23일 경제부총리를 위원장으로 하고 관계부장관 등을 위원으로 하는 부동산정책위원회를 설립했으며 이틀 후에는 부동산대책실무회의가 구성되어 활동을 시작했다. 이어서 학계와 실무계 인사로 구성된 토지공개념연구위원회가 설치되어 가동을 시작했다. 이 토지공개념연구위원회가 마련한 연구안이 결실을 보아 토지공개념관련법이 탄생하게 되었던 것이다.[33]

### 3) 새로운 대안의 실험·채택

새로운 대안의 실험·채택이 대안의 모색과 별도의 단계를 이루지 않고 대안의 모색·실험·채택이 동시에 이루어지는 경우가 많다.

그러나 때로는 새로운 대안이 정착되기 전에 많은 시행착오를 거치는 것을 볼 수 있다. 이리하여 메이는 시행착오적 학습(trial-and-error learning)을 강조하고 있다.[34]

---

32) Paul Light, *Artful Work: The Politics of Social Security*(New York: Random House, 1985), p. 166.

33) 한은미, "토지공개념의 의의와 과제," 법무부편, 토지공개념과 토지정책(서울: 법무부, 1989), pp. 16-18.

영국 경제정책의 경우 1980년대 말의 재량적 통화주의에 이르기까지 많은 실험과 우여곡절이 있었다는 것은 전술한 바와 같다.

#### 4) 새로운 정책의 정착

정책학습과 정책변동의 최종단계는 새로운 정책의 정착이다. 그러나 오늘날과 같이 경제적 사회적 여건들이 급변하는 시대에 있어서 새로운 정책이라 해서 불변적인 것이 될 수는 없다고 하겠다. 특히 한국과 같이 급변하는 사회에서는 장기간에 걸쳐 정착하는 정책이 많지 않다는 사실을 실감한다.

한국의 토지공개념정책의 경우를 본다면 지가의 앙등으로 1980년대 말에 채택된 토지공개념정책이 한때 좋은 성과를 거두기는 했으나 1997년 말의 외환위기와 그에 따른 IMF체제의 도래 이후 구조조정으로 인한 부동산 매물의 증가와 금리의 폭등으로 부동산경기가 급속히 냉각하고 지가가 크게 떨어졌다. 거기에다가 자산디플레이션에 이은 복합불황의 가능성마저 제기되어 1998년에 이르러 토지공개념정책은 사실상 종결되었다.

한국의 지방양여금제도도 동일한 사례라 하겠다. 지방재정확충과 자치단체간 불균형시정을 동시에 해결하기 위하여 일본의 지방양여세를 모방하여 1991년에 도입한 지방양여금제도는 2005년 지방교부세의 교부율을 인상하는 대신 폐지되었던 것이다.

---

34) May, *op. cit.*, p. 333.

## 제3절 정책학습에 기인한 정책변동사례

### 1 캐나다의 원주민정책변동

#### 1) 사례의 개요

캐나다의 원주민(인디언)정책은 동화(assimilationist)정책으로 시작되었다. 그러나 제1차대전 종료 후부터 변이(anomalies)가 일어나기 시작했으며 1938년경에는 원주민을 위한 새로운 법안이 입안과정에 들어갔으나 제2차대전의 발발로 결실을 보지 못했다.

1950년에는 원주민문제가 신설된 시민권·이민부로 넘어갔다가 1966년에는 인디언문제·북부재개발부로 다시 이관되었다. 이러는 과정에서 원주민문제의 정책결정에 있어서 원주민의 발언권이 강화되기에 이르렀다. 이리하여 많은 우여곡절 끝에 1980년대 후반부터 1990년대 초에 이르러 캐나다의 원주민정책은 과거의 동화정책에서 자치와 평화공존정책으로 전환되기에 이르렀다.

영국의 경제정책이 케인즈주의에서 통화주의로 전환되는 데 10년이 걸린데 대하여 같은 패러다임 변동이기는 하나 캐나다의 원주민(인디언)정책이 동화정책에서 자치와 평화공존정책으로 전환되는 데 60여년의 세월이 흘렀다는 것이 호렛트의 결론이다.[35]

#### 2) 동화정책에서 자치·평화공존정책으로의 이행

##### (1) 제2차 대전 전의 원주민정책

원주민에 대한 통제가 식민정부에 이관된 1860년경에 캐나다의 원주민(인디언)정책은 동화정책으로 정착되었다. 1867년 캐나다연합이 성립된 후

35) Howlett, *op. cit.*, p. 640.

에는 이 동화정책이 그대로 캐나다 연방정부에 인계되었다.

다른 정책분야의 경우와 같이 원주민정책도 제1차대전으로 변이가 움트기 시작했다. 원주민들은 제1차 대전 중 군에 자원입대하거나 농업생산에 전력을 다하는 등 캐나다정부의 전쟁수행에 적극적으로 협력하였다. 그러나 전쟁 후 원주민들이 기대했던 보상은 돌아오지 않았으며 원주민들의 불만은 고조되었다.

1930년 연방정부와 일부 서부주간의 협약에 의하여 천연자원이 주정부에 이관됨을 계기로 원주민들의 토지에 대한 권리를 인정하게 되었다. 거기에다가 원주민정책을 20년 이상 관장해오던 원주민정책 책임자 스콧트(Duncan Scott)가 정년퇴임함에 따라 원주민정책에 공백이 생기게 되었다.

이리하여 1930년대 말 캐나다 연방정부에는 원주민문제를 다룰 새로운 전문가들이 등장하게 되었으며 원주민들은 법원을 통하여 그들의 권리를 주장하기 시작했다. 1938년에는 기존의 원주민문제와 관련된 일련의 법률들을 개정하려는 움직임이 일어났으나 제2차 대전의 발발로 결실을 보지 못했다.

### (2) 1970년대 말까지의 원주민정책

제2차대전 후 원주민문제와 관련된 많은 위원회와 협의체가 구성되어 활동했으며 이러는 과정에서 원주민조직과 그들의 대변인들에게 정책결정에 참여할 수 있는 기회가 부여되었다. 드디어 1951년 인디언법(Indian Act)의 대폭적 개정이 이루어졌으나 어디까지나 동화정책의 테두리 안에서의 개정에 지나지 않았다.

원주민업무가 1950년에는 시민권 · 이민부로 넘어갔다가 1966년에는 인디언문제 · 북부개발부로 다시 이관되었는데 그러는 과정에서 원주민문제에 보다 우호적인 인사들이 많이 기용되었으며 원주민출신 정치지도자들이 고급행정직에 임명되기도 했다.[36]

다른 한편 원주민 조직들은 그들 간의 견해의 대립으로 소용돌이도 있었

---

36) J. E. Hodgetts, *The Canadian Public Service: A Psychology of Government* (Toronto: University of Toronto Press, 1973).

으나 그러면서 원주민 권리신장에 필요한 정치활동에 있어서의 전문성의 제고도 이루어졌다. 알래스카 등지에서의 원주민 권리신장과 보조를 맞추어 캐나다 원주민조직들은 그들의 정치적·행정적 지위향상을 위하여 항의, 시위, 대언론 캠페인 등 여러 가지 활동을 전개했다.

이러한 활동들이 1973년의 콜더(Calder)사건을 계기로 효과를 거두기 시작했다. 캐나다 대법원이 원주민권리가 소멸되었다고 보았던 지역에서의 원주민권리를 인정하는 판결을 내리게 되었으며 이와 거의 동시에 하급법원들도 유사한 판결을 내렸다.

#### (3) 1980년대 이후의 원주민정책

원주민단체의 끈질긴 압력과 보다 우호적인 연방정부의 출현으로 퀘벡(Quebec)의 분리주의 위협으로 인한 헌법개정문제를 다루는 기회에 원주민문제도 끼워 넣는데 성공했다. 마지막 순간에 원주민문제가 제외되었으나 원주민단체는 1982년의 헌법 개정시에 원주민권리신장에 관한 조항 몇 개를 삽입하는데 성공했다. 뿐만 아니라 다음번 헌법 개정 논의시에는 퀘벡과 동등하거나 적어도 유사한 정도의 권리를 부여하겠다는 보장을 받았다.

이리하여 1980년대 말부터 1990년대 초에 이르러 원주민들의 권리와 지위가 확고해졌으며 유력한 국회지도자들의 보장과 지원도 받게 되었다. 법원도 1982년 헌법 개정에 의하여 부여된 원주민의 권리를 넓게 해석하게 되었다.

한마디로 말해서 캐나다의 원주민정책이 동화정책에서 자치와 평화공존정책으로 전환되는 패러다임 변동이 완성되었다고 하겠다.[37]

### 3) 정책학습의 용이성과 정책변동의 비중

#### (1) 정책학습의 용이성

호렛트가 모델로 삼은 영국경제정책은 1979년의 총선에서 보수당이 승리함으로써 정책실패의 인정이 이루어졌으며 따라서 정책학습이 용이하게 이루어졌다.[38]

---

37) Howlett, *op. cit.*, p. 636-639.

그러나 캐나다 원주민정책의 경우에는 영국의 정권교체와 같은 계기마련사건(triggering event)이 없었으며 60여년의 세월이 소요되었을 뿐만 아니라 우여곡절이 많았다.

(2) **정책변동의 비중**

케인즈주의에서 통화주의로의 전환을 의미하는 영국 경제정책의 변동이 패러다임 변동이었던 것 같이 동화정책에서 자치·평화공존정책으로의 전환을 의미하는 캐나다의 원주민정책도 패러다임변동이라 할 수 있다.[39]

## 2 알래스카해안 오염방지정책

### 1) 사례의 개요

1977년부터 알래스카 내륙에서 생산되는 원유는 송유관을 통하여 프린스 윌리암(Prince William)해협에 있는 터미널에 수송되어 거기에서 대형탱커에 적재하여 해협을 항해하여 알래스카만에 도달하게 되어 있었다.

대형 탱커가 좁은 해협을 항해하는 데 많은 위험이 따른다는 전문가들의 경고가 있었으나 석유회사들은 이에 별로 귀를 기울이지 않았다. 그러다가 1989년 3월 27일 대형 탱커 엑손 발데즈호가 해협에서 좌초하여 1100만 갤론의 원유가 흘러나와 해협과 중남부 알래스카연안을 오염시켰으며 매스컴이 이를 대대적으로 보도하였다.

그동안 석유회사를 감싸던 미연방의회가 1990년 연방석유오염방지법(Federal Oil Pollution Act)을 제정하여 대형사고로 인한 해안오염을 방지하는 여러 가지 조치를 마련하게 되었다.

다른 한편 그동안 관계기관과의 협력에 인색하였던 석유회사들도 프린스 윌리암 해협지역 민간자문위원회, 해안경비대, 알래스카 주정부 등과 협력하여 석유오염방지법에 규정된 조치뿐만 아니라 경험에서 우러나온 여러

---

38) Hall, *Comparative Politics*, p. 284.
39) Howlett, *op. cit.*, pp. 635-636.

가지 조치를 강구하여 원유유출로 인한 해안오염의 예방에 힘을 기울이게 되었다.[40]

한마디로 말해서 대형탱커의 좌초로 인한 원유의 유출과 이로 인한 환경오염이라는 관심집중적 사건(focusing event)으로 새로운 법률이 제정되었을 뿐만 아니라 관련기관들의 협력체제가 마련됨으로써 환경오염방지정책에 큰 변동이 일어나게 되었다.

### 2) 관심집중적 사건의 발생과 법률의 제정

1977년부터 6개 석유회사들이 알래스카의 프린스 윌리암 해협을 항해하는 대형 탱커를 운영하고 있었다. 해협이 좁고 일기가 불순한 경우가 많아 대형 탱커들이 좌초할 위험이 많다는 전문가들의 경고가 있었으나 석유회사들은 사고의 위험이 없다고 강변하며 시고예방조치의 강구를 소흘히 하였다.

그러다가 1989년 3월 27일 미국최대의 석유회사인 엑손의 탱커 발데즈호가 불순한 일기를 무릅쓰고 해협을 항해하다가 좌초하여 1100만 갤론의 원유를 유출하여 해협과 알래스카연안을 오염시켰다.

사고가 컸을 뿐만 아니라 오염이 극심하여 주민들의 피해도 심대하였다. 매스컴이 원유에 흠뻑 젖은 동식물의 실태를 생생하게 방영 보도함으로써 국민들의 관심이 집중되는 소위 관심집중적 사건으로 발전하였다.[41]

드디어 그동안 석유회사들을 감싸던 미연방의회가 1990년 연방석유오염방지법을 제정하였을 뿐만 아니라 알래스카 주정부도 유사한 법률을 제정하여 다음과 같은 조치를 강구함으로써 석유오염방지정책에 변동이 일어났다.

첫째로 탱커의 충돌사고로 인한 석유유출을 방지하기 위하여 유도선박을 사용하여야 하며 둘째로 탱커의 항해의 오류를 경고하기 위한 유도장비를 구비하여야 한다. 셋째로 사고로 원유가 유출되었을 때 이를 제거하기

---

40) Thomas A. Birkland and Radhika Nath, "Business and Political Dimension in Disaster Management," *Journal of Public Policy*, No. 3, 2000, pp. 281-282.

41) Birkland, *op. cit.*, pp. 53-55.

위한 장비를 구비하여야 한다는 것이다.[42]

### 3) 제도적 학습장치와 학습문화

1990년의 석유오염방지법은 위에서 지적한 여러 가지 조치를 강구하였으나, 이 밖에도 석유회사가 지역시민자문위원회, 해안경비대, 알래스카주 정부 환경부 등과 협력하여 사고를 예방하고 오염을 방지하기 위한 여러 가지 조치를 강구하게 되었다. 특히 지역시민자문위원회가 중요한 역할을 담당하고 있는데 소요경비는 석유회사들이 부담하도록 되어 있으나 자문위원회의 독립성 확보를 위한 장치가 마련되어 있다. 또한 위에서 지적한 4개 기관의 감독하에 일단의 연구자들이 협력적 연구를 통하여 체제의 결함을 지적하고 안전의 증진을 위한 방안을 제시하고 있다.

또하나 특기할 것은 엑손 발데즈호 사고 후에 정책학습과정을 뒷받침하는 새로운 관례가 성립했다는 것이다. 종전에는 석유회사들이 주민이나 알래스카 주정부·해안경비대 등과의 관계가 원만하지 못했는 데 사고 후에는 석유회사들과 다른 기관들과의 관계가 크게 호전되었으며 이것이 정책학습에 크게 도움이 되었다는 것이다. 뷰센버그(Busenberg)는 이것을 학습문화(learning culture)라고 부르고 있다.[43]

이러한 학습문화하에서 1990년의 법률에 규정된 것 외에도 여러 가지 사고방지조치가 강구되었다. 첫째로 1993년 지역주민자문위원회가 해협에서의 불순한 일기로 인한 사고를 감소시키기 위하여 새로운 일기예보장비의 비치를 건의했는 데 연방정부의 재정지원으로 장비의 비치가 이루어지게 되었다. 둘째로 지역주민자문위원회가 해협에서 탱커의 사고가 발생했을 때 이를 구조하기 위한 신형 유도선박의 비치를 제안했는 데 이 역시 석유회사를 위시한 관계기관들의 합의로 실현을 보게 되었다.

---

42) George Busenberg, "Innovation, Learning, and Policy Evolution in Hazardous System," *American Behavioral Scientist*, December 2000, pp. 281-282.
43) *Ibid.*, p. 176.

### 4) 정책학습의 용이성 및 정책변동의 비중

#### (1) 정책학습의 용이성

프린스 윌리암 해협을 통한 원유수송이 개시된 1977년부터 엑손 발데즈호 사고가 발생한 1989년에 이르는 기간 중 전문가들의 경고에도 불구하고 석유회사들의 반대로 사고방지를 위한 안전장치가 거의 마련되지 않았다.

그러나 대형사고로 인하여 대량의 원유가 유출되고 매스컴의 대대적인 보도로 국민들의 관심이 집중되는 관심집중적 사건으로 발전하여 법률의 제정으로 이어졌다.

한마디로 말해서 이 사례는 관심집중적 사건으로 말미암아 초래된 정책학습 및 정책변동이라고 할 수 있겠다. 기존정책을 지지하는 석유회사들의 입지가 관심집중적 사건으로 약화되고 정책의 실패가 노정되어 정책학습과 이로 인한 정책변동을 강요당한 사례라 하겠다.

제대로 된 안전장치 없이 빈번한 불순일기 속에서 좁은 해협을 대형 탱커가 항해하는 상황하에서 언젠가는 사고가 발생할 수밖에 없었다고 하겠다. 그러나 엑손 발데즈호 사고와 같은 대형사고가 발생하지 않고 관심집중적 사건이 없었더라면 환경오염방지를 위한 정책학습이나 그로 인한 정책변동이 일어나지 않았을는지 모른다는 주장도 설득력을 지닐는지 모른다.

#### (2) 정책변동의 비중

석유오염방지법이나 그 후의 관련기관들의 협의로 이루어진 조치들은 사소한 기술적인 것이라 할는지 모른다. 메이가 말하는 수단적 학습을 통한 정책변동, 그라스버겐의 기술적 학습을 통한 정책변동이라 할는지 모른다. 그러나 다른 관점에서 본다면 1990년의 법률의 제정 자체가 환경정책에 관한 철학의 변동이라 할 수 있겠다.

사고의 위험이 없음에도 불구하고 불필요한 예방조치를 강구하는 것은 기업의 원가앙등만을 초래한다는 석유회사들의 주장을 감싸던 정책결정자들이 관심집중적 사건 이후 그들의 환경정책철학을 바꾸게 되었다는 것이다.

설사 기업원가의 앙등을 초래하는 한이 있더라도 환경오염의 위험이 존재하는 상황하에서는 기업의 부담으로 예방조치를 강구하는 것이 공익에 합치된다는 견해가 승리한 사례라 하겠다.

## 3 한국의 지방양여금제도 도입

### 1) 사례개요

취약한 지방재정의 확충을 위하여 신세원의 발굴이나 국세세원의 지방이양보다 지방자치단체간의 불균형 시정에 장점이 있는 제도로서 지방양여세제도가 거론되어 왔다.

특히 오랫동안 휴면상태에 있던 지방자치의 부활에 앞서 지방재정확충방안으로서 구내무부가 주동이 되어 일본의 지방양여세와 유사한 제도를 도입하자는 주장이 제기되어 왔다. 장기간에 걸친 이러한 연구와 논의가 1989년 구체화 되어 '지방양여세제도 도입을 위한 기본계획'이 수립되었다.[44]

1990년에 들어와서 부처 간의 협의가 이루어지고 법안이 성립되어 국회의 심의를 거쳐 1990년 12월 31일 법률이 공포되고 1991년 1월 1일부터 시행되었다.

한마디로 말해서 한국의 지방양여금제도 도입은 정책학습 중 정책이전(policy transfer)의 사례라 할 수 있는데 로즈의 표현을 빌린다면 복제(copying)는 아니고 모방(emulation)이라고 할 수 있겠다.[45] 우리는 이곳에서 지방양여금제도 도입을 정책학습의 일종인 정책이전이라는 관점에서 고찰하고자 한다.

---

44) 김덕영, "지방양여금제도의 운영방안," 지방재정, 1990년 겨울호 pp. 20-23.
45) Rose, *op. cit.*, p. 22.

### 2) 정책이전의 주체

정책이전의 연구자들은 항상 정책이전을 고찰함에 있어서 누가 정책을 이전하는가(who transfer policy?) 하는 정책이전의 주체를 고찰한다.

지방양여금제도 도입의 주체는 구내무부였다고 하겠다. 지방자치의 부활에 앞서 지방재정의 확충방안을 위하여 고민하던 구내무부는 ① 신세원의 개발, ② 국세세원의 지방이양 등의 대안을 놓고 검토하던 끝에 이러한 방안은 지방재정의 확충에는 이바지 할는지 모르나 지방자치단체간의 불균형을 더욱 심화시킬 우려가 있다는 문제에 봉착하였다. 이리하여 지방재정의 확충과 지방자치단체간 불균형시정을 동시에 해결할 수 있는 방안으로서 일본의 지방양여세제도에 착안하여 이의 도입을 추진하게 되었던 것이다.

### 3) 정책이전의 대상

구내무부가 지방재정의 확충과 자치단체간의 불균형 시정을 동시에 해결할 수 있는 방안으로서 일본의 지방양여세와 독일의 공동세제도를 연구의 대상으로 삼았으나 연방국가인 독일의 공동세보다는 우리와 정치문화가 크게 다르지 않는 일본의 지방양여세제도가 정책이전의 대상으로 떠올랐다.

전술한 바와 같이 일본의 지방양여세와 유사한 제도의 도입은 복제가 아니라 모방이라고 할 수 있다. 국가가 징수한 특정한 조세를 지방자치단체에 양여한다는 점에서 제도의 근간은 동일하나 다음과 같은 여러 가지 점에서 일본의 지방양여세제도와 이를 모방한 한국의 지방양여금제도는 차이가 있다.[46]

#### (1) 명 칭

일본은 국세수입의 일정비율을 지방자치단체에 양여한다는 취지에서 지방양여세라는 명칭을 사용하고 있다. 그러나 우리나라에서는 법안의 성안과정에서 법제처의 강력한 주장에 따라서 지방양여금이라는 명칭을 사용하

---

46) 유훈, 지방재정론[제3정판](서울: 법문사, 2000), pp. 228-233.

게 되었다. 지방양여세라고 하면 실정을 잘 모르는 국민에게는 새로운 조세를 신설하는 것 같은 인상을 준다는 것이다. 뿐만 아니라 지방양여금은 새로 세금을 징수하는 것이 아니라 국가가 징수한 국세수입의 일부를 지방자치단체에 양여하는 것이므로 양여금이라는 명칭이 더 적절하다는 것이다.

#### (2) 적용법률

일본의 지방양여세는 단일법률이 아니라 복수의 법률의 적용을 받고 있다. 지방도로양여세법은 1955년에 제정되었으며 특별톤양여세법은 1962년에 제정되었다. 석유가스양여세법은 1966년에 제정되었고 자동차중량양여세법은 1971년에 제정되었다. 끝으로 소비양여세법은 1989년에 제정되었다.

이에 반하여 한국의 지방양여금제도는 지방양여금법이라는 단일법률의 적용을 받았다고 할 수 있겠으나 국세수입을 지방자치단체에 양여하는 것이므로 "국세와 지방세의 조정 등에 관한 법률"에도 관련규정을 두고 있다.

#### (3) 특정재원과 일반재원

일본의 지방양여세제도는 지방자치단체에서 원칙적으로 특정재원으로 사용되고 있으나 특별톤양여세와 소비양여세는 일반재원이다.

이에 반하여 한국의 지방양여금은 특정재원으로 되어 있다. 그 용도는 제1차년도인 1991년에는 도로사업에 한정되었으나 그 후 그 용도가 확대되어 ① 도로정비사업, ② 농어촌지역개발사업, ③ 수질오염사업, ④ 청소년육성사업, ⑤ 지역개발사업에 사용되었다.

### 4) 정책학습의 용이성 및 정책변동의 비중

#### (1) 정책학습의 용이성

전술한 바와 같이 지방양여금제도의 도입은 정책이전의 사례라 하겠다. 모든 정책이전이 그렇듯이 지방양여금제도의 도입은 비교적 용이하게 이루어진 정책학습이라 하겠다.

특히 우리와 지리적으로 인접해 있고 사회문화적으로 유사성이 많을 뿐만 아니라 언어의 장벽이 두텁지 않은 일본의 제도를 모방한 것이므로 정책이전이라는 정책학습이 용이하였다고 하겠다. 이것은 마치 미국과 인접해있는 캐나다가 환경정책 등을 포함한 여러 분야에서 미국의 정책을 빈번하게 이전하고 있는 것과 유사하다 하겠다.[47]

(2) **정책변동의 비중**

일본의 지방양여세를 모방하여 도입한 한국의 지방양여금제도는 일시적이나마 한국의 지방조정정책에 변동을 초래한 사례라 하겠다.

지방양여금제도의 도입으로 종전에 국고보조금과 지방교부세로 2원화되어있던 지방재정조정제도가 3원화되는 계기가 마련되었다고 하겠다.

지방양여금은 한때(1999년) 중앙정부의 지방재정지원총액에 있어서 16.6%를 차지함으로써 지방재정의 확충에 이바지 하였을 뿐만 아니라 특정재원이라는 점에서 일반재원인 지방교부세와 다르며 도리어 국고보조금과 그 성격이 유사하다 하겠다. 그러나 국고보조금이 중앙정부지원부처의 예산과정에 의하여 영향을 받는데 대하여 지방양여금은 재원이 법정화 되어 있다는 점에서 국고보조금과 다르다고 하겠다.

다만 유감스러운 것은 2005년도에 이르러 지방교부세의 교부율을 인상하는 대신 지방양여금제도는 14년간의 운영 끝에 폐지되었다는 사실을 지적하지 않을 수 없다.

## 4 사례의 비교분석

우리는 위에서 정책학습에 기인한 정책변동에 과한 3개 사례를 살펴보았다. 이곳에서는 ① 정책학습의 성격, ② 정책학습의 용이성, ③ 정책변동의

47) George Hoberg, "Sleeping with an Elephant: The American Influence on Canadian Environment Regulation," *Journal of Public Policy,* January-April 1991, pp. 107-132; Colin Benett, "The Formation of a Canadian Privacy Policy: The Art and Craft of Lesson-Drawing," *Canadian Public Administration*, Winter 1990, pp. 551-570.

비중이라는 세 가지 기준에 따라 3개 사례를 비교하고자 한다.

### 1) 정책학습의 성격

앞에서 검토한 정책학습의 유형에 따라 3개 사례의 정책학습의 성격을 비교하여 본다면 캐나다의 원주민정책변동을 호렛트는 패러다임변동이라고 규정지었으나 이 변동을 초래한 정책학습은 여러 사람이 말하는 사회적 정책학습이라고 할 수 있겠다.

알래스카해안 오염방지정책의 변동을 초래한 정책학습은 논란의 여지는 있을는지 모르나 수단적 정책학습이라고 보고 싶다. 특정한 지역의 기술적 안전장치의 강구와 관련된 정책학습인 까닭이다.

한국 지방양여금도입을 가능케 한 정책학습은 정책이전 또는 로즈가 말하는 교훈얻기에 해당된다고 하겠다. 좀더 구체적으로 말한다면 복제(copying)는 아니고 모방(emulation)에 해당된다고 하겠다.

### 2) 정책학습의 용이성

영국경제정책의 변동을 초래한 정책학습은 1979년의 정권교체가 계기가 되어 10년 정도 소요되었으나 캐나다 원주민정책의 경우에는 정책학습이 60여년이 소요되었으며 우여곡절이 많았다.

알래스카해안 오염방지정책의 경우를 본다면 1977년부터 대형 탱커의 프린스 윌리암 해협의 항해가 시작되었으나 전문가들의 경고가 있었음에도 불구하고 1989년의 엑손 발데즈호의 사고가 발생할 때까지 석유회사들이 안전장치의 강구를 외면했으며 미국의 연방의회도 석유회사의 주장에 동조했다. 말하자면 정책의 독점(policy monopoly)이 지속되었던 것이다.[48]

그러나 1989년의 대형사고와 그 뒤를 이은 매스컴의 대대적인 보도가 도화선이 되어 10여년에 걸친 정책의 독점이 붕괴되고 정책학습이 이루어져 환경오염방지정책의 변동이 일어나게 되었다.

48) Frank R. Baumgartner and Bryan D. Jones, *Agendas and and Instability in American Politics*(Chicago: University of Chicago Press, 1993), pp. 6-9.

영국경제정책의 변동을 초래한 정책학습에 정권교체가 계기를 제공했다면 알래스카해안 오염방지정책의 경우에는 관심집중적 사건(focusing events)이 계기를 마련했다고 하겠다.[49]

한국의 지방양여금제도는 일본의 지방양여세를 모방한 것으로서 지방자치의 부활에 앞서 지방재정의 확충과 지방자치단체간 불균형시정을 동시에 해결할 수 있는 방안으로서 채택한 것이라 하겠다.

일본의 지방양여세제도와 명칭, 적용법률의 단일여부 등에 있어서 차이가 있으나 일본이 30여년간 사용하던 제도를 정책이전한 것이므로 정책학습은 용이했다고 하겠다.

### 3) 정책변동의 비중

캐나다 원주민정책의 변동은 동화정책에서 자치·평화공존정책으로의 전환으로서 호렛트가 말하는 패러다임 변동이라 하겠다. 3개 사례 중 정책변동의 비중이 가장 무거운 사례라 하겠다.

우리는 앞에서 알래스카해안 오염방지정책의 변동을 정책결정자들이 그들의 환경정책철학을 바꾼 사례라고 볼 수 있다고 주장했으나 한정된 지역에서의 기술적인 안전장치를 강구한 것이라는 점에서 정책변동의 비중은 과히 무거운 것이라 하기 어려울 것이다

한국의 지방양여금제도 도입은 종전에 국고보조금과 지방교부세로 2원화 되어 있던 지방재정조정제도를 3원화하는 계기를 마련했을 뿐만 아니라 한때 중앙정부의 지방재정지원총액에 있어서 16.6%를 차지함으로써 다소간이나마 지방재정의 확충에 이바지했다는 점에서 정책변동의 비중을 찾을 수 있을 것이다. 그러나 2005년도부터 지방양여금제도가 폐지되었다는 사실을 감안한다면 비중이 높았다고 보기 어려울 것 같다.

---

49) Thomas A. Birkland, *An Introduction to the Study of Policy Process*, second edition(Armonk: Sharpe, 2005), p. 101.

# 제 14 장 정책활동가와 정책변동

## 제 1 절 정책활동가의 개념과 기능

### 1 정책활동가의 개념

#### 1) 정 의

정책활동가(policy entrepreneurs)란 사기업의 기업가(entrepreneurs)에서 유래한 개념이라 할 수 있는데, 후술하는 바와 같이 공공부문의 활동가는 민간부문의 기업가와 유사점도 많으나 차이점도 있다는 것을 알 수 있다.

킹돈(John Kingdon)은 정책활동가를 "그들이 선호하는 미래의 정책을 위하여 그들의 자원을 투자하기를 원하는 사람들"이라고 정의하고 있으나[1] 우리는 정책활동가를 "아이디어(idea)의 전파와 활동을 통하여 정책변동을 유도하는 사람들"이라고 정의하고자 한다.

1) John W. Kingdon, *Agendas, Alternatives, and Public Policies*(Boston: Little, Brown and Co., 1984), p. 214.

### 2) 유사개념

정책활동가의 개념을 좀더 명확히 하기 위하여 몇 가지 유사개념을 살펴보고 이들과 정책활동가의 차이점을 부각시켜 보려고 한다.

#### (1) 사기업의 기업가

정책활동가라는 개념 자체를 사기업의 기업가에서 빌려왔으므로 사기업의 기업가와 정책활동가는 기능면에서 유사점이 있다고 하겠다. 사기업의 기업가도 i) 기회의 포착, ii) 위험부담, iii) 목표달성을 위한 조정이라는 기능을 수행한다는 점에서 정책활동가와 다를바 없다고 하겠다. 다만 정책활동가가 정책변동을 위하여 활동하는 데 대하여 사기업의 기업가는 본질적으로 기업의 이윤추구를 위하여 활동하는 점이 다르다고 하겠다.

#### (2) 이익집단의 로비스트

이익집단의 로비스트(lobbyist)도 이익집단의 권익증진을 위하여 정책활동가와 크게 다르지 않는 기능을 수행하고 있다고 하겠다. 다만 정책활동가는 많은 경우 역동적인(dynamic) 정책변동을 추구하는 데 대하여 로비스트들은 현행정책의 테두리 안에서 점증적인 정책변동을 추구하는 경우가 많다고 하겠다.[2)]

#### (3) 정치적 활동가

정책활동가와 가장 유사한 개념이 정치적 활동가(political entrepreneurs)라고 하겠다. 그리하여 양자를 같은 뜻으로 사용하는 사람들이 많으나[3)] 굳이 양자를 구별한다면 정치적 활동가는 공선직이고 정책활동가는 임명직이라고 하는 사람들이 있다.[4)]

---

2) Michael Mintrom and Sandra Vergari, "Advocacy Coalitions, Policy Entrepreneurs, and Policy Change," *Policy Studies Journal*, Autumn 1996, p. 423.

3) Mark Schneider and Paul Teske, "Toward a Theory of the Political Entrepreneur: Evidence from Local Government," *American Political Science Review*, September 1992, pp. 737-745.

4) Michael A. Mintrom, "Policy Entrepreneurship in Theory and Practice: A Comparative State Analysis of the Rise of School Choice as a Policy Idea," unpublished Ph.D.

## 2 정책활동가의 기능

정책활동가의 기능으로서 여러 가지를 들 수 있겠으나 우리는 슈나이더(Mark Schneider)와 테스케(Paul Teske)의 견해와 민트롬(Michael Mintrom)과 버가리(Sandra Vergari)의 주장에 따라 다음과 같은 세 가지를 들고자 한다.

### 1) 기회의 포착

슈나이더와 테스케가 기회에 대한 대기태세(alertness to opportunity)라고 하는 것으로[5] 민트롬은 기회의 발견이라는 표현을 사용하고 있다.[6] 정책활동가가 충족되지않은 니즈(needs)와 이를 둘러싼 상황을 올바로 파악하고 이에 대한 적절한 해결책을 제시하는 것을 말한다.

민간항공위원회(CAB)의 위원장인 칸(Alfred Kahn)이 항공사업규제완화의 필요성과 분위기의 성숙을 인지하고, 규제완화법 제정 전에 기존법률에 의거하여 요금규제와 노선규제의 완화를 진행함으로써 규제완화법의 제정에도 이바지 한 것은 기회포착의 좋은 예라고 하겠다.[7]

### 2) 위험부담

정책활동가들이 목표의 달성을 위하여 그들의 명예의 실추나 경제적 손실 등의 위험을 감수하는 것을 말한다. 슈나이더와 테스케는 정책활동가들이 기회를 발견하고 목표의 달성을 위하여 위험한 활동(risky action)을 감

---

dissertation, State University of New York at Stony Brook, 1994, p. 12.

5) Mark Schneider and Paul Teske with Michael Mintrom, *Public Entrepreneurs: Agents for Change in American Government*(Princeton: Princeton University Press, 1995), p. 8.

6) Mintrom, *op. cit.*, p. 99.

7) Martha Derthick and Paul Quirk, *The Politics of Deregulation*(Washington, D.C.; Brookings Institution, 1985), pp. 70-74.

행하는 것을 말한다고 하고 있다.[8]

포항제철 건설에 소요되는 재원의 조달을 위하여 일본측 철강회사 사장들이나 국회의원·관료들을 설득하는 작업을 전개함에 있어서 때로는 일본의 사업관행상 예의를 벗어나는 교섭까지도 감행한 것은 명예의 실추를 무릅쓴 활동의 좋은 예라 하겠다.

#### 3) 목표달성을 위한 조정

민트롬이 조직화(organization)라고도 하는 것으로서[9] 정책활동가들이 그들의 연고를 동원하고 지원적인 네트워크를 형성하며 유지하는 것을 말한다.

항공사업규제완화를 위하여 칸이 동료위원들과 직원들을 설득하여 항공사업규제완화법 제정 전에 요금규제완화와 노선규제완화를 진행했으며, 지지자 등의 응집력을 강화하고 그들을 동원하여 규제완화법의 제정에 크게 이바지 한 것은 목표달성을 위한 조정의 좋은 예라 하겠다.

## 제 2 절 정책활동가와 정책변동

### 1 정책활동가모형의 의의와 특징

#### 1) 정책활동가모형의 의의

저자는 다른 곳에서 여러 가지 정책변동모형을 검토했는 데[10] 최근에 와서 이러한 여러 가지 모형 외에 정책활동가모형을 제시하는 사람들이 나타났다.

8) Schneider and Teske with Mintrom, *op. cit.*, pp. 50-51.
9) Mintrom, *op. cit.*, p. 103.
10) 제2편 제7장 '정책변동의 모형' 참조.

민트롬과 버가리는 근래에 와서 정책의제설정이나 아이디어의 정치(politics of ideas)를 연구하는 사람들이 변동의 역군(change agents)으로서의 정책활동가의 중요성을 단편적으로 강조하고 있으나, 이에 관한 종합된 이론이 없다고 전제하고 정책활동가모형을 제시하고 있다. 정책활동가모형이란 역동적인 정책변동과정에 있어서의 정책활동가의 중요성과 역할을 부각시키려는 모형이라 할 수 있다.[11]

### 2) 정책활동가모형의 특징

정책활동가모형의 개념을 좀더 명확히 하기 위하여 정책변동모형 중에서 비교적 많은 사람들에 의하여 인용되고 있는 사바티어(Paul Sabatier)의 지지연합모형(advocacy coalition model)과 대비해 가면서 정책활동가모형의 특징을 살펴보고자 한다.[12]

#### (1) 정책결정커뮤니티의 범위

지지연합모형은 정책결정커뮤니티의 범위를 비교적 넓게 잡고 있는데 대하여 정책활동가모형은 정책활동가들이 정책결정자 또는 정책결정커뮤니티의 유력한 인사들에게 그들의 아이디어를 납득시키는 과정에 초점을 맞추고 있다. 따라서 정책활동가모형의 정책결정커뮤니티의 범위는 좁다고 할 수밖에 없다.

#### (2) 시 계

다음에 시계(time frame)라는 측면에서 본다면, 지지연합모형은 10년 이상의 시계를 지니는 장기적 변동을 염두에 둔 모형인 데 대하여[13] 정책활동가모형은 역동적(dynamic) 정책변동에 관한 모형으로 단기적 시계를 지니는 모형이라 할 수 있다. 그러나 때에 따라서 정책활동가들이 장기간에

---

11) Mintrom and Vergari, *op. cit.*, pp. 422-424.
12) *Ibid.*, pp. 424-425.
13) Paul A. Sabatier, "Policy Change over a Decade or More," in Paul A. Sabatier and Hank C. Jenkins-Smith(eds.), *Policy Change and Learning: An Advocacy Coalition Approach*(Boulder: Westview Press, 1993), pp. 13-39.

걸친 노력 끝에 정책변동을 초래하는 경우도 있다는 것을 잊어서는 안되겠다. 이리하여 킹돈은 정책활동가가 지녀야 할 자질의 하나로서 집념(persistence)을 들고 있는 것이다.[14] 다시 말해서 원칙적으로 정책활동가 모형의 시계는 짧으나 때로는 장기간에 걸친 정책변동도 대상으로 삼을 수 있다는 사실에 유념할 필요가 있다.

### (3) 정책결정과정의 구조

지지연합모형은 비교적 고정된 제도적 장치를 전제로 하고 있는데 대하여 정책활동가모형은 정책활동가의 활동을 용이하게 하기 위하여 이러한 요인은 조작되거나 뜯어고칠 수 있다고 보고 있다. 후술하는 바와 같이 우리나라의 중학입시 개혁에 있어서 기존제도의 테두리를 뛰어 넘어 "무시험 추점제"라는 혁명적인 개혁을 단행했던 것이다.

### (4) 위기의 진원지

대폭적인 정책변동은 위기를 계기로 하여 발생할 수 있다는 주장은 많은 사람들에 의하여 제기되었으며 위기의 정책결정이론(theory of crisis policymaking)을 들고 나오는 사람도 있는데[15] 이러한 위기의 진원지에 관해서 지지연합모형과 정책활동가모형이 견해를 달리한다.

지지연합모형은 위기의 진원지가 정책하위체제의 외부에 있다고 보는데 대하여 정책활동가모형은 위기의 진원지가 외부일 수 있다는 것을 부인하지는 않으나 위기가 정책하위체제 내부에서 조성될 수도 있다고 보는 것이다.

---

14) Kingdon, *op. cit.*, p. 190.

15) Sandra M. Vergari, "Policy Crises and Policy Change: Toward a Theory of Crisis Policymaking," unpublished Ph.D. dissertation, University of Michigan, 1996.

## 2 정책변동을 위한 정책활동가의 역할

### 1) 역동적 정책변동과 정책활동가

#### (1) 위기와 역동적 정책변동

많은 사람들이 역동적 정책변동은 위기상황에서 일어난다고 주장한다. 그리하여 위기적 정책결정이론의 모색을 주장하는 사람도 있다는 것은 전술한 바와 같다

그러면 위기란 무엇이며 어떤 사태를 위기라고 할 것인가 하는 문제가 제기된다. 우리는 허만(Charles Hermann)의 견해에 따라 위기의 개념을 살펴보기로 한다.

첫째로 위기상황이란 우선순위가 높은 목표에 대한 위협이 있는 상황을 말한다. 이리하여 국가안보에 대한 위협이 있을 때를 흔히 위기상황이라고 보는 것이다.

위기의 두번째 상황적 속성은 짧은 의사결정기간이다. 폴즈비(Nelson Polsby)도 이와 유사한 주장을 하고 있는데 폴즈비는 급속한 결정을 요구하는 상황을 위기상황으로 보고 있다.[16)]

위기의 세번째 상황적 속성은 의외성이다. 예기치 못한 상황이 발생했을 때에는 이에 대처하기 위한 기존의 절차가 없는 경우가 많다는 것이다. 그러나 허만은 의외성의 정의에 있어서 중요한 것은 기존의 절차가 없다는 것보다는 정책결정자들이 그러한 사태가 발생할 것이라고 생각하지 못했다는 것이 더 중요하다고 말하고 있다.[17)]

우리가 여기서 강조하고자 하는 것은 이러한 위기가 항상 역동적 정책변동으로 연결되는 것이 아니라는 사실이다. 후술하는 바와 같이 1967년 10

16) Nelson W. Polsby, *Political Innovation in America: The Politics of Policy Initiation*(New Haven: Yale University Press, 1984), p. 168.

17) Charles F. Hermann, *Crisis in Foreign Policy*(Indianapolis: Bobbs-Merrill, 1969), pp. 29-30.

월 17일에 발생한 근하군 유괴사건으로 많은 사람들이 중학입시 경쟁에서 오는 폐단이 극에 달했다고 생각했으나, 당시의 문교당국은 아무런 조치도 취하지 않았으며 정책변동은 새로운 장관의 취임을 기다릴 수밖에 없었던 것이다. 미국에서도 케네디 대통령, 킹(Martin Luther King), 로버트 케네디(Robert Kennedy)의 암살 등 연이은 비극적 총기살인사건이 일어났음에도 불구하고 강력한 총기통제를 요구하는 집단들이 이것을 정책변동으로 연결시키지 못했던 것이다.

폴즈비는 위기를 역동적 정책변동으로 연결시킨 성공적인 예로서 1957년 10월 구소련이 스푸트니크를 발사한 후 고등교육에 대한 정부지원을 요구하던 집단들이 이것을 정책변동으로 연결시킨 것이라고 하고 있다.[18]

이와 같이 고찰할 때 위기는 이것을 잘만 활용하면 역동적인 정책변동을 가져 올 수 있으나 위기가 자동적으로 정책변동을 초래하는 것이 아니라는 사실을 알 수 있다.

### (2) 역동적 정책변동을 위한 역할

위기가 자동적으로 정책변동을 초래하는 것이 아니며 바람직한 위기관리가 이루어질 때 정책변동이 초래되는 것이라면 위기와 정책변동을 연결하는 고리의 역할을 하는 것이 무엇이며 누구인가 하는 문제가 다음에 제기되는 데, 우리는 이 연결고리의 역할을 많은 경우 정책활동가가 담당한다고 주장하고자 하는 것이다. 그래서 슈나이더와 테스케 등은 정책활동가를 변동의 역군(agents for change)이라고 부르고 있는 것이다.[19]

정책활동가는 먼저 위기를 기회로 포착한다. 경우에 따라서는 일반대중이 위기라고 느끼지 못하는 상황을 재포장하거나 진상을 파헤쳐 위기의 진상과 함의(implication)를 제시하여 역동적인 정책변동을 유도하는 것이 정책활동가의 역할이라 하겠다.

이를 위하여 연합형성(coalition building)에 힘쓰고 경우에 따라서는 킹돈이 말하는 정치의 흐름 · 정책문제의 흐름 · 정책대안의 흐름을 결합시키

18) Polsby, *op. cit.*, p. 170.

19) Schneider and Teske with Mintrom, *op. cit.*, p. 3.

는 역할도 담당한다. 이러한 역할을 담당하기 위해서는 때로는 명예의 실추나 경제적 손실 등의 위험을 감수해야 하는 것이 정책활동가이다.

### 2) 결합과 연합형성을 위한 역할

우리는 위에서 기회 또는 위기를 정책변동으로 유도하는 것이 정책활동가의 역할이라고 했는데, 이 과정에서 정책활동가들이 여러 가지 흐름을 결합시키는 역할과 연합형성을 담당한다는 것을 알았다. 이곳에서는 이것을 좀더 구체적으로 검토하고자 한다.

#### (1) 결합을 위한 역할

정책변동에 있어서 정책활동가의 역할을 특히 강조하는 킹돈은 그의 저서의 여러 곳에서 정책활동가에 관해서 언급하고 있으나, 그가 특히 강조하는 것이 정치의 흐름·문제의 흐름·대안(해결방안)의 흐름을 결합(coupling)시키는 정책활동가의 역할이다.

정책활동가들은 때로는 세 가지 흐름을 결합시키기도 하나 경우에 따라서는 두 가지 흐름을 결합시켜 정책변동을 초래하기도 한다는 것이다. 이를 위해서 정책활동가들은 주창자의 역할을 담당하기도 하고 매개자(broker)가 되기도 한다는 것이다.[20] 이 두 가지 역할을 한 사람이 담당하기도 하고 경우에 따라서는 주창자와 매개자의 역할을 각각 다른 사람이 담당하되 이들이 협력하여 결합을 이룩한다는 것이 킹돈의 주장이다.[21]

이러한 정책활동가의 역할을 보면서, 우리는 자짓하면 그들의 초인적 능력을 지닌 사람이어야 한다는 생각을 지니기 쉬우나 반드시 그럴 필요가 없다는 것이다. 그러나 성공적인 정책활동가가 지녀야 할 가장 중요한 자질이 집념이라는 것이 킹돈의 주장이다.[22]

이러한 결합을 위한 정책활동가의 역할을 도처에서 찾아볼 수 있다. 전

---

20) King은 issue broker라는 표현을 사용하고 있다(Paula J. King, "Policy Entrepreneurs: Catalist in the Policy Innovation Process," unpublished Ph.D. dissertation, University of Minnesota, 1989, p. 36).

21) Kingdon, *op. cit.*, pp. 191-192.

22) *Ibid.*, pp. 190-192.

술한 고등교육에 대한 정부지원의 경우를 본다면 구소련의 스푸트니크발사로 미국의 항공우주과학이 소련에 비하여 많이 뒤떨어졌다는 문제의 흐름과 미국이 과학기술에 있어서 소련보다 앞서지 않으면 미국의 국가안보에 지대한 위협을 초래한다고 많은 정치지도자들이 믿게 되었다는 정치의 흐름을 고등교육에 대한 정부지원을 강화함으로써 과학기술을 급속하게 발전시킬 수 있다는 정책대안(해결방안)의 흐름과 결합시켜 고등교육에 대한 정부지원의 확대를 이끌어낸 것이 정책활동가들이다.

우리나라에서도 후술하는 바와 같이 포항종합제철건설 사례에 있어서 구미 제국이 종합제철건설 소요재원을 제공할 수 없게 되자 대일청구권자금의 전용이라는 방안으로 재원조달에 성공한 정책활동가의 노력은 정책문제의 흐름과 정책대안의 흐름을 결합시킨 성공적인 사례라 하겠다.

### (2) 연합형성을 위한 역할

사바티어가 주장한 지지연합모형(advocacy coalition model)은 외부에서의 충격이 정치적 연합에 변동을 일으킨다고 본다. 다시 말해서 소수적 연합(minority coalition)이 지배적 연합(dominant coalition)으로 전환하여 이것이 나가서 정책변동을 초래한다는 것이다.[23]

그런데 이러한 연합형성을 이룩하는 요인이 무엇이며 연합형성이 어떻게 이루어지는가에 대한 설명이 지지연합모형으로서는 부족한 데, 그 부족 부분을 보완하는 것이 정책활동가모형이라는 것이 민트롬과 버가리의 주장이다. 다시 말해서 연합형성을 위하여 주도적 역할을 담당하는 것이 정책활동가라는 것이다.[24]

사바티어와 젠킨스-스미스(Hank Jenkins-Smith)는 최근의 논문에서 1987년부터 1998년에 이르는 기간 중에 지지연합모형을 활용하여 수행한 실증적 연구 34건의 목록을 제시하고 있다.[25] 이러한 연구 중에는 원칙적

---

23) Paul A. Sabatier and Hank C. Jenkins-Smith, "The Advocacy Coalitiion Framework: An Assessment," in Paul A Sabatier(ed.), *Theories of the Policy Process* (Boulder: Westview Press, 1999), pp. 147-148.

24) Mintrom and Vergari, *op. cit.*, p. 431.

25) Sabatier and Jenkins-Smith, *op. cit.*, p. 126.

으로 사바티어모형에 찬의를 표한 것이 많으나 비판하거나 보완의 필요성을 제시한 것도 있었다.

특히 사바티어모형이 대규모적인 정책변동(major policy change)이 발생할 수 있는 요건에 대한 설명이 부족하다는 비판을 받아들여, 당초의 모형에 수정을 가하여 "대규모적인 정책변동에 필요한 합의의 정도"라는 변수를 추가하였다.[26]

전술한 34건의 실증적 연구 중에는 연합형성을 위한 정책활동가의 역할에 언급하지 않은 것이 많으나, Michigan주의 교육개혁의 사례와 같이 새로운 연합형성을 위하여 정책활동가가 중요한 역할을 담당한 경우도 있다.

우리나라의 포항종합제철건설의 경우 일본의 철강회사, 일본의 관료와 정치인, 한국정부가 대일청구권자금의 전용에 합의를 보았던 까닭에 재원조달이 가능했는데, 이들이 합의하게 만드는 "연합형성"을 위하여 정책활동가가 결정적인 역할을 담당했던 것이다.

## 제 3 절 정책활동가 사례

### 1 칸과 항공사업규제완화

#### 1) 사례의 개요

미국의 규제완화 중에서 가장 일찍이 그리고 가장 철저하게 이루어진 분야가 항공사업이다. 항공사업규제완화법(Airline Deregulation Act)이 제정되기 전인 1977년경부터 칸이 위원장으로 있던 민간항공위원회(Civil Aeronautics Board)가 노선규제와 가격규제를 완화하기 시작했으며, 1978년에는 항공사규제완화법이 제정되었다.

26) *Ibid.*, p. 149.

이 법률이 제정되자 민간항공위원회(CAB)는 항공사업에 대한 규제완화를 더욱 빠른 속도로 진행하게 되었으며, 안전에 관한 규제를 제외하고는 거의 다 폐지되었다. 퇴거에 관한 규제가 폐지되면 중소도시에 이르는 서비스가 없어질 것이라는 우려도 기우에 지나지 않았으며 많은 항공회사가 신설되고 요금도 크게 떨어졌다. 1985년 1월 1일을 기하여 민간항공위원회는 폐지되고 안전에 대한 규제는 과거와 같이 연방항공청(FAA)이 계속 담당하게 되었다.

칸이 주도적인 역할을 담당한 항공사업에 대한 규제완화로 항공회사의 난립・도산・합병의 속출, 일부 대도시 공항의 대혼잡, 안전사고의 증대 등이 일어났으나 항공사업에 대한 규제완화는 성공적이었다고 평가해도 좋을 것 같다.[27]

## 2) 정책활동가의 역할

### (1) 법제정 전의 규제완화

칸이 미간항공위원회 위원장에 취임한 1977년은 규제완화를 촉구하는 목소리가 높은 때였다. 학계에서는 민간항공위원회의 정책으로 항공사의 카르텔이 형성되었다는 비판이 제기되었으며, 1975년 케네디의원이 주동이 된 상원의 청문회는 항공사업과 그를 규제하는 민간항공위원회의 문제점을 파헤쳤다.[28]

항공사업규제완화의 필요성을 절감한 칸은 의회를 움직여 법률의 개정을 얻어낼 것인가 그렇지 않으면 기존 법률의 테두리 안에서 부여된 재량권을 활용하여 항공사업에 대한 규제를 완화할 것인가를 놓고 망설였으나 여러 가지 이유로 후자의 길을 택하기로 했다.

그 다음에는 요금・노선・진입의 세 가지에 관한 규제가 다 완화되어야 하는데 어떤 순서로 진행할 것인가도 문제였다.[29]

---

27) Damodar Gujarati, *Government and Business*(New York: McGraw-Hill, 1984), pp. 308-314.

28) Thomas K. McGraw, *Prophets of Regulation*(Cambridge: Belknap Press, 1984), pp. 265-266.

민간항공위원회는 이 중 가격규제의 완화부터 착수하기로 했다. 가격규제완화에 지침을 제공한 것은 특정한 주(州) 내에서만 운영하는 까닭에 민간항공위원회의 규제를 받지 않은 항공사들의 요금구조였다. 같은 거리인데 CAB의 규제를 받는 Chicago와 Minneapolis간의 요금이 CAB의 규제를 받지않는 Los Angeles와 San Francisco 간 요금의 배가 넘는다는 사실이 많은 사람들에게 충격을 주었다. 이리하여 CAB는 최저요금제를 완화하기 시작하였으며 이것이 승객의 급증을 가져왔다.

둘째는 노선에 대한 규제완화이다. 기존항공회사들의 신규노선신청이 600건이나 누적되어 있었다. 개중에는 성실하지 못한 신청도 있었으나 타당성이 있는 것도 있었으므로 CAB는 신규노선의 승인도 진행했다.

이와 같이 CAB는 항공사규제완화법 제정 전에도 요금규제와 노선규제의 완화를 진행했으나, 일부에서는 CAB가 과연 이러한 규제를 완화할 수 있는 법적 권한이 있는가에 대해서 의문을 제기하기도 했다.[30]

### (2) 규제완화법제정과 칸의 역할

1978년 10월 항공사규제완화법이 의회를 통과하여 공포되었다. 이 규제완화법은 i) 요금에 대한 규제를 폐지했으며, ii) 항공사들에게 거의 제한없는 노선의 결정권을 부여했고, iii) 진입규제도 폐지하여 새로운 항공사의 진입을 허용했으며, iv) 경과기간을 두어 1985년 CAB는 폐지된다고 규정했다.

규제완화법의 제정을 위하여 많은 사람들과 많은 요인들이 이바지 했다. 첫째는 전술한 바 있는 1975년의 케네디청문회를 들 수 있다. 규제의 피해를 파헤치고 규제완화의 불가피성을 제시하는 데 큰 공헌을 했다. 둘째로 네이더(Ralph Nader)를 중심으로 하는 NGO의 역할도 컸으며, 셋째로 보수적 공화당 의원과 진보적 민주당의원의 역할도 빼놓을 수 없다. 넷째로 CAB의 규제를 받지 않았던 캘리포니아주와 텍사스주내에서 운행하는 항

---

29) *Ibid.*, p. 149.

30) H. Craig Petersen, *Business and Government*, fourth edition(New York: Harper, 1993), pp. 372-373.

공사의 좋은 성과도 많은 공헌을 했다.

그러나 우리는 이곳에서 정책활동가로서의 칸의 역할을 잊어서는 안되겠다. 칸은 두 가지 면에서 이 법률의 제정에 공헌했다. 첫째로 규제완화법 제정 전에 CAB가 진행한 규제완화로 규제완화가 결코 바람직하지 못한 결과를 초래하지 않는다는 것을 입증하였다. 둘째로 반대론자들을 침묵시킨 다음 지지자들을 결속시키고 그들을 새로운 법률의 제정에 동원하는 역할을 담당했다.[31)]

## 2 박태준과 포항제철의 건설

### 1) 사례의 개요

종합제철공장을 설립하려는 시도는 1958년부터 수차에 걸쳐서 있었으나 하나도 결실을 맺지 못하다가 1968년 4월 1일 포항제철주식회사의 설립으로 본궤도에 올라서게 되었다.

이보다 앞서 정부는 종합제철 건설에 소요되는 재원의 조달을 구미 제국에 의존하기로 하였으며 이를 위하여 1966년 12월 6일 4개국 6개사로 구성된 대한국제제철차관단(KISA)이 정식 발족했다. 정부는 1967년 4월 6일 KISA와 제철공장 건설을 위한 가협정을 조인했으며 같은 해 10월 20일에는 기본협정을 체결했다.[32)]

그러나 포항제철의 경제적 타당성에 의문을 제기하고 한국은 종합제철공장의 건설에 앞서 기계공업의 육성에 힘써야 한다는 세계은행(IBRD)의 보고서를 인용하여 KISA가 차관제공에 난색을 표명하고,[33)] 대한국제경제협의체(IECOK)도 이에 동조하게 되었다.

---

31) McGraw, *op. cit.*, pp. 293-294.

32) 포항제철 사사 편찬위원회, 영일만에서 광양만까지: 포항제철 25년사(서울: 포항제철주식회사, 1993년), pp. 144-146.

33) K. K. Seo, *The Steel King: The Story of T. J. Park*, 윤동진역, 최고기준을 잡아라(서울: 언론자료간행회, 1997), p. 190.

이와 같이 재원조달이 난관에 부딪치자 정부는 박태준 사장의 건의를 받아들여, 일본정부를 설득하여 농림·수산업의 육성을 위하여 사용하기로 하였던 대일청구권자금을 전용하기로 결정하였다. 많은 우여곡절 끝에 1969년 12월 3일 종합제철건설 자금조달을 위한 한일기본협약을 체결함으로써 재원조달문제는 일단락되었으며, 9월 2일 KISA와의 계약은 해지하게 되었다.

같은 해(1969년) 12월 20일에는 포항제철에 대한 정부지원을 주된 목적으로 하는 철강공업육성법이 국회를 통과하여 1970년 1월 1일 공포되었다.

1970년 4월 1일에 착공을 본 제1기 사업은 1973년 준공을 보아 조강 연산 103만톤의 시설능력을 갖추게 되었다. 이어서 제2기 시업은 1976년 5월에, 제3기 사업은 1978년 12월에, 제4기 사업은 1981년 2월에 각각 준공을 보았으며, 1983년 5월에는 제4기 추가사업의 준공을 보아 시설능력이 910만톤에 달하게 되었다.

이러한 포항제철의 설립과 착실한 발전이 정부의 강력한 지원없이는 불가능했다는 것은 주지의 사실이나, 정부의 지원과 결정을 끌어내는데 박태준이라는 정책활동가의 활동이 큰 역할을 했다는 것도 널리 알려진 사실이다.

### 2) 정책활동가의 역할

이곳에서는 박태준 사장의 활동을 정책활동가로서의 역할에 한정하여 고찰하고자 한다. 그의 역할을 여러 가지로 지적할 수 있겠으나 우리는 다음의 몇 가지를 들고자 한다.

#### (1) 하와이 구상과 재원조달

정책활동가로서의 박태준 사장의 가장 중요한 역할을 포항종합제철의 재원조달과정에서 찾아볼 수 있다.

포항종합제철에 대한 지원을 얻기 위하여 미국을 방문하였던 박태준 사장이 KISA측으로부터 지원이 불가능하다는 통보를 받고 귀국길에 하와이에 체류하게 되었다. 여기에서 박태준 사장은 포항제철 건설에 필요한 재원을 구미 제국의 차관대신에 대일청구권자금을 전용하여 활용할 구상을 하게 된다. 흔히 “하와이 구상”이라고 하는 이 아이디어의 착상이 가능했던 것은 박태준 사장이 최고회의 상공위원을 역임했을 뿐만 아니라 한일국교 정상화의 막후 교섭에 깊숙이 개입했으므로 대일청구권자금에 관하여 상세히 알고 있었던 까닭이다.[34]

하와이에서 그의 생각을 정리한 박태준 사장은 이를 실천에 옮기기 위하여 첫째 일본 철강업계로부터 지지를 받을 것, 둘째 청구권자금을 제철소 건설을 위하여 전용하도록 우리 정부를 설득하는 일이 필요하며, 여기서 더 나가서 셋째로 일본 정부 관료와 국회의원들과의 비공식적 접촉을 통하여 청구권자금 전용에 대한 지지를 확보할 것과 넷째로 우리 정부가 전면에 나서서 일본정부와 정식 협상을 벌이도록 촉구하는 일이 필요하다는 것을 느꼈다.[35]

박태준 사장은 이 네 가지를 다 수행했다. 일본의 철강업계와 정부관료·국회의원 등을 설득하는 일은 그의 일본 내의 인맥을 동원하는 등의 방법으로 가능했으며 한국정부를 설득하는 일은 박정희 대통령과의 특별한 관계를 활용함으로써 가능했다. 이리하여 드디어 1969년 12월 3일 종합제철 건설 자금조달을 위한 한일기본협약이 체결되었으며 재원조달문제가 해결되었던 것이다.

### (2) 공기단축

재원조달문제가 해결되자 1970년 4월 1일에는 포항제철 제1기 설비공사에 착공하게 되었으나 순조로운 건설공사의 진행을 가로막는 장애물이 많았다.

첫째로 복잡다기한 설비단위와 까다로운 제약조건과 복잡한 절차를 거쳐야 하는 자금의 성격때문에 포항제철은 어려운 여건하에서 설비구매협상에 임해야 했다.[36] 이 장애를 박태준 사장은 박대통령으로부터 특별한 재량권을 부여받음으로써 해결하였다.

34) 상게서, pp. 206-207.
35) 상게서, p. 209.
36) 포항제철 사사 편찬위원회, 전게서, p. 190.

둘째는 1970년 4월 15일에 발표된 소위 "주 4원칙"이다. 한국 및 대만과 경제협력관계를 맺고 있거나 투자하고 있는 기업과는 중국이 경제거래를 하지 않는다는 것을 골자로 하는 "주 4원칙"은 포항제철에 설비를 제공하고 있는 기업에 압력을 가하는 결과가 되었는 데, 신일본제철이 한국·대만과 중국 중 양자택일하라는 중국측의 요구에 응할 수 없음을 명백히 함으로써 포항제철건설에 대한 난기류는 일단락 되었다. 이러한 과정에 있어서 박태준 사장의 일본측 설득이 중요한 역할을 했음은 더 말할 필요가 없다.[37]

셋째는 기초공사의 공기지연이다. 1970년 4월 콘크리트 기초공사가 시작된 지 3개월만에 설계지연과 건설업체의 자재·인원·장비부족으로 공기가 늦어지기 시작하여 전문가들은 3개월 이상 공기가 지연될 것이라고 전망했다. 공기가 지연되면 막대한 손실이 발생한다는 사실을 염두에 둔 박태준 사장은 "건설비상 제1호"를 발하여 24시간 돌관작업을 실시한 결과 공기를 만회했을 뿐만 아니라 1973년 7월 예정보다 한달 빠르게 제1기 공사를 준공했다. 이와 같은 공기단축으로 포항제철은 총공사비의 약 3%에 해당하는 5백만달러의 건설비를 절약했으며, 그 결과 생산비절감과 국제경쟁력제고를 이룩할 수 있었다.[38]

### (3) 흑자경영과 계속적 확장

1973년 7월 제1기 공사를 끝낸 포항제철은 공기의 단축과 원료의 적기확보 등으로 제1차 연도에 1억달러 이상의 매출과 1,200만달러의 순이익을 올렸다. 1974년에는 세계 철강수요의 팽창 등에 힘입어 포항제철은 2억 5,800만달러의 매출과 8,800만달러의 순이익을 올렸다.

포항제철의 이러한 흑자운영으로 제1기에 그렇게 어려웠던 재원조달이 제2기 이후에는 훨씬 쉬워졌다. 특히 제1기에는 일본 일변도였던 외자조달이 차관선의 다변화를 이룩할 수 있었다.

거기에다가 포항제철의 흑자경영으로 이익금의 사내유보 등의 활용으로

37) 상게서, p. 194.
38) 윤동진, 전게서, pp. 304, 318.

내자의 상당부분을 포항제철이 부담했다. 포항제철의 투자비(1기부터 4기까지) 중 내자는 1조 9,104억원에 달했는데, 이 중 12.1%는 출자에 의하여 충당하고 23.8%는 차입에 의존했으며 나머지 64.1%를 이익 및 충당금에 의하여 조달했던 것이다.

## 3 권오병과 중학입시폐지

### 1) 사례의 개요

오늘날에는 비평준화지역을 제외하고는 중·고등학교 입시가 모두 폐지되었으나, 1960년대 후반만 하더라도 고등학교 입시는 물론 중학입시까지도 치열한 경쟁 속에서 치루어졌다.

특히 중학입시는 초등학교 어린이들에게 주는 부담이 커서 많은 논란의 대상이 되었다. 이리하여 1967년 10월 6일 대한교련은 "제일교육선언"을 선포하면서 입시지옥의 해소를 위한 정부당국의 과감한 조치를 촉구하였다. 중학입시경쟁을 둘러싼 논란을 거듭하고 있는 가운데 10월 17일에는 근하군 유괴살인사건이 발생하여 입시제도 개혁을 요구하는 목소리가 더욱 커졌다. 1968년 4월초에는 대한교련이 입시제도연구지도위원회로 하여금 개혁안을 성안케 하였으며, 4월 2일 "중학교 무시험 전형제"라는 이름의 개혁안을 공포하였다.

5월 21일 정부는 개각을 단행하여 과거에 문교부장관을 역임한 바 있는 권오병씨를 문교부장관에 임명했다. 권 장관은 6월초부터 중학입시개혁작업에 착수케 하여 7월 4일에는 박정희 대통령에게 그동안의 작업과정을 보고하고 대통령의 사전양해를 얻었다. 그 후 소정의 절차를 거쳐 7월 15일 정부·여당 정책심의회에서 "학군별 추첨입학 및 일류중학폐쇄"안을 확정하여 공포하였다. 이러한 입시제도개혁을 법적으로 뒷받침하기 위하여 교육법도 개정하였다.

### 2) 정책활동가의 역할

#### (1) 입시제도개혁의 요구

중학입시의 과열이 가져온 폐단에 대해서는 언론기관이나 교육계 내에서 많은 지적이 있었으나 중학입시제도를 개혁하기 위한 구체안을 제시한 것은 대한교육연합회라 할 수 있다. 1967년 10월 6일 "제일교육선언"을 선포하면서 입시지옥의 해소를 위한 정부당국의 과감한 조치를 촉구하였다.

며칠 후인 10월 17일에 발생한 근하군 유괴살인 사건은 일간지들이 대서특필하였으며 입시제도개혁을 요구하는 여론은 비등하였다. 교련은 1968년 4월초에 교육전문가를 위시한 사회각계인사 24명으로 입시제도연구위원회를 구성하였을 뿐만 아니라 4명의 전문가로 구성된 중학입시제도 전문위원회를 따로 두어 이들로 하여금 구체적인 방안을 연구케 하였다. 대한교련은 전문위원회가 성안한 "중학교구 무시험전형제"라는 개혁안을 1968년 4월 26일 공표하고 이의 실현을 관련기관에 건의하게 되었다.

교련의 입시제도개혁안은 일간지를 비롯한 사회각계로부터 호의적인 반응을 얻었으나 문교부(현 교육과학기술부)는 이에 대하여 회의적이었다. 문교부장관이 직접 교련안은 비현실적이어서 실현이 어렵다는 것을 밝혔을 뿐만 아니라 6월 5일에 개최된 교육제도 심의회 입시제도 분과위원회에서도 시험시기를 변경한 데 그치고 입시제도 개혁에 관한 결정을 뒤로 미루었다.

#### (2) 권오병장관의 취임과 개혁작업

이러한 문교부의 입시개혁에 과한 방안이 장관의 경질로 바뀌게 되었다. 정부는 5월 21일 개각을 단행하여 권오병씨가 법무부장관에서 문교부장관으로 자리를 옮기게 되었다. 1966년 9월까지 1년 1개월간 문교부장관으로 재임한 일이 있는 권오병 장관은 6월초에 3명의 실무자로 구성된 실무반으로 하여금 중학입시개혁작업에 착수케 하였으며 7월초에는 ① 일류학교 개편방안, ② 학교군별 추첨제, ③ 대단위 학구제를 전제로 한 지원제의 세 가지 방안을 성안하기에 이르렀다.

### (3) 대통령의 지원과 개혁의 마무리

입시제도 개혁안이 마련되자 문교부는 7월 4일 박 대통령에게 입시제도의 개선책을 연구 중이라는 사실을 보고했으며, 박 대통령으로부터 초등학교 어린이들에게 중학교만이라도 자유롭게 입학할 수 있도록 해야 한다는 지시를 받았다.

문교부는 7월 11일에 개최된 정부여당 정책협의회에 전술한 3개안을 상정했다. 중학입시 경쟁을 없애거나 완화해야 하며 학교군을 설정해야 한다는 원칙에는 합의를 보았으나 구체적인 실현방안에 대해서는 많은 논란이 있었다. 다음 날인 7월 12일 오후 권오병 장관은 4시간에 걸쳐 박 대통령에게 중학입시개혁안을 보고하는 자리에서 "학교군별 추첨제"의 실시를 강력히 건의했다. 박 대통령으로부터 약간의 반발과 진통을 겪더라도 밀고 나가라는 격려를 받은 문교부는 세부계획과 연차별 실시계획을 손질하여 7월 15일 중학입시폐지안을 정부·여당 정책심의회에 상정했다.

여당측에서도 이 안에 대해서 대체로 찬의를 표했으며 김성희 공화당 정책연구실장은 교육법을 개정하여 이를 항구화시켜야 한다는 점을 강조했다. 정책심의회를 마치고 나온 권 장관은 중학입시 폐지안을 공표하자 비교적 호의적인 반응을 얻었다. 야당인 신민당에서도 원칙적으로 이에 찬성했으며 구체적인 문제를 검토하기 위하여 5인의 "입시제도 특별심의회"를 구성했다. 교육계에서는 추첨제·일류중학폐쇄 등에 대해서 이의를 제기하면서도 원칙적으로 정부안을 환영했으며, 그 중에서도 대한교련은 그들의 건의가 실현된 것으로 보고 전폭적으로 지지한다는 성명서를 발표하기까지 했다.

이와 같이 중학입시폐지를 위한 개혁안이 좋은 반응을 얻자 이를 항구화하기 위한 교육법 개정안이 국회에 상정되어 그 의결을 얻어 1968년 11월 15일 공포되었다. 교육법 제103조의 2로 "중학교의 입학은 무시험으로 하되, 그 방법과 절차는 대통령령으로 정한다"는 조항을 신설하게 되었다. 이어서 교육법시행령 제69조 내지 제71조가 개정되어 세부절차도 마련하기에 이르렀다.[39]

## 4 사례의 비교분석

우리는 위에서 정책활동가 사례 3개를 간단히 살펴보았다. 이곳에서는 정책활동가의 기능이라 할 수 있는 ① 기회의 포착, ② 위험부담, ③ 목표 달성을 위한 조정이라는 세 가지 기준에 따라 이들을 비교분석하고자 한다.

### 1) 기회의 포착

기회의 포착이란 정책활동가가 충족되지 않은 니즈(needs)와 이를 둘러싼 상황을 올바로 파악하여 적절한 해결책을 제시하는 것을 말한다.

위에서 살펴본 세 가지 사례에 있어서 정책활동가들은 기회포착이라는 기능을 제대로 수행했다고 할 수 있다. 먼저 항공사업 규제완화에 있어서 칸은 규제완화의 필요성을 제대로 인식하고 항공사규제완화법 제정 전에 기존의 법률의 테두리 안에서 규제완화에 착수했으며, 이것이 규제완화법의 제정에도 도움이 되었다는 것은 위에서 검토한 바와 같다.

포항제철 사례에 있어서 박태준 사장은 포항제철 건설을 위한 자금조달이 난관에 부딪치자 대일청구권자금의 전용에 착상하게 되었으며 이를 위하여 한일양국의 관계자들을 설득함으로써 종합제철건설을 위한 자금조달에 성공했다.

중학입시폐지 사례의 경우에도 권오병 장관이 입시개혁의 필요성과 분위기의 성숙을 인지하고 대한교련이 제시한 개혁안을 문교부안으로 채택하고 박 대통령의 지원을 얻어 중학입시폐지라는 전례가 없는 개혁을 단행했던 것이다.

### 2) 위험부담

위험부담이란 정책활동가들이 목표의 달성을 위하여 그들의 명예의 실

39) 서울대학교 행정대학원 행정조사연구소편, 한국행정 사례집(서울: 법문사, 1974), pp. 164-182.

추나 경제적 손실 등의 위험을 감수하는 것을 말한다. 먼저 항공사업규제완화 사례에 있어서 칸은 항공사 규제완화법 제정 전에 기존의 법률에 의거하여 요금규제, 노선규제 등의 완화에 착수했다. 일부에서는 이러한 규제완화의 법적 타당성에 의문을 제기하기도 했으나 칸은 이를 무릅쓰고 규제완화를 밀고 나갔다.

포항제철 사례에 있어서 박태준 사장은 많은 위험을 감수했다. 재원조달을 위한 노력에 있어서 한국측 관계자들의 설득도 어려웠으나 일본측 관계자들의 설득을 위하여 많은 위험을 감수했다. 특히 종합제철 지원원칙 확인을 위한 제3차 한일각료회의에 앞서 일본철강회사들의 기술지원을 확인하는 구두언약은 불충분하며 문서를 받아야 한다는 김학렬부총리의 요구로 두 번이나 일본철강회사 사장들을 설득하기 위한 노력을 펼친 것은 일본의 사업관행상 예의를 벗어나는 것이었으나 체면을 무릅쓰고 이를 수행했던 것이다.[40]

중학입시폐지 사례의 경우 대한교련의 개혁안 제시가 있기는 했으나 전임 문교부장관이 비현실적이라고 받아들이지 않았던 개혁안을 채택했을 뿐만 아니라 “무시험 추첨제”라는 성공의 가능성을 예측하기 어려웠던 혁명적인 개혁안을 받아들인 것은 위험을 감수한 조치라고 할 수 있겠다.

### 3) 목표달성을 위한 조정

목표달성을 위하여 정책활동가들이 그들의 연고를 활용하고 지원적인 네트워크를 형성하고 유지하는 것을 말하는 데[41] 위에서 살펴본 세 가지 사례에 있어서 정책활동가들은 정도의 차이는 있으나 이 기능도 잘 수행했다.

먼저 항공사업규제완화 사례에 있어서 칸은 동료위원들과 직원들을 설득하여 규제완화법 제정 전에 규제완화를 진행했을 뿐만 아니라 규제완화법의 제정을 위하여 지지자들을 결속시키고 그들을 동원하는 작업을 성공

---

40) 윤동진, 전게서, pp. 235-240.

41) Kingdon, *op. cit.*, pp. 189-190.

적으로 수행했다.[42]

포항제철 사례의 경우 정책활동가의 이 기능의 수행이 다른 어느 사례보다 두드러졌다고 하겠다. 우선 재원조달을 위하여 박태준 사장은 일본측 인맥을 적절히 잘 활용했으며, 한국측을 설득하는 일은 박정희 대통령과의 오랜 인연이 큰 도움이 되었다.

생산비 절감과 국제경쟁력제고에 이바지한 공기단축과 흑자경영을 통한 계속적 확장을 위하여 박태준 사장은 군에서 쌓은 관리기술을 활용하여 많은 사람들을 동원하여 목표를 달성하는 데 성공했다.

중학입시폐지 사례에 있어서는 정책활동가의 이 기능이 그렇게 중요하지 않은 것 같다. 권오병 장관은 몇 사람의 실무자로 구성된 연구팀을 독려하여 대한교련안을 토대로 한 개혁안을 만들었으며, 박 대통령의 그에 대한 신임을 활용하여 대통령의 설득을 통하여 개혁을 완성했다고 할 수 있다. 정부여당 정책심의회에서의 여당의원들의 설득도 대통령의 재가를 얻은 안이라는 것을 무기로 삼았던 것이다.

---

42) McGraw, *op. cit.*, p. 294.

# 제 5 편

# 정책의 형성 · 집행 · 평가와 정책변동

# 제 15 장 정책형성과 정책변동

## 제 1 절 정책형성의 개념과 단계들

### 1 정책형성의 개념

넓은 의미의 정책형성이란 정부당국이 심각성을 인정해 적극적인 해결책을 모색하려는 정책문제가 선정되고, 이 문제의 해결에 이바지할 수 있는 실현 가능한 여러 가지 대안의 개발이 이루어진 후 여러 대안 중에서 최종안을 선택하고 이에 합법성을 부여하는 모든 단계를 포함하는 개념이라 하겠다.

이리하여 정책형성을 라스웰(Harold D. Lasswell)은 i) 정보단계, ii) 건의단계, iii) 처방단계로 나누고 있으며, 존스(Charles O. Jones)는 i) 문제정의단계 ii) 형성합법화 단계로 세분하고 있으나 우리는 앤더슨(James E. Anderson)과 같이 이를 i) 정책의제 설정단계, ii) 정책개발(형성)단계, iii) 정책채택단계로 나누고자 한다. 다음 항부터 이러한 정책형성의 단계 등을 고찰하고자 한다.

## 2 정책의제 설정단계

### 1) 정책의제 설정의 개념

어떤 사회를 막론하고 잠재적인 공적 이슈의 수량은 의사결정기관의 처리능력을 훨씬 초월하고 있다. 따라서 이슈와 그 제창자들은 의사결정 의제의 자리를 놓고 경쟁할 수밖에 없다. 각종 집단의 요구가 정부의 진지한 관심의 대상이 되는 항목으로 전환되어 가는 관정을 정책의제 설정(agenda setting)이라고 부른다.[1]

### 2) 정책의제 설정의 중요성

정책과정을 어떻게 나누든 간에 정책의제 설정이 정책과정의 제1단계임에는 틀림이 없다. 정책의제로 채택되지 않으면 정책으로 형성되어 집행될 수 없는 것이다.

이와 같이 정책의제로 채택되어야 정책이 결정되고 집행될 뿐만 아니라 일단 공식적 의제로서 채택된 의제라 할지라도 어떤 집단의 힘에 의해 어떠한 형태로 문제가 제시되느냐에 따라서 정책과정 전반에 미치는 영향이 크다고 하겠다.

### 3) 정책의제 설정과정

정책의제 설정과정을 여러 사람이 여러 가지로 제시하고 있으나 여기에서는 아이스턴(Robert Eyestone)의 견해에 따라서 다음과 같이 제시하고자 한다.[2]

---

1) Roger Cobb, Jenie-Keith Ross and Marc Howard Ross, "Agenda Building as a Comparative Political Process," *American Political Science Review*, March 1976, p. 176.

2) Robert Eyestone, *From Social Issue to Public Policy*(New York: Wiley, 1978), pp. 69-78.

### (1) 사회문제

사회문제는 여러 가지로 정의할 수 있겠으나 한마디로 말해서 많은 사람들이 느끼는 결함이나 기대에 미치지 못하는 상황을 말한다. 따라서 기대수준에 따라서 사회 문제가 증감한다고 하겠다.

### (2) 사회적 이슈

한마디로 말해서 사회적 이슈란 그 해결책에 관해서 사회적 의견의 불일치가 있는 사회문제이다. 사회적 이슈는 단순히 의견의 불일치가 있을 뿐만 아니라 해결책을 조속히 강구해야 하겠다는 긴급성을 아울러 지녀야 한다.

### (3) 공중의제로의 전환

공중의제란 문서화된 것도 아니고 공식화된 것도 아니므로 그 존재를 확인할 길이 없다고 주장할지 모르나 공중의제는 공중이 해결책이 강구되어야 한다고 믿는 일련의 이슈로서 그 존재가 확연하다는 것이 아이스턴의 주장이다.

### (4) 공식의제로의 채택

공중의제의 경우보다 덜 하겠으나 공식의제도 모호한 경우가 있다. 특정한 이슈가 공식의제로 채택되었는지 아닌지를 확실히 알 수 없는 경우도 있다. 의원 발의의 형태로 법안이 국회에 제출만 되면 공식의제로 채택되었다고 볼 수 있느냐 하는 문제가 좋은 예라 하겠다. 우리나라 제헌국회부터 제17대 국회에 이르는 동안에 의원 발의안건은 44.2%만 가결되었던 것이다.[3] 미국 연방 상원에 관해 연구한 워커(Jack Walker)는 상원 본회의 심의 대상이 되는 의제만을 공식의제로 보는 것 같다.[4] 어떻든 일단 공식의제로 채택되면 해결책이 강구될 가능성이 높다고 하겠다.

---

3) 이 책 제1편 제2장 "정책변동 참여자" 참조.

4) Jack Walker, "Setting the Agenda in the U.S. Senate: A Theory of Problem Selection," *British Journal of Political Science*, October 1977, pp. 424-425.

### 4) 정책의제 설정 관련요인

우리는 위에서 어떤 과정을 밟아서 사회문제가 사회적 이슈와 공중의제를 거쳐 공식의제가 되는가를 살펴보았다. 그러나 이러한 전환이 자동적으로 이루어지는 것이 아니며 극히 한정된 의제만이 공식의제로 채택된다는 것을 유의할 필요가 있다. 이런 의미에서 정책의제 설정에 영향을 미치는 요인의 검토가 중요하다고 하겠다.

정책의제 설정에 영향을 미치는 요인에 관해서 많은 사람들이 여러 가지 요인을 제시하고 있는데, 이러한 요인들을 종합해 다음의 몇 가지를 들고자 한다.

#### (1) 사회적 유의성

콥(Roger Cobb)과 엘더(Charles D. Elder)가 들고 있는 요인으로서 극히 한정된 사람에게만 적용되는 특이한 문제냐 많은 사람과 관련이 있는 문제냐 하는 것이다. 같은 요인을 호그우드(Brian Hogwood)와 건(Lewis A. Gunn)은 광범이한 임팩트(wide impact)라고 부르고 있으며, 워커는 많은 사람에게 임팩트를 주는 문제라고 하고 있다.

#### (2) 심각한 문제

워커가 들고 있는 요인인 데 문제가 심각할수록 공식의제로 채택될 가능성이 높다는 것이다. 호그우드와 건은 위기라는 표현을 사용하고 있으며, 앤더슨은 위기 또는 극적인 사건이라고 하고 있다.[5]

#### (3) 구체성

주도집단에 의해 문제가 얼마나 구체적으로 제기되었느냐 하는 것이다. 어떤 지방자치단체에서는 외설적인 간행물의 판매를 금지해야 한다고 주장하나 구체적으로 어떠한 간행물이 외설적인가를 제시하지 않고 있다. 이에 반해 어떤 지방자치단체에서는 이러이러한 잡지는 판매가 금지되어야 한다

5) James Andedrson, *Public Policymaking*, fifth edition(Boston: Houghton Mifflin, 2003), p. 92.

고 주장한다면 구체성이 높은 후자의 경우가 정책의제로 채택될 가능성이 높은 것은 더 말할 나위도 없다.

### (4) 해결책의 존재 여부

위에서 언급한 구체성과도 관련이 있는 요인인 데 제기된 문제가 쉽게 이해할 수 있는 해결책을 지니고 있을 때에는 정책의제로 채택될 가능성이 높다. 이에 반하여 긴 역사를 지니고 있는 사회문제로서 많은 사람들이 해결되기를 원하나 쉽사리 해결책을 찾을 수 없는 문제는 정책의제로 채택되기 어려울 것이다.

### (5) 감성적 측면

제기된 문제가 감성적 측면(emotive aspect)을 지니고 있어서 대중매체의 관심을 끄는 것일 때에는 정책의제로 채택될 가능성이 높다는 것이다. 진정제 · 수면제로 사용되었던 탈리도마이드(Thalidomide)가 불구아의 출생을 가져온다는 문제가 제기되어 의약품에 대한 통제가 더욱 강화된 사건이 좋은 예라 하겠다.

### (6) 유행성

다른 나라에서 제기되어 해결책이 강구된 문제나 다른 지방자치단체에서 정책의제로 채택된 문제 등은 쉽게 정책의제로 채택될 가능성이 높다. 일본 · 대만 · 미국 등의 경향이 우리나라 정책의제 설정에 영향을 미치는 것이 좋은 예이다.

### (7) 주도집단

위에서 언급한 요인들은 주로 문제의 성격에 관한 것이지만 이러한 요인 외에도 주도집단의 크기나 정치적 자원이 정책의제 설정에 많은 영향을 미친다는 것을 여러 사람이 지적하고 있다.[6]

---

6) 김신복, "정책개발의 과정과 방법," 유훈 외, 정책학: 과정과 분석[개정증보판](서울: 법문사, 1993), p. 31.

## 3 정책개발단계

정책의제가 설정되면 다음에는 정책개발단계(또는 협의의 정책형성단계)가 시작된다. 정책목표를 설정하고 여러 가지 정책대안을 개발하는 과정이 시작되는 것이다.

### 1) 정책목표의 설정

정책개발단계에서는 첫째로 정책목표의 설정이 이루어져야 한다. 정책목표란 에치오니(Amitai Etzioni)의 표현을 빌린다면 정책을 통해서 달성하고자 하는 소망스러운 상태라고 할 수 있겠다.[7] 워너(W. Kein Warner)의 표현을 빌린다면 현재는 존재하지 않으나 정책을 통해서 미래에 발생케 하고자 하는 사태라고 할 수 있겠다.[8]

목표설정을 위한 첫 단계는 현상을 파악하는 것이다. 다음에는 현상과 바람직한 상황 간의 갭(gap)을 파악하는 차이분석(gap analysis)이 필요하다. 일단 이러한 갭이 파악되면 그 원인을 분석하고 갭을 메우기 위한 새로운 정책이나 개선된 정책을 모색하게 된다. 위의 단계에서 도착하기를 원하는 목적지는 파악되었는 데, 그러면 목적지까지의 도달을 저해하는 요인이 무엇인가를 규명해야 한다. 제약요인의 분석은 목표설정 과정의 중요한 단계의 하나이다.

다음에는 다른 기관이나 환경에서 받을 수 있는 지원이 어떤 것인가를 밝혀야 한다. 만일에 지원을 기대할 수 없으면 목표를 수정 또는 하향조정해야 한다. 다음 단계는 목표의 달성을 위해 어떤 행동이 요구되며 이의 업무분담은 어떻게 해야 하느냐가 결정되어야 한다.[9]

---

7) Amitai Etzioni, *Modern Organizations*(Englewood Cliffs: Prentice-Hall, 1964), p. 6.
8) W. Kein Warner, "Problem in Measuring the Goal Attainment of Voluntary Organizations," *Journal of Adult Education*, Fall 1967, p. 5.
9) Brian W. Hogwood and Lewis A. Gunn, *Policy Analysis for the Real World* (Oxford: Oxford University Press, 1984), pp. 159-162.

### 2) 대안의 모색

#### (1) 대안의 확인과 창출

우리가 흔히 말하는 대안의 모색은 대안의 확인(identifying)과 대안의 창출(generation)을 포함하는 개념이다. 대안의 확인은 비교적 소극적인 과정으로서 쉽게 이용 가능한 대안이나 조직 내부나 외부의 '후원자'들이 제시한 대안을 평가·비교를 위해 수집하는 과정이다. 대안의 창출은 기존의 후원자가 없거나 조직이 알지 못하는 대안을 적극적으로 추구하고 발견하는 과정이라 하겠다. 대안의 확인 및 창출과정은 가장 연구가 부족한 누락된 연결고리(missing link)에 속한다. 후술하는 바와 같이 대안의 평가를 위한 기법은 많이 발전되었으나 대안의 모색에 관해서는 별로 연구가 이루어진 것이 없다.[10)]

#### (2) 대안의 범위

일반적으로 정책결정자에 의해서 검토되는 대안의 범위는 비교적 좁다고 생각되고 있다. 정책의제 설정과정을 통해서 정책의제로서 채택된 정책의제는 대안의 범위가 지극히 한정되는 경우가 많다. 그렇지 않은 경우에도 전통적인 기준에 따라 배제되는 대안이 많은가 하면 조직 내부나 외부의 집단들이 그들의 이익을 옹호하기 위해서 배제하는 대안도 있다. 마지막으로 대안의 모색 담당자들이 알지 못하는 대안도 많다. 그러나 이러한 현실에 지나치게 비관할 필요는 없다. 모든 대안을 다 검토해야 한다는 합리모형의 주장은 지나치게 비현실적인 것이라 하지 않을 수 없다. 다만 드로(Yehezkel Dror)가 지적하고 있는 바와 같이 '무사안일한 정책'(policy of no effort)에 안주해서는 안 되겠으며 정책결정의 합리성의 제고를 위해 대안의 창출을 위한 노력이 있어야 하겠다.[11)]

---

10) *Ibid.*, pp. 171-172.

11) Yehezkel Dror, "Muddling through—'Science' or Inertia," *Public Administration Review*, September 1964, p. 155.

### (3) 대안의 창출을 위한 노력

사이몬(Herbert A. Simon)이 지적하고 있는 바와 같이 대안의 창출은 기계적인 합리적 사고(mechanically rational thinking)로 해결될 수 있는 것이 아니라 독창성을 요하는 활동이다.[12] 드로(Y. Dror)도 새로운 대안의 창출을 위해서는 합리성이 중요하기는 하나 한정된 기능 밖에 수행할 수 없다고 하고 있다.[13] 따라서 대안의 창출을 위한 최선의 방안은 독창성을 지닌 인재를 채용하고 독창적인 사고를 조장하는 조직의 풍토를 조성하는 것이 무엇보다 필요하다고 하겠다.

기존의 인재를 가지고도 적절한 절차를 활용하면 새로운 대안을 창출하는 데 도움이 될 수 있다. 여기에 활용될 수 있는 방안의 하나가 이른바 브레인스토밍(brainstroming)이다.[14] 브레인스토밍의 첫단계는 5명 내지 12명 정도로 구성되는 소규모 집단에서 짧은 시간 동안에 많은 아이디어를 창출하도록 한다. 이 단계에서는 그러한 안들의 실현가능성에 관한 평가나 지적이 있어서는 안 된다. 이러한 독창적인 단계가 일단 끝나면 그 다음에 제시된 안들을 실현 가능성 등의 관점에서 평가하게 되는 것이다.

이 방법은 문제가 대단히 중요하고 새로운 대안의 여지가 있으며 여러 전문 분야, 여러 사람들로부터의 투입(input)이 필요한 경우에 실효를 거둘 수 있다. 그러나 우리가 여기서 유의해야 할 것은 이것은 그야말로 절차에 불과하며 브레인스토밍에 의해 제시된 아이디어들이 독창적이며 유용하다는 보장은 없다는 것이다.[15]

민간부문의 사기업의 경험이나 외국의 선례에서도 도움을 받을 수 있다. 우리나라의 경우 지나치게 외국의 경험이나 선례에 의존하려는 경향이 있기는 하나 도움이 될 수 있는 방안이다. 드로도 대안의 모색을 위한 방안으

---

12) Herbert Simon, *Administrative Behavior*, third edition(New York: Free Press, 1976), pp. 263-265.

13) Yehazkel Dror, *Public Policymaking Reexamined*(San Fracisco: Chandler Publishing Co., 1968), p. 179.

14) 김신복 교수는 '브레인스토밍' 외에 분임토의(syndicate), 델파이(delphi) 기법 등을 들고 있다(김신복, 앞의 논문, p. 33).

15) Hogwood and Gunn, *op. cit.*, pp. 137, 172-173.

로서 비교문헌조사를 들고 있다.[16)]

끝으로 과학·기술의 발달이 새로운 대안의 창출에 이바지할 수 있다. 원자력에 관한 기술의 발달이 에너지정책을 수립할 때 새로운 대안을 제시해준 것이 좋은 예라 하겠다.

## 4 정책채택단계

### 1) 대안의 평가와 비교

대안들을 평가하고 비교하는 방법에는 여러 가지가 있다. 정치적 관점에서 평가하고 표결이나 투표에 의해 최종안을 선택하는 경우도 있다. 국회의 상임위원회나 본회의에서 표결로써 결정될 수 있으며 국민투표로써 결정될 수도 있다. 이러한 정치적인 결정도 분석을 통해서 정보를 입수할 수 있으며 사전분석의 영향을 받을 수 있다. 때로는 전문가나 공무원에 의해 순전히 기술적인 관점에서 결정이 이루어질 수도 있으며 정치인에 대한 영향력 행사에 의해 간접적으로 전문가나 공무원이 결정할 수도 있다.

이러한 과정에서의 분석가의 기능은 최종적인 결정을 내리는 데 있는 것이 아니라 정치인이나 그들의 참모들에게 다음과 같은 도움을 주는 데 있다. i) 충분한 대안을 모색하고, ii) 각 대안들의 정의를 가능한 한 정밀하게 내리며, iii) 각 대안의 장점과 단점을 분명히 제시하고, iv) 결정에 이용될 수 있는 최선의 기법을 활용하는 것이다.

### 2) 비교평가에 사용되는 기법

대안의 비교평가를 위해 사용하는 기법에는 여러 가지가 있으나 대표적인 것 몇 가지만 살펴보기로 한다.

---

16) Dror, "Muddling Through-'Sciece' or Inertia," *Public Administration Review*, p. 156.

### (1) 비용편익분석

한 마디로 말해서 정부부문의 비용편익분석(cost-benefit analysis)은 시장경제에 적용되는 가격이론을 정부부문에 적용하는 기법이라 하겠다.17)

비용편익분석은 먼저 비용과 편익을 화폐단위로 환산하고 여기에 할인율을 적용해 전기간에 걸친 비용과 편익의 현재치를 산출한다. 다음에는 편익에서 비용을 공제해 순편익을 계산하고 편익을 비용으로 나누어 BC 비율(편익비용 비율)을 산출한다.

비용편익분석의 활용방법은 <표 15-1>과 같이 결정의 유형에 따라 조금씩 달라진다. 첫째, 어떤 사업을 할 것이냐 안할 것이냐를 결정하는 경우에는 순편익이 정수이면 그 사업은 해도 좋다는 원칙이 적용된다. 둘째, 서로 배타적인 수개의 대안 중에서 하나만을 선택할 때에는 순편익이 가장 큰 대안을 선택해야 한다. 셋째, 상호 배타적인 관계에 있지 않는 수개의 대안 중에서 예산이 허용하는 한도까지 몇 개라도 사업을 선택하는 경우에는 편익비용 비율이 가장 높은 것부터 비용누적액이 예산한도액에 이르기까지 선택하면 된다.18)

### (2) 비용효과분석

정부 부문의 정책결정에서는 모든 편익을 화폐단위로 환산할 수 없는 경

〈표 15-1〉 결정의 유형에 따른 결정의 원칙

| 결정의 유형 | 결정의 원칙 |
|---|---|
| 가부의 결정 | 순편익이 정수이면 그 사업은 해도 좋다. |
| 상호 배타적인 수개의 대안 중에서 하나를 선택 | 순편익이 가장 큰 것을 선택한다. |
| 상호 배타적이 아닌 수개의 대안 중에서 예산이 허용하는 한도까지 선택 | BC 비율이 가장 높은 것부터 비용누적액이 예산한도액에 이르기까지 선택한다. |

17) R. Haveman and B. Weisbrod, "The Concept of Benefits in Cost-Benefit Analysis," in H. Peskin and E. Seskin(eds.), *Cost-Benefit Analysis and Water Pollution Policy*(Washington: Urban Institute, 1973), p. 39.

18) William A. Kelso, "Benefit-Cost Analysis and Program Evaluation." in L. Nigro (ed.), *Decision Making in the Public Sector*(New York: Dekker, 1984), pp. 13-16.

우가 있다. 여러 가지 무기 체계 중에서 어느 하나를 선택하는 경우가 좋은 예라 하겠다. 이러한 경우에는 비용편익분석이라 할 수 없으므로 비용효과분석이라 한다.

비용효과분석은 일반적으로 두 가지 경우에 사용된다. 첫째는 일정액의 예산을 가지고 산출(output)을 극대화하기 위한 경우이며, 둘째는 주어진 목표의 달성을 위해 최소한의 비용을 투입하기 위한 경우이다.

첫째 경우로서 미항공우주국(NASA)이 5억달러의 예산을 가지고 2인승 인공위성을 제작하는 경우를 생각할 수 있다. 이러한 항공우주국은 2인의 우주인을 태울 수 있는 여러 가지 인공위성의 대안을 놓고 어느 것이 가장 바람직한가를 결정하게 된다.

둘째 경우에는 어떤 조직에 목표가 부여되고 그 목표를 달성하는 데 가장 비용이 저렴하게 소요되는 방안이 뭇인가를 모색하게 된다. <표 15-2>의 예시와 같이 적군의 전차 한 대를 격파하는 데 두 가지 방법이 있다. 대안 A는 전차를 제작하는 방안이며, 대안 B는 대전차 미사일을 제조하는 방법이다. 대안 B가 대안 A보다 단위비용 대 효과성이 높다는 것을 알 수 있다.[19]

### (3) 정책실험

사회실험이라고도 하는 정책실험은 실험을 통해서 특정한 정책의 효과를 측정하는 방법이다. 정정길 교수가 들고 있는 예를 가지고 간단히 살펴보기로 한다. 먼저 실험집단과 통제집단을 선정한다. 이 경우에는 초등학교

〈표 15-2〉 비용효과분석의 예시

| | 공격대상인 적군의 무기 | 성공할 확률 | 비 용 | 비용효과 비율 |
|---|---|---|---|---|
| 대안 A (전차) | 전차 1대 | 1.0 | 25백만달러 | $\frac{(1\times1.0)}{25\text{백만달러}}$ |
| 대안 B (대전차 미사일) | 전차 1대 | 0.5 | 0.5백만달러 | $\frac{(1\times0.5)}{0.5\text{백만달러}}$ |

19) *Ibid.*, pp. 16-18.

아동으로서 실험집단이나 통제집단의 평균 체중이 각각 40kg이 되도록 선정한다. 다음에 실험집단에 대해서는 1년 동안 점심시간에 우유를 급식하되 통제집단에 대해서는 우유를 급식하지 않는다. 1년 후에 실험집단과 통제집단의 평균체중을 측정해 보았더니 우유급식을 받은 실험집단의 평균체중은 45kg인데 우유급식을 받지 못한 통제집단의 평균체중이 43kg이라면 우유급식이 어린이들의 체위 향상을 위해 효과가 있는 방안이라는 결론을 얻게 된다.[20]

정책실험은 비용편익분석 등이 지니는 단점을 보완하는 장점을 보유한 확실한 기법임에는 틀림이 없으나 몇 가지 문제점이 있다. 첫째는 시간이 많이 소요된다는 것이다. 전술한 우유급식의 예에서는 1년이라는 세월이 소요된다. 둘째는 통제의 문제이다. 통제집단에 대한 통제가 제대로 이루어져야 정책실험이 소기의 성과를 거둘 수 있는데 산속에서 실험을 하면 몰라도 어린이들이 집에 가서 우유를 마시는 것까지 통제하기는 어려울 것이다. 셋째는 윤리문제이다. 우유 급식의 경우에는 별로 문제가 없으나 경우에 따라서는 인간을 실험대상으로 삼는 데에서 오는 윤리문제가 제기될 수도 있다.

### 3) 합법화 단계

마지막은 합법화 단계이다. 국무회의나 국회와 같이 최종안을 결정할 권한이 부여된 기관이 결정을 내리는 단계이다. 우리는 앞에서 비교평가에 사용되는 기법에 관해서 언급했을 뿐만 아니라 분석가의 기능도 살펴보았다.

그러나 최종안의 결정이 반드시 합리적인 기법의 결과 최선의 안이라고 판명된 것이나 분석가들이 건의한대로 결정되는 것은 아니다. 정치적인 고려에 의해서 최종안이 결정되는 경우가 많다는 것은 긴 설명을 요하지 않는다.

---

20) 정정길, “정책평가를 위한 사회실험,” 유훈 외, 정책학: 과정과 분석[개정증보판](서울: 법문사, 1993), pp. 374-376.

또한 정책결정자들이 무엇을 어떻게 해야 할는지 모를 때나 정책결정자들 상호간에 해결하려는 문제가 무엇이냐에 관해서 합의할 수 없을 때에도 합리적인 결정이 이루어질 수 없다는 것은 긴 설명을 요하지 않는다.

## 제 2 절 정책형성과 정책변동

### 1 정책형성이 정책변동에 미치는 영향

정책변동은 새로운 정책형성이라는 방법으로 기존의 정책이 수정되거나 종료되는 과정이라 할 수 있다. 정부가 관여하지 않았던 분야에 진출하여 새로운 정책을 수립하는 경우란 21세기에는 희귀하며 대부분의 경우 이미 있는 정책에 수정을 가하는 결과가 된다는 것은 앞에서 지적한 바와 같다. 따라서 많은 경우 정책형성이 정책변동을 초래하게 된다는 것이다.

예를 들면 1961년 우리나라 최고회의가 예산회계법을 제정한 정책형성은 일본의 재정법과 회계법을 모방한 우리나라의 낡은 재정제도를 일본의 영향을 배제한 새로운 재정제도로 대체함으로써 정책변동을 초래했던 것이다.[21]

1983년 정부투자기관관리기본법의 제정을 통하여 정부투자기관에 책임경영제를 도입한 정책형성은 정부투자기관예산회계법을 토대로 정부투자기관에 과도한 통제를 가하던 공기업 경영제도를 정부투자기관에 자율성을 부여하는 공기업 경영제도로 전환함으로써 정책변동을 초래했던 것이다.[22]

1991년 기금관리기본법의 제정을 통하여 기금에 대한 통제를 강화하는 정책의 채택은 기금관리주체라는 각 부처에 기금의 운영을 일임하다시피

21) 유훈, "행정개혁 참여 40년의 회고," 오석홍 외 10인 공저, 행정개혁 실천론(서울: 법문사, 2008), p. 197 참조

22) 유훈, 공기업론[제5정증보판](서울: 법문사, 2005), pp. 64-65 참조.

했던 정책에서 기금에 대한 중앙통제를 강화하는 정책으로의 전환을 의미하는 정책의 변동을 초래했던 것이다.[23]

## 2 정책변동이 정책형성에 미치는 영향

위에서 살펴본 바와 같이 정책형성이 정책변동을 초래할 뿐만 아니라 반대로 정책변동이 정책형성의 과정 등에 영향을 미친다.

1983년 정부투자기관관리기본법을 제정하여 정부투자기관에 책임경영제를 도입하고 자율성을 대폭 늘리는 정책변동으로 정부투자기관(공기업)의 예산확정과정이라는 정책형성과정에 큰 변화가 일어났다.

과거에는 투자기관→주무부→경제기획원→국무회의→대통령 승인이라는 복잡한 과정을 밟았던 정책형성과정이 투자기관의 이사회의 의결로써 예산이 확정되는 단순한 과정으로 바뀌었다.

반대로 과거에 기금관리주체(각 부처)에 일임되다시피 했던 기금운영계획의 확정이라는 정책형성과정이 1991년의 기금관리기본법의 제정과 2002년의 기금관리기본법 개정이라는 정책변동으로 기금관리주체→중앙예산기관→국무회의→대통령 승인→국회제출→국회의결이라는 정책형성과정으로 변경되었다.

23) 유훈, 재무행정론[제6정증보수정판](서울: 법문사, 2007), pp. 161-162 참조.

# 제 16 장 정책집행과 정책변동

## 제 1 절 정책집행의 의의

### 1 정책집행의 개념

정책집행에 관해서는 여러 사람이 여러 가지 정의를 내리고 있다. 먼저 프레스먼(Jeffrey L. Pressman)과 윌다브스키(Aaron Wildavsky)가 내린 정책집행의 정의를 비롯하여 여러 사람들의 정의를 살펴본 다음 우리가 택하는 정의를 제시하겠다.

#### 1) 프레스먼과 윌다브스키의 정의

프레스먼과 윌다브스키는 웹스터(Noah Webster)와 로제트(Peter Mark Roget)가 말한 바와 같이 '실행하는 것, 수행하는 것, 달성하는 것, 생산하는 것, 완성하는 것'[1]이라고 전제하고 있으나 뒤에 가서는 집행이라는 용어

1) Jeffrey L. Pressman & Aaron Wildavsky, *Implementation*(Berkeley: University of California Press, 1973), p. xiii.

를 다의적(多義的)으로 사용하여 비판을 받고 있다.

그들은 집행은 "예견된 결과를 달성할 수 있는 능력"[2]을 말한다고 하고 있는가 하면, 집행은 "목표의 설정과 이를 달성하기 위한 활동 간의 교호작용"[3]이라고도 하고 있다.

이리하여 던셔(Andrew Dunsire)는 프레스먼과 윌다브스키가 정책 임팩트(policy impact)와 정책집행을 명확히 구분하지 못하고 있으며, 집행이라는 용어를 두 가지 또는 세 가지 뜻으로 사용하고 있다고 비판하고 있다.[4]

### 2) 반 미터와 반 혼의 정의

반 미터(Donald S. Van Meter)와 반 혼(Carl F. Van Horn)은 『행정과 사회』지에 기고한 논문에서 집행이란 "정책결정에 의해 미리 설정한 목표를 달성하기 위한 정부부문 및 민간부문의 개인이나 집단이 하는 활동"이라고 정의하고 있다.[5]

이들의 집행에 관한 정의의 특징으로는 첫째로 이들이 집행을 단일 방향적(unidirectional)이라고 보았으며, 둘째로 집행을 과정이라고 보기보다는 활동(action)이라고 보았다는 것을 들 수 있다.

### 3) 바다크의 정의

바다크(Eugene Bardach)는 1977년에 발간된 그의 『집행게임』이라는 저서에서 집행을 "기계를 조립하여 그것이 작동하도록 하는 조립과정(assembly process)"이라고 정의하고 있다.[6] 이어서 그는 좀더 훌륭한 집행 기계를 제작하는 방법에 관해서 처방을 내리고 있다.

바다크의 기계는 전통적 조직이론에 속하는 기계이론(machine theory)

---

2) *Ibid.*, p. xiv.

3) *Ibid.*, p. xv.

4) Andrew Dunsire, *Implementation in a Bureaucracy*(Oxford: Martin Robertson, 1978), pp. 67-68.

5) Doanld S. Van Meter & Carl E. Van Horn, "The Policy Implementation Process: A Conceptional Framework," *Administration and Society*, February 1975, p. 447.

6) Eugene Bardach, *Implementation Game*(Cambridge: MIT Press, 1977), p. 36.

에서 말하는 기계보다 훨씬 인간적인 요소가 강하다고는 하나, 집행을 기계의 조립과정에 비유한 것은 문제가 있다.

#### 4) 존스의 정의

존스(Charles D. Jones)는 정책집행을 프로그램을 실천에 옮기기 위한 활동이라 정의하고, 프로그램이란 공공문제(public problem)의 해결에 관한 구체적인 제안(concrete proposition)이라고 말하고 있다. 이렇게 정책집행을 정의한 존스는 이어서 정책과정의 동태성을 강조하고 정책집행과 정책형성의 상호 작용을 암시하고 있다.[7]

#### 5) 이 책에서의 정의

우리는 이곳에서 나카무라(Robert T. Nakamura)와 스몰우드(Frank P. Smallwood)와 같이 집행을 "권위있는 정책지시를 실천하는 과정"이라고 정의하고자 한다.[8] 후술하는 정책집행 과정의 특징에서도 지적되겠으나 이러한 정의는 두 가지 특색을 지닌다.

첫째로 우리는 집행을 과정이라고 보았으며, 둘째로 집행을 미리 설정된 목표를 실청에 옮기는 단일 방향적인 과장이 아니라 순환적 과정이라고 보고 있다는 점이다. 후술하는 바와 같이 정책결정자와 집행자 간의 관계는 여러 가지 유형으로 분류할 수 있는 다양한 관계라는 것을 유의할 필요가 있다.

## 2 정책집행의 특징

정책집행의 정의에서 집행을 과정이라고 보았는데 이러한 정책집행 과정이 지니는 특징으로서 여러 가지를 들 수 있다. 우리는 이곳에서 정책집

---

7) Charles O. Jones, *Introduction to the Study of Public Policy,* second edition(North Scituate: Duxbury Press, 1977), pp. 139-140.

8) Robert T. Nakamura & Frank P. Smallwood, *The Politics of Policy Implementation* (New York: St. Martin's Press, 1980), p. 1.

행에 관한 연구들이 지적한 바를 중심으로 집행과정의 특징을 고찰해 보기로 한다.

### 1) 복합적 과정

라딘(Beryl A. Radin)이 지적하고 있는 바와 같이 정책집행은 복잡한 과정(complex process)이다.[9] 많은 단계로 세분될 뿐만 아니라, 많은 인물이나 조직이 참여하고, 정책결정 과정과 교호작용을 할 뿐만 아니라 정책평가 과정과도 영향을 주고받는 복잡한 과정이라 할 수 있다.

### 2) 정책과정의 순환성

우리는 정책형성, 정책집행, 정책평가를 포함하는 정책과정을 순환적 과정으로 보고자 한다는 점을 앞에서도 지적한 바 있다. 정책집행은 [그림 16-1]과 같이 정책형성과 영향을 주고받을 뿐만 아니라 정책평가와도 상호

[그림 16-1] 정책과정의 순환성

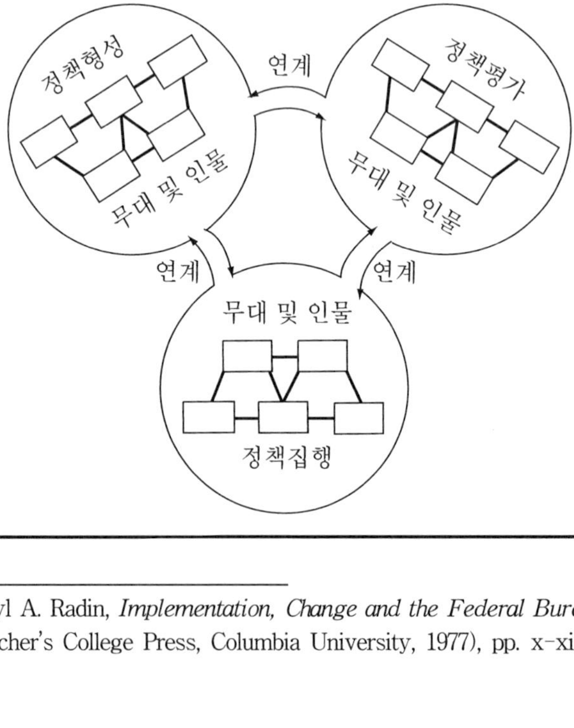


9) Beryl A. Radin, *Implementation, Change and the Federal Bureaucracy*(New York: Teacher's College Press, Columbia University, 1977), pp. x-xi.

작용을 한다는 점을 다시 한번 강조하고자 한다.

정책과정의 순환성에 포함되는 얘기이나 정책집행은 특히 정책형성과 긴밀한 관련을 가지며 상호작용을 한다는 사실에 유의할 필요가 있다.

맥로린(Milbery McLaughlin)은 이러한 정책집행과 정책형성의 밀접한 관계를 상호작용이라는 말로써 표현하고 있다는 것은 잘 알려진 사실이다. 그에 의하면, 정책집행이 성공을 거두려면 집행자의 행태나 구조적 요인이 수정되어야 할 뿐만 아니라 정책의 설계 자체가 현지 실정에 맞도록 수정되어야 한다는 것이다.

이와 같은 주장은 프레스먼과 윌다브스키의『집행』에서도 발견할 수 있다. 그들의 저서의 초판에서는 이 점에 관한 주장이 분명치 않아, 그들은 집행을 기본적으로 단일 방향적 과정이라 보았다는 지적도 있었다.[10] 그러나『집행』의 제2판과 제3판에서는 정책집행과 정책형성 · 정책평가의 관계를 고찰하고 있으며, 특히 정책집행과 정책형성의 상호작용을 강조하고 있다. 권위있게 채택된 정책이라 할지라도 행위 전에는 단어의 집합(a collection of words)에지나지 않으며 집행자들 간의 협상의 출발점이라고 보고 있다.[11]

린드브롬(Charles E. Linblom)도 정책집행과 정책형성의 긴밀한 관계를 강조하고 있다. 린드브롬은 "집행은 정도의 차이는 있으나 항상 정책을 결정하거나 정책을 수정한다"는 이유로 "정책결정으로서의 집행"이라는 표현을 사용하고 있는 것이다.

## 3 집행과정의 단계들

집행과정은 여러 가지 단계로 구성된다. 우리는 이곳에서 이 문제에 관한 레인과 라비노비츠의 견해, 존스의 견해, 리프리와 프랭클린의 견해를 중심으로 고찰하고자 한다.

---

10) Nakamura & Smallwood, *op. cit.*, p. 1.
11) Pressman & Wildavsky, *Implementation*(1984), pp. 167-168.

### 1) 레인과 라비노비츠의 3단계

레인(Martin Rein)과 라비노비츠(Francine F. Rabinovitz)는 정책집행과정을 지침개발(guideline development), 자원의 배분(resource distribution), 감시과정(oversight process)의 3단계로 나누어 상세히 고찰하고 있다.

#### (1) 지침개발단계

지침개발이 집행의 첫 단계이다. 지침은 법률에 의해 위임된 사항 또는 법률의 시행에 필요한 사항에 관해 규정하는 것으로서 입법부의 의도를 충실히 구현하며 중립적이라고 하나 지침을 개발할 때 행정기관이 누리는 재량은 경우에 따라 상당히 넓은 것이라 할 수 있다.

#### (2) 자원배분단계

집행과정의 둘째 단계는 필요한 예산을 확보하고 그 사용 시기에 관해 교섭을 벌이는 단계이다.

예산의 확보는 국회의 예산심의과정하고만 관련이 있는 것이 아니라 사업에 따라서는 국회가 총액만 결정하고 그 배분은 중앙예산기관에 일임하는 경우가 있다. 예산액도 중요하지만 이에 못지않게 중요한 것이 사용가능 시기이다. 이것을 결정하는 주된 장치가 예산의 배정과 재배정제도이다. 예산의 배정은 중앙예산기관이 정부 각 기관에 일정한 기간 동안 집행할 수 있는 예산액을 정해주는 것을 말하며, 예산의 재배정이란 각 부처가 그 산하기관에 대해 다시 배정해 주는 것을 말한다.

#### (3) 감시단계

레인과 라비노비츠에 의하면 감시단계는 모니터링(monitoring), 감사 및 평가로 구성된다. 이 세 가지 중 가장 잘 알려져 있는 것이 모니터링이라 할 수 있는데 미국 연방정부에서는 관리예산처(OMB)가 그 절차를 각 부처에 시달하나 지침대로 실시되지 않는 경우가 많다고 한다. 감사는 각부처의 내부감사기관도 담당하나 감사원이 주로 담당한다는 것이 잘 알려진 사실이다. 끝으로 평가는 사업의 성과를 판단하는 것이다. 근래에 와서 평가에 대한 관심이 높아진 것은 모니터링이 제대로 이루어진다고 하더라도

소기의 사업성과가 달성된다는 보장이 없기 때문이다.12)

### 2) 존스의 3단계

존스(Charles Jones)는 정책집행과정을 해석(interpretation), 조직(organization), 적용(application)의 3단계로 나누고 있다.

#### (1) 해석단계

레인과 라비노비츠가 말하는 지침개발을 존스는 해석이라고 부르고 있다. 프로그램의 내용을 수용가능하며 실현 가능한 지침(directive)으로 전환시키는 것을 말한다.

#### (2) 조직단계

프로그램을 실천에 옮기는 데 필요한 조직단위를 구성하고 실천방법을 정립하는 단계이다.

#### (3) 적용단계

서비스나 금전적 혜택과 같은 프로그램의 목적이나 도구에 해당되는 것을 제공하는 단계이다.13)

### 3) 리플리와 프랭클린의 4단계

리플리(Randall B. Ripley)와 프랭클린(Grace A. Franklin)은 장책집행과정을 자원의 확보, 해석 및 기획, 조직, 혜택 · 제한의 전달의 4단계로 구분하고 있다.

#### (1) 자원확보단계

집행을 담당하게 되는 기관은 예산 · 인력 · 장비 등과 같은 자원을 확보해야 한다.

---

12) Martin Rein & Francine F. Rabinovitz, "Implementation: A Theoretical Perspective," in Walter D. Burnham & Martha W. Weinberg(eds.), *American Politics and Public Policy*(Cambridge: MIT Press, 1978), pp. 4-5.

13) Jones, *op. cit.*, p. 139.

(2) **해석·기획단계**

법률의 내용을 토대로 하여 구체적인 지침·규칙 등을 제정할 뿐만 아니라 계획을 수립하는 단계이다.

(3) **조직단계**

기구를 설치하고 업무처리를 위한 루틴(routine)을 확립함으로써 각종 활동을 조직화하는 단계이다.

(4) **혜택·제한의 전달단계**

집행 담당기관이 수혜집단에게 혜택을 제공하고 대상집단에게 통제를 가하는 단계이다.[14)]

### 4) 비교분석

이곳에서는 위에서 고찰한 레인과 라비노비츠의 3단계, 존스의 3단계, 리플리와 프랭클린의 4단계를 비교해 보기로 한다.

(1) **지침개발**

표현은 다르나 세 견해가 다 지침개발을 들고 있다. 레인과 라비노비츠는 이 단계를 지침개발이라고 부르고 있으나 존스는 해석이라고 하고 있으며, 리플리와 프랭클린은 해석과 기획이라고 한다.

(2) **자원의 확보**

리플리와 프랭클린이 자원확보단계라고 하는 것으로서 레인과 라비노비츠는 자원의 배분이라고 부르고 있으나 그들도 자원의 확보를 말하고 있다. 존스는 이 단계에 관해서 언급이 없다.

(3) **조 직**

기구를 설치하고 활동을 조직화하는 조직단계에 관해서 존스뿐만 아니라 리플리와 프랭클린도 언급하고 있다. 그러나 레인과 라비노비츠는 이

14) Randall B. Ripley & Grace A. Franklin, *Policy Implementation and Bureaucracy* (Homewood: Dorsey Press, 1986), pp. 4-5.

〈표 16-1〉 집행단계에 관한 세 견해의 비교

| 집행단계 | 레인과 라비노비치의 견해 | 존스의 견해 | 리플리와 프랭클린의 견해 |
|---|---|---|---|
| 지침개발 | 지침개발 | 해석 | 해석과 기획 |
| 자원 확보 | 자원 배분 | | 자원 확보 |
| 조직 | | 조직 | 조직 |
| 혜택·제한의 전달 | | 적용 | 혜택·제한의 전달 |
| | 감시과정 | | |

단계에 대해서 언급이 없다.

**(4) 혜택·제한의 전달**

존스는 이 단계를 적용단계라고 부르고 있으나 리플리와 프랭클린은 혜택·제한의 전달단계라고 하고 있다. 그러난 레인과 라비노비치는 이 단계에 대해서 언급이 없다.

이 밖에도 레인과 라비노비츠는 감시과정을 들고 있으나 우리는 이를 정책평가에 포함시키고자 한다.

## 제 2 절 정책집행의 유형

### 1 유형정립을 위한 시도

#### 1) 맥로린의 유형

정책집행을 몇 가지 유형으로 나누고 각 유형이 지니는 특징을 고찰해보려는 시도는 이미 1975년경부터 있었던 것 같다. 전술한 바와 같이 맥로린은 정책결정자와 집행자간의 교호작용에 착안해 i) 상호작용, ii) 코옵테이션(co-optation), iii) 불집행(nonimplementation)이라는 세 가지 유형으로 분류한 바 있다.

#### 2) 두 가지 유형

초기의 유형정립을 위한 시도와는 달리 1980년대부터는 정책집행연구에 많은 실익을 주는 정책집행의 유형이 여러 사람에 의해 제시되었다. 우리는 이곳에서 i) 나카무라와 스몰우드의 유형, ii) 버먼의 정형적 집행과 적응적 집행에 대해 상세하게 살펴보기로 한다.

## 2 나카무라와 스몰우드의 유형

나카무라와 스몰우드는 정책결정자와 집행자의 관계에 착안해 정책집행을 다섯 가지 유형으로 나누고, 각 유형별로 집행에 차질이 일어난다면 그 원인이 무엇이었겠느냐에 관해서도 상세히 검토하고 있다.

#### 1) 고전적 기술자형

이 유형에서는 <표 16-2>와 같이 i) 정책결정자가 구체적인 목표를 수립하고, ii) 정책결정자가 이러한 목표의 달성을 위해 기술적 문제에 관한 권한을 집행자에게 위임한다. iii) 집행자는 정책결정자가 수립한 목표를 그대로 받아들이고 이러한 목표를 달성하기 위한 기술적인 방안을 강구한다.

한 마디로 말해서 이 유형에서는 정책결정자가 집행과정에 대해서 강력한 통제력을 행사한다. 집행자는 기술적인 문제에 관해서 다소간의 재량권을 지닐 뿐이다. 이 유형을 고전적 기술자형이라고 부르는 것은 행정학에서 말하는 고전적인 의미의 집행의 특징을 지니는 까닭이다.

#### 2) 지시적 위임형

이 유형에서는 전술한 고전적 기술자형의 경우보다 정책결정자가 집행자에게 더 많은 권한을 위임하게 된다.

이 유형의 근본적인 특징은 i) 정책결정자가 명확한 목표를 수립하고 집

〈표 16-2〉 집행 유형별 정책결정자와 집행자의 기능

| 집행의 유형 | 정책결정자 | 정책집행자 |
|---|---|---|
| 고전적 기술자형 | • 정책결정자가 구체적인 목표를 수립한다.<br>• 정책결정자는 목표달성을 위해 기술적 문제에 관한 권한을 집행자에게 위임한다. | • 집행자는 정책결정자의 목표를 받아들이고 이러한 목표를 달성하기 위한 기술적 수단을 강구한다. |
| 지시적 위임형 | • 정책결정자는 구체적인 목표를 수립한다.<br>• 정책결정자는 집행자에게 목표달성을 위해 필요한 수단을 고안하도록 행정적인 권한을 위임한다. | • 집행자들은 정책결정자의 목표를 받아들이고 이러한 목표를 달성하기 위한 행정적인 수단에 관해 집행자들 상호간에 협상한다. |
| 협상형 | • 정책결정자가 목표를 수립한다.<br>• 정책결정자가 집행자와 목표나 목표달성을 위한 수단에 관해 협상을 한다. | • 집행자가 정책결정자와 목표나 목표달성을 위한 수단에 관해 협상을 한다. |
| 재량적 실험형 | • 정책결정자는 추상적 목표를 기술한다.<br>• 정책결정자는 집행자에게 목표와 목표 달성을 위한 방안을 구체화하도록 광범위한 재량권을 부여한다. | • 집행자는 정책결정자를 위해 목표와 방안을 구체화한다. |
| 관료적 기업가형 | • 정책결정자는 집행자가 수립한 목표와 집행자가 고안한 목표달성방안을 기술한다. | • 집행자는 목표를 수립하고 방안을 강구한 다음 정책결정자를 설득해 목표와 방안을 받아들이게 한다. |

행자들이 목표의 필요성에 합의한다. ii) 정책결정자는 1개 또는 수개 집단의 집행자들에게 광범한 행정적 권한을 부여한다. iii) 집행자는 이 목표 달성에 필요한 기술적·행정적·협상적 능력을 보유한다.

이 유형에서는 정책결정자가 정책형성에 대한 통제권을 보유하나 집행자는 정책결정자가 수립한 목표의 달성에 사용될 수단을 결정할 권한을 지닌다.

### 3) 협상형

고전적 기술자형이나 지시적 위임형에서는 정책결정자와 집행자가 목표의 필요성에 관해서 합의를 보고 있는데 대해, 협상형의 경우에는 정책결

정자와 집행자가 목표나 그 목표를 달성하기 위한 수단에 대해서 반드시 합의를 보고 있는 것이 아니라는 점이 특색이다.

협상형의 특징을 요약한다면 i) 정책결정자가 목표를 수립하나, ii) 정책결정자와 집행자가 목표나 목표달성을 위한 수단에 관해 반드시 합의를 보고 있는 것이 아니다. iii) 따라서 집행자들은 정책결정자와 목표나 목표달성을 위한 수단에 관해 협상한다.

정책결정자와 집행자간의 협상의 결과는 누구의 힘이 더 강력하냐에 따라서 달라진다. 만일에 정책결정자가 권력을 독점하고 있다면 집행자가 그 정책을 선호하지 않더라도 정책결정자는 집행자에게 그 정책의 집행을 강요하게 될 것이다. 양자가 권력을 균등하게 보유하고 있는 경우에는 정책결정자와 집행자간의 협상에 의한 타협에 의해 집행이 이루어지게 될 것이다. 그러나 집행자의 힘이 정책결정자보다 강할 때에는 그 정책은 집행되지 않을 것이다.

#### 4) 재량적 실험형

정책결정자가 구체적인 정책을 결정할 수가 없어서 광범한 재량권을 집행자에게 위임하는 경우를 재량적 실험형이라 할 수 있는데, 이 유형의 특징을 다음과 같이 세 가지로 요약할 수 있다.

첫째, 공식적 결정자는 추상적인 목표를 지지하나 지식·정보의 부족 또는 기타 불확실성으로 인해 구체적인 목표를 제시하지 못한다.

둘째, 정책결정자는 집행자가 목표를 구체화하고 목표달성을 위한 수단을 강구할 수 있도록 광범위한 재량권을 집행자에게 부여한다.

셋째, 집행자가 이러한 과업을 수행할 것을 수락한다.[15] 재량적 실험형은 미국의 독립규제위원회의 경우에 많이 찾아볼 수 있다.

#### 5) 관료적 기업가형

집행자가 정책결정자의 권력을 장악하고 정책과정을 지배하는 경우라고

15) Nakamura & Smallwood, *op. cit.*, pp. 127-128.

할 수 있는 관료적 기업가형의 특징을 요약하면 다음과 같다.

i) 집행자가 그들의 정책목표를 수립하고 힘을 동원해 공식적인 정책결정자에게 이 목표를 받아들이도록 종용한다. ii) 집행자가 정책결정자와 협상해 정책목표 달성에 필요한 수단을 확보한다. iii) 집행자가 이러한 목표를 달성할 것을 원할 뿐만 아니라 달성할 능력도 있다.

정책결정의 권력이 집행자로 넘어가는 데에는 여러 가지 이유가 있다. 첫째는 집행자가 정책형성에 필요한 정보를 창출하고 통제하는 경우며, 둘째는 관료제의 안정성과 계속성으로 정책결정자는 물러가나 집행자는 계속 자리를 지키는 경우가 많다. 셋째로, 집행자 중에는 기업가적 소질이나 정치력 능력을 발휘해 정책형성과정을 지배하는 사람들이 있다.

### 6) 결 어

우리는 위에서 정책의 집행을 다섯 가지 유형으로 나누어 고찰한 나카무라와 스몰우드의 유형을 살펴보았는데, i) 고전적 기술자형에서, ii) 지시적 위임형, iii) 협상형, iv) 재량적 실험형, v) 관료적 기업가형으로 이행함에 따라서 정책과정을 지배하는 힘이 정책결정자로부터 집행자로 넘어오는 것을 살펴보았다. 그리고 정책형성과 정책집행의 관계가 단일 방향적이 아니라는 것도 알았다. 관료적 기업가형 같은 경우에는 집행자가 정책을 결정하고 공식적인 정책결정자에게 이를 받아들이도록 종용한다는 것을 발견했다.

이와 같이 나카무라와 스몰우드의 정책집행 유형은 정책결정자와 집행자 간의 권력의 배분관계를 이해하는 데 도움을 줄 뿐만 아니라 정책집행에 지대한 영향을 미치는 재량문제를 이해하는 데에도 도움이 된다. 고전적 기술자형에서 지시적 위임형, 협상형, 재량적 실험형, 관료적 기업가형으로 오면 올수록 집행자의 재량이 증대된다는 것을 알 수 있다.[16]

16) 유훈, 정책집행론(서울: 대영문화사, 2007), 제2편 제3장 "재량과 정책집행" 참조.

## 3 정형적 집행과 적응적 집행

버먼(Paul Berman)은 정책집행을 정형적 집행(programmed implementation)과 적응적 집행(adaptive implementation)으로 나누고 있다. 이 분류는 버먼 자신이 지적하고 있는 바와 같이 정책집행에 관한 관점에 의거한 분류인 동시에 상황의 차이에 의거한 분류이기도 하다.

### 1) 정형적 집행

정형적 집행이란 비교적 명확한 정책목표에 의거해 사전에 수립된 집행계획에 따라 일사불란하게 이루어지는 집행을 말하는 데 이를 좀더 구체적으로 살펴보면 다음과 같다.

#### (1) 정책상황

정형적 집행이 요청되는 상황은 구조화 상황이다. <표 16-3>과 같이 구조화 상황이란 요청되는 변화의 범위가 적으며 기술과 이론이 확실하고 정책목표나 수단을 둘러싼 갈등이 낮을 뿐만 아니라 집행기관의 구조가 비교적 계층적이며 환경의 안정성이 높은 상황이다.

〈표 16-3〉 정책상황의 유형

| 상황파라미터 | 상황 유형 | |
|---|---|---|
| | 구조화 상황 | 비구조화 상황 |
| 변화의 범위 | 점증적 | 광범함 |
| 기술과 이론의 확실성 | 확실 | 불확실 |
| 정책의 목표 및 수단을 둘러싼 갈등 | 낮은 갈등 | 높은 갈등 |
| 집행기관의 구조 | tightly coupled | loosely coupled |
| 환경의 안정성 | 안정적 | 불안정 |

#### (2) 정책목표 수정의 필요성

정형적 집행이 요청되는 구조화 상황은 정책의 목표를 둘러싼 갈등이 낮

〈표 16-4〉 정형적 집행과 적응적 집행

| 항 목 | 정형적 집행 | 적응적 집행 |
|---|---|---|
| 정책 상황 | 구조화 상황 | 비구조화 상황 |
| 정책목표 수정의 필요성 | 수정의 필요성 없음 | 수정 필요함 |
| 관련자의 참여 | 참여의 필요성 낮음 | 적극적 참여 요청 |
| 집행자의 재량 | 제한된 재량 | 광범위한 재량 |
| 평가의 기능 | 집행의 충실도 측정 | 1차적으로 적응 과정이며 성과는 2차적 |

은 상황일 뿐만 아니라 정형적 집행은 수립된 정책목표가 본질적으로 정당한 것이라고 보는 까닭에 정책목표 수정의 필요성을 별로 인정하지 않는다.

### (3) 관련자의 참여

정형적 집행에서는 관련자 참여의 필요성을 별로 인정하지 않는다. 집행자들은 설정된 목표를 충실하게 구현하면 되는 것이다.

### (4) 집행자의 재량

정형적 집행에서는 집행자의 재량이 넓을 필요가 없다고 본다. 집행자의 넓은 재량은 목표달성에 차질을 가져올 수 있다고 보는 까닭이다. 하위집행자에게 내려올수록 정책의 큰 윤곽(big picture)을 제대로 파악하지 못하고 있는 경우가 많기 때문에 광범위한 재량은 비효과적이며, 경우에 따라서는 정책에 상반된 결과를 초래할 수도 있다고 보는 것이다.

### (5) 평가의 기능

정형적 집행에서는 평가의 목적은 집행의 충실도(fidelity)를 측정하는데 있다. 수립된 정책목표를 얼마나 충실하게 달성했는가를 점검하는 것이 평가의 기능이라 할 수 있다.[17]

---

17) Paul Berman, "Thinking about Programmed and Adaptive Implementation," in Helen Ingram & Dean Mann(eds.), *Why Policy Succeed or Fail*(Beverly Hills: Sage Publications, 1980), pp. 208-210.

### 2) 적응적 집행

적응적 집행이란 비교적 불명확한 정책목표에 의거해 다수의 참여자들이 협상과 타협을 통해 정책을 수정하고 구체화하면서 집행해 가는 것을 말하는데, 이를 좀더 구체적으로 살펴보면 다음과 같다.

#### (1) 정책상황

적응적 집행은 비구조화 상황하에서 필요한 집행방법이다. 비구조화 상황이란 <표 16-3>과 같이 광범위한 변화가 요청되며 기술과 이론이 불확실하고 정책의 목표와 수단을 둘러싼 갈등이 심할 뿐만 아니라 집행기관의 구조가 비교적 느슨하며 환경의 안정성이 낮은 상황이다.

#### (2) 정책목표 수정의 필요성

정형적 집행의 경우와는 달리 적응적 집행에서는 정책목표 수정의 필요성이 높다. 적응적 집행이 요청되는 비구조화 상황은 정책의 목표를 둘러싼 갈등이 심한 상황이며 당사자 간의 협상과 타협에 의해 정책이 수정될 수 있으며 수정되어야 한다고 보는 것이다.

#### (3) 관련자의 참여

적응적 집행에서는 관련자의 적극적 참여가 필요하다고 본다. 이러한 적극적 참여는 두 가지의 기능을 지니는 데, 첫째로 관련자의 적극적 참여는 집행과정에서의 문제해결에 도움을 준다. 둘째로 관련자의 적극적 참여는 동기부여에 이바지하고 능률적인 집행을 가져올 수 있다는 것이다.

#### (4) 집행자의 재량

적응적 집행에서는 집행자의 재량이 증대되어야 한다고 본다. 집행자들이 현지 실정에 알맞은 집행을 할 수 있기 위해서는 좀더 광범위한 재량권이 필요하다고 보는 것이다.

#### (5) 평가의 기능

적응적 집행에서는 평가의 기능도 정형적 집행의 경우와 다를 수 있다. 적응적 집행에서는 1차적으로 적응이 적절하게 이루어지고 있는가를 점검하는 데 목적이 있으며 성과의 측정은 2차적이라고 할 수 있다. 한 마디로 말해서, 적응적 집행에서는 정책이란 처음부터 구체적으로 결정되는 것이 아니며 집행과정에서 정책이 구체성을 띠게 된다고 보는 까닭에 평가를 통해서 얻은 정보는 정책의 구체화에 이바지하게 되는 것이다.[18)]

## 제 3 절 정책집행과 정책변동

### 1 정책집행이 정책변동에 미치는 영향

정책집행이 끝나고 그에 대한 정책평가가 이루어진 후에 그 필요성이 제기되어 정책변동이 일어나는 경우가 많으나 정책평가 단계까지 가지않고 정책집행과정에서 변동의 필요성이 제기되어 정책의 승계나 종결이 발생하는 경우도 허다할 것이다.

#### 1) 집행 과정에서 정책승계사유의 발견

위에서 지적한 바와 같이 정책집행 과정에서 정책수정의 필요성이 제기되어 정책승계가 일어나는 경우가 있다.

정책 대상집단이 그들에게 요구되고 있는 행태가 무엇인지를 알고 있으나 정책이 요구하는 바에 순응하는 데 필요한 자원을 보유하지 못하는 까닭에 발생하는 '자원의 결핍으로 인한 불응'의 경우를 검토하기로 한다. 이 경우의 자원이란 단순한 재정적 자원뿐만 아니라 기술이나 정신적 능력까지를 포함하는 넓은 개념으로 이해하여야 한다.

자원의 결핍으로 인한 불응의 예는 입법부가 새로운 조치를 필요로 하는 법률을 제정하고 이에 필요한 예산의 뒷받침을 하지 않는 경우, 중앙정부

---

18) *Ibid.*, pp. 210-213.

가 지방자치단체에 대해서 책임만 부여하고 필요한 재원을 마련해 주지 않는 경우, 정부가 사기업에 대해서 막대한 설치비와 운영비가 소요되는 공해방지시설을 요구하는 경우 등에서 흔히 볼 수 있다.

이러한 자원의 결핍으로 인한 불응을 방지하기 위해서는 필요한 자원을 제공하면 된다. 예산의 뒷받침이 충분하지 못한 경우에는 예산의 증액이 요청되며, 특수한 기술이나 행태변화가 필요한 경우에는 훈련을 실시해야 한다.

그러나 필요한 예산이나 훈련의 실시로 순응이 확보될 수 없는 경우에는 실정을 감안한 정책의 수정이 필요하다.[19] 다시 말해서 정책의 변동이 요청되는 것이다.

### 2) 집행과정에서 정책종결 사유의 발견

정책집행과정에서 그 정책을 더 이상 계속할 수 없다는 것이 발견되어 정책이 종결되는 경우도 있다. 정책집행결과에 대한 평가가 이루어지고 이에 의거해 정책의 종결이 발생할 수도 있겠으나 정책집행과정에서 종결의 필요성이 너무나 자명하게 제기되어 정책이 종결되는 경우도 없지 않다.

통일벼 장려정책이 좋은 예라 하겠다. 통일벼 장려정책으로 전체 미곡 생산량에서 통일벼가 차지하는 비율이 1977년에 61.2%에 달하게 되어 쌀의 자급을 달성하게 되었다. 그러나 1960년대와 1970년대의 고도성장에 따라 국민의 생활수준 향상과 식생활 패턴의 변화로 대부분의 소비자가 값이 다소 비싸더라도 양질미를 선호하게 되어 통일벼의 판매가 부진하게 되었다. 이리하여 통일벼의 재고가 늘어나 1994년 4월말 현재 통일벼의 재고가 4,877천석에 달했으며 양곡관리기금의 결손이 1993년에 1조 8,339억원에 달하게 되었다.

정책평가까지 가지않더라도 통일벼 장려정책을 더 이상 계속할 수 없다는 것이 너무나 자명해 졌으므로 정부는 통일벼 장려정책의 종결을 결정하

---

19) Fred S. Coombs, "The Bases of Noncompliance with a Policy," in John G. Gramm & Stephen L. Wasby(eds.), *The Analysis of Policy Impact*(Lexington: Heath, 1981), pp. 56-57.

고 1992년부터 통일벼의 수매중단을 예시했던 것이다.[20]

## 2 정책변동이 정책집행에 미치는 영향

앞에서 언급한 바와 같이 정책변동의 여러 가지 종류 중에서 핵심적인 것은 정책의 승계와 종결이므로 여기에서는 이 두 가지가 정책집행에 미치는 영향을 중점적으로 고찰하고자 한다.

### 1) 정책승계가 정책집행에 미치는 영향

정책승계의 일종인 정책통합의 예로서 건설부와 교통부가 통합하여 건설교통부(국토해양부의 전신)가 신설된 경우를 살펴본다면 정책의 승계가 정책집행에 어떠한 영향을 미쳤는지 알 수 있다.

정책의 통합이 조직적 측면, 법률적 측면, 예산적 측면에서 정책집행에 지대한 영향을 미치나 그것들은 생략하고 정책적 측면에서 정책통합이 정책집행에 미친 영향만 검토하기로 한다.

건설교통부의 신설은 건설부와 교통부의 조직의 통합에 그친 것이 아니라 정책적 측면에서의 변화도 초래했다. 첫째, 국토종합계획의 변모를 들 수 있다. 과거에는 건설부가 성안하는 국토종합계획에 건설부 소관 사항만 제대로 반영되고 교통부소관인 철도·해운·항공 등의 문제는 제대로 반영되지 못했다. 그러나 통합 후에는 국토종합계획이 철도·해운·항공까지 포함하는 그야말로 종합계획이 되었으며 정책집행도 철도·해운·항공까지 포함하여 종합적으로 이루어지게 되었다.

둘째로, 토지소유에 관한 정책과 토지이용정책의 통합이 용이해졌다는 것을 들 수 있겠다. 과거에는 건설부 소관이었던 토지소유에 관한 정책과 교통부 소관이었던 토지이용에 관한 정책이 제대로 조정되지 않아 문제가 많았으나 건설교통부의 신설로 두 정책의 통합이 용이해졌다. 이리하여 과

20) 이 책 제3편 제11장 제5절 "한국의 정책종결사례" 참조.

거에는 일산 고속철도 차량기지의 건설이 건설부측의 반대로 어려움이 있었으나 건설교통부의 신설 후에는 이 문제가 해결되었다.21)

### 2) 정책종결이 정책집행에 미치는 영향

정책종결이 정책집행에 많은 영향을 미친다는 것은 긴 설명을 요하지 않는 데 여기에서는 전술한 한국의 통일벼 장려정책의 종결의 경우를 가지고 정책의 종결이 정책집행에 어떠한 영향을 미쳤는가를 살펴보고자 한다.

1970년대에 들어와서 식량난이 어려운 문제로 등장하자 정부는 그 해결책으로 통일벼 정려정책을 펴게 되었으며 그 정책수단으로서 정부수매를 활용하게 되었다. 이리하여 전체 미곡 생산량에 있어서 통일벼가 차지하는 비율이 1974년의 19.4%에서 1977년에는 61.2%에 달하게 되었으며 쌀의 자급을 달성하게 되었다.

그러나 국민의 소득수준이 크게 향상되자 식생활패턴의 변화가 일어나고 가계에서 쌀 구입비가 차지하는 비중이 크게 감소하자 대부분의 소비자가 값이 다소 비싸도 양질미를 선호하게 되었다. 이리하여 통일벼의 판매가 부진해 재고가 늘어나게 되었으며 국고에 주는 부담이 늘어나게 되어 양곡관리기금의 결손이 1993년에 1조 8,389억원에 달하게 되었다. 정부는 통일벼 장려정책을 더 이상 지속할 수 없게 되었다. 이리하여 한때 31,363천석에 달했던 통일벼 생산량이 1992년에 29천석으로 감소했으며 1993년에는 완전히 그 생산이 중단되었다.

이러한 통일벼 장려정책의 종결은 여러 가지 면에서 정책집행에 많은 영향을 주었다. 조직적 측면에서 본다면 농촌진흥청의 통일벼 관련 조직의 감축을 초래했으며, 인력 면에서도 통일벼 연구에 종사했던 연구 인력이 감축되지는 않았을지 모르나 다른 분야로 전출되었을 것이다. 예산 측면에서 통일벼 생산이 중단됨으로써 통일벼 재고가 감소되고 종국에 가서는 통일벼 재고가 바닥나게 되었으면 양곡관리기금의 결손이 많이 감축되었다.

---

21) 이 책 제3편 제10장 제2절 "한국의 정책승계" 참조.

# 제 17 장 정책평가와 정책변동

## 제 1 절 정책평가의 의의

### 1 정책평가의 개념

다른 많은 개념의 경우와 같이 정책평가에 관해서도 여러 사람이 여러 가지로 정의하고 있으며 모든 사람들이 합의에 도달할 수 있는 정의가 없는 것 같다. 이리하여 정책평가에 관한 많은 문헌들이 정책평가의 정의는 회피하고 정책평가의 과정이나 절차문제에 언급하고 있는 실정이다.

정책평가를 가장 좁게 이해하는 사람들은 정책평가를 성과(outcomes)의 평가에 한정하고 있다. 시알로(James Ciarlo)는 평가의 대상을 정책목표의 달성과 관련이 있는 산출(outputs)에 한정시켜야 한다고 주장하고 있다.[1]

그러나 대부분의 사람들은 서치맨(Edward A. Suchman)의 뒤를 따라 시알로보다는 정책평가를 넓게 이해하고 있다. 이들은 정책평가가 성과뿐

1) Jack L. Franklin & Jean H. Thrasher, *An Introduction to Program Evaluation* (New York: Wiley, 1976), p. 21.

만 아니라 노력(effort), 즉 입력(inputs)의 분석까지도 포함해야 한다고 주장한다.[2] 그러나 이들은 과정평가(process evaluation)는 정책평가에서 제외하고 있다.

이보다 좀 넓게 보는 사람들은 정책평가를 목표의 달성도 뿐만 아니라 정책이 직면하고 있는 문제점과 정책이 조성하고 있는 부작용까지도 포함하는 개념으로 이해하고 있다.[3]

정책평가를 가장 광범위하게 이해하는 사람들은 정책평가를 어떤 정책의 과정이나 결과를 이해하고 그 값어치를 판단하는 사회적인 과정이라고 하고 있다.[4] 정책평가와 정책평가연구를 같은 뜻으로 이해하고 정책평가연구를 사회적 인터벤션 프로그램(intervention program)의 개념화와 설계, 집행 및 효용을 사정하는 데 사회과학적 연구 절차를 체계적으로 응용하는 것이라고 하고 있는 로시(Peter H. Rossi)와 프리드먼(Howard E. Freedman)의 정의도 이에 속한다고 하겠다.[5] 한 마디로 말해서 이들은 정책평가에 성과(효과)평가뿐만 아니라 과정평가까지 포함시켜야 한다고 주장하는 것이다.

우리는 이곳에서 정책평가를 어떤 정책의 결과(성과와 임팩트 포함)를 이해하고 그 값어치를 판단하는 것이라고 정의함으로써 정책평가에서 과정평가를 제외하는 견해를 택하고자 한다. 그렇게 함으로써 후술하는 바와 같이 정책평가와 정책분석의 구분도 확연해질 수 있다고 생각한다.

---

2) Edward A. Suchman, *Evaluation Research*(New York: Russell Sage Foundation, 1967), pp. 31-32.
3) Franklin & Thrasher, *op. cit.*, p. 22.
4) 노화준, 정책평가론[제2전정판](서울: 법문사, 1997), p. 26.
5) Peter H. Rossi & Howard E. Freeman, *Evaluation: A Systematic Approach* (Beverly Hills: Sage Publications, 1982), p. 20

## 2 유사개념

### 1) 정책평가연구

로시와 프리먼과 같이 정책평가와 정책평가연구를 같은 뜻으로 이해하는 사람도 있으나 많은 학자들이 양자를 구별하고 있는 것 같다. 정책평가연구란 평가를 위해 과학적인 연구방법이나 기법을 활용하는 것을 말한다. 다시 말해서 정책평가연구는 정책평가를 위한 과학적인 연구방법이나 기법의 활용에 역점을 두는 것이라 하겠다.[6]

### 2) 정책분석

합리적인 의사결정자가 목적을 설정하고 이것을 달성하기 위해서 최선의 방법을 탐색하는 이론적 과정이라고 하는 사람이 있는가 하면[7] 퀘이드(E. S. Quade)는 정책분석을 사회기술적 문제를 좀더 잘 이해하고 더 나은 해결책을 제시하기 위해 수행되는 응용연구의 한 형태라고 보고 있다.[8] 한마디로 말해서 정책분석은 정책결정과정에서 정책목표의 달성을 위한 최선의 대안을 모색해 정책을 제안하는 하나의 접근방법이라 할 수 있는 데 대해 정책평가는 정책의 성과를 판단하는 것이다. 정책평가를 광의로 이해하여 성과평가뿐만 아니라 과정평가까지 포함하는 것으로 생각한다면 정책평가와 정책분석이 다소 중첩된다고 하겠으나 정책평가에 과정평가를 포함시키지 않는다면 양자의 구분은 확연해지리라 생각된다.

---

6) Suchman, *op. cit.*, pp. 7–8.
7) Edith Stokey & Richard Zeckhauser, *A Primer for Policy Analysis*(New York: Norton, 1978), p. 3.
8) E. S. Quade, *Analysis for Public Decision*(New York: North Holland, 1982), p. 5.

## 제 2 절 정책평가의 유형

### 1 사전평가·사후평가·계속적 평가

정책평가는 여러 가지 관점에서 여러 가지로 분류할 수 있으나 우선 사전평가·사후평가·계속적 평가로 분류할 수 있다.

#### 1) 사전평가

사전평가란 정책집행이 이루어지기 전에 하는 평가를 말한다. 평가의 대상이 될 결과가 발생하기 전에 이루어지는 프로그램의 분석을 평가라고 부를 수 있겠느냐는 의문을 제기하는 사람도 있으나 후술하는 바와 같이 전략평가나 과정평가도 평가의 개념 속에 포함시키는 사람이 많다.

#### 2) 사후평가

집행이 이루어진 후에 실시되는 평가를 말한다. 브라운과 윌다브스키는 사후평가만이 진정한 의미의 평가라고 하고 있다.[9]

#### 3) 계속적 평가

계속적 평가란 사전에 프로그램의 개선을 위해 평가를 실시할 뿐만 아니라 사후에 그 프로그램이 가치있는 것이었는가를 평가하는 것을 말한다. 다시 말해서, 한번의 평가로 끝내는 것이 아니라 계속적으로 전술한 사전평가와 사후평가를 실시하는 것을 말한다.

---

9) Angela Browne & Aaron Wildavsky, "What Should Evaluation Mean to Implementation?" in Jeffrey L. Pressman & Aaron Wildavsky, *Implementation*, third edition(Berkeley: University of California Press, 1984), p. 186.

## 2 전략평가 · 실적평가 · 결과평가

전술한 사전평가·사후평가와 관련있는 분류이나 다소 관점을 달리한 분류로서 전략평가·실적평가·결과평가가 있다.

### 1) 전략평가

선정된 목표를 최소의 비용으로 달성하기 위해 어떤 전략을 채택할 것인가를 결정하는 데 사용되는 것이다. 전략평가는 목표달성에 이바지할 수 있는 여러 가지 전략의 비용편익분석을 비롯해 프로그램 설계의 검토, 인력소요, 재원배분 등을 포함해 가장 소망스러운 전략을 선정하는 데 필요한 모든 요소를 검토하는 것이다.

### 2) 실적평가

실적평가(performance evaluation)란 계획과 실적을 자원활용 측면과 생산 측면에서 대비해 보는 것이다. 회계검사에서 말하는 능률검사와 효과검사에 해당하는 것이라 할 수 있다. 실적평가는 사업 진행노력이나 자원의 방향전환이나 사업구조의 설계변경에도 도움을 줄 수 있다.

### 3) 결과평가

결과평가(outcome evaluation)란 정책집행의 결과를 평가하는 것이다. 이러한 평가에서 얻어지는 정보에 의해 정책을 종결하지 않고 계속할 필요성이 존속하고 있는지를 결정할 수 있을 뿐만 아니라 정책집행의 결과 발생하는 부작용을 줄이고 바람직한 임팩트(impact)를 늘릴 수 있는 방안은 무엇인가를 결정하고 미래의 정책 디자인의 변경이 필요한가를 결정하는 데 도움을 줄 수 있다.[10]

---

10) G. Ronald Gilbert & Patrick J. Conklin, "Evaluation Management: A Conceptual Overview," in G. Ronald Gilbert & Patrick J. Conklin(eds.), *Evaluation Management:*

## 3 과정평가 · 효과평가

나크미아스(David Nachmias) 등과 같이 정책평가를 넓게 해석하는 사람들이 사용하는 분류방법으로서[11] 많은 추종자를 지니고 있다.

### 1) 과정평가

이는 집행과정에서 정책을 평가한다는 의미와 정책의 집행과정에 관해 평가한다는 뜻을 포함하고 있다. 과정평가는 다시 i) 형성적 평가, ii) 평가성 사정(evaluality assessment), iii) 빠른 피드백 평가(rapid feedback evaluation), iv) 모니터링(monitoring)으로 세분된다.

### 2) 효과평가

정책평가를 좁은 의미로 해석하는 사람들은 정책평가는 효과의 평가만을 초점으로 삼아야 한다고 주장하고 있다는 사실은 전술한 바와 같다. 효과의 평가를 i) 임팩트평가, ii) 프로그램 전략평가, iii) 능률성 평가로 세분하는 사람이 있으나[12] 후술하는 바와 같이 효과의 평가는 여러 가지로 세분될 수 있다고 하겠다.

## 4 산출평가 · 성과평가 · 임팩트평가

효과의 평가를 세분하면 산출평가 · 성과평가 · 임팩트평가로 나눌 수 있겠다. 이것은 정부 프로그램의 효과를 산출(outputs), 성과(outcomes), 임

---

*A Selection of Readings*(Charlottsville: Federal Executive Institute, 1979), p. 8.

11) David Nachmias, *Public Policy Evaluation: Approaches and Methods*(New York: St. Martin's Press, 1979), pp. 5-6.

12) 노화준, 앞의 책, pp. 44-61.

팩트(impacts)로 나눌 수 있다고 보는 까닭이다.[13)]

### 1) 산출평가

산출이란 세 가지 효과 중에서 가장 계량적으로 측정하기가 용이하며 가장 단기간에 나타나는 효과이다. 교육의 경우를 예로 든다면 산출이란 교육을 받은 인원과 같은 것을 말한다. 따라서 세 가지 평가 중 산출평가가 가장 용이한 평가방법이라 하겠다.

### 2) 성과평가

성과는 산출보다는 다소 계량화하기가 어려운 효과이며 좀더 장기적인 효과라고 하겠다. 다시 교육의 경우를 예로 든다면 성과는 아동들의 독해력, 변형된 공부하는 습관 등을 말한다.

### 3) 임팩트평가

임팩트는 성과보다 더 오랜 후에 나타나는 효과이다. 교육의 임팩트로서 교양있는 국민의 양성이나 일국의 생산성의 증대 등을 들 수 있겠다. 일반적으로 정책의 집행과 임팩트 간에는 많은 시차가 있을 뿐만 아니라 양자간의 인과관계의 규명에도 많은 어려움이 있으므로 세 가지 평가 중에서 가장 난관이 많은 평가방법이라 하겠다.[14)]

## 5 목표확정평가 · 목표중립평가 · 다목표평가

정책평가를 수행할 때 정책의 목표가 어떤 기능을 하느냐 하는 관점에서 평가의 유형을 나눈다면 목표확정평가(goal-fixed evaluation), 목표중립평

---

13) F. S. Levy, Arnold Meltsner & Aaron Wildavsky, *Urban Outcomes*(Berkeley: University of California Press, 1974), pp. 4-8.

14) Robert T. Nakamura & Frank Smallwood, *The Politics of Policy Implementation*(New York: St. Martin's Press, 1980), p. 76.

가(goal-free evaluation)와 다목표평가(multiple-goal evaluation)로 분류할 수 있다.

#### 1) 목표확정평가

이는 공식적으로 표명된 목표에 의거해 평가하는 것이다. 이 방법을 채택하는 경우에는 후술하는 정책평가 기준에서 말하는 효과성이나 목표달성은 공식적 목표를 얼마나 달성했느냐를 의미하게 된다. 목표확정평가를 준평가 또는 형식적 평가라고 부르는 사람들이 있다는 것은 전술한 바와 같다. 브라운과 윌다브스키는 또한 목표확정평가가 인과적 평가가 되기 어려우며 기술적(記述的) 평가로 흐르기 쉽다고 말하고 있다.[15]

#### 2) 목표중립평가

이것은 스크라이벤(Michael Scriven)이 제창한 것으로서 정책목표를 염두에 둘 필요가 없다고 하고 있다. 정책목표는 불필요한 존재이며 평가결과를 오염시킨다는 것이 그의 주장이다.[16] 정책평가를 실시해보면 공식적인 목표나 당초에 설정한 목표와 관련이 없는 결과를 많이 발견하게 된다는 것이다.

목표중립평가에 대해서도 비판이 없는 것은 아니다. 이 방법은 창의적이기는 하나 공식적인 목표나 확정된 목표 대신에 평가자의 관점이나 선호가 작용할 우려가 있고, 목표가 없는 경우 특정한 정책과 관련이 있는 많은 사실 중에서 어떤 것을 평가의 대상으로 삼아야 할는지 알 수 없다는 것이다.[17]

#### 3) 다목표평가

목표확정평가와 목표중립평가를 절충한 것이 다목표평가이다. 목표확정

---

15) Browne & Wildavsky, *op. cit.*, pp. 190-191.

16) Michael Scriven, "Pros and Cons About Goal-Free Evaluation," *Evaluation Comment: The Journal of Education Evaluation*, December 1972, pp. 1-2.

17) Browne & Wildavsky, *op. cit.*, pp. 193-194.

평가가 공식적인 목표에만 집착함으로써 정책평가의 범위를 지나치게 한정시키는 폐단이 있는 데 대해 목표중립평가는 목표에 구애받지 않으므로 무엇을 평가의 대상으로 삼아야 할지 모르는 혼란을 초래할 우려가 있다. 다목표평가는 목표확정평가와 목표중립평가가 지니는 이러한 문제점을 극복하고자 하는 것이다.

특정한 정책에서 발생할 수 있는 모든 성과를 감안해 공식적인 목표뿐만 아니라 여러 가지 목표를 상정해 이에 의거해 평가한다는 것이다. 이를 위해서는 평가자가 특정한 정책에서 발생할 수 있는 광범위한 임팩트의 발견에 이바지할 수 있는 이론적 모형을 개발해야 한다는 것이다. 그러나 다목표평가도 정책집행의 개선에 이바지할 수 있는 더 많은 실질적인 정보를 제공하지 못하는 한 더 나은 정책집행을 위해 아무런 도움도 줄 수 없다는 것이 브라운과 윌다브스키의 주장이다.[18]

## 6 활용중심적 평가와 상호작용적 평가

정책평가의 문제점의 하나로서 평가의 결과가 제대로 활용되지 않고 있다는 사실을 들 수 있다는 것은 전술한 바와 같은데 평가결과의 활용이라는 관점에서 활용중심적 평가(utilization-focused evaluation)와 상호작용적 평가(interactive evaluation)로 분류할 수 있겠다.

### 1) 활용중심적 평가

한 마디로 말해서 결과의 활용에 초점을 둔 평가방법으로서 평가에 앞서 정책결정자와 정보의 활용자가 누구인가를 규명하고 그들의 요구를 염두에 두고 평가해야 한다는 것이다. 이 정보가 어떤 영향을 미칠 것인가 하는 것과 이 정보가 어떻게 도움을 줄 수 있는가를 염두에 두고 평가를 수행하는 것이 가장 기본적인 문제라고 패튼(Michael Q. Patton)은 주장하고 있

18) *Ibid.*, p. 195.

다.[19]

### 2) 상호작용적 평가

정책평가자와 정책집행자가 합동으로 수행하는 평가를 말한다. 이러한 평가에서는 집행자가 평가자를 위협적인 존재로 보지 않게 된다는 것이다. 필스버리(Jolie B. Pillsbury)와 낸스(Kathy N. Nance)는 상호작용적 평가는 정책집행자와 정책평가자 간에서만 가능한 것이 아니라 정책결정자와 정책평가자 간에도 가능하다고 보고 있다.[20]

## 제 3 절 정책평가의 기준

### 1 평가기준의 개관

비교적 단순한 정책의 경우에도 성과나 효과가 수적으로 많을 뿐만 아니라 다양성을 지니고 있다. 따라서 어떤 정책의 성과나 효과를 단일적인 기준에 의해 평가할 수 없을 것이다.[21]

그동안 평가기준에 관해서 여러 가지 견해가 제시된 바 있다. 1967년 서치맨은 그의 『평가연구(Evaluation Research)』라는 저서에서 평가기준으로서 i) 노력(effort), ii) 성취량(performance), iii) 성취한 일의 적정성(adequacy of performance), iv) 능률성 v) 과정을 들었으며[22] 폴란드

19) Michael Quinn Patton, *Utilization-Focused Evaluation*(Beverly Hills: Sage Publications, 1978), p. 20.

20) Jolie Pillsbury & Kathy N. Nance, “An Evaluation Framework for Public Welfare Agencies,” *Public Welfare*, Winter 1976, pp. 47-51.

21) Garry D. Brewer & Peter deLeon, *The Foundation of Policy Analysis*(Homewood: Dorsey Press, 1983), p. 331.

22) Suchman, *op. cit.*, p. 61.

(Orvill F, Poland)는 미국행정학회보(Public Administration Review)에 게재된 "프로그램 평가에 관한 심포지엄"의 논문에서 i) 능률성, ii) 효과성, iii) 필요성(appropriateness)을 제시한 바 있다.[23] 브르워(Gary A. Brewer)와 드레온(Peter deLeon)도 1983년의 그들의 저서에서 i) 능률성, ii) 형평성, iii) 충분성(adequacy), iv) 효과성을 정책평가의 기준으로 들고 있다.[24]

이곳에서는 이들의 평가기준보다 다소 세련된 나카무라와 스몰우드의 기준과 던(William Dunn)의 기준을 살펴보기로 한다.

## 2 나카무라와 스몰우드의 기준

나카무라와 스몰우드는 1980년의 그들의 저서에서 정책평가의 기준으로서 i) 목표달성, ii) 능률성, iii) 주민의 만족(constituency satisfaction), iv) 수혜자 대응성(clientele responsiveness), v) 체제유지(system maintenance)를 들고 있다.

### 1) 목표달성

다른 사람들이 효과성이라고 하는 기준으로서 정책이 설정하고 있는 목표를 얼마나 달성했느냐를 측정하는 기준이다. 현재 이 기준은 많은 정책평가 연구가 초점으로 삼고 있는 것이라 할 수 있는데, 정책의 산출(outputs)을 측정하는 데 도움이 될 좀더 세련된 기법의 개발을 위해 많은 노력이 경주되고 있다.

전술한 바와 같이 정책의 효과는 산출(outputs), 성과(outcomes), 임팩트(impacts)로 나눌 수 있는데, 많은 경우 목표달성이라는 기준이 측정하고자 하는 것은 산출이다. 산출은 정책집행이 이루어지면 곧 나타나는 데 대해서 성과나 임팩트는 장기간이 걸리는 경우가 많을 뿐만 아니라 그 측정시

23) Orvill F. Poland, "Program Evaluation and Administrative Theory," *Public Administration Review*, July-August 1974, p. 355.

24) Brewer & deLeon, *op. cit.*, pp. 335-339.

에 방법상의 어려움이 많다. 이리하여 많은 정책평가에서 산출의 측정이 강조되는 것이다.

### 2) 능률성

목표달성도와 함께 가장 많이 사용되는 평가기준이다. 나카무라와 스몰우드뿐만 아니라 전술한 서치맨이나 폴란드도 이 기준을 들고 있으며, 브르워와 드레온도 예외는 아니다.

이것은 특정 정책의 산출량을 측정하는 것이 아니라 비용과 대비해 본 실적의 질에 초점을 맞추고 있으나 계량적인 지표에 의존하고 있다는 점에서 목표달성도라는 기준과 유사하다고 하겠다. 그러나 이 기준은 목표를 달성하는 데 가장 능률적인 수단이 무엇이냐에 초점을 두고 있다는 점에서 목표달성 기준과는 다르다고 하겠다.

### 3) 주민의 만족

위에서 지적한 두 기준이 계략지표를 사용하는 것인 데 대해 이 기준과 다음 기준은 비계량적인 지표를 사용하는 것이라 할 수 있다. 이 기준으로서는 평가자는 정책결정자의 관점에 서서 주민(유권자)들이 얼마나 특정 정책에 대해 만족하고 있는가를 측정하는 것이다. 따라서 정책목표의 달성에만 집착하는 것이 아니라 시간이 흐름에 따라 변하는 유권자의 요구에 얼마나 적응하고 있는가에 초점을 두게 된다. 이 기준에 의하면 성공의 척도는 정책결정자들이 그들이 제창한 정책에 관해서 유권자들의 광범위한 지지를 받고 있느냐 하는 것이다.

### 4) 수혜자 대응성

이것은 정책의 수혜자들이 얼마나 만족하고 있는가를 측정하고자 하는 것이다. 페로(Charles Perrow)가 지적하고 있는 바와 같이 조직이란 의도적인 존재일지 모르나 공식적 목표의 영향만을 받는 합리적인 체제라고 할 수는 없을지 모른다. 이러한 문제는 병원, 교도소 학교, 사회사업기관과 같은 봉사기관에서 더욱 중요성을 지닌다고 하겠다. 다시 말해서 이러한 조직에서 목표달성도가 높다고 해서 수혜자들의 만족도도 반드시 높다고 할 수는 없을 것이다. 따라서 목표달성도도 중요하지만 이와 병행해서 수혜자의 만족도도 중요시되어야 한다는 것이다.

### 5) 체제유지

특정한 정책이 체제유지에 얼마나 이바지하고 있는가를 측정하고자 하는 기준이다. 체제유지는 거시적 수준과 미시적 수준에서 논할 수 있다. 거시적 수준에서는 특정한 정책의 집행이 국가나 국제사회의 안정에 얼마나 공헌했느냐 하는 것이며, 미시적으로는 개별적인 집행담당기관의 활력의 유지에 얼마나 이바지했느냐 하는 것이다.

여러 가지 관점에서 이 체제유지 기준은 앞에서 설명한 네 가지 기준보다 넓은 의미를 지니는 것으로 능률성, 대응성, 적응성 등이 지니는 요소들을 모두 포함한 넓은 개념이라 할 수 있다는 것이 나카무라와 스몰우드의 주장이다.[25]

〈표 17-1〉 정책평가기준

| 평가기준 | 초 점 | 주요특징 | 방법론 |
|---|---|---|---|
| 목표달성 | 결과(목표의 달성) | 목표의 정확성 | 기술적 · 계량적 |
| 능률성 | 성과(수단의 극대화) | 생산비용 | 기술적 · 계량적 |
| 주민의 만족 | 정치적 조정(유권자) | 타협과 목표조정 | 비계량적 환류 |
| 수혜자 대응성 | 정치적 조정(소비자) | 프로그램의 적응성과 신축성 | 비계량적 환류 |
| 체제유지 | 기관의 활력 | 안전성과 계속성 | 혼합적 |

## 3 던의 기준

던(William Dunn)은 그의 『정책분석 서설』에서 정책평가의 기준으로서

25) Nakamura & Smallwood, *op. cit.*, pp. 145-151.

i) 효과성, ii) 능률성, iii) 충분성(adequacy), iv) 형평성, v) 대응성(responsiveness), vi) 필요성(appropriateness)을 들고 있다.[26]

### 1) 효과성

가치있는 성과를 얼마나 달성했느냐 하는 것이다. 던은 공식적으로 표명된 목표에 의거한 평가를 형식적 평가라고 부르고 이를 바람직하지 못하다고 보는 사람이므로 목표달성도라는 표현을 피하고 있다.

### 2) 능률성

가치있는 성과를 달성하기 위해 어느 정도의 노력이 필요했는가를 측정하는 것이라고 하고 있다. 능률성의 측정을 위해 흔히 사용되는 지표로서 단위원가, 순편익, 비용편익비율(cost benefit ratio) 등이 있다.

### 3) 충분성

가치있는 성과의 달성이 문제해결에 얼마나 이바지했는가를 측정하는 기준이 충분성이다. 충분성이라는 기준은 던뿐만 아니라 브루워와 드레온도 들고 있으며 서치맨의 경우에도 찾아볼 수 있다. 보건사회학자인 서치맨은 "성취한 일의 적정성(adequacy of performance)"이라는 제목으로 이 기준에 관해 길게 설명하고 있다.[27]

### 4) 형평성

특정한 정책의 비용과 편익이 여러 집단에 공평하게 배분되었느냐 하는 것이다. 이를 측정하기 위해 파레토(Pareto)기준, 칼도-힉스(Kaldor-Hicks)기준, 롤스(Rawls)기준 등이 사용된다.

---

26) William Dunn, *Public Policy Analysis: Introduction*, second edition(Englewood Cliffs: Prentice-Hall, 1994), pp. 282-289.

27) Suchman, *op. cit.*, pp. 63-64.

#### 5) 대응성

정책의 성과가 특정한 집단의 필요, 선호나 가치를 충족시켰느냐 하는 것이다. 나카무라와 스몰우드가 말하는 수혜자 대응성과 동일한 기준이라 할 수 있겠다.

#### 6) 필요성

정책의 목표가 과연 바람직한 것이며 가치있는 것이냐 하는 것이다. 폴란드도 필요성을 정책평가기준의 하나로 들고 있다. 그가 지적하고 있는 바와 같이 이 기준은 평가자로 하여금 정책 자체에 직접 개입하게 만든다. 법률에 의해 확정된 정책에 대해서도 그 필요성 여부를 검토하는 일은 흔히 볼 수 있는 현상이다. 제2차 후버위원회(Hoover Commission)는 어떤 사업을 정부가 계속할 것인가 하는 문제까지 다루었던 것이다.[28] 근래에 와서 ZBB나 일몰법 등도 정부사업의 필요성을 다루는 기법 또는 관리도구라 할 수 있다.

## 제 4 절 정책평가의 과정

### 1 개 관

정책평가 과정에 관해서도 여러 가지 견해가 제시되고 있다. 정책평가는 i) 목표의 확인, ii) 문제의 분석, iii) 활동의 기술과 표준화, iv) 변화 정도의 측정, v) 변화 원인의 규명, vi) 효과의 지속성 순으로 이루어져야 한다는 주장이 있는가 하면,[29] 나크미아스는 정책평가과정으로서 i) 목표의 확인,

28) Poland, *op. cit.*, p. 336.

29) U.S. Department of Health, Education and Welfare, *Evaluation in Mental Health* (Washington: Government Printing Office, 1955), p. 21.

ii) 인과모형의 설정, iii) 적절한 연구설계의 개발, iv) 측정과 표준화, v) 자료의 수집, vi) 자료의 분석과 해석을 들고 있다.[30]

## 2 정책평가의 과정

이곳에서는 나크미아스의 정책평가과정에 관한 견해를 토대로 하되 여기에 다소간의 수정을 가해 i) 목표의 확인, ii) 평가기준의 선정, iii) 인과모형의 설정, iv) 연구설계의 개발, v) 자료의 수집, vi) 자료의 분석과 해석의 순으로 정책평가과정을 살펴보기로 한다.

### 1) 목표의 확인

정책평가에 착수하려면 먼저 목표의 확인이 필요하다는 것이 많은 사람들의 주장이다. 그러나 정책평가의 유형에서 살펴본 바와 같이 여기에는 많은 문제가 있다. 목표확정평가(goal-fixed evaluation)의 경우에는 공식적인 정책목표를 확인하면 되나 다목표평가(multi-goal evaluation)나 결정 · 이론적 평가(decision-theoretic evaluation)를 택하는 경우에는 공식적 목표뿐만 아니라 정책관련자들이 지니고 있는 여러 가지 목표를 현재화시키고 확인하는 작업이 이루어져야 한다. 그러나 목표중립평가(goal-free evaluation)를 택하면 목표의 확인이라는 단계 자체가 불필요하게 되겠으나 전술한 바와 같이 목표중립평가는 많은 문제를 내포하고 있다.

정책목표를 확인하는 방안에 관해서도 그동안 많은 견해가 제시된 바 있다. i) 정책결정이 법령의 제정으로 이루어지는 경우에는 법령에 명시되어 있는 목표를 확인해야 한다는 주장이 있는가 하면, ii) 정책결정이 법률의 제정으로 이루어진 경우 법률 제정의 배경과 경과 등을 검토함으로써 목표의 확인이 가능하다는 주장도 있다. iii) 관련 이익집단이나 특정정책에 관심을 가지고 있는 집단이 그 정책을 어떻게 이해하고 있는가를 검토함으로

30) Nachmias, *op. cit.*, pp. 12-18.

써 목표의 확인이 가능하다는 견해도 있으며, iv) 정책집행과정에서 참여자들이 발전시킨 목표를 택해야 한다는 사람도 있다. v) 정치적 언어(political language)로 발표된 모호한 정책목표를 평가자가 명확한 표현으로 바꾸어 놓아야 한다는 견해가 있는가 하면, vi) 정책목표는 평가자의 연구의 필요성과 일치되어야 한다는 주장도 있으며, vii) 정책결정자가 이해하고 현재 지니고 있는 목표가 공식적 목표가 되어야 한다는 사람도 있다.[31)]

이러한 여러 가지 목표 확인 방안 중에서 i), ii)와 vii)은 공식적 목표를 확인하는 방안이라 할 수 있을 것이며, iii)과 iv)는 던의 결정・이론적 평가에서 말하는 공식적 목표 이외의 목표를 규명하는 데 도움이 될 것이고, v)와 vi)은 iii)과 iv)와 함께 다목표평가에서 말하는 목표의 설정에 도움이 될 것이다.

### 2) 평가기준의 선정

목표의 확인이 끝나면 평가기준을 선정해야 한다. 나카무라와 스몰우드의 기준을 택하든 던의 기준을 택하든 간에 평가기준에는 여러 가지가 있는데 평가 대상에 따라서 기준의 적용 가능성이 결정된다.

목표달성(효과성)과 능률성은 목표의 계량화가 어려운 일부 분야를 제외하고는 대부분의 정책에 적용될 수가 있다. 목표달성(효과성)을 기준으로 선정하더라도 산출(outputs), 성과(outcomes), 임팩트(impacts) 중에서 어느 하나를 지표로 선정할 것이냐, 둘이나 셋을 다 선정할 것이냐 하는 문제를 결정해야 할 것이다. 주민의 만족, 수혜자 대응성, 형평성, 체제유지는 외교정책, 국방정책 분야에 적용될 수 있을 것이다.[32)]

### 3) 인과모형의 설정

기술적(記述的) 평가를 택하면 몰라도 인과적 평가를 택하는 경우에는 인과모형의 설정이 필요하다. 모형은 비단 정책평가 뿐만 아니라 모든 정

31) Nakamura & Smallwood, *op. cit.*, p. 74.
32) 김광웅, "정책평가의 기준과 실제," 유훈 외, 정책학: 과정과 분석[개정증보판](서울: 법문사, 1993), pp. 311-342 참조.

책연구에 필요한 존재라 하겠다.

모형은 변수들과 이러한 변수들 간의 관계에 의해 구성된다. 모형의 설정은 필연적으로 현실 세계의 단순화를 수반하나 현실 세계의 이해를 위해서 이와 같은 단순화는 불가피하다고 하겠다. 모형의 설정은 i) 연구대상이 되는 문제와 관련이 있는 변수들의 선정 · 기술, ii) 변수 간의 중요한 관계의 설명, iii) 이러한 관계의 성격에 관한 명제의 설정이라는 세 가지 단계를 거쳐서 이루어진다.

모형 중에는 비교적 간단한 것이 있다. 정책결정자들이 대중교통수단의 이용도가 낮다는 결론에 도달하고 대중교통수단의 이용도를 높이기 위해 경제적 유인을 사용하는 정책을 결정한 경우를 예로 들어 보기로 한다. 정책의 목표는 대중교통수단의 이용도 제고이며, 이 목표를 달성하기 위해 경제적 유인을 사용하기로 한 것이다. 이 모형은 세 가지 명제로 구성된다. i) 경제적 유인을 사용하기로 한 이 프로그램은 대중교통수단에 관한 국민의 태도 변화를 가져올 것이다. ii) 태도의 변화는 행태의 변화를 초래할 것이며, iii) 다른 조건이 같다면 행태의 변화는 대중교통수단의 이용도를 높일 것이다.

그러나 모든 인과모형이 이렇게 간단할 수만은 없다. 불우계층 아동들에 대한 보충교육 프로그램이 그들의 교육적 성취에 얼마나 이바지하느냐 하는 문제에 관한 인과모형을 보기로 한다. 집중적인 개인지도와 방과후 활동과 같은 보충적 교육 프로그램이 불우 아동들의 교육적 성취에 미치는 임팩트는 간단하지 않다. 교육에 대한 일반적 태도, 교육적 동기, 지각 · 기억력 · 사고능력과 같은 인지적 기술의 세 가지 변수가 어린이들의 교육적 성취에 영향을 미친다. 인과모형은 보충적 교육 프로그램과 매개변수 간의 관계를 밝혀야 하는 데 우리가 여기서 든 예에서는 보충적 교육 프로그램이 교육적 동기, 교육에 대한 일반적 태도, 인지적 기술에 임팩트를 미쳐 어린이들의 교육적 성취를 향상시킨다고 가정하는 것이다.[33]

33) Nachmias, *op. cit.*, pp. 9-12, 15-16; 노화준, 앞의 책, pp. 59-64 참조.

#### 4) 연구설계의 개발

인과모형을 설정한 다음에는 자료의 수집, 측정, 분석 해석하는 작업을 해야 한다. 이러한 작업을 위해 연구설계가 필요한 것이다.

일단 인과모형을 설정하고 가설을 정립하고 나면 그 타당성을 실험에 의해 검증하는 것이 바람직하다. 정책과 그 목표 간의 인과관계는 진실험에 의해 검증하는 것이 가장 이상적이겠으나, 사회적 · 정치적 · 윤리적 이유로 모든 정책에 실험을 적용하기는 어려울 것이다. 이리하여 경우에 따라서는 준실험에 만족할 수밖에 없을 것이다. 어느 쪽을 택하든 간에 이 단계에서는 이러한 연구를 위한 설계를 개발해야 한다.[34]

#### 5) 자료의 수집

정책평가를 위한 자료는 여러 출처(source)와 여러 가지 방법을 통해서 수집할 수 있다. 가장 대표적인 자료의 출처로서는 i) 면접, ii) 설계조사, iii) 관찰, iv) 문헌과 정부자료, v) 데이터은행 등을 들 수 있다. 자료의 수집방법에도 여러 가지가 있으나 어느 한 방법이 평가를 위해서 가장 알맞은 것이라고 할 수는 없을 것이다. 어떤 출처의 자료를 수집할 것이며 어떤 방법을 사용할 것이냐는 평가대상이 되는 정책의 성격, 인과모형에 포함된 변수의 종류, 연구설계에 달려 있다. 어떤 출처의 자료이건 어떤 수집 방법이건 간에 한계와 문제점이 없는 것은 없다. 따라서 평가자는 각종 자료의 출처나 자료수집방법이 지니고 있는 장 · 단점을 염두에 두고 자료의 출처와 그 수집방법을 결정해야 할 것이다.

#### 6) 자료의 분석과 해석

일단 자료가 수집되면 이를 분석하고 해석해야 한다. 어떠한 자료분석기법을 사용하느냐는 연구설계에도 달려 있겠으나 관례의 영향도 받는다. 분산기법은 주로 심리학에서 사용하며 상관관계분석은 사회학이나 정치학에서 많이 사용한다. 정책평가에서 변화, 예측, 인과관계에 초점을 두는 경

---

34) Nachmias, *op. cit.*, pp. 16-17.

우 회기분석이 가장 적절하고 효과적인 분석방법이라는 것이 나크미아스의 주장이다.35)

## 제 5 절 정책평가와 정책변동

### 1 정책평가가 정책변동에 미치는 영향

#### 1) 정책평가가 정책변동에 직접적으로 미치는 영향

정책평가의 결과는 정책형성에 반영되어 정책이 변동되는 것이 가장 전형적인 과정이라 하겠다.

2008년 말부터 논란의 대상이 되었던 쌀 직불금의 경우를 본다면 감사원 감사를 통하여 문제가 제기되어 많은 우여곡절 끝에 쌀 직불금 정책에 일대 개혁이 가해진 것이 좋은 예라 하겠다.

#### 2) 정책평가의 방법·기준이 정책변동에 미치는 영향

위에서 살펴본 바와 같이 정책평가가 정책변동을 초래하는 것이 가장 전형적인 과정이라 하겠는데 어떠한 평가 방법 또는 평가 기준·지표를 사용하느냐에 따라서 정책변동에 미치는 영향이 달라진다.

예를 들어 정책의 효과를 평가하는 경우 산출(outputs), 성과(outcomes), 임팩트(impacts) 중에서 어느 하나를 지표로 선정할 것이냐, 둘이나 셋을 다 선정할 것이냐에 따라서 정책변동에 미치는 영향이 달라진다. 각도를 달리하여 평가기준 중 효과성, 능률성과 같은 계량적 기준에 역점을 두는 경우와 주민의 만족, 수혜자 대응성, 형평성, 체제유지와 같은 비계량적 기준에 역점을 두는 경우 정책변동에 미치는 영향이 달라질 수 있다는 사실

35) *Ibid.*, pp. 17-18.

에 유의할 필요가 있다.

관점을 달리하여 대표적인 평가과정의 하나라 할 수 있는 감사원 감사의 경우를 가지고 살펴본다면 개별적 비위사실의 적출에 치중하는 일반적 감사이냐 정책도 감사의 대상으로 삼는 정책감사이냐에 따라서 정책변동에 미치는 영향이 달라질 수 있다. 개별적 비위사실의 적출이 정책변동을 초래하지 않는다고 할 수 없으나 단편적인 감사가 아니라 종합적이고 체계적인 감사의 성격을 지니며 정책 자체도 대상으로 삼는 정책감사의 경우가 정책변동에 미치는 영향이 지대하다고 하겠다.[36]

## 2 정책변동이 정책평가에 미치는 영향

### 1) 평가대상에의 편입 또는 제외

2007년 4월 1일을 기하여 공공기관 운영에 관한 법률이 시행되고 정부투자기관관리기본법이 폐지됨에 따라 인천공항공사, 한국공항공사 등의 공기업이 새로 경영실적 평가를 받게 되었다. 다시 말해서 정책변동으로 인천공항공사와 같은 공기업이 새로 경영실적 평가대상에 편입되게 되었다.

이보다 앞서 1987년 한국방송공사법과 정부투자기관관리기본법의 개정에 의하여 한국방송공사가 정부투자기관에서 제외되었으며, 1997년 11월의 정부투자기관관리기본법의 개정에 의하여 산업은행, 기업은행이 정부투자기관에서 제외되었다. 다시 말해서 두 번의 정책변동에 의하여 한국방송공사, 한국산업은행, 기업은행이 정부투자기관관리기본법이 정하는 평가대상에서 제외되었다.

### 2) 평가방법 · 평가지표의 변경

위에서 살펴본 바와 같이 정책변동은 특정기관을 평가대상에서 제외하거나 편입할 뿐만 아니라 정책변동은 평가방법이나 평가지표의 변동도 초

36) 유훈, 재무행정론[제6정증보판](서울: 법문사, 2007), pp. 330-331 참조.

래한다.

예를 들어 정부투자기관관리기본법에 의한 경영실적평가의 경우 1983년도에는 대부분의 기관에 적용되는 계량지표와 비계량지표의 비율이 70 대 30이었으나 그 후 1985년도, 1987년도와 1993년도의 세 번에 걸친 정책변동으로 비계량지표의 비중이 계량지표보다 높아지게 되어 2000년도에 와서 대부분의 기관에 적용되는 계량지표와 비계량지표의 비중이 55 대 65가 되었다.

계량지표에 의한 평가는 목표대 실적, 추세치 등을 가지고 이루어지는 까닭에 평가담당자의 주관이나 편견이 개입할 여지가 없다고 하겠으나 비계량지표에 의한 평가는 9등급 평가 등의 방법을 사용하는 까닭에 평가담당자의 주관이나 편견이 개입할 여지가 있다고 하겠다.[37]

---

37) 유훈, 공기업론[제5정증보판](서울: 법문사, 2005), pp. 439-441 참조

# 제 6 편

# 사회과학에서의 변동연구와 정책변동

# 제 18 장 사회과학에서의 변동연구의 진전과 정책변동

## 제 1 절 사회과학에서의 변동의 연구

### 1 광범위한 변동의 연구

저자가 본서의 연구대상으로 삼고 있는 변동(정책변동)은 비단 정책학에 한정된 문제가 아니다. 이곳에서는 사회학, 경제학, 정치학, 행정학 등에서도 변동의 연구가 오래전부터 시작되었다는 것을 검토하고자 한다.

후술하는 바와 같이 경제학에서는 19세기 중반부터 경기변동론이라는 형태로 변동에 관한 연구가 시작되었으며[1] 제2차 대전 후에는 경재발전론이라는 형태로 변동에 관한 연구가 활성화 되었다.

사회학에서의 변동연구의 기원에 관해서는 논란의 여지가 있으나 스즈톰프카(Piotr Sztompka)같은 사람은 콤트(Auguste Compte)나 스펜서(Herbert Spencer) 같은 사람도 일찍부터 사회변동에 관해서 연구하였다고 주장하고 있다.[2]

---

1) 제21장 "경제학에서의 변동의 연구와 정책변동" 참조.

정치학이나 행정학에서의 변동의 연구는 경제학이나 사회학보다 뒤늦게 시작했으나 정치학에서의 정치변동·정치발전에 관한 연구와 행정학에서의 행정변동에 관한 연구도 상당한 수준에 이르고 있다.

### 2 연구대상

전술한 바와 같이 오늘날 많은 사회과학에서 변동의 연구가 중요한 연구과제로 등장하고 있다.

사학(史學)이나 사회인류학에서도 변동의 문제가 연구되고 있으나 우리는 이곳에서 정책변동과 관련이 깊다고 생각되는 사회학, 정치학, 경제학, 행정학 등에서의 변동의 연구만 고찰의 대상으로 삼고자 한다.

### 3 사회변동 개념의 한정

사회변동(social change)을 넓게 해석하여 정치변동, 경제변동, 행정변동이 사회변동에 포함되는 개념이라고 볼 수도 있겠으나[3] 우리는 사회변동을 좁게 해석하여 사회변동을 정치변동, 경제변동, 행정변동과 동렬에 서는 개념으로 보고자 한다.

## 제 2 절 사회변동·정치변동 등과 정책변동의 상호작용

사회과학에서 연구대상으로 삼는 사회변동, 정치변동, 경제변동, 행정변동 등은 정책변동과 상호작용을 한다고 생각된다.

---

2) Piotr Sztompka, *The Sociology of Social Change*(Oxford: Blackwell, 1993), p. 3.
3) 김광웅·김강남, 행정변동론(서울: 방송통신대학출판부, 2003).

## 1 정책변동이 사회변동 · 경제변동 등에 미치는 영향

먼저 정책변동이 사회변동, 경제변동, 정치변동, 행정변동을 촉진하거나 저해하는 경우를 많이 볼 수 있다. 정부가 주도적인 역할을 담당하는 유도발전을 지향하는 국가나[4] 발전지향형국가(developmental state)의 경우는[5] 더 말할 것도 없고 작은 정부가 바람직하다고 생각하는 국가에서도 정책변동이 경제변동이나 사회변동에 미치는 영향이 크다는 것을 크다는 것을 우리는 목격하고 있다. 2008년 후반부터 시작된 미국의 금융위기가 촉발한 전 세계적 경제위기하에서 정책변동이 경제변동이나 사회변동 등에 지대한 영향을 미치고 있다는 것을 우리가 매일 목격하고 있다.

## 2 사회변동 · 경제변동 등이 정책변동에 미치는 영향

위에서 살펴본 바와 같이 정책변동이 사회변동 · 경제변동에 많은 영향을 미치고 있을 뿐만 아니라 사회변동 · 경제변동 등도 정책변동에 영향을 미치고 있다.

미국에서 시작된 금융위기가 전 세계적인 경제위기로 확산되자 미국, EU, 일본과 같은 선진국뿐만 아니라 발전도상국에서도 각종 정책변동이 일어나고 있다.

정부의 재정지원만 가지고 금융위기가 제대로 수습이 안 되자 노동당이 집권하고 있는 영국은 더 말할 것도 없고 기업의 국유화를 항상 기피하고 있는 미국에서도 은행의 국유화가 논의되고 실천에 옮겨지고 있는 것만 보아도 경제변동 · 사회변동 등이 정책변동에 어떠한 영향을 미치고 있는가를

4) Bert F. Hoselitz, *Sociological Aspect of Economic Growth*(New York: Free Press, 1960). pp. 97-99.
5) Meredith Woo-Cumings(ed.), *Developmental State*(Ithaca: Cornell University Press, 1999), p. 283.

알 수 있다.

우리는 제19장 이하에서 사회변동, 정치변동, 경제변동 및 행정변동을 고찰할 뿐만 아니라 그들이 정책변동과 어떻게 상호작용을 하는가도 살펴보고자 한다.

# 제 19 장 사회학에서의 변동의 연구와 정책변동

## 제 1 절 사회학에서의 변동의 연구

### 1 사회변동에 대한 관심의 고조

사회학에서의 변동의 연구는 사회변동(social change)이라는 이름으로 이루어지고 있다. 사회변동에 관한 연구는 사회학의 초기부터 시작되었다고 주장하는 사람들도 있으나[1] 다른 많은 사회과학의 경우와 같이 사회학에서도 초기에는 질서(order)와 안정성(stability)에 역점을 두었으나 근래에 와서 사회학에서 질서와 안정성보다는 변동에 역점을 두게 되었으며[2] 사회학 교과서로서 사회변동을 다루지 않는 책은 없다고 해도 과언이 아니다.

1993년 스즈톰프카(Piotr Sztompka)는 소로킨(Pitirim Sorokin)과 니스베트(Robert Nisbet)의 전통을 이어받아 19세기 이후 오늘날까지의 사회변

1) Piotr Sztompka, *The Sociology of Social Change*(Oxford: Blackwell, 1993), p. xiii.
2) Joel M. Charon & Lee Garth Vigilant, *The Meaning of Sociology*, 8th edition (Upper Saddle River: Pearson Prentice-Hall, 2009), p. 165.

동에 관한 광범위한 이론을 종합하여 사회변동의 사회학(*The Sociology of Social Change*)이라는 저서를 발표하였다.

## 2 사회변동의 개념

사회변동을 "시간이 흐름에 따라 문화나 사회제도가 변하는 것"이라고 정의하는 사람도 있으나[3] 우리는 사회변동을 "구조·문화·제도 등과 같은 사회적 패턴(social pattern)이 과거에 비하여 크게 달라지는 것"이라고 정의하고자 한다.[4]

## 3 사회변동의 특징

사회변동의 특징으로서 여러 가지를 들 수 있겠으나 우리는 다음의 네 가지를 들고자 한다.[5]

### 1) 전 세계적 현상

변동의 속도는 지역이나 국가에 따라서 다르나 오늘날 사회변동은 전 세계적 현상이라 하겠다. 1960년대·1970년대의 NICs(Newly Industrialized Countries)나 최근의 BRICs(브라질, 러시아, 인도, 중국)나 VISTA(베트남, 인도네시아, 남아프리카, 터키, 아르헨티나)와 같이 비교적 급속한 사회변동을 이룩하는 국가들이 있는가 하면 많은 아프리카 국가와 같이 변동의 속도가 느린 나라들도 있다.

이와 같이 변동의 속도는 다를지라도 저개발국을 포함한 전 세계 모든

3) John J. Macionis, *Sociology*, third edition(Englewood Cliffs: Prentice-Hall, 1991), p. 614.
4) Charon & Vigilant, *op. cit.*, p. 166.
5) Macionis, *op. cit.*, pp. 614-615.

나라들이 사회변동을 경험하고 있는 것이 오늘날의 현실이라 하겠다.

### 2) 의도적 변동과 비의도적 변동

사회변동 중에는 민간부문이나 공공부문의 의식적인 노력으로 일어나는 변동이 많다. 과학자들이 보다 능률적인 형태의 에너지를 추구하며 정부는 모든 계층의 국민들에게 보다 균등한 기회를 부여하기 위하여 노력한다.

이러한 의도적인 사회변동이 있는가 하면 의도하지 않았거나 예기치 못한 사회변동도 많다. 20세기 초 자동차의 설계자들은 그들이 만든 자동차가 어떠한 사회변동을 초래할는지 미처 예측하지 못했다. 그들은 아마도 과거에 수주나 수개월이 걸리던 거리를 자동차가 하루에 주파할 수 있다는 정도로 생각했을 것이다. 그러나 그들은 자동차가 초래한 기동력(mobility)이 오늘날 가족구조에 어떠한 영향을 주었으며 도시나 교외를 어떻게 바꾸어 놓을 것인지 미처 상상하지 못했을 것이다.

### 3) 사회변동이 초래하는 많은 논란

사회변동이 특정사회에 좋은 영향을 미칠 수도 있고 나쁜 영향을 미칠 수도 있다. 자동차가 우리들에게 기동력을 제공해 주었으나 동시에 자동차는 공해를 초래했으며 교통사고로 매년 많은 사망자가 발생하고 있다.

어떤 사회변동이든지 찬성자가 있는가 하면 반대자가 있기 마련이다. 기업가들은 기술의 발달이 생산성 향상과 이윤의 증대를 초래하는 까닭에 환영하게 마련이다. 그러나 근로자들은 자동화와 같은 기술의 발달이 그들의 기술을 불필요한 것으로 만들고 실업을 초래할는지 모른다고 두려워하게 된다.

### 4) 사회변동이 초래하는 영향의 다양화

단명으로 끝나는 사회변동이 있는가 하면 수십 년간 영향이 지속되는 사회변동도 있다. 10대들 사이에 파급되는 유행과 같이 나타났다 곧 사라지는 것이 있는가 하면 텔레비전과 같이 수십 년 그 영향이 지속되는 것도 있다. 컴퓨터 혁명이 21세기를 어떻게 바꾸어 놓을지 아무도 정확하게 예측하기 어렵다고 하겠다.

## 4 사회변동의 요인

사회변동의 요인으로서 여러 사람이 여러 가지를 들고 있다. 마시오니스(John J. Macionis)는 ① 문화적 요인, ② 사회구조, ③ 이념, ④ 자연환경, ⑤ 인구를 들고 있으며[6] 챠론(Joel M. Charon)과 비지랜트(Lee Garth Vigilant)는 ① 개인과 집단의 행위, ② 사회적 갈등, ③ 외부조직의 영향, ④ 과학기술, ⑤ 사회적 패턴의 변동을 들고 있다.[7] 라우어(Robert H. Lauer)는 ① 과학기술의 발달, ② 이념적 요인, ③ 경쟁과 갈등, ④ 폭력, ⑤ 정부의 영향, ⑥ 엘리트의 영향, ⑦ 청소년층의 영향을 들고 있다.[8] 저자는 이러한 여러 사람들의 견해를 종합하여 다음과 같은 요인을 들고자 한다.

### 1) 과학기술의 발달

전기·철도·자동차와 같은 과학기술의 발달이 얼마나 심대한 사회변동을 일으켰는가는 긴 설명을 요하지 않는다. 제2차 대전 후의 발명품인 텔레비전과 컴퓨터가 얼마나 많은 사회변동을 가져왔으며 앞으로 얼마나 더 많은 변동을 가져올는지 아무도 예측하기 어려운 것이 오늘날의 현실이다.

산아제한방법(기술)의 발달은 여성의 지위향상에 큰 도움이 되었으며 이것은 나가서 남녀평등을 초래하고 가정의 성격(nature)에도 큰 변화를 초래했다. 농업의 기계화는 사회의 직업구조에 큰 변화를 가져왔으며 도시사회의 출현에도 도움을 주었고 미국의 경제력의 증대에도 크게 이바지 했다.[9]

---

6) *Ibid.*, pp. 615-617.

7) Charon & Vigilant, *op. cit.*, pp. 166-176.

8) Robert H. Lauer, *Perspective on Social Change*, second edition(Boston: Allyn & Bacon, 1978), pp. 149-277.

9) Charon & Vigilant, *op. cit.*, pp. 172-173.

### 2) 이념적 요인

이념적 요인이 사회변동에 미치는 영향도 지대하다고 하겠다. 1917년의 러시아혁명으로 공산국가로 전환한 구소련과 제2차 대전 후 구소련의 위성국가가 된 동구라파 여러 나라가 어떤 사회변동을 겪었다는 것은 우리가 다 잘 아는 사실이다.

또한 1990년대 구소련이 붕괴하고 소련의 굴레에서 벗어나 이제는 대부분 EU에 가입한 동구라파 여러 나라가 다시 어떤 사회변동을 겪고 있다는 것은 우리가 목격하고 있는 바이다. 이러한 것들이 이념적 요인에 의한 사회변동의 대표적인 예라고 하겠다.

### 3) 갈 등

개인, 집단, 사회의 모든 쇄신이나 발전은 갈등에서 유래한다는 다렌돌프(Ralf Dahrendorf)의 말[10]을 빌릴 것도 없이 갈등이 사회변동에 있어서 중요한 역할을 한다는 것은 긴 설명을 요하지 않는다. 조직생활에 있어서 개인과 개인 또는 집단과 집단 간에 견해의 차이가 있는 한 갈등은 있게 마련이며 갈등이 존재하는 한 사회변동이 있게 마련이라고 하겠다.

### 4) 사회운동

다수의 사람들이 느슨하게 조직된 형태로 사회를 변화시키기 위하여 함께 노력할 때 그들은 사회운동을 형성하게 된다. 여권신장운동, 민권운동, 베트남전쟁 반대운동 등이 대표적인 예이다. 이러한 사회운동은 많은 구성원들이 그들의 자원을 동원하고 힘을 모을 때 성공할 수 있다. 미국의 민권운동의 예에서 보는 바와 같이 킹(Martin Luther King) 목사와 같은 카리스마적 지도자가 큰 도움이 될 수 있으나 결단력, 조직, 다수의 구성원, 물질적 자원 등도 사회운동의 성공 여부를 결정하는 요인들이라 하겠다.[11]

---

10) Ralf Dahrendorf, *Class and Class Conflict in Industrial Society*(Stanford: Stanford University Press, 1959), p. 125.

11) Charon & Vigilant, *op. cit.*, p. 168.

### 5) 자연환경

인간의 노력이나 작용뿐만 아니라 자연환경도 사회변동을 초래하는 경우가 많다. 지구온난화로 한반도에서 아열대기후권이 서서히 북상함에 따라 과실을 위시한 농작물의 재배형태가 변하여 농촌경제에 변동을 초래하는 것이 좋은 예라 하겠다.

인도의 고대문명은 기원전 1500년경에 인더스(Indus)강의 수위가 서서히 상승함으로써 파괴되었으며 크레테(Crete)섬의 문명은 기원전 1,100년경의 화산의 폭발로 사라졌다.[12]

### 6) 인 구

한 나라의 인구의 증가, 특히 근로인구의 증가는 GDP의 성장 나가서 국부의 증대를 초래하여 부유한 사회를 가져온다. 1950년만 하더라도 1억 5,300만명이었던 미국인구가 자연증가와 이민 등으로 2010년에는 2억 9,986만명으로 늘어날 것으로 추정된다. 1949년만 하더라도 2,019만명이었던 남한 인구가 2000년에는 4,726만명으로 늘어났으며 2020년에는 5,227만명에 달할 것으로 추정된다. 이와 같은 인구의 증가는 미국이나 한국의 GDP의 성장에 이바지 했으며 풍족한 사회를 가져왔다.

인구의 증가 못지 않게 중요한 것이 인구의 이동이다. 농촌으로부터 도시로의 인구의 이동은 도시화(urbanization)라는 사회변동을 초래한다. 모든 국가에서 경제발전이 이루어짐에 따라 도시화가 일어나게 마련인 데 한국의 경우에는 도시화가 비교적 빠른 속도로 이루어지고 있다. 1975년만 하더라도 시부(市部)의 인구가 48.4%였으며 군부(郡部)가 51.6%를 점했는데 1990년에는 시부의 인구가 74.4%로 급증했으며 군부는 25.6%로 떨어졌다. 2000년에는 시부가 79.6%, 군부가 20.4%를 차지했다.

인구와 관련하여 또 하나 지적할 것은 인구 구성의 변동이다. 이것이 최근의 한국에서는 고령화사회의 진전으로 나타나고 있다. <표 19-1>과 같이 65세 이상 인구의 비중이 1980년의 3.9%에서 1990년에는 5.0%에 달했

---

12) Macionis, *op. cit.*, p. 616.

으며 2010년에는 10.9%에 달할 전망이다. 이러한 노령인구의 비율은 앞으로 더욱 빠른 속도로 늘어날 전망이다. UN은 노령인구(65세 이상)의 비율이 7% 이상이면 고령화 사회(高齡化 社會)라 하고 14% 이상이면 고령사회, 20% 이상이면 초고령 사회로 분류하고 있다.

통계청의 추계에 의하면 2022년에는 한국의 노령인구가 전체 인구의 14.3%를 가록하면서 고령사회에 진입하며, 2032년에는 20%를 넘어 초고령 사회에 진입할 것이라 한다.

이러한 추세는 미국·일본과 같은 선진국에 비하여 소요기간이 훨신 짧은 것으로 나타났다. 고령화 사회에서 고령사회로 진입하는 데 소요되는 기간이 미국은 71년, 일본은 24년이 소요되는 데 대하여 한국은 22년이 소요될 것으로 추정된다. 고령사회에서 초고령사회로 진입하는 데 소요되는 기간이 미국이 15년, 일본이 12년인데 대하여 한국은 10년이 소요될 것으로 전망된다.

〈표 19-1〉 한국의 연령별 인구비중의 추이

(단위: %)

| | 0~14세 | 15~64세 | 65세 이상 |
|---|---|---|---|
| 1980 | 33.8 | 62.3 | 3.9 |
| 1985 | 29.9 | 65.8 | 4.3 |
| 1990 | 25.7 | 69.3 | 5.0 |
| 1995 | 23.0 | 71.1 | 5.9 |
| 2010 | 16.3 | 72.8 | 10.9 |

자료: 통계청.

〈표 19-2〉 각국의 단계별 소요년수

| 국 별 | 고령화사회에서 고령사회로 | 고령사회에서 초고령사회로 |
|---|---|---|
| 미 국 | 71년 | 15년 |
| 일 본 | 24 | 12 |
| 한 국 | 22 | 10 |

자료: 통계청, 한국의 인구현황, 2000.

### 7) 정부의 영향

마르크스(Karl Marx)는 정부가 사회변동의 저해요인으로 작용한다고 주장했다. 자본가계급을 대변하는 정부가 노동자계급을 억압하고 그들의 변화를 저해한다고 주장했다.[13] 우리나라에서도 1980년대 군사정부가 국민의 민주화요구를 억압하여 민주화라는 사회변동의 저해요인으로 작용했다고 볼 수 있을 것이다.

그러나 우리는 정부가 사회변동의 저해요인으로 작용하기보다는 촉진요인으로 작용하는 경우가 많다고 주장하고 싶다.

1948년에 수립된 대한민국정부가 1950년에 공포된 교육법에 의하여 의무교육을 실천에 옮김으로써 해방 당시 80%가 문맹이었던 우리 사회의 교육수준의 향상에 이바지했다. 또한 1950년 3월에 국회를 통과하고 4월에 공포된 농지개혁법에 의하여 농지개혁을 실천에 옮김으로써 총 경지의 약 40%에 달하는 89만 2천정보의 땅이 유상매입, 유상분배의 원칙에 따라 분배되었다. 이 농지개혁은 토지자본을 산업자본으로 전환시키는 계기를 마련했을 뿐만 아니라 한국의 전통사회를 지배했던 양반 지배층의 몰락을 초래했던 것이다.[14]

1960년대와 1970년대에 박정희정부는 고속성장을 이룩함으로써 농업사회였던 한국사회를 공업사회로 전환했을 뿐만 아니라 다른 나라에서 유례를 보기 힘든 빠른 속도의 도시화를 이룩하였다. 뿐만 아니라 새마을운동으로 빈곤으로 허덕였던 농촌의 소득증대에 이바지했다.

사회변동에 있어서의 정부의 역할에 관해서는 사회변동과 정책변동에서 좀더 상세하게 언급할 기회가 있으므로 이곳에서는 이 정도로 하기로 한다.

---

13) Lauer, *op. cit.*, pp. 230-231.

14) 유영익, "이승만 대통령의 업적-거시적 평가," 현대한국학연구소, 이승만 대통령의 역사적 재평가(서울: 현대한국학연구소, 2004), pp. 283-285.

# 제 2 절 사회변동과 정책변동

## 1 정책변동이 사회변동에 미치는 영향

### 1) 사회변동의 저해요인으로서의 정책변동

전술한 바와 같이 마르크스는 정부나 정책변동이 사회변동의 저해요인이라 주장했다. 실제로 많은 중남미 여러 나라에서 정부나 교회가 서민계층 변화의 저해요인으로 작용했다.[15] 우리나라에서도 4·19주동세력은 이승만 정부가 국민들의 민주화 욕구를 억압하고 사회변동의 저해요인으로 작용하고 있다고 주장했다.

### 2) 사회변동의 촉진요인으로서의 정책변동

정부나 정책변동이 사회변동의 저해요인으로 작용하는 경우나 주장이 없지 않으나 많은 경우 정부나 정책변동은 사회변동의 촉진요인으로 작용하고 있다고 하겠다.

미국과 같이 비교적 소극적인 정부의 경우에도 공업화나 교육·과학의 진흥을 위해서 정부가 많은 역할을 담당했으며 이를 위해서 많은 정책변동이 있었다.

여기서 더 나가서 '경제발전에 높은 우선순위를 부여하고 이를 위해서 정부가 주도적인 역할을 담당하는 국가'인 발전지향형 국가(Developmental State)에 있어서는[16] 국가나 정책변동이 사회변동의 촉진요인으로서 중요한 역할을 담당하고 있다고 하겠다. 한국·일본과 같은 발전지향형 국가는

15) Lauer, *op. cit.*, p. 231.

16) Ben Ross Schneider, "The Desarrollista State in Brazil and Mexico," in Meredith Woo-Cumings(ed.), *The Developmental State*(Ithaca: Cornell University Press, 1999), p. 283.

능률적인 관료제, 강력한 국가권력과 함께 효과적이며 능률적인 정책수단을 보유해야 한다.[17] 다시 말해서 정책변동이 중요한 역할을 담당해야 한다는 것이다.

한국의 경우를 본다면 대한민국정부 수립 직후의 의무교육제도나 농지개혁을 위한 정책변동은 국민의 교육수준 향상이나 경자유전(耕者有田)의 원칙이 적용되는 사회의 건설에 크게 공헌했다는 것은 전술한 바와 같다. 1960년대와 1970년대의 산아제한정책의 도입은 한국의 가족구조에 큰 변동을 초래했으며 고도성장정책의 채택은 공업화로 인한 도시화의 촉진을 초래했으며 이는 나가서 농촌인구의 감소와 농업기계화의 촉진을 가져왔다. 고속도로 건설과 고속철도(KTX) 건설을 위한 정책변동은 전국을 일일생활권으로 만들었으며 지방 중소도시의 쇠퇴도 초래했다.

## 2 사회변동이 정책변동에 미치는 영향

### 1) 정책변동에 부정적인 영향을 미치는 사회변동

일반적으로 사회변동은 정책변동에 긍정적인 영향을 미치는 경우가 많으나 때로는 사회변동이 정책변동에 부정적인 영향을 미치기도 한다.

한국의 고령화 사회의 급속한 진전이 대표적인 예인 데 통계청의 추계에 의하면 2022년에는 한국의 노령인구(65세 이상)가 전체 인구의 14.3%를 기록하면서 고령사회에 진입하며, 2032년에는 20%를 넘어 초고령사회로 진입할 것이라 한다.

이러한 고령화사회의 진전이라는 사회변동은 각국에서 국민연금 지출이나 건강보험 지출을 위시한 사회보장 지출의 급격한 팽창을 초래하고 있다. 거기에다가 한국과 같은 사회보장제도 후진국의 경우에는 일부 프로그램의 확대·강화도 이루어져야 하므로 사회보장지출이 더욱 팽창할 것이며 이것

17) Chalmer Johnson, *MITI and the Miracle*(Stanford: Stanford University Press, 1982), pp. 314-320.

은 나가서 재정상황의 악화를 초래할 우려가 있다.

재정악화를 초래할 사회보장지출의 과도한 팽창을 억제하기 위하여 각국이 사회보장제도의 개혁(정책변동)에 나섰다. 노령보험의 경우에는 수급개시 연령을 인상하고 수급자격 취득에 소요되는 기간을 연장하는가 하면 물가의 급부에의 반영률은 축소하는 등의 조치를 취하고 있다.[18]

또 하나 지적할 것은 인구증가율의 급속한 저하라는 사회변동이다. 한때 1인당 GDP의 증대에 이바지 했던 과도한 인구증가율의 억제가 이제는 노동인구의 감소를 염려할 정도가 되었으며 고령화사회의 진전과 더불어 노동인구 한 사람이 부양해야할 고령인구의 과다를 우려할 지경이 되었다.

### 2) 정책변동을 촉진 또는 용이케 하는 사회변동

전술한 바와 같이 정책변동에 부정적인 영향을 미치는 사회변동이 없지 않으나 정책변동을 촉진하거나 용이하게 하는 사회변동이 더 많은 것 같다.

한국의 교육수준의 향상이라는 사회변동은 과도한 교육열로 부정적인 영향이 없는 것은 아니나 민주화를 위한 정책변동을 용이하게 하고 있다. 이와 밀접한 관련이 있는 것이 여권의 신장이다. 법조인이나 교사 총수에 있어서 여성이 차지하는 비중이 급속히 늘어남에 따라 남녀평등이나 건전한 민주사회 건설을 위한 정책변동을 용이하게 하고 있다.

또 하나 지적할 것은 공업화·도시화로 인한 농업인구의 감소이다. 이는 각국에서 농업의 기계화와 생산성 향상에 이바지하고 있으나 동시에 부당한 농업지원의 지양을 위한 정책변동을 가능하게 하고 있다. 한때 잉여농산물의 과다로 어려움을 겪었던 미국과 같은 나라에서도 농업인구가 감소함에 따라 잉여농산물의 정치적 중요성도 감소되었으며 농업정책도 합리성이 높아져 양곡정책은 시장지향성이 제고되고 있다. 종전의 높은 지원가격에서 낮은 지원가격으로 이행했을 뿐만 아니라 농산물 매입정책에서 시장가격이 목표가격 이하로 하락할 때에 차액을 보상해주는 체제로 전환하게

18) Christopher Pierson, *Beyond the Welfare State: The Political Economy of Welfare*, second edition(University Park: Pennsylvania State University Press, 1998), pp. 163-164.

되었다.[19] 한국에서도 농업인구의 감소로 농업지원정책의 합리성이 제고되고 있다는 것은 우리가 다 잘 아는 사실이다.

19) 유훈, 행정권과 경제[개정증보판](서울: 법문사, 2007), p. 44 참조.

# 제 20 장 정치학에서의 변동의 연구와 정책변동

## 제 1 절 정치학에서의 변동의 연구

### 1 정치변동에 대한 관심의 고조

보다 나은 사회를 위한 정치변동에 대한 관심은 홉스(Hobbes), 로크(John Locke), 루소(J. J. Rousseau), 마르크스(Karl Marx) 등이 표명해 왔다. 그러다가 제2차 대전 후 이러한 정치변동에 대한 관심은 정치발전(political development)에 대한 관심으로 나타났는 데 거기에는 다음과 같은 네 가지 이유가 있다.

첫째로 제2차 대전이 민주주의의 독재정치에 대한 승리로 끝나자 새로운 정치적 진보(political progress)의 시대를 열게 되었으며 국제연합이 그 상징으로 등장하게 되었다.

둘째로 제2차 대전 후 특히 1950년대와 1960년대에 많은 신생국이 탄생하게 되었는 데 이들은 18세기 미국이 영국에서 독립한 것처럼 식민주의를 타파하고 새로운 출발을 다짐하게 되었다.

셋째로 이들 신생국들은 경제사회발전을 위하여 매진하게 되었는 데 이

와 병행하여 정치 분야에서의 개선을 의미하는 정치발전을 추구하게 되었다.[1)]

넷째로 포드재단(Ford Foundation)의 연구비 지원이 중요한 역할을 하였다고 하겠다. 1960년 4월 포드재단은 사회과학연구협의회(SSRC)의 비교정치위원회에 3년짜리 연구비를 지원했다. 이를 토대로 비교정치위원회는 1971년까지 7권의 정치발전총서를 발간하여 정치발전에 관한 대대적인 연구를 전개했다.[2)]

그러나 리그스(Fred Riggs)가 지적한 바와 같이 1971년 포드재단의 연구비 지원이 끝나자 정치발전에 관한 관심이 쇠퇴하기 시작하였으며 1974년부터는 정치발전에 언급하는 논문이나 저서가 급감하게 되었다.[3)]

헌팅턴(S. Huntington)은 다소 관점을 달리하여 정치발전론에서 내세우는 정치발전의 정의가 너무나 다양하며 애매모호하므로 정치발전이라는 개념을 폐기하고 대신 정치변동(political change)에 관한 연구에 전념해야 한다고 주장하고 있다.[4)]

## 2 정치변동의 개념

정치변동은 여러 가지로 정의할 수 있을 줄 아나 정치이념, 정치체제, 정치엘리트 등이 변하는 것이라고 할 수 있겠다. 표현을 달리한다면 선택기회(choice opportunities)가 확대 또는 축소되는 것이라고 할 수 있겠다.

---

1) Joan Blondel, *Comparative Government: An Introdction*, second edition(Hemel Hempstead: Harvester Wheatsheaf, 1995), p. 48.
2) Vicky Randall & Robin Theobald, *Political Change and Underdevelopment* (Durham: Duke University Press, 1985), p. 29.
3) Fred Riggs, "The Rise and Fall of Political Development," in S. C. Long(ed.), *The Handbook of Political Behavior*, vol. 4(New York: Plenum Press, 1981), p. 313.
4) S. Huntington, "The Change to Change," *Comparative Politics*, No. 3, 1971, pp. 203-232.

## 3 정치발전의 개념

전술한 바와 같이 제2차 대전 후 특히 1960년대와 1970년대에 많은 정치학자들의 관심을 모았던 문제가 정치발전이다. 리그스가 지적한 바와 같이 포드재단의 연구비 지원이 종료된 후 정치발전에 대한 관심이 급격히 줄어들었다고 하지만 정치학에서의 변동의 연구에 있어서 정치발전의 중요성을 경시하기는 어려울 것 같다.

정치변동과 정치발전의 관계를 본다면 정치변동이 넓은 개념이며 정치발전은 정치변동에 포함될 수 있는 개념이다. 정치변동은 정치발전과 정치퇴보를 포함하는 개념이다.

전술한 바와 같이 정치발전의 정의는 지극히 다양하나 이를 브론델(J. Blondel)의 견해에 따라 크게 네 가지로 나눌 수 있겠다.

첫째는 정치발전을 사회경제적 발전과 연계하는 개념규정이다. 다시 말해서 비교적 측정이 용이한 사회경제적 발전이 있는 곳에 정치발전이 있다는 주장이다.

둘째는 정치발전을 정치체제의 조직으로 보는 견해이다. 다시 말해서 정치발전을 국가의 활동이나 행정과정의 능률성과 연계하는 견해이다. 표현을 달리한다면 구조의 분화와 자율성의 증진을 정치발전으로 보는 견해이다.

셋째는 정치발전을 정치가치 또는 이념의 집행으로 보는 견해이다. 다시 말해서 정치발전을 정치참여의 증대, 민주주의의 건설, 안정적이며 질서정연한 변동이라고 보는 견해이다.[5]

넷째는 다학문적(intersubjective)인 견해로서 선택기회(choice opportunities)의 확장을 발전이라고 보는 주장으로서[6] 정치발전도 선택기회의

5) L. W. Pye, *Aspects of Political Development*(Boston: Little, Brown, 1966), pp. 39-42.
6) David Apter, *The Politics of Modernization*(Chicago: University of Chicago Press, 1965), p. 6.

확장이라고 할 수 있다는 것이다.

정치발전에 관한 이러한 여러 가지 견해들 중 첫째부터 셋째까지는 계량화나 측정에 어려움이 있거나 주관적인 요소가 많이 개재한다는 문제가 있으므로 선택기회의 확장이라는 앱터(D. Apter)의 견해에 동조한다는 것이 블론델의 주장이며[7] 우리도 이에 찬동하고자 한다.

## 제 2 절 정치변동과 정책변동

### 1 정책변동이 정치변동에 미치는 영향

우리는 앞에서 정치변동을 선택기회가 확대 또는 축소되는 현상이라 정의하였는데 이러한 정치변동에 연향을 주는 정책변동이 많이 있으나 우리는 이곳에서 중요한 것 몇 가지만 검토하기로 하는 데 우선 선거제도와 관련된 정책변동을 들 수 있겠다.

정치참여의 증대, 민주주의의 건설 또는 선택기회의 확대를 위해서는 보통·평등·직접·비밀선거의 보장이 무엇보다도 필요하다.[8] 오늘날 우리는 이러한 선거제도가 당연한 것으로 생각하지만 선거제도가 걸어온 발자취를 더듬어 보면 그 길이 결코 순탄치만 않았다는 것을 알 수 있다. 멀리 소급해 올라갈 필요도 없이 우리나라 제4공화국·제5공화국하에서 우리나라 대통령 선거가 간접선거였다는 것은 우리가 다 잘 아는 사실이다.

정치변동에 영향을 주는 정책변동으로서 또 하나 들 수 있는 것은 정치자금과 관련된 것이다. 각국에서 선거자금제도에 여러 가지 규제를 과하는 것은 부유층 등이 선거자금의 공여를 통하여 부당한 영향력을 행사하는 것을 방지하기 위한 것이라 하겠다.

7) Blondel, *op. cit.*, p. 66.
8) 대한민국 헌법 제41조 제1항.

정치변동에 있어서 정당의 역할의 중요성은 경시할 수 없으나 정당은 전통적으로 초법적인 지위(extra-legal status)를 지닌다고 하였다. 그러나 근년에 와서 우리나라와 같이 헌법에 정당에 관한 규정을 두고[9] 정당법을 제정하는 국가들이 늘어나게 되었다. 우리나라 헌법과 정당법은 정당설립의 목적이나 활동이 민주적이어야 하며 정당조직이 민주적이어야 한다고 규정함으로써 정당의 대내적 민주성도 강조하고 있다. 특히 제6공화국 헌법에 신설된 정책변동으로서 지적할 것은 정당의 활동이 민주적 기본질서에 위배될 때에는 정부의 제소와 헌법재판소의 심판에 의하여 해산될 수 있다고 하고 있다는 사실이다.

마지막으로 정치참여의 증대나 민주주의 건설에 영향을 미치는 정책변동으로서 교육제도와 관련된 정책변동을 들지 않을 수 없다. 대한민국정부 수립 직후 의무교육제도의 채택이라는 정책변동을 통하여 85%나 되던 문맹을 퇴치하고 중등교육·고등교육의 기회 확대로 국민의 정치의식 향상에 이바지했다는 것은 우리가 다 잘 아는 사실이다.

## 2 정치변동이 정책변동에 미치는 영향

정치변동이 정책변동에 영향을 주는 예로서 여러 가지를 들 수 있겠으나 중요한 것 몇 가지만 검토하고자 한다.

구소련의 붕괴와 같은 정치변동 후에 볼 수 있는 정책변동으로서 첫째로 들 수 있는 것은 사유재산의 인정과 시장경제로의 전환이라 하겠다. 러시아의 시장경제로의 전환을 둘러싸고 두 가지 견해가 대립했다. 첫째는 충격요법으로서 단시일 내에 시장경제로 전환해야 한다는 주장이다. 둘째는 점증주의로서 새로운 경제체제로의 전환은 많은 시일을 소요로 하는 것으로서 점차적으로 시장경제로의 전환이 이루어져야 한다는 주장이다. 러시아는 충격요법을 채택했으며 경제체제의 전환을 위한 정책변동이 1992년 1

9) 대한민국 헌법 제8조.

월 개시되었다.[10]

구소련의 지휘경제(command economy)의 상징이라 할 수 있는 경제기획이 자취를 감추고 1992년 1월 2일 가격통제가 대폭적으로 완화됨으로써 시장경제로의 거보를 내디디게 되었다.[11] 시장경제로의 전환의 뒷받침을 얻기 위하여 IMF의 지원을 얻기 위한 협정을 체결하기도 하였다.[12]

시장경제로의 전환은 사유재산의 인정과 기업의 민영화를 전제로 하여야 하므로 1992년 8월 옐친 대통령이 바우쳐(voucher) 방법에 의한 민영화를 공포함에 따라 민영화가 시작되었다.[13] 1992년 가을 모든 러시아 국민이 1인당 1만루불에 상당한 바우쳐를 교부받았다. 처음에는 점포나 카페와 같은 소규모 기업의 민영화부터 시작되었는 데 이들은 대부분 그 기업의 종업원들에게 매각되었다. 이러한 민영화 방법은 그 후 현금에 의한 공매방법으로 바뀌었으며 1997년에 와서는 외국 투자자들을 상대로 한 대규모 기업의 민영화로 전환되었다. 이리하여 1998년 중반까지 약 70%의 국가자산이 민영화되었으나 정부가 원하는 민영화와는 거리가 먼 것이 되었다. 대부분의 자산이 구소련의 관료엘리트(nomenklatura)의 소유가 된 것이다.[14]

정치변동은 경우에 따라서는 소득재분배를 위한 정책변동을 초래하기도 한다. 한국이나 대만과 같은 국가에서 정치변동 후 실시된 농지개혁을 위한 정책변동이 대표적인 예라 하겠다.

소득재분배의 상징이라 할 수 있는 사회보장제도의 사회보장(social security)이라는 용어가 처음으로 사용된 것은 미국의 루즈벨트행정부하에서 제정된 1935년의 시회보장법이라는 것은 널리 알려진 사실이다.[15] 제2차

---

10) Martin C. Schnitzer, *Comparative Economic Systems*, 8th edition(Cincinati: South-Western College Publishing, 2000), pp. 174-175.

11) Richard L. Carson, *Comparative Economic Systems*, second edition(Armonk: M. E. Sharpe, 1997), p. 222.

12) Anders Asland, *How Russia Became Market Economy*(Washington. D.C.: Brookings Institution, 1995), p. 319.

13) 바우쳐방법이란 모든 국민에게 일정한 가액을 지닌 쿠폰과 같은 바우쳐 또는 증서를 교부하고 이것을 가지고 기업의 지분을 매입하는 방법이다.

14) Schnitzer, *op. cit.*, pp. 176-177.

대전 후 각국은 정치변동에 따라 사회보장을 실천에 옮기기 위하여 그 헌법에 사회보장에 관한 규정을 삽입하고 그 후속조치로 사회보장을 위한 정책변동이 일어났다.

정치변동은 국민의 기본권과 관련된 정책변동을 초래하는 경우도 많다. 구소련 붕괴 후 러시아의 경우나 구소련의 지배에서 벗어난 동구라파 여러 나라의 경우는 더 말할 것도 없고 우리나라에서도 유신정권의 수립 또는 붕괴, 제6공화국의 수립과 같은 정치변동이 기본권과 관련된 정책변동을 초래했다는 것은 널리 알려진 사실이다.

유신정권 수립 후 제정된 제4공화국 헌법의 기본권 조항은 개별법률유보조항(個別法律留保條項)을 다시 두어 제1공화국 헌법과 유사하게 되었을 뿐만 아니라 본질적 내용의 침해금지 규정 등의 자연권적 규정을 없앴다. 이에 따라 구속적부심사제, 자백의 증거능력제한규정이 삭제되고 근로자의 단체행동권에 대한 제한 등이 규정되었다.

유신정권이 무너지자 제5공화국 헌법 기본권조항은 제3공화국 헌법의 기본권조항으로 복귀한 후에 새로운 기본권을 추가하였으며 헌법에서 기본권을 자연권으로 인정하였다. 6·29선언 후에 수립된 제6공화국은 그 헌법 기본권조항에 몇 개의 새로운 기본권을 추가하고 개별적 법률유보를 줄임으로써 보다 완전한 보장을 기하는 정책변동을 초래했다.[16)]

---

15) Edward D. Berkowitz, "The Historical Development of Social Security in the United States," in Erig King & James Schlutz(eds.), *Social Security in the 21st Century*(New York: Oxford University Press, 1997), pp. 22-23.

16) 김철수, 헌법신론[제15전정판](서울: 박영사, 2005), p. 194.

# 제 21 장 경제학에서의 변동의 연구와 정책변동

## 제1절 경제학에서의 변동의 연구

### 1 경기변동론과 경제발전론

경제학에서의 변동의 연구는 크게 경기변동론(경기순환론)과 경제발전론으로 나눌 수 있다. 경기변동론은 19세기초 이래 자본주의 경제가 호경기, 공황, 불황, 회복, 호경기라는 경기의 규칙적인 교체를 경험하였으므로 1862년 쥬글러(C. Jugler)가 경기변동주기를 지적한 이래 연구가 시작되었다고 하겠다.

경제발전론의 연구는 경기변동론보다 훨씬 뒤늦게 시작되었다고 하겠다. 제2차 대전 전에도 경제발전이나 경제성장에 관한 연구가 없었던 것은 아니나 경제발전론의 본격적인 연구는 제2차 대전 후에 시작되었다고 해도 과언이 아니다.

2008년 후반에 와서 미국에서 시작된 금융위기가 전세계에 전파되어 세계적인 불황이 엄습하기는 했으나 케인즈경제학이 등장한 후에는 1929년과 같은 대공황은 없는 것으로 보는 것이 중론이며 경기순환론의 중요성은 많이 희석되었다고 하겠다. 따라서 우리는 경제학에서의 변동의 연구를 경제발전론에 역점을 두고자 한다.

## 2 경제발전에 관한 관심의 추이

경제발전에 관한 연구는 일찍부터 클라크(Colin Clark)나 크즈넷츠(Simon Kuznetz) 등에 의하여 시작되었는 데 본격적인 연구는 제2차 대전 후에 이루어졌다고 하겠다.

### 1) 1960년대까지의 발전이론

1960년대까지의 발전이론의 특징을 다음의 세 가지로 요약할 수 있겠다.

(1) **단일장애이론**(single-barrier theories)

경제발전을 저해하는 요인이 많이 있겠지만 그 중에서 결정적인 역할을 하는 요인 하나가 있다는 것이며 이러한 요인은 아시아, 중동, 중남미, 아프리카 할 것 없이 모든 지역에 공통적으로 적용된다는 것이다.

(2) **내부적 요인이론**(internal factor theories)

발전을 저해하는 요인을 발전도상국의 내부에서만 찾으려는 이론이다. 다시 말해서 선진자본주의국가에의 종속적인 관계와 같은 외부적인 저해요인에 대해서는 별로 관심이 없었다는 것이다.

(3) **성장중심이론**

소득의 균등한 분배는 저축과 투자의 극대화를 저해한다는 전제하에 분배보다는 성장극대화를 추구하는 이론이라 할 수 있겠다.

이러한 세 가지 특징을 지니는 대표적인 이론이 자본부족이론이다. 발전도상국에서는 대부분의 취업인구가 생산성이 낮은 농업분야에 종사하고 있으며 자본의 부족에 허덕이고 있다는 것이다. 한마디로 말해서 발전을 저해하는 요인이 자본의 부족이므로 투자율을 높이고 자본형성을 촉진하는 것이 무엇보다 중요하다고 보는 전략이다.[1] 이에 속하는 것이 빈곤의 악순환이론, 위장실업자동원이론, Harrod-Domar이론 등이다.

### 2) 1970년대 이후의 발전이론

1970년대 이후의 발전이론으로서 여러 가지를 들 수 있겠으나 우리는 다음의 세 가지를 들고자 한다.

#### (1) 소득분배의 강조

과거의 이론의 특징이 선성장 후분배를 강조하는 데 있었다면 새로운 이론은 성장과 동시에 분배도 강조하는 데 그 특징이 있다고 하겠다. 여기에 속하는 견해를 다시 몇 가지로 나눌 수 있으나 상세한 것은 생략하기로 한다.

#### (2) 외부적 저해요인의 중시(종속이론)

1960년대 중반부터 프랑크(Andre Frank), 칼도소(Fernando Cardoso) 등에 의하여 제창된 종속이론은 한마디로 말해서 마르크스주의와 민족주의를 결합시키려는 시도라고 할 수 있겠다.[2]

종속이론은 발전도상국의 저개발이 내부적 요인에 기인하는 것이라기보다는 제3세계의 낡은 경제구조에 대한 선진자본주의국가의 침투에 그 원인이 있다고 보는 것이다. 좀더 쉽게 말해서 부국의 경제발전이 빈곤국의 저개발을 초래했다고 보는 것이다.

종속이론에 의하면 현재의 발전도상국이 선진국의 경제발전 초기단계와 흡사하다고 보는 발전이론이 잘못되었다는 것이다. 다시 말해서 발전도상국의 근대화란 서구나 북미에서 개발된 경제적·정치적 체제를 채택하는 것이라고 보는 견해가 잘못되었다는 것이다.

#### (3) 신자유주의적 성장이론

정부주도의 발전전략에 대하여 1980년대 이후 신고전주의 또는 신자유

---

1) Ian Livingston, "Alternative Approaches in Development Studies," in Ian Livingston(ed.), *Approaches to Development Studies*(Aldershot: Gower, 1982), p. 3.

2) Robert A. Packenham, *The Dependence Movement*(Cambridge: Harvard University Press, 1992), p. 27.

주의의 관점에서 반론이 제기되고 있다. 토다로(Michael Todaro)는 이것을 신고전적 반혁명이라고 부르고 있다.[3]

한마디로 말해서 신자유주의자들은 발전도상국의 저개발의 원인이 정부의 잘못된 가격정책과 지나친 간섭으로 인한 자원배분의 왜곡에 있다고 보는 것이다. 이러한 신고전적 반혁명이론은 자유시장적 발전론, 공공선택이론, 친시장적 접근방법으로 나눌 수 있는데 상세한 것은 생략하기로 한다.

## 3 경제발전의 개념

경제발전의 정의를 여러 사람이 여러 가지로 내리고 있으나 이곳에서는 이것을 크게 다음의 세 가지로 나누어서 고찰하고자 한다.

### 1) 발전과 성장의 동일시

발전을 1인당 소득증대 등에 의하여 측정될 수 있는 성장과 동일시하는 사람들이 있다. 사회과학 백과사전은 경제발전이라는 항목에 경제성장을 참조하라고만 하고 있다.[4]

소득수준의 향상을 선진국에서는 경제성장이라고 부르고 발전도상국에서는 경제발전이라고 한다는 사람도 있다.[5] 발전과 성장을 동일시하는 견해에도 여러 가지가 있다. 선진국과 발전도상국간에는 소득수준에 차이가 있을 뿐만 아니라 구조면에서도 차이가 있다는 것을 인정하면서도 구조의 변화는 소득의 증대에 자동적으로 따라 오는 것이기 때문에 성장이, 즉 발전이라고 할 수 있다고 주장하는 학자도 있다.[6]

---

3) Michael Todaro, *Economic Development*, seventh edition(Readings: Addison-Wesley, 1999), p. 95.

4) David L. Shills(ed.), *International Encyclopedia of the Social Sciences*, Vol. 4(New York: Macmillan, 1968), p. 376.

5) Angus Maddison, *Economic Progress and Policy in Developing Countries* (London: George Allen & Unwin, 1970), p. 15.

6) L. G. Reynolds, *Image and Reality in Economic Development*(New Haven: Yale University Press, 1977), p. 4.

### 2) 소득의 균등한 분배

이 견해는 소득의 보다 균등한 분배가 빈곤의 추방에 이바지할 뿐만 아니라 그 자체가 발전이라고 보는 것이다.[7] 그러나 이것은 별개의 목적으로 보아야 하며 소득의 보다 균등한 분배 자체를 발전으로 보기는 어려울 것이다.[8]

### 3) 성장과 구조적 변화

발전이란 1인당 소득의 증대뿐만 아니라 아웃풋(outputs)의 구조의 변화와 인풋(inputs)의 부문별 배분의 변화까지도 포함한다는 것이다.

인체를 예로 든다면 성장은 어린이의 키가 자라고 체중이 불어나는 것을 의미하지만 발전은 어린이가 어른이 되면 키가 크고 체중이 불어날 뿐만 아니라 학습능력과 같은 기능적인 능력이 향상된다고 보는 것이다.[9]

발전이 1인당 GNP의 증대 등과 같은 성장과 다르다는 것은 산유국의 현실에서 좋은 예를 찾아볼 수 있다는 것이다. 유가의 상승으로 오늘날 많은 산유국의 1인당 GNP는 선진국과 같은 수준이나 교육, 보건, 도시화 등의 여러 면에서 일부 산유국은 중진국은 고사하고 저개발국과 같은 수준에 있는 것이다.

---

7) D. Seers, "The Meaning of Development," *International Development Review*, 1966, pp. 2-4.

8) Richard Goode, *Government Finance in Developing Countries*(Washington, D. C.: Brooking Institution, 1984), p. 230.

9) Charles P. Kindleberger, *Economic Development*, second edition(New York: Mc-Graw-Hill, 1965), p. 3.

## 제 2 절 경제발전과 정책변동

### 1 정책변동이 경제발전에 미치는 영향

정부주도의 유도발전을 추구하는 국가뿐만 아니라 민간주도의 자율발전을 선호하는 국가에서도 경제발전을 촉진하기 위하여 여러 가지 정책변동이 활용되고 있다. 경제발전을 위하여 활용되는 정책변동은 크게 지출을 위한 정책변동과 조세를 위한 전책변동으로 나눌 수 있다. 처음의 세 가지는 지출을 위한 정책변동이며 나머지 세 가지는 조세를 위한 정책변동이다.

#### 1) 기초구조 투자증대를 위한 정책변동

오늘날 발전도상국에서 기초구조(infrastructure)를 위한 정부의 많은 투자가 요청되므로 이를 위한 정책변동이 필요하다고 하겠다. 다소 논란이 있기는 하나 선진국에서도 정부투자형성(public capital formation)의 필요성이 강조되며 이를 위한 정책변동의 필요성을 주장하는 학자들이 많다.[10)]

#### 2) 기술발전을 위한 정책변동

경제발전을 위해서는 자본형성 못지않게 중요한 것이 기술발전이다. 그런데 대부분의 기술발전은 신규투자를 필요로 하므로 자본형성과 기술발전은 불가분의 관계에 있다고 하겠다. 정부에 의한 연구개발시설의 설립, 민간의 연구개발에 대한 정부보조가 요청되며 이를 위한 정책변동이 필요하다고 하겠다.[11)]

---

10) Commission on Money and Credit, "Fiscal Policy and Economic Growth," reprinted in Joseph Scherer and James Papke(eds.), *Public Finance and Fiscal Policy* (Boston: Houghton Mifflin, 1966), pp. 517-518.

11) Congressional Budget Office, *Entering the 1980s: Fiscal Policy Choice*(Washing-

### 3) 농촌개발을 위한 정책변동

도시치중의 정부지출은 형평과 능률을 위하여 시정되어야 한다는 것이 균형발전을 강조하는 사람들의 주장이다. 농촌을 위한 정부지출은 농업의 발전을 위해서 필요할 뿐만 아니라 농촌인구의 도시집중을 방지하는 데 에도 이바지한다. 농촌을 위한 지출 중 특히 중요한 것은 도로건설·수리사업·저장시설을 위한 지출이며 따라서 이를 위한 정책변동이 요청된다.[12]

### 4) 민간투자 촉진을 위한 조세정책

경제발전을 위한 조세정책으로서 첫째로 필요한 것이 민간투자 촉진을 위한 정책변동이다. 민간투자촉진을 위한 조치로서 여러 가지 정책변동을 생각할 수 있는 데 법인세의 감면, 기업유보에 대한 세법상의 우대조치, 투자특별공제제도, 고속상각 또는 가속상각제도 등이 대표적인 예라고 하겠으며 이를 위한 정책변동이 요청된다.

### 5) 저축증대를 위한 정책변동

저축을 늘리기 위한 조세정책으로서 여러 가지를 생각할 수 있다. 보험료공제제도와 같은 과세의 감면제도와 예금이자의 감면세제도와 같은 저축수익에 대한 조세감면을 위한 정책변동은 흔히 볼 수 있는 정책변동이다.

### 6) 기술발전을 위한 조세정책

자본형성 못지않게 기술발전이 중요하다는 것은 전술하였거니와 기술발전을 위해서는 정부지출도 중요하지만 조세정책도 중요하다. 기술발전을 위한 조치로서는 합리화투자나 신산업에 있어서의 투자를 세법상 우대하는 조치, 외국기술의 사용료에 대한 조세감면, 외국인 투자기업에 대한 조세감면 등이 흔히 볼 수 있는 정책변동이다.

---

ton, D.C.: Government Printing Office, 1980), pp. 82-83.

12) Goode, *op. cit.*, pp. 242-243.

## 2 경제발전이 정책변동에 미치는 영향

저자는 앞에서 경제발전을 1인당 GNP의 증대와 같은 경제성장과 구조의 변화를 포함하는 개념이라고 정의했다. 그러나 이러한 경제발전은 여러 가지 부수적인 변동을 동반하므로 경제발전이 정책변동에 미치는 영향을 검토할 때에는 경제발전 자체가 정책변동에 미치는 영향뿐만 아니라 부수적인 변동이 정책변동에 미치는 영향까지 아울러 고찰할 필요가 있다.

### 1) 도시화의 진전과 농업인구의 감소

경제발전은 필연적으로 도시화의 진전과 농업인구의 감소를 초래한다. 도시화의 진전은 도시의 교통문제, 보건문제, 주택문제 등에 대한 정책변동을 필요로 한다. 특히 한국과 같이 전체 인구의 50% 이상이 몇 개 안되는 인구 100만 이상의 대도시에 집중되어 있는 상황하에서는 이와 같은 대도시의 교통문제, 주택문제 등이 심각한 문제로 제기되며 이를 위한 정책변동이 요청된다고 하겠다.

### 2) 고령화사회의 진전

경제발전의 결과 국민들의 평균수명이 연장됨으로써 고령화사회에로의 진전이 이루어지고 있다. 특히 고령화사회(65세 이상 인구가 7% 이상)에서 고령사회(65세 이상 인구가 14% 이상)로 진입하는 데 미국이 71년, 일본이 24년이 소요되는 데 한국은 22년이 소요될 것으로 추정된다.

이와 같이 빠른 속도로 늘어나는 노령인구는 국민연금지출이나 건강보험지출의 급격한 팽창을 가져와 사회보장의 재정난을 초래할 것이며 사회보장관련 정책변동에 어려움을 주게 마련이다.

### 3) 인구증가율의 저하

경제발전의 필연적인 결과라고 할 수는 없으나 많은 나라에서 소득수준의 향상에 따라 인구증가율이 저하하고 있는 데 특히 한국에서는 인구증가율이 급속히 저하하고 있다. 위에서 검토한 고령화사회의 급속한 진전과 맞물려 인구증가율의 급속한 저하는 노동인구 한 사람이 부양해야 할 고령인구의 과다로 사회보장과 관련된 정책변동에 여러 가지 어려움을 초래할 우려가 있다.

#### 4) 교육수준의 향상

경제발전이 초래하는 국민소득수준의 향상은 필연적으로 교육수준의 향상을 가져온다. 특히 우리나라와 같이 교육열이 높은 나라에서는 고등학교 졸업자의 80% 이상이 4년제 대학이나 전문대학에 진학하는 현상을 초래하여 교육과 관련된 정책변동에 복잡하고 어려운 많은 문제를 야기하고 있다.

# 제 22 장 행정학에서의 변동의 연구와 정책변동

## 제1절 행정변동의 의의

### 1 행정변동의 개념

사회학에서의 사회변동의 연구와 같이 긴 역사를 지니지 않으나 최근에 행정학에서도 행정변동에 관한 연구가 시작되었다.

행정변동을 "행정의 양적·질적·구조적·관계적·제도적 제측면에서의 성장, 쇠퇴, 발전, 변화를 총칭한다"[1]는 사람들도 있으나 저자는 행정변동을 "행정이념, 행정조직, 행정관료 등 제측면에서의 변동"이라고 정의하고자 한다.

행정변동의 구성요소 또는 제차원으로서 ① 행정환경의 변동, ② 행정이념·목표의 변동, ③ 행정조직의 변동, ④ 정책의 변동, ⑤ 행정관료의 변동을 들기도 하나 저자는 행정환경의 변동을 사회변동에서 다루었으며, 정책의 변동은 행정변동과 정책변동의 상호작용에서 검토하므로 이곳에서는 행

1) 김광웅·강성남, 행정변동론(서울: 방송통신대학 출판부, 2003), p. 4.

정이념・목표의 변동, 행정조직의 변동, 행정관료의 변동만을 고찰하고자 한다.

## 2 행정이념의 변동

### 1) 행정이념의 연구

비교적 일찍 행정이념에 관해서 깊이 있고 체계적인 연구를 시도한 사람은 왈도(Dwight Waldo)일 것이다. 그의 『행정국가론』에서 왈도는 특히 행정이념으로서의 민주성, 합법성, 능률성 등에 관해서 깊이 있는 문헌연구를 시도했다.[2]

1950년대 말에 행정이념에 관해서 체계적으로 연구한 사람은 렏포드(Emmette S. Redford)이며 우리나라 행정학도들에게도 많은 영향을 미쳤다. 렏포드는 그의 『행정의 이념과 실제』에서 행정에 제대로 정의된 이념이 없다는 파운드(Rascoe Pound)의 견해를 인용하면서 행정이념으로서 합법성, 민주성, 책임성, 민주성과 공익성을 들고 있다.[3]

국내에서 행정이념의 연구를 시작한 사람은 박동서 교수일 것이다. 세월이 흐름에 따라 그의 행정이념에 관한 생각이 다소 변하여 최근에는 i) 합법성, ii) 능률성, iii) 민주성, iv) 효과성 및 생산성을 들고 있다.[4] 이 밖에도 김규정 교수는 민주성, 사회적 형평성, 능률성, 가외성, 효과성, 생산성, 합법성을 들고 있으며,[5] 백완기 교수는 합법성, 민주성, 능률성, 효과성, 중립성을 들고 있다.[6]

본서는 이곳에서 우리나라 행정이념으로서 i) 합법성, ii) 능률성, iii) 민

---

2) Dwight Waldo, *The Administrative State*(New York: Ronald Press, 1948).
3) Emmette S. Redford, *Ideal and Practice in Public Administration*(University: University of Alabama Press, 1958).
4) 박동서, 한국행정론[제4정정판](서울: 법문사, 1997), pp. 156-171.
5) 김규정, 신판행정학원론(서울: 법문사, 1997), pp. 117-140.
6) 백완기, 행정학[제4전정보정판](서울: 박영사, 1999), pp. 48-56.

주성, iv) 사회적 형평성, v) 효과성, vi) 생산성을 들고자 한다.

### 2) 행정이념의 변동

우리나라의 건국시대에는 별로 강조되지 않던 능률성·효과성·생산성 등의 행정이념이 산업화시대에는 크게 강조되기에 이르렀으며 특히 중요시된 것이 효과성이라 하겠다. 연이은 경제개발 5개년계획의 수립·집행과정에 있어서 목표달성을 중요시하는 효과성이 강조될 수밖에 없었다. 이리하여 제1차 5개년계획에서 제5차 경제사회개발 5개년계획에 이르는 과정에 있어서 제2차 석유파동과 10·26으로 인하여 목표달성에 차질이 발생한 제4차 경제개발 5개년계획을 제외하고는 항상 목표성장률을 초과 달성했던 것이다.[7]

이 밖에도 고속도로 건설에 있어서는 항상 준공예정일 전에 준공하는 것을 목표로 하였으며 수출의 경우에 있어서는 수출목표액을 초과달성하려고 노력하였다.

한마디로 말해서 산업화시대에는 효과성을 가장 중요시 하였으며 경우에 따라서는 합법성이나 심지어 능률성까지도 도외시하는 현상을 흔히 볼 수 있었다.

민주화시대에 와서는 효과성을 중요시하던 산업화시대를 개발독재시대로 폄하하고 효과성이나 능률성보다는 민주성·합법성·사회적 형평성을 강조하게 되었다.

민주성은 "행정은 국민이 선출한 행정수반과 국민의 대표로 구성된 국회의 통제를 받아야 한다"는 대외적 민주성뿐만 아니라 행정조직 내부에서도 민주성이 강조되어야 한다는 대내적 민주성도 강조되었다.

우리나라 민주화시대에 특히 강조된 것은 사회적 형평성이라 하겠다. 저소득층이나 불우계층을 옹호하고 공공서비스의 전달에 있어서 공정성이 확보되어야 한다는 사회적 형평성이 특히 중요시된 것이 민주화시대의 특징이라 하겠다.

7) 유훈, 행정학원론[제7정판](서울: 법문사, 2000), p. 231 참조.

## 3 행정조직의 변동

우리나라 행정조직은 건국시대에서 산업화시대를 거쳐 민주화시대에 이르는 동안에 많은 변동을 이룩했다. 양적으로 본다면 제1공화국시대에는 17개에 지나지 않던 중앙부처가 노무현정부에 와서는 39개로 늘어났다. 이를 좀더 구체적으로 본다면 부처는 14개에서 22개로 늘어났으나 청이 3개에서 17개로 늘어난 것을 알 수 있다.8)

이와 같이 양적인 면에서 많은 변동이 있었을 뿐만 아니라 질적인 면에서도 변동이 있었다. 건국 이래 오랫동안 지속돼 오던 국-과-계 제도가 폐지되고 팀(team)제가 도입된 것은 큰 변화라 하겠다.

1961년 이래 제6공화국까지 지속돼온 경제기획원의 폐지도 큰 변동이라 할 수 있겠다. 경제기획과 예산을 함께 장악하여 경제계획의 수립·집행에 지대한 영향을 미쳤을 뿐만 아니라 경제기획원장관이 부총리를 겸하여 경제부처의 수장으로서 우리나라 경제관련 정책에 많은 영향을 미쳤던 경제기획원의 폐지는 여러 가지 의미에서 그 영향이 지대한 행정조직의 변동이라 하겠다.

건국 이래 문민정부까지 지속적으로 지방행정(지방자치)을 관장해 오던 내무부가 행정자치부를 거쳐 행정안전부로 변모한 것도 중요한 행정조직변동으로 지적할 수 있겠다. 특히 지방자치의 실시로 전국의 지방행정조직을 관장하던 내무부의 권한과 기능이 크게 축소된 것은 경제기획원의 폐지 못지 않은 중대한 행정조직변동으로 볼 수 있겠다.

---

8) 이창길, "국정관리조직," 한국행정연구원, 한국행정 60년, 제2권(서울: 법문사, 2008), p. 117.

## 4 행정관료의 변동

행정관료의 양적 변동을 살펴본다면 제1공화국 초기인 1953년에 231,245명이었던 공무원 총수가 제1공화국 말기인 1959년에 6.8% 늘어나 246,857명에 달했다. 제3공화국 후반기인 1967년에는 359,955명으로 늘어났으며 제4공화국 초기인 1972년에는 433,415명에 달했다가 제4공화국말인 1979년에는 556,793명에 이르렀다.[9] 다시 말해서 1953년부터 1979년에 이르는 26년 동안에 공무원총수가 2.4배로 증가하였다는 계산이 나온다.

행정관료의 질적인 변동을 살펴본다면 1967년에 공무원 총수에 있어서 국가공무원이 차지하는 비중이 84.5%였으며 지방공무원이 15.5%를 차지했는 데 1972년에는 국가공무원의 비중이 83.6%로 약간 저하했으며 1979년에는 국가공무원의 비중이 더욱 떨어져 74.3%에 이르렀다. 다시 말해서 제3공화국과 제4공화국 기간 중에 국가공무원의 비중은 떨어졌고 지방공무원의 비중이 많이 상승하였다는 것을 알 수 있다.

다음에 공무원 총수에 있어서 별정직 공무원이 차지하는 비중을 살펴본다면 1967년에 33.0%를 차지하던 것이 1972년에는 45.1%로 크게 상승했으나 1979년에는 43.6%로 다소 하락했다. 이것을 국가공무원과 지방공무원으로 분리하여 고찰하여 본다면 국가공무원의 경우 1967년에 32.3%를 차지하던 별정직 공무원의 비중이 1972년에는 53.2%로 상승하였으며 1979년에는 다시 상승하여 56.8%에 달했다. 지방공무원의 경우를 본다면 1967년에 4.9%를 차지하던 별정직 공무원의 비중이 1972년에는 3.9%로 하락했다가 1979년에는 다시 상승하여 5.5%에 달했다.[10]

한마디로 말해서 지방공무원의 경우 별정직 공무원의 비중에 다소 기복

9) 박동서, "인사행정," 이한빈 · 박동서 · 박문옥 · 유훈 공편, 한국행정의 역사적 분석(서울: 한국행정문제연구소, 1969), p. 442.

10) 박동서, "인사행정," 조석준 · 박동서 · 유훈 · 김운태 공편, 한국행정의 역사적 분석[1968-1984](서울: 서울대학교 출판부, 1987), p. 557에서 산출.

이 있었으나 크게 높다고 할 수 없을 것이다. 그러나 국가공무원의 경우 별정직 공무원의 비중이 지나치게 높다고 하겠다. 특히 1967년에 32.3%였던 별정직 공무원이 제4공화국 말인 1979년에 56.8%까지 상승하였다는 것은 비정상적인 현상이라 볼 것이며 직업공무원제가 붕괴했다고 볼 수밖에 없을 것이다.

또 하나 지적할 행정관료의 질적인 변동은 "고위공무원단"의 신설이라 하겠다. 2005년 12월 국회를 통과한 국가공무원법 개정법률에 의하여 신설되고 2006년 7월에 발족한 고위공무원단은 정부정책에 핵심적 역할을 수행하는 실국장급 국가공무원을 범정부적 차원에서 적재적소에 활용할 수 있도록 인사관리하고, 고위공무원의 개방과 경쟁을 확대하며, 성과책임을 강화함으로써 역량있는 정부를 구현하는 데 그 목적을 두고 있다.

## 제 2 절 행정변동과 정책변동

### 1 정책변동이 행정변동에 미치는 영향

정책변동이 행정변동에 미치는 영향은 사회변동, 정치변동, 경제변동의 경우에 비하여 직접적이라 할 수 있다.

제2공화국에서 제3공화국으로 전환되고 발전지향적 정책변동이 일어남에 따라 행정이념이 효과성·능률성 위주로 전환했을 뿐만 아니라 행정조직의 급격한 팽창이 일어났다. 제2공화국하에서 23개에 지나지 않던 중앙정부 부처가 37개로 늘어났다. 행정관료도 급격히 늘어나 1960년에 237,476명이었던 공무원수가 1962년에 250,959명에 달했으며 1967년에는 359,955명에 이르렀다. 제4공화국초인 1972년에는 433,415명으로 늘어났다가 1979년에는 556,793명에 달했다는 것은 전술한 바와 같다.

이것을 다른 각도에서 살펴본다면 1961년 제3공화국이 시작되고 경제발전 위주의 정책변동이 일어나자 1961년 7월 경제기획원이 신설되고 재무부에 있던 예산국이 경제기획원으로 이관되었으며 경제기획원이 경제기획과 예산을 함께 장악하고 경제개발계획의 수립과 집행에 크게 이바지했다는 것은 전술한 바와 같다.

1993년 김영삼정부(문민정부)의 발족으로 산업화시대가 종막을 고하고 소위 민주화시대가 열리자 행정이념이 효과성 지상주의에서 민주성 위주로 바뀌었다. 표면적인 조직에 나타난 것은 아니나 “하나회”의 해체로 우리나라 군조직에 대변동이 일어났다는 것도 우리가 다 잘 아는 사실이다.

정부조직법의 개정으로 1961년 이래 예산과 경제정책을 관장하던 경제기획원이 폐지된 것은 1994년 말이며 자치단체장·지방의원선거로 지방자치가 본궤도에 올라서자 내무부의 권한과 기능이 크게 위축된 것은 1995년의 일이다.

1998년 김대중정부(국민의 정부) 출범과 2003년 노무현정부(참여정부)의 발족은 소위 진보적(좌파) 정책변동을 초래했으며 이것은 나가서 사회적 형평성의 중시라는 행정이념의 변동을 초래했다. 뿐만 아니라 이 10년 동안에 진보적(좌파) 인사의 대거 공공부문 진출로 행정관료의 변동이 일어났다.

## 2 행정변동이 정책변동에 미치는 영향

앞에서 살펴본 바와 같이 정책의 변동이 행정변동을 초래하는 경우는 많으나 행정변동이 정책변동을 초래하는 경우는 많지 않으나 몇 가지 예를 들 수 있겠다.

가장 좋은 예로서 조직의 분할이나 통합이 정책의 변동을 초래하는 경우를 들 수 있겠다. 1974년 미국의 원자력위원회가 핵규제위원회(Nuclear Regulatory Commission)와 에너지연구개발처(Energy Research and Development Administration)로 분할되었다. 이것은 원자력의 규제와 생산을 담당하던 조직이 규제정책을 담당하는 조직과 생산정책을 담당하는 조직으로 분할되었음을 의미하는 데 결과적으로 규제정책의 강화를 초래했다. 원자력 활용에 호의적인 조직이 생산과 규제를 동시에 담당했으나 신설된 핵규제위원회는 반드시 원자력의 활용에 호의적이라고 할 수는 없다는 것이다.[11]

최근 우리나라에서 이루어진 조직의 통합도 정책의 변동을 초래했다고 하겠다. 2008년 교육인적자원부와 과학기술부가 교육·과학기술부로 통합되었다. 정확히 말해서 과학기술부가 교육인적자원부에 흡수되었다고 하겠는 데 이러한 조직의 통합은 우리나라 과학기술정책의 위축을 초래할 것이라고 우려하는 사람들이 많다. 장관도 교육계에서 나오고 과학기술예산도 교육예산에 밀려 과거보다 감축될 것이라는 우려가 과학기술계에서 많이 제기되고 있다.

11) 유훈, 정책학원론[제3정증보판](서울: 법문사, 2002), p. 544 참조.

# 참고 문헌

## 국내 문헌


김광웅 · 강성남, 행정변동론, 서울: 방송통신대학출판부, 2003
김상근, 한국의 과학기술정책, 서울: 정우사, 1982
김운태외 공저, 한국정치행정의 체계, 서울: 박영사, 1982
김운태외 공저, 한국정치론[제3전정판] 서울: 박영사, 1994
김정호, 토지세의 경제학, 서울: 한국경제연구원, 1997
김철수, 헌법학신론[제15전정신판] 서울: 박영사, 2005
노화준, 정책평가론[제2전정판] 서울: 법문사, 1997
———, 정책분석론, 서울: 박영사, 1989
———, 정책학원론, 서울: 박영사, 1995
법무부편, 토지공개념과 토지정책, 서울: 법무부, 1989
서울대학교 행정대학원 행정조사연구소, 한국행정사례집, 서울: 법문사, 1974
안병만, 한국정부론[제3판] 서울: 다산출판사, 1997
유 훈, 행정학원론[제7정판] 서울: 법문사, 2000
———, 정책학원론[제3정증보판] 서울: 법문사, 2002
———, 재무행정론[제6정증보수정판] 서울: 법문사, 2007
———, 공기업론[제5정증보판] 서울: 법문사, 2005
———, 행정권과 경제[개정증보판] 서울: 법문사, 2007
———, 정책집행론, 서울: 대영문화사, 2007
유 훈외 공저, 정책학개론, 서울: 법문사, 1976
———, 정책학-과정과 분석[개정증보판] 서울: 법문사, 1993
윤동진 역, 최고기준을 잡아라, 서울: 언론자료간행회, 1997
정정길, 정책결정론, 서울: 대명문화사, 1988
———, 정책학원론[개정판] 서울: 대명문화사, 1997
포항제철 사사 편찬위원회, 영일만에서 광양만까지: 포항제철 25년사, 서울: 포항

제철주식회사, 1993

## 국외 문헌

[Books]

Aaker, David A. & George S. Day, *Consumerism: Search for Consumer Interest*, fourth edition, New York: Free Press, 1982.

Abt, Clark C.(ed.), *The Evaluation of Social Programs*, Beverly Hills: Sage Publications, 1976.

Adler, Michael & Stewart Asquith(eds.), *Discretion and Welfare,* London: Heinemann, 1981.

Agger, Robert E., Daniel Goldrich, and Bert Swanson, *The Ruler and the Ruled*, New York: Wiley, 1964.

Allison, Graham T., *Essence of Decision*, Boston: Little, Brown and Co., 1971.

Almond, Gabriel and G. Binham Powell, *Comparative Politics: A Developmental Approach*, Boston: Little, Brown and Co., 1966.

Almond, Gabriel and Sidney Verba, *The Civic Culture*, Boston: Little, Brown and Co., 1963.

Anderson, James, *Public Policy-Making*, sixth edition, Boston: Houhton Mifflin, 2006.

Apter, David, *The Politics of Modernization*, Chicago: University of Chicago Press, 1965.

Asland, Anders, *How Russia Became a Market Economy*, Washington, D. C.: Brookings Institution, 1995.

Bardach, Eugene, *The Implementation Game*, Cambridge: MIT Press, 1977.

Birkland, Thomas A., *An Introduction to the Policy Process*, second edition, Armonk: M. E. Sharpe, 2005.

Blondel, Jean, *Comparative Government: An Introduction,* second edition, Hemel Hempstead: Harvester Wheatsheaf, 1998.

Braybrook, David and Charles Lindblom, *A Strategy of Decision*, New York: Free Press, 1963.

Brewer, Gary D. and Peter deLeon, *The Foundations of Policy Analysis*, Homewood: Dorsey, 1983.

Carson, Richard L., *Comparative Economic Systems*, second edition, Armonk: M. E. Sharpe, 1997.

Charon, Joel and Lee Gerth Vigilant, *The Meaning of Sociology*, eighth edition, Upper Saddle River: Pearson Prentice-Hall, 2009.

Chelf, Carl P., *Public Policymaking in America*, Santa Monica: Goodyear, 1981.

Cleveland, David I. and William R. King(eds.), *Project Management Handbook*, New York: Van Nostrand, 1983.

Clowse, Barbara B., *Brainpower for the Cold War: The Sputnik Crisis and National Defense Education Act of 1958*, Westport: Greewood Press, 1981.

Dahl, Robert A. & Charles E. Lindblom, *Politics, Economic and Welfare*, New York: Harper, 1953.

Dahrendorf, Ralf, *Class and Class Conflict in Industrial Society*, Stanford: Stanford University Press, 1959.

Daniels, Mark R., *Terminating Public Programs*, Armonk: M. E. Sharpe, 1997.

Davis, Kenneth C., *Discretionry Justice*, Baton Rouge: Louisiana University Press, 1969.

Deising, Paul, *Reason and Society*, Urbana: University of Illinois Press, 1962.

Doern, G. B. & R. W. Phidd, *Canadian Public Policy*, Toronto: Methuen, 1983.

Dolbeare, Kenneth M.(ed.), *Public Policy Evaluation*, Beverly Hills: Sage Publications, 1975.

Douglas, Mary, *In the Active Voice*, London: Routledge, and Kegan Paul, 1982.

Dror, Yehezkel, *Public Policymaking Reexamined*, San Francsco: Chandler Publishing Co., 1968.

Dror, Yehezkel, *Design for Policy Sciences*, New York; Elsevier, 1971.

Dror, Yehezkel, *Ventures in Policy Sciences*, New York: Elsevier, 1971.

Dunn, William N., *Public Policy Analysis: An Introduction*, second edition, Englewood Cliffs: Prentice-Hall, 1994.

Dunsire, Andrew, *Implementation in a Bureaucracy*, Oxford: Martin Robertson, 1978.

Duverger, Maurice, *Political Parties: Their Organization and Activity in Modern State*, London: Methuen and Co., 1954.

Dye, Thomas R., *Understanding Public Policy*, fifth edition, Englewood Cliffs:

Prentice-Hall, 1984.

Dye, Thomas R., *Policy Analysis*, University: University of Alabama Press, 1976.

Dye, Thomas R., *Top Down Policyamking*, New York: Chatham House, 2001.

Dye, Thomas R. and Virginia Gray(eds.), *The Determinants of Public Policy*, Lexington: Heath, 1980.

Edwards, George C. III, *Implementing Public Policy*, Washington: Congressional Quarterly Press, 1980.

Edwards, George C. III(ed.), *Public Policy Implementation*, Greenwich: Jai Press, 1984.

Enthoven, A. C. and K. W. Smith, *How Much is Enough?*, New York: Harper, 1971.

Etzioni, Amitai, *The Active Society: A Theory of Societal and Political Process*, New York: Free Press, 1968.

Eyeston, Robert, *From Social Issue to Public Policy*, New York: Wiley, 1978.

Franklin, Jack L. & Jean H. Trasher, *An Introduction to the Program Evaluation*, New York: Wiley, 1976.

Gawthrop, Louis, *Bureaucratic Behavior in the Executive Branch*, New York: Free Press, 1969.

Gerston, Larry N., *Making Public Policy: From Conflict to Resolution*, Glenview: Scott, 1983.

Gilbert G. Ronald(ed.), *Making and Managing Policy*, New York: Dekker, 1984.

Gilbert, G. Ronald & Patrick J. Conklin(eds.), *Evaluation Management: A Selection of Readings*, Charlottsville: Federal Executive Institute, 1979.

Grumm, John G. & Stephen L. Wasby(eds.), *The Analysis of Policy Impact*, Lexington: Heath, 1981.

Gujarati, Damodar, *Government and Business*, New York: McGraw-Hill, 1984.

Ham, Christopher & Michael Hill, *The Policy Process in the Modern Capitalist State*, Brighton, Sussex: Wheatsheaf Books, 1984.

Hargrove, Erwin C. & Michael Nelson, *Presidents, Politics and Policy*, Baltimore: Johns Hopkins University Press, 1984.

Hermann, Charles F., *Crisis in Foreign Policy*, Indianapolis: Bobbs-Merrill, 1969.

Hogwood, Brian & Lewis A. Gunn, *Policy Analysis for the Real World*,

Oxford: Oxford University Press, 1984.
Hogwood, Brian & B. Guy Peters, *Policy Dynamics*, New York: St. Martin's Press, 1983.
Hood, Christopher, *The Tools of Government*, London: Macmillan, 1973.
Hoselitz, Bert F., *Sociological Aspects of Economic Growth*, New York: Free Press, 1960.
Howlett, Michael & M. Ramesh, *Studying Public Policy*, second edition, New York: Oxford University Press, 2003.
Hungtington, Samuel P., *The Common Defense*, New York: Columbia University Press, 1961.
Hyde, Albert C. & Jay M. Shafritz(eds.), *Program Evaluation in the Public Sector*, New York: Praeger, 1979.
Ingram, Helen M. & Dean E. Mann(eds.), *Why Policy Succeed or Fail*, Beverly Hills: Sage Publications, 1980.
Isaak, Alan C., *Scope and Methods of Political Science*, fourth edition, Homewood: Dorsey, 1985.
Jenkins, W. I., *Policy Analysis*, New York: St. Martin's Press, 1978.
Jones, Charles O., *An Introduction to the Study of Public Policy*, second edition, North Scituate: Duxbury Press, 1977.
John, Peter, *Analysing Public Policy*, London: Pinter, 1998.
Johnson, Chalmer, *MITI and the Miracle*, Stanford: Stanford University Press, 1982.
Jowell, Jeffrey L., *Law and Bureaucracy: An Administrative Discretion and the Limits of Legal Action*, Port Washington: Dunnellen Publishing Co., 1975.
Kaufman, Herbert, *Administrative Feedback*. Washington: Brookings Institution, 1973.
Kaufman, Herbert, *Are Government Organization Immortal?* Washington: Brookings Institution, 1976.
Kingdon, John W., *Agendas, Alternatives, and Public Policies*, second edition, New York: Addison Wesley Longman, 1995.
Lasswell, Harold D., *The Decision Process: Seven Categories of Functional Analysis*, College Park: University of Maryland, 1956.
Lasswell, Harold D., *A Pre-View of Policy Sciences*, New York: Elsevier, 1971.

Lauer, Robert H., *Perspective on Social Change*, second edition, Boston: Allyn and Bacon, 1978.

Levitt, Ruth, *Implementing Public Policy*, London: Croom Helm, 1980.

Light, Paul, *Artful Work: The Politics of Social Security Reform*, New York: Random House, 1985.

Lindblom, Charles E., *The Policy-Making Process*, second edition, Englewood Cliffs: Prentice-Hall, 1980.

Lipsky, Michael, *Street-Level Bureaucracy: Dilemmas of the Individual in Public Services*, New York: Russell Sage Foundation, 1980.

Livingston, Ian (ed.), *Approaches to Development Studies*, Aldershot: Gower, 1982.

Luethy, Herbert, *France Against Herself*, New York: Meridian Books, 1955.

Lynn, Laurence E., Jr., *Designing Public Policy*, Santa Monica: Goodyear Publishing Co., 1980.

March, James G. & Herbert A. Simon, *Organizations*, New York: Wiley, 1958.

Marcionis, John J. *Sociology*, third edition, Englewood Cliffs: Prentice-Hall, 1991.

Marsh, David & R. A. W. Rhodes(eds.), *Policy Networks in British Government*, Oxford: Clarendon Press, 1992.

May, Judith & Aaron Wildavsky(eds.), *The Policy Cycle*, Beverly Hills: Sage Publications, 1978.

Mazmanian, Daniel A. & Paul Sabatier, *Implementation and Public Policy*, Glenview: Scott, 1983.

Mazmanian, Daniel A. & Paul Sabatier(eds.), *Effective Policy Implementation*, Lexington: Heath, 1981.

Mitchell, Joyce M. & William C. Mitchell, *Political Analysis and Public Policy*, Chicago: Rnad McNally, 1969.

Mood, Alexander M., *Introduction to the Policy Analysis*, London: Edward Arnold, 1983.

Mosher, Frederick C.(ed.), *American Public Administration: Past, Present, Future*, Alabama: University of Alabama Press, 1975.

Mucciaroni, Gary, *Reversals of Fortune: Public Policy and Private Interests*, Washington, D. C.: Brookings Institution, 1995.

Nachmias, David, *Public Policy Evaluation: Approaches and Methods*, New York: St. Martin's Press, 1979.

Nachmias, David(ed.), *The Practice of Policy Evaluation*, New York: St. Martin's Press, 1980.

Nakamura, Robert T. & Frank Smallwood, *The Politics of Policy Implementation*, New York: St. Martin's Press, 1980.

Newton, Trevor, *Cost-Benefit Analysis in Administration*, London: George Allen & Unwin, 1972.

Nigro, Lloyd G.(ed.), *Decision Making in the Public Sector*, New York: Dekker, 1984.

Olson, David M., *The Legislative Process: A Comparative Approach*, New York: Harper, 1980.

Packenham, Robert A., *The Dependency Movement*, Cambridge: Harvard University Press, 1992.

Patton, Michael Quinn, *Utilization-Focused Evaluation*, Beverly Hills: Sage Publications, 1978.

Peters, B. Guy, *American Public Policy: Process and Performance*, New York: Franklin Watts, 1982.

Pierson, Christopher, *Beyond Welfare State: The New Political Economy of Welfare*, second edition, University Park: Pennsylvania State University Press, 1998.

Polsby, Nelson, *Politial Innovation in America: The Politics of Policy Initiation*, New Haven: Yale University Press, 1984.

Pressman, Jeffrey L. & Aaron Wildavsky, *Implementation*, third edition, Berkeley: University of California Press, 1984.

Pye, L. W., *Aspects of Political Development*, Boston: Little, Brown & Co., 1966.

Quade, E. S., *Analysis for Public Decision*, second edition, New York: North Holland, 1982.

Randall, Vicky & Robin Theobald, *Political Change and Underdevelopment*, Durham: Duke University Press, 1985.

Radin, Beryl A., *Implementation, Change and the Federal Bureaucracy*, New York: Teachers College Press, Columbia University, 1977.

Ranney, Austin(ed.), *Political Science and Public Policy*, Chicago: Markham, 1970.

Rhodes, R.A.W., *Public Administration and Policy Analysis*, Hants: Gower, 1979.

Richardson, Jeremy(ed.), *Policy Styles in Western Europe*, London: George Allen & Unwin, 1982.

Ripley, Randall B., *Congress, Process and Policy*, third edition, New York: Norton, 1983.

Ripley, Randall B. and Grace A. Franklin, *Policy Implementation and Bureaucracy*, second edition, Chicago: Dorsey, 1986.

Rossi, Peter H. and Howard E. Freeman, *Evaluation: A Systemic Approach*, third edition, Beverly Hills: Sage Publications, 1985.

Sabatier, Paul A.(ed.), *Theories of the Policy Process*, second edtion, Boulder: Westview Press, 2007.

Sabatier, Paul A. and Hank C. Jenkins-Smith(eds.), *Policy Change and Learning: An Advocacy Coalition Approach*, Boulder: Westview Press, 1993.

Salamon, Lester(ed.), *Beyond Privatization: The Tools of Government Action*, Washington, D.C.: Urban Institute Press, 1989.

Schneider, Mark and Paul Teske with Michael Mintrom, *Public Entrepreneurs: Agents for Change in American Government*, Princeton: Princeton University Press, 1995.

Schnitzer, Martin C., *Comparative Economic Systems*, eighth edition, Cincinati: South-Western College Publishing, 2000.

Sharkansky, Ira(ed.), *Policy Analysis in Political Science*, Chicago: Markham, 1970.

Simon, Herbert A., *The New Science of Management Decision*, New York: Harper, 1960.

Simon, Herbert A., *Administrative Behavior*, third edition, New York: Free Press, 1976.

Sorensen, Theodore C., *Decision Making in the White House*, New York: Columbia University Press, 1963.

Starling, Grover, *The Politics and Economics of Public Policy*, Homewood: Dorsey, 1979.

Suchman, Edward A., *Evaluative Research*, New York: Russell Sage Foundation, 1967.

Sztompka, Piotr, *The Sociology of Social Change*, Oxford: Blackwell, 1993.

Thompson, Victor A., *Modern Organization*, New York: Knopf, 1961.

Thornhill, W.(ed.), *The Modernization of British Government*, London:

Pitman, 1975.

Van Horn, Carl E., *Policy Implementation in the Federal System*, Lexington: Heath, 1979.

Weiss, Carl H., *Evaluation Research*, Englewood Cliff: Prentice-Hall, 1972.

Wiener, A. J. and H. Kahn, *Crisis and Arms Control*, Indianapolis: Hudson Institute, 1962.

Williamson, Peter J., *Corporatism in Perspective*, London: Sage Publications, 1989.

Wilson, James Q., *Political Organizations*, New York: Basic Books, 1980.

Woo-Cumings, Meredith(ed.), *Developmental State*, Ithaca: Cornell University Press, 1999.

[Articles]

Bachrach, Peter and Morton S. Baratz, "Two Faces of Power," *American Political Science Review*, December 1962.

Bachrach, Peter and Morton S. Baratz, "Decisions and Nondecisions: An Analytical Framework," *American Political Science Review*, September 1963.

Bardach, Eugene, "Policy Termination as a Political Process," *Policy Sciences*, June 1976.

Barton, Allen H., "Consensus and Conflict Among American Leaders," *Public Opinion Quarterly*, Winter 1974~1975.

Behn, Robert D., "Closing the Massachusetts Public Training Schools," *Policy Sciences*, July-August 1978.

Behn, Robert D., "How to Terminate a Public Policy: A Dozen Hints for the Would-be Terminator," *Policy Sciences*, Summer 1978.

Berman, Paul, "The Study of Macro-and Micro-Implementation," *Public Policy*, Spring 1978.

Berman, Paul, "Thinking about Programmed and Adaptive Implementation," in Helen Ingram and Dean Mann(eds.), *Why Policies Succeed or Fail*, Beverly Hills: Sage Publications, 1980.

Best, Samuel, Paul Teske and Michael Mintrom, "Terminating the Oldest Living Regulator: The Death of the Interstate Commerce Commission," *International Journal of Public* Administration, No. 12, 1997.

Biller, Robert P., "On Tolerating Policy and Organizational Termination: Some Design Considerations," *Policy Sciences,* June 1976.

Birkland, Thomas A., "Focusing Events, Mobilization, and Agenda Setting," *Journal of Public Policy,* January-April 1998.

Bradley, Valerie, J., "Policy Terminating in Mental Health: The Hidden Agenda," *Policy Sciences,* June 1976.

Brewer, Garry A., "Termintion: Hard Choices—Harder Questions," *Public Administration Review,* July-August 1978.

Cyert, Richard M., "The Management of Universities of Constant or Decreasing Size," *Public Administration Review,* July-August 1978.

Daniel, Mark R., "Introduction to Symposium on Public Policy and Organization Termination," *International Journal of Public Administration,* No. 12, 1997.

deLeon, Peter, "A Theory of Policy Termination," in Judith May and Aaron Wildavsky(eds.), *The Policy Cycle,* Beverly Hills: Sage Publications, 1978.

deLeon, Peter, "Public Policy Termination: An End and a Beginning," *Policy Analysis,* Summer 1979.

deLeon, Peter, "Policy Evaluation and Program Termination," *Policy Studies Review,* May 1983.

deLeon, Peter, "Afterwords: The Once and Future State of Policy Termination," *International Journal of Public Administration,* No. 12, 1997.

Derthick, Martha, "Defeat at Ft. Lincoln," *Public Interest,* 1970.

Dror, Yehezkel, "Muddling Through—'Science' or Inertia?" *Public Administration Review,* September 1964.

Elmore, Richard F., "Organizational Models of Social Program Implementation," *Public Policy,* Spring 1978.

Etzioni, Amitai, "Mixed-Scanning: A 'Third' Approach to Decision-Masking," *Public Administration Review,* December 1967.

Frantz, Janet E., "The Succession of Policy Termination," *International Journal of Public Administration,* No. 12, 1997.

Greenwood, Justin, "The Succession of Policy Termination," *International Journal of Public Administration,* No. 12, 1997.

Harris, Michael, "Policy Termination: Uncovering the Ideological Dimension of Public Administration," *International Journal of Public Administration,*

No. 12, 1997.

Heclo, Hugh, "Issue Networks and the Executive Establishment," in Anthony King(ed.), *The New American Political System*, Washington, D. C.: American Enterprise Institute, 1978.

Howlett, Michael, "Policy Instruments, Policy Styles, and Policy Implementation: National Approaches to Theories of Instrument Choice," *Policy Studies Journal*, Spring 1991.

Hungtington, S., "The Change to Change," *Comparative Politics*, No. 3, 1971.

Jordan, Grant, "Sub-Governments, Policy Communities and Networks: Refilling the Old Bottles?" *Journal of Theoretical Politics*, 1990.

Jordan, Grant and William A. Maloney, "Accounting for Subgovernments: Explaining the Persistence of Policy Communities," *Administration and Society*, November 1997.

Jordan, Grant and Klaus Schubert, "A Preliminary Ordering of Policy Networks Labels," *European Journal of Political Research*, 1992.

King, Paula J., "Policy Entrepreneurs: Catalists in the Policy Innovation," unpublished Ph.D. dissertation, University of Minnesota, 1989.

Laitin, David, "Political Culture and Political Preferences," *American Political Science Review*, June 1988.

Levine, Charles, "Organizational Decline and Cutback Management," *Public Administration Review*, July-August 1978.

Lindblom, Charles E., "The Science of Muddling Through," *Public Administration Review*, Spring 1959.

Linder, Stephen H. and B. Guy Peters, "A Design Perspective on Policy Implementation: The Fallacies of Misplaced Prescription," *Policy Studies Review*, February 1987.

Linder, Stephen H. and B. Guy Peters, "Instruments of Government: Perceptions and Contexts," *Journal of Public Policy*, January-March 1989.

Lipsky, Michael, "Toward a Theory of Street-Level Bureaucracy," in Willis D. Hawley and Others(eds.) *Theoretical Perspectives on Urban Politics*, Englewood Cliffs: Prentice-Hall, 1976.

Lipsky, Michael, "Standing the Study of Public Policy Implementation on Its Head," in Walter Burnham and Matha Weinberg(eds.), *American Politics and Public Policy*, Cambridge: MIT Press, 1978.

Lowi, Theodore J., "Four Systems of Policy, Politics, and Choice," *Public Administration Review*, July-August 1972.

Marsh, David and R.A.W. Rhodes, "Policy Communities and Issue Networks," in David Marsh and R.A.W. Rhodes(eds.), *Policy Networks in British Government*, Oxford: Clarendon Press, 1992.

May, Peter J., "FEMA's Role in Emergency Management: Examining Recent Experience," *Public Administration Review*, January 1985.

McCool, Daniel, "Subgovernment as Determinants of Political Viability," *Political Science Quarterly*, 1990.

McFarland, Andrew S., "Interest Groups and Theories of Power in America," *British Journal of Political Science*, April 1987.

Miller, E. and I. Iscoe, "The Concept of Crisis: Current Status and Mental Health Implications," *Human Organization*, Fall 1963.

Mintrom, Michael A., "Policy Entrepreneurship in Theory and Practice: A Comparative State Analysis of the Rise of School Choice as a Policy Idea," unpublished Ph.D. dissertation, State University of New York at Stony Brook, 1994.

Norris-Tirrell, Dorothy, "Organization Termination in the Nonprofit Setting, The Dissolution of Children's Rehabilitation Services," *International Journal of Public Administration*, No. 12, 1997.

Poland, Orville F., "Program Evaluation and Administrative Theory," *Public Administration Review*, July-August 1974.

Rhodes, R.A.W., "Policy Networks: A British Perspective," *Journal of Theoretical Politics*, 1990.

Rhodes, R.A.W. and David Marsh, "Policy Networks in British Politics," in Mavid Marsh and R.A.W. Rhodes(eds.), *Policy Networks in British Government*, Oxford: Clarendon Press, 1992.

Sabatier, Paul A., "Policy Change over a Decade or More," in Paul A. Sabatier and Hank C. Jenkings-Smith(eds.), *Policy Change and Learning: An Advocacy Coalition Approach*, Boulder: Westview Press, 1993.

Sabatier, Paul A. and Hank C. Jenkins-Smith, "The Advocacy Coalition Framework: An Assessment," in Paul A. Sabatier(ed.), *Theories of Policy Process*, Boulder: Westview Press, 1999.

Salamon, Lester M., "Rethinking Public Management: Third Party Government and the Changing Forms of Government Action," *Public*

*Policy*, Summer 1981.

Salamon, Lester M., "The Changing Tools of Government Action: An Overview," in Lester M. Salamon(ed.), *Beyond Privatization: The Tools of Government Action*, Washington, D.C.: Urban Institute Press, 1989.

Salisbury, Robert H. and John Heinz, "A Theory of Policy Analysis and Some Preliminary Application," in Ira Sharkansky(ed.), *Policy Analysis in Political Science*, Chicago: Markham, 1970.

Schneider, Anne and Helen Ingram, "Behavioral Assumption of Policy Tools," *Journal of Politics*, May 1990.

Schneider, Mark and Paul Teske, "Toward a Theory of the Political Entrepreneur: Evidence from Local Government," *American Political Science Review*, September 1992.

Shulsky, Abram N., "Abolishing the District of Columbia Motor Cycle Squad," *Policy Sciences*, June 1976.

Simon, Herbert A., "Rationality as Process and as Product of Thought," *American Economic Review*, May 1978.

Sorg, James D., "A Typology of Implementation Behaviors of Street-Level Bureaucrats," *Policy Studies Review*, February 1983.

Thomas, Gerald B., "External Shocks, Conflict and Learning as Interactive Sources of Change in U. S. Security Policy," *Journal of Public Policy*, May-August 1999.

Vergari, Sandra M., "Policy Crisis and Policy Change: Toward A Theory of Crisis Policymaking," unpublished Ph.D. dissertation, University of Michigan, 1996.

Waarden, Frans van, "Dimensions and Types of Policy Networks," *European Journal of Political Research*, 1992.

Wallerstein, Mitchel B., "Terminating Entitlements: Veterans' Disability Benefits in the Depression," *Policy Sciences*, June 1976.

Wolfenstein, E. V., "Some Psychological Aspects of Crisis Leaders," in L. J. Edinger(ed.), *Political Leadership in Industrial Societies*, New York: Wiley, 1967.

Woodside, Kenneth, "Policy Instruments and the Study of Public Policy," *Canadian Journal of Political Science*, December 1986.

Wright, Maurice, "Policy Community, Policy Network and Comparative Industrial Policies," *Political Studies*, 1988.

# 찾아보기

## ㄱ

### ㅊ

# 저자 소개


## 유 훈

[약 력]

서울대학교 법과대학 졸업
고등고시 행정과 합격
서울대학교 대학원에서 법학석사
미네소타대학교 대학원에서 행정학석사
미네소타대학교 대학원에서 정치학박사
서울대학교 행정대학원 원장 역임
한국행정학회 회장 역임
현, 서울대학교 명예교수


[저 서]

행정학원론
재무행정론
공기업론
예산제도론
정책학원론
행정권과 경제
재정법
지방재정론
정책집행론
두드리는 문
바삐 걸어온 지난 날
행정학강의(공저)
정책학(공저)
행정학대의(공저)
행정학(공저)
행정학연습(공저)
정책학개론(공저)
한국행정의 역사적 분석(공편 저)
전환기의 정책과 재정관리(공편 저)

# 정책변동론

펴낸날 / 제1판 제1쇄 2009년 8월 20일

지은이 / 유　훈

펴낸이 / 임춘환

펴낸곳 / 도서출판 대영문화사

주소 / 서울 용산구 청파동 1가 178-2 ㊄ 140-869

등록 / 1975년 12월 26일 제3-16호

전화 / (02)716-3883, (02)714-3062

팩시밀리 / (02)703-3839

우체국 온라인 / 011353-02-009106



ISBN 978-89-7644-317-5

〔값 22,000원〕